4º L K⁷ 5542

HISTOIRE DES DVCS,
MARQVIS ET COMTES DE NARBONNE,
AVTREMENT APPELLEZ
PRINCES DES GOTHS,
DVCS DE SEPTIMANIE,
ET MARQVIS DE GOTHIE.

Dedié à Monseigneur l'Archeuesque Duc de Narbonne.

Par le Sieur BESSE.

A PARIS,
Chez ANTOINE DE SOMMAVILLE, au Palais, sur le second Perron montant à la sainte Chapelle, à l'Escu de France.

M. DC. LX.
Auec Priuilege du Roy.

A
MONSEIGNEVR
MONSEIGNEVR
L'ILLVSTRISS. ET REVERENDISS.
MESSIRE
FRANÇOIS
FOVCQVET,
ARCHEVESQVE DVC
de Narbonne, & Conseiller du Roy
en ses Conseils.

ONSEIGNEVR,

L'interest que vous auez en cette Histoire des Ducs, Marquis & Com-

ã ij

EPISTRE.

tes de Narbonne, me donne la hardiesse de vous l'offrir. Vous y verrez, MONSEIGNEVR, si vous daignez y jetter les yeux, de grands Princes Illustres par leur Naissance & par leur Vertu, qui ont fait gloire de se dire vassaux de vos Predecesseurs Archeuesques de Narbonne, non seulement par la soûmission que les plus grands Monarques rendent à l'Eglise comme les moindres de leurs subjets, mais mesme par la consideration des droicts temporels des Archeuesques, ausquels, comme aux veritables Ducs de Narbonne, ils ont rendu hommage & obeïssance. De sorte, MONSEIGNEVR, que c'est en quelque façon l'Histoire de vos Predecesseurs Archeuesques, aussi bien que celle de ces autres Princes purement temporels ; Du moins y verrez-vous les fondemens de l'auctorité qu'ils

EPISTRE.

ont dans le Duché & Comté de Narbonne. Et s'il y a encore dans la mesme Prouince des Prelats qui portent sans contredit la qualité de Comtes du Puy, de Geuaudan, & d'Agde, vous trouuerez, MONSEIGNEVR, que ce n'est pas auec moins de raison que vos Predecesseurs ont pris la qualité de Ducs de Narbonne, & que ce mesme droict ayant passé à leurs Successeurs iusques à present, les Archeuesques d'aujourd'huy ont la mesme faculté de la prendre. I'ay creu, MONSEIGNEVR, vous deuoir expliquer le sujet du Liure que ie vous presente, sans m'arrester à faire valoir icy, comme ie le pourrois auec succez, les auantages de vostre Naissance & de vostre Personne. Car outre que vostre modestie ne s'y accorderoit pas, ie sçay, MONSEIGNEVR, que le veritable se-

EPISTRE.

cret de vous plaire, c'est de releuer les interests de l'Eglise, à laquelle vous vous estes entierement consacré, plustost que de releuer vos propres merites par des loüanges, quoy que veritables & sinceres. C'est aussi ce que i'ay fait dans mon Liure, par des recherches assez curieuses, & sans autre ornement que celuy que la dignité de la matiere porte elle-mesme. Ie me contenteray donc, MONSEIGNEVR, de demander vostre protection pour mon Ouurage, & vous asseurer que ie suis auec vn profond respect,

MONSEIGNEVR,

Vostre tres-humble, & tres-obeïssant seruiteur,

BESSE.

TABLE
DES CHAPITRES DE cette Histoire des Ducs, Marquis & Comtes de Narbonne.

CHAP. I. 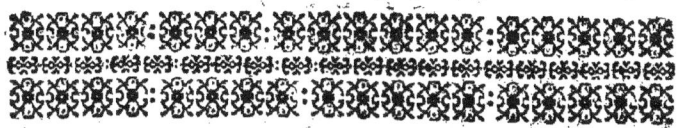 *A Principauté de Septimanie ou Gothie, appellée maintenant Languedoc, attachée de tout temps à la Ville de Narbonne.* 1

CHAP. II. *De l'origine du nom de Septimanie & de Gothie.* 15

CHAP. III. *Estat sommaire des diuers Gouuernemens du pays de Languedoc, appellé cy-deuant & Septimanie & Gothie.* 22

CHAP. IV. *De la Conqueste du Languedoc ou Septimanie, faite par les Roys Pepin & Charlemagne, tant sur Eude Duc d'Aquitaine & ses enfans, que sur les Sarrasins.* 50

CHAP. V. *Aymeric, autrement appellé Theodoric, premier Duc, Marquis & Comte de Narbonne.* 67

TABLE

Daniel, Archeuesque, & premier Conseigneur de Narbonne. *ibidem.*

CHAP. VI. *Milon*, second Duc, Marquis, & Comte de Narbonne, sous le simple titre de Comte. 76

Daniel, Archeuesque, & premier Conseigneur de Narbonne. *ibid.*

CHAP. VII. *Torsin, ou Tursin*, Comte de Tolose, troisième Duc, Marquis, & Comte de Narbonne, sous le titre de Prince de Narbonne. 80

Daniel, Archeuesque, & premier Conseigneur de Narbonne. *ibid.*

CHAP. VIII. *Guillaume de Bourgongne*, quatriéme Duc, Marquis, & Comte de Narbonne, sous le titre de Duc, & de Marquis. 83

Nibridius, Archeuesque, & deuxiéme Conseigneur de Narbonne. *ibid.*

CHAP. IX. *Bera*, cinquiéme Duc, Marquis & Comte de Narbonne. 91

Nibridius, Archeuesque, & deuxiéme Conseigneur de Narbonne. *ibid.*

CHAP. X. *Bernard*, sixiéme Duc, Marquis, & Comte de Narbonne, sous le titre de Duc de Septimanie. 97

Nibridius, & *Barthelemy*, Archeuesques, & 2. & 3. Conseigneurs de Narbonne. *ibid.*

CHAP.

DES CHAPITRES.

CHAP. XI. *Sumefridus ou Humfridus, septiesme Duc, Marquis & Comte de Narbonne, sous le titre de Marquis de Gothie.* 120

Berarius, & Fredold, Archeuesques, & quatriesme & cinquiesme Conseigneurs de Narbonne. ibid.

CHAP. XII. *Bernard, huitiesme Duc, Marquis & Comte de Narbonne, sous le titre de Marquis de Gothie.* 132

Fredold, & Sigebodus, Archeuesques, & cinquiesme & sixiesme Conseigneurs de Narbonne. ibid.

CHAP. XIII. *Raymond, & Bernard, Comtes de Tolose, cinquiesme & dixiesme Ducs, Marquis, & Comtes de Narbonne, sous le titre de Marquis & Ducs.* 138

Sigebodus, Archeuesque, & sixiesme Conseigneur de Narbonne. ibid.

CHAP. XIV. *Bernard Comte d'Auuergne & de Bourges, vnziesme Duc, Marquis, & Comte de Narbonne, sous le titre de Prince & Marquis de Gothie.* 151

Sigebodus, & S. Theodard, Archeuesques, & sixiesme & septiesme Conseigneurs de Narbonne. ibid.

Majol, premier Vicomte hereditaire de Narbonne. ibid.

ẽ

TABLE

CHAP. XV. *Richard, Duc d'Aquitaine douziesme Duc, Marquis, & Comte de Narbonne, sous le titre de Duc.* 156

S. Theodard, Aribert, & Arnustus, Archeuesques, & 7. 8. & 9. Conseigneurs de Narbonne. ibid.

Majol, premier Vicomte hereditaire de Narbonne. ibid.

CHAP. XVI. *Guillaume, Comte de Poictiers & Duc d'Aquitaine, treiziesme Duc, Marquis & Comte de Narbonne, sous le titre de Prince de Gothie.* 164

Arnuste, & Agio, Archeuesques, & 9. & 10. Conseigneurs de Narbonne. ibid.

Vulcarius, ou Vlberardus, & Alberic, deuxiesmes Vicomtes hereditaires de Narbonne. ibid.

CHAP. XVII. *Raymond, Comte de Tolose, quatorziesme Duc, Marquis, & Comte de Narbonne, sous le titre de Marquis de Gothie.* 171

Agio, Archeuesque, & dixiesme Conseigneur de Narbonne. ibid.

Vulberard, & Alberic, deuxiesmes Vicomtes hereditaires de Narbonne. ibid.

CHAP. XVIII. *Ermengaud, & Raymond, quinziesmes Ducs, Marquis, & Comtes de Narbonne, sous le titre de Prince de Go-*

DES CHAPITRES.

thie. 174

Agia, & Anno, Archeuesques, & dixiesme & vnziesme Conseigneurs de Narbonne. ibid.

Odon troisiesme Vicomte hereditaire de Narbonne. ibid.

CHAP. XIX. *Pons, surnommé Raymond, Comte de Tolose, seiziesme Duc, Marquis & Comte de Narbonne, sous le titre de Prince, & premier Marquis de Gothie.* 195

Anno, Erisons, & Aymeric, Archeuesques, & 11. 12. *&* 13. *Conseigneurs de Narbonne.* ibid.

Odon, troisiesme Vicomte hereditaire de Narbonne. ibid.

CHAP. XX. *Raymond, Comte de Tolose, dix-septiesme Duc, Marquis, & Comte de Narbonne, sous le titre de Prince des Goths.* 203

Aymeric, Archeuesque, & treiziesme Conseigneur de Narbonne. ibid.

Matfred, quatriesme Vicomte hereditaire de Narbonne. ibid.

CHAP. XXI. *Guadaille, Prince des Goths.* 209

CHAP. XXII. *Raymond, Comte de Rouergue, dix-huictiesme Duc, Marquis, & Comte de Narbonne, sous le simple titre de Seigneur de Narbonne.* 224

Ermengaud, Archeuesque, & quatorziéme Con-

TABLE

seigneur de Narbonne.   *ibid.*

Raymond, cinquiesme Vicomte hereditaire de Narbonne.   *ibid.*

CHAP. XXIII. *Hugues, Comte de Rouergue, dix-neufiesme Duc, Marquis, & Comte de Narbonne, sous le simple titre de Seigneur de Narbonne.*   234

Guifred, Archeuesque, & quinziesme Conseigneur de Narbonne.   *ibid.*

Berenguier, sixiesme Vicomte hereditaire de Narbonne.   *ibid.*

CHAP. XXIV. *Berenguier, Vicomte de Narbonne, vingtiesme Duc, Marquis & Comte de Narbonne, sous le titre de Proconsul.*   241

Guifred, Archeuesque, & quinziesme Conseigneur de Narbonne.   *ibid.*

CHAP. XXV. *Raymond de S. Gilles, Comte de Rouergue, vingt-vniesme Duc, Marquis, & Comte de Narbonne, dont le titre est par luy releué & restably dans sa maison.*   262

Guifred, Pierre, & Dalmas, Archeuesques & 15. 16. & 17. Conseigneurs de Narbonne.   *ibid.*

Berenguier, & Bernard Berenguier, sixiesme & septiesme Vicomtes hereditaires de Narbonne.   *ibid.*

DES CHAPITRES.

CHAP. XXVI. *Bertrand, fils de Raymond de S. Gilles, vingt-deuxiesme Duc, Marquis & Comte de Narbonne.* 288

Bertrand, Archeuesque, & dix-huictiesme Conseigneur de Narbonne. ibid.

Aymeric, premier du nom huictiesme Vicomte hereditaire de Narbonne. ibid.

CHAP. XXVII. *Aymeric I. & Aymeric II. du nom, Vicomtes de Narbonne, vingt-troisiesmes Ducs, Marquis, & Comtes de Narbonne, sous le titre de Princes, & de par la grace de Dieu Vicomtes de Narbonne.* 296

Bertrand, Richard, & Arnaud de Leues, Archeuesques, & 18. 19. & 20. Conseigneurs de Narbonne. ibid.

CHAP. XXVIII. *Alphonse, fils de Raymond de S. Gilles, Comte de Tolose, vingt-quatriesme Duc, Marquis, & Comte de Narbonne.* 307

Arnaud, & Pierre, Archeuesques & 20. & 21. Conseigneurs de Narbonne. ibid.

Aymeric II. & Aymeric III. du nom, neufiesme & dixiesme Vicomtes hereditaires de Narbonne. ibid.

CHAP. XXIX. *Raymond, fils de Faydide, Comte de Tolose, vingt-cinquiesme Duc, Marquis & Comte de Narbonne.* 316

ẽ iij

TABLE

Pierre, Berenguier, Pons, autre Pierre, Iean, Bertrand ou Bernard, Gauscelin, & autre Berenguier, Archeuesques, & 21. 22. 23. 24. 25. 26. 27. & 28. Conseigneurs de Narbonne. *ibid.*

Ermengarde, Vicomtesse de Narbonne, & Aymeric son nepueu IV. du nom, & Pierre de Lara, Comte de Molina, vnziesme & douziesme Vicomtes de Narbonne. *ibid.*

CHAP. XXX. Raymond, fils de Constance, Comte de Tolose, vingt-sixiesme Duc, Marquis & Comte de Narbonne. 341

Berenguier, & Arnaud Amalric, Archeuesques, & vingt-huictiesme, & vingt-neufiesme Conseigneurs de Narbonne. *ibid.*

Aymery V. du nom, treiziesme Vicomte de Narbonne. *ibid.*

CHAP. XXXI. Simon de Mont-fort, vingt-septiesme Duc, & Comte de Narbonne. 355

Arnaud Amalric, Archeuesque, & vingt-huictiesme Conseigneur de Narbonne, & le premier qui a pris le titre de Duc de Narbonne. *ibid.*

Aymeric V. du nom, treiziesme Vicomte de Narbonne. *ibid.*

CHAP. XXXII. Amaury de Mont-fort, vingt-huictiesme Duc, & Comte de Nar-

DES CHAPITRES.

bonne. 376
Arnaud Amalric Archeuesque, &c. ibid.
Aymery V. du nom, Vicomte, &c. ibid.
CHAP. XXXIII. Raymond, dernier du nom, fils de la Reyne Ieanne, Comte de Tolose, & dernier Duc & Comte de Narbonne. 380
Arnaud, Pierre Amelin, & Guillaume de Broa, Archeuesques, &c. ibid.
Aymeric V. & Aymeric VI. Vicomtes de Narbonne. ibid.
CHAP. DERNIER. Conclusion de cette Histoire, où il est montré que le titre de Duc de Narbonne, appartient legitimement aux Archeuesques. 427
Les Actes seruant aux Preuues de l'Histoire, commencent à la page 435

FIN.

Extraict du Priuilege du Roy.

PAR Grace & Priuilege du Roy, donné à Paris le 10. Fevrier 1659. Signé, Par le Roy en son Conseil, CHASSEBRAS. Il est permis à Guillaume Besse, Aduocat en Parlement, durant l'espace de dix ans, de faire imprimer par tel Imprimeur qu'il choisira, vn Liure intitulé *Histoire des Ducs de Narbonne*, & deffences sont faites à tous Imprimeurs, Libraires, & autres de ce Royaume, d'en imprimer, vendre, ny distribuer d'autres que de celle que ledit sieur Besse aura fait imprimer, ou ceux ayant droit de luy, sous peine de trois mil liures d'amende, applicable ainsi qu'il est contenu esdites Lettres, qui sont en vertu du present Extrait pour deuëment signifiées.

Et ledit sieur Besse a cedé & transporté le Priuilege cy-dessus à Antoine de Sommauille, Marchand Libraire à Paris, pour en joüir conformément à l'accord passé entr'eux.

Registré sur le Liure de la Communauté, suiuant l'Arrest du 9. Auril 1653.

Acheué d'imprimer le 25. Octobre 1659.

HISTOIRE

HISTOIRE
DES DVCS, MARQVIS ET COMTES
DE NARBONNE,
AVTREMENT APPELLEZ
Princes des Goths, Ducs de Septimanie,
& Marquis de Gothie.

CHAPITRE PREMIER.

La Principauté de Septimanie ou Gothie appellée maintenant Languedoc, attachée de tout temps à la ville de Narbonne.

L faudroit commencer l'Histoire que j'entreprends, par la description de la Prouince de Narbonne, que nous appellons maintenant Languedoc, & monstrer qu'elle a esté de tout temps comprise dans le département general des Gaules, & qu'elle a diuers noms chez les anciens Historiens &

A

Geographes. En effet, elle a esté premierement appellée par les Romains *Gallia Braccata*, à cause des chausses vulgairement appellées brayes que les hommes y portoient; apres quoy, elle fut faite Gaule Prouinciale, & tel est le nom qu'elle porte dans les Commentaires de Cesar. Auguste ayant depuis diuisé les Gaules en quatre, la Narbonnoise fut l'vne de ces quatre Prouinces, & cette partie que nous appellons Languedoc, dans laquelle est située la ville de Narbonne, est celle qui a porté en particulier le nom de Gaule Narbonnoise premiere, pour les raisons que nous dirons icy bas, & en suite a esté appellée, & Septimanie & Gothie, & enfin Languedoc, qui sont des noms que nous deuons particulierement expliquer. Il seroit mesmes en quelque façon necessaire de décrire en particulier l'antiquité de la ville de Narbonne, si renommée & si celebre dans les anciens Autheurs: Apprendre de quelle sorte, & en quel temps les peuples Atacins, peuples originaires du pays qui est arrosé des eaux du fleuue Atax, en jetterent les premiers fondemens, & comment, & de qui elle a depuis emprunté le nom de Narbonne: En vn mot, pour traitter cette matiere selon toute sa dignité, il faudroit dire qu'au commencement Narbonne n'estoit qu'vn Bourg, qui fut basty par les Atacins pour la commodité de la pesche, & du commerce de la mer, mais qu'auecque le temps ce bourg deuint vne grande & illustre Republique, & vne ville fort marchande, seruant de magazin à toutes les Gaules; qu'ayant esté faite colonie des Romains, elle fut d'vne grande estenduë & tres-florissante; qu'elle eut vn auguste Temple de marbre, vn fameux Capitole, des Ecoles tres-celebres, & des teintures magnifiques d'écarlate pour les Empereurs Romains; qu'elle a la gloire d'auoir donné naissance aux Empereurs Carus, Carinus & Numerian, & d'estre le pays originaire, non seulement de plusieurs grands personnages aux Lettres & aux armes, mais principalement des Autheurs des deux premieres races de nos Roys, puis qu'apparamment les premiers François descendent des mesmes Tectosages, peuples du Languedoc, qui passerent autresfois en Allemagne, & se logerent au delà du Rhin, proche de la forest Hercinie ou la forest Noire, selon Cesar; & qu'il est constant que le Senateur Ausbert, Duc en Austrasie, souche de la maison de Charlemagne, estoit natif de Narbonne, ainsi que nous verrons en son lieu : Et enfin il faudroit dire que la ville de Narbonne a esté toûjours considerable par le rang & par la dignité de Metropolitaine, qu'elle possede depuis prés de deux mille ans dans l'estat politique, & depuis seize cens ans dans l'Estat Ecclesiastique. Ce seroit d'ailleurs vn recit agreable de parler de sa situation, de son accroissement, des Temples, Arcs, Portiques, Theatres, & autres riches & superbes Edifices publics qu'elle auoit au temps passé; de sa force, de sa beauté, de sa gloire & de ses infortunes : Car en effet, elle fut entierement bruslée sous l'Empire de Tibere, auec la perte de ses plus exquises raretez, en sorte que les vestiges de l'ancienne Narbonne, qui se dé-

A ij

coururent tous les jours aux enuirons de cette ville font voir qu'elle estoit d'vne grande circonuallation; Et depuis encore ayant esté souuent assiegée & prise, ses faux-bourgs bruslez par les Sarrazins, & ses murailles abbatuës du temps des Albigeois, la ville qui est aujourd'huy, n'est plus qu'vne partie de celle qui a esté pendant la domination des Romains & des Goths. On pourroit ajouster que c'est par la ruïne de l'ancien port de Pontserme, jusques où les vaisseaux montoient par l'emboucheure du Promontoire de Venus, *Portus Veneris*, & au trauers des estangs de Vendres, & du lac appellé Rubrense, dans Pline, que s'est formé le port ou havre, dit de la Nouuelle, & ce Canal d'Aude qui passe dans Narbonne, & qui sert pour y amener les vaisseaux; par où elle est en ce temps vne des riches & opulentes villes de l'Europe, par la commodité d'vn beau Port & de la nauigation sur la mer Mediteranée qu'elle a du costé d'Orient, à douze milles de distance, comme a remarqué Pline. Enfin il y auroit quelque chose de curieux, & de diuertissant pour le Lecteur à rechercher, quelle a esté l'ancienne Religion des peuples de Narbonne, & particulierement quels estoient ces sacrifices de sang humain qu'ils faisoient autrefois à Auguste, quelles les mœurs, les habitudes, & le langage ancien de ce peuple; & en quel temps, & par qui il a receu les premieres lumieres de l'Euangile: Quelles les Loix, le gouuernement & la police de cette ville, & quelles estoient les prerogatiues & les priuileges dont elle joüissoit sous les Romains, & sous tant de diuers

de Narbonne. 5

Maiſtres & de diuers Seigneurs qu'elle a reconnus juſqu'au temps qu'elle commença à eſtre gouuernée par ces Ducs, Marquis & Comtes, dont j'ay entrepris de parler.

Mais comme pour raconter toutes ces choſes il faudroit vne hiſtoire particuliere, je me contenteray de dire, que ce qui fait la veritable & la ſincere deciſion de celle-cy, qui a pour ſujet les Ducs, Marquis & Comtes de Narbonne, qui ont eſté depuis le temps des Roys Pepin & Charlemagne, c'eſt qu'ils ſont vne meſme choſe auec ceux qui ont eſté appellez Ducs de Septimanie, Marquis de Gothie, & Princes des Goths, quoy que cette diuerſité & cette confuſion de noms ait perſuadé à pluſieurs, qui ont meſuré l'authorité des vns & des autres, pluſtoſt par la difference de leurs titres que par l'eſtat de la Prouince de Languedoc, que c'eſtoient des Charges & des Gouuernemens diſtincts & ſeparez. Auec cela pourtant ils ont eſté juſques icy ſi peu connus de nos Hiſtoriens, que les plus exacts & les mieux éclairez, n'ont ſçeu, ny en faire le juſte diſcernement, ny expliquer la raiſon pour laquelle les Comtes de Toloſe ont autrefois affecté auec oſtentation le titre de Ducs de Narbonne. Et parmy ce nombre Monſieur Catel Conſeiller au Parlement de Toloſe, qui a trauaillé à l'Hiſtoire de ſes Comtes auec beaucoup de ſoin & de contention d'eſprit, ne pouuant non plus trouuer de fondement à cette nouueauté, conclud enfin que tout cecy vint de l'vſurpation de la ville de Narbonne, qu'il attribuë à Raymond de S. Gilles, d'autant, dit-il, que propremét les Ducs font ceux à qui appartiennent les villes Metropolitaines, comme estoit Narbonne, laquelle depuis les Romains estoit en cette prerogatiue d'estre le siege des Gouuerneurs de la Prouince, que tous les curieux sçauent auoir porté le titre de Ducs. Ce n'est pas que quelques-vns n'ayent fort bien rencontré pour ce qui regarde le titre de Marquis de Gothie, quand ils ont dit, que les Comtes de Tolose se sont long-temps qualifiez Marquis de Gothie, à cause du Bas Languedoc, parce qu'il est marche, c'est à dire, frontiere d'Espagne, le titre de Comtes de Tolose leur estant donné à raison du haut Languedoc, dans lequel se trouue Tolose, principale ville de la Prouince. C'est pourquoy Monsieur d'Elbene Euesque d'Alby a eu raison de donner au traitté qu'il a fait des Marquis de Gothie, le tiltre de *Gente & familia Marchionum Gothiæ, qui postea Comites sancti Ægidij & Tolosates dicti sunt*; estant veritable que les premiers Comtes de Tolose ont esté Princes de Narbonne, Ducs de Septimanie, & Marquis de Gothie, & que depuis cette dignité ayant demeuré vague & incertaine dans la maison des Comtes de Tolose, elle y fut enfin restablie par Raymond de S. Gilles, si renommé dans les Histoires, lequel comprit tous les titres que ses predecesseurs auoient portez sous celuy de Duc de Narbonne, qu'il transmit à ses descendans. Mais il faut aduoüer aussi qu'ils ont eu d'autre part de fort mauuais memoires, lors qu'ils ont dit que les Vicomtes de Narbonne ayant refusé de rendre à l'Archeuesque de Narbonne, l'hommage qu'ils luy deuoient, à cause que la moitié de la ville estoit à eux; L'Acheuesque prit de là sujet d'appeller en pareage les Comtes de Tolose, c'est à dire, partager auec eux la seigneurie de Narbonne, afin de remettre plus facilement les Vicomtes aux termes de leur deuoir; & que delà les Comtes de Tolose ont pris le titre des Ducs de Narbonne. Il est certain que le Roy Pepin pere de Charlemagne, donna à l'Archeuesque de Narbonne la moitié de la ville de Narbonne, auec ses tours, & l'octroy de la moitié des droits d'entrée & de sortie sur les denrées, sur les vaisseaux, & sur les salins, que le Comte de la Cité auoit de coustume de leuer, comme témoigne Charles le Chauue dans vn acte de l'an 844. qui est aux Archiues de l'Archeuesché de Narbonne, produit par Monsieur Catel en la vie de l'Archeuesque Berarius, & que le Roy Eudes ou Odon, par concession de l'an 888. y ajousta la moitié des droits que le Comte de Narbonne auoit accoustumé d'exiger dans l'estenduë du Comté de Narbonne. Mais que ce soit à raison de cette moitié de la Cité & Comté de Narbonne donnée aux Archeuesques par les Roys Pepin & Odon, que ceux là ayent depuis appellé en pareage les Comtes de Tolose, & que ceux-cy ayent pris de là le titre de Ducs de Narbonne, c'est vne erreur qui s'éuanoüit par cette seule remarque, que de tous les Archeuesques, seigneurs de la moitié du Comté de Narbonne, Arnaud Amalric, qui viuoit du temps du Comte de Monfort, a esté le premier qui a pris le titre de Duc de Narbonne, & qu'au contraire les anciens Comtes de Tolose, dés le temps de Charlemagne, ont pris le titre de Princes de Narbonne, conjointement auec celuy de Princes de Tolose, comme il se verra par vn acte du temps de Charlemagne, lequel sera produit tout entier à la fin de cette Histoire. Aussi pour dire les choses comme je les conçois, le Comte Raymond de Saint Gilles, Comte de Narbonne, ayant esté protecteur de Guifredus & de Dalmas consecutiuement Archeuesques de Narbonne, contre les Vicomtes de la mesme ville, & comme Superieur de ceux-cy, ayant fait rendre & restituer à ces Archeuesques ce qu'ils auoient vsurpé sur eux, ainsi que nous verrons en son lieu; de là vint le titre de Duc de Narbonne, que Raymond de Saint Gilles prit depuis, & qui selon mon opinion luy fut donné le premier par l'Archeuesque Dalmas, ensuite de son restablissement dans le siege Episcopal, dont il auoit esté chassé par les Vicomtes, & sous lequel titre de Duc de Narbonne, Raymond de Saint Gilles Comte de la mesme, ville comprit tous ceux que ses Ancestres auoient portez, de Princes, Marquis & Comtes de Narbonne, de Princes des Goths, de Ducs de Septimanie, & de Marquis de Gothie. Il affecta d'autant plus volontiers ce nouueau titre de Duc de Narbonne, que ses predecesseurs auoient si fort relâché, tant de l'authorité de Ducs de Septimanie, & de Marquis de Gothie, que de celle de Comtes de Narbonne, que Raymond & Hugues, Comtes de Roüergue, ses predecesseurs, dans la maison desquels la dignité Comtale

de

de Narbonne s'eſtoit fonduë, comme nous verrons dans la ſuite, n'auoient eſté reconnus par les Vicomtes de Narbonne, qu'en qualité de ſimples Seigneurs de cette ville, & luy meſme ſe trouue n'auoir au commencement porté non plus que le titre de Seigneur de Narbonne, qu'il changea en celuy de Comte, enuiron l'an 1080. & huict ans apres en celuy de Duc, qu'il fixa dans ſa famille, pour releuer par là l'éclat & la dignité de Prince de Gothie, qui de tout temps a appartenu au Comte de Narbonne, comme Comte Metropolitain.

Et pour mieux prouuer que la Principauté de Gothie eſtoit particulierement attachée à la ville de Narbonne, l'on en voit vne preuue fort certaine dans l'ancienne vie de Saint Theodard, Archeueſque de Narbonne, rapportée toute entiere par M. Catel, en la vie de cét Archeueſque, qui viuoit au temps du Roy Odo, ou Eude; parlant de Narbonne, il eſt dit, que *Principatus ejuſdem terrę ſpecialiter pertinet.* D'où, & de ce que dit l'hiſtoire ou Roman de la fondation de l'Abbaye de la Graſſe, contenant la priſe de Carcaſſonne & de Narbonne ſur les Sarraſins, ſçauoir que Charlemagne ayant donné à Aymeric fils d'Arnaud de Beaulande, le gouuernement de la Prouince de Narbonne, & des terres adjacentes, il luy dit ces paroles, *Per Narbonam eris Dux, & per Toloſam Comes,* on voit pourquoy Torſin ou Terſin Comte de Toloſe a porté le titre de Prince de Narbonne, & les autres Comtes de Toloſe indifferemment celuy de Ducs de Narbon-

B

Histoire des Ducs

ne, ou de Septimanie, & de Marquis de Gothie. Il estoit juste aussi que Charlemagne qui tire son origine du Senateur Ausbert, natif de Narbonne, lors qu'il restablit les Comtes dans toutes les Citez du Languedoc, suiuant la Police des Vvisigoths, pour y auoir auec le gouuernement de la ville l'administration de la Iustice distributiue, & des finances, qu'il restablit de mesme la ville de Narbonne chef de toutes les autres, & que le gouuernement general de la Prouince fut possedé par le Comte de Narbonne, comme Comte Metropolitain, sous le titre de Principauté ou Duché de Narbonne, ou Septimanie, qui est la mesme chose; afin que cette ville qui auoit eu l'honneur de seruir de berceau à celuy qui a le premier donné l'éclat & le lustre à sa race, tint toûjours le mesme rang, dans l'estat Politique, que dans l'estat Ecclesiastique, & qu'elle fut aussi bien la Metropolitaine de la Prouince en l'ordre temporel, qu'elle l'estoit en l'ordre spirituel. Il y auoit encore vne raison d'Estat qui l'obligea à cela, c'est que la Prouince de Languedoc estoit du costé de Narbonne, frontiere de l'Espagne, que les Mores occupoient, & du costé de la mer, regardoit l'Affrique; Si bien que pour tenir à couuert cette Prouince des incursions des Sarrasins, ce sage & prudent Monarque, jugea qu'il estoit necessaire d'establir en la ville de Narbonne vn Duc, ou Marquis qui eut l'intendance & le gouuernement general du païs, mesme le gouuernement particulier de quelques Citez ou Comtez, afin d'estre toûjours en estat de deffendre les limites

Vies M. S. des SS. Firmin & Ferreol Euesques d Vstz.

de cette Prouince contre les efforts des ennemis, & de donner secours aux Comtes de Gironne, de Barcelonne & d'Empuries, lors qu'ils se trouueroient attaquez. Nous verrons dans la suite que ce Gouuerneur general de Languedoc a porté indifferemment, tantost le titre de Duc & Comte de Narbonne, tantost de Prince & Marquis de Narbonne, vne fois celuy de Duc de Septimanie, vne autre fois celuy de Marquis de Gothie, & plusieurs autres-fois celuy de Prince des Goths, & qu'il a possedé en particulier, le Comté de Narbonne, & en diuers temps plusieurs autres Comtez du Languedoc, à cause dequoy ils portent par fois le titre de Comte conjointement auec celuy de Duc ou de Marquis. Cette varieté de noms ne doit pas estre trouuée estrange, ny prise pour vn deffaut chez les François, puis que parmy les Romains, qui ont esté les plus gráds politiques du monde, les Gouuerneurs des Prouinces ont esté appellez des diuers noms de *Pretor*, *Proconsul*, *Preses*, *Rector*, &c. ainsi que sçauent toutes les personnes intelligentes. Et voila vn exemple celebre dans l'Antiquité qui confirme la verité que je desire establir en ce traitté des Ducs de Septimanie ou de Narbonne.

Surquoy, & pour justifier les pretentions de l'Archeuesque de Narbonne, Arnaud Amalric, sur le Comté & Duché de Narbonne, & éclaircir vne fois pour toutes le droit que veritablement les Archeuesques de cette ville y pouuoient, & y peuuent encore pretendre, il faut remarquer que dans l'establissement des Eueschez, les Peres de la primitiue Eglise se

B ij

conformerent generalement par tout à l'ordre estably par les Empereurs Romains dans les Prouinces. De cette sorte, ce furent les villes qui estoient reconnuës sous le nom de Citez, qui eurent des Euesques, lesquels pour auoir en tous ces lieux là succedé aux anciens Magistrats Romains, sont apellez *Presules*, qui estoit anciennement vne diction propre pour signifier les Presidens des Prouinces sous les Romains, ainsi qu'on voit, tant dans le Droict, que dans Cassiodore, & autres anciens, dont on apprend que le nom de President estoit generalement donné à tous les Magistrats que les Romains enuoyoient pour gouuerner les Prouinces. Ceux qui ont succedé à l'auctorité des Vicaires du Prefet du Pretoire, s'appellent Primats, & les hommes d'erudition sont d'accord que leur jurisdiction comprenant sous soy plusieurs Metropolitaines, sont apellées par les Grecs ἐξαρκιάν, d'où est venu le nom de Patriarchat & de Patriarche, qui par cét ordre peut estre attribué à tous les Primats : Les Metropolitains ont succedé à l'auctorité des Proconsuls ou Presidens des Prouinces, & sont appellez Archeuesques, à cause qu'ils ont sous eux plusieurs Euesques ; & ces derniers ont succedé à l'auctorité des Magistrats des Citez inferieurs & subalternes aux Presidens des Prouinces. Ainsi les Euesques qui ont sous eux plusieurs Metropolitains sont appellez Archeuesques Primats, ou Primats des Primats, comme celuy de Vienne, pour auoir sous soy les Primats de Narbonne & d'Aquitaine ; Ceux qui ont plusieurs Euesques sous eux, Archeuefques Metropolitains; & ceux qui ont leur jurisdiction bornée dans l'estenduë du territoire d'vne seule Cité, sont simplement nommez Euesques, du mot Grec Επίσκοπιν, qui signifie Surueillant. Et bien qu'anciennement on appellast Diocese la jurisdiction du Vicaire du Prefect du Pretoire, qui répond au Patriarchat des Grecs, & paroisse tout ce qui estoit du ressort de chaque Euesque en particulier, neantmoins aujourd'huy on donne le nom de Diocese à tout ce qui est sous la jurisdiction de l'Euesque, & celuy de Parroisse à tout ce qui dépend des Eglises curiales; Et cela pour vne marque de l'excellence de la dignité Episcopale, qui rend ceux qui la possedent semblables à ces autres que les Empereurs Romains nommoient freres dans les Constitutions qui leur estoient adressées. Or est-il que la ville de Narbonne depuis qu'elle fut faite le siege du Preteur ou Proconsul de la Prouince de Narbonne, ayant esté toûjours conseruée en ce rang, & en cette dignité d'estre le chef & la ville principale de la Prouince, ainsi que nous verrons amplement au chapitre 3. les Archeuesques ont eu raison de pretendre, que le titre de Duc de Narbonne, qui répond proprement à celuy de Preteur, Proconsul ou President des Romains, & en vn mot de Comte Metropolitain, leur appartenoit priuatiuement & à l'exclusion de tout autre: Et cette pretention se trouue fortifiée par la donation faite par le Roy Pepin & ses Successeurs, de la moitié de la Cité & Comté de Narbonne, aux Archeuesques de Narbonne, & mesme confirmée, tant par les hommages que les Vicomtes hereditaires de Narbonne leur ont rendus, que par la confiscation qui a esté faite du Duché de Narbonne sur les Comtes de Tolose, pour crime d'heresie, & eschange fait depuis entre le Roy & le Comte de Foix, Vicomte de Narbonne, de ce Vicomté auec le Comté de Beaufort & autres Seigneuries. D'où, à raisonner juste sur cette question, l'on peut tirer cette consequence, que toute la dignité de Duc & de Comte de Narbonne, qui auparauant auoit esté comme partagée entre le Comte de Tolose, & l'Archeuesque de Narbonne, de tous lesquels le Vicomte de Narbonne estoit hommager, demeure entierement deuoluë en la personne des Archeuesques de Narbonne, successeurs d'Arnaud Amalric. Toutes ces veritez seront suffisamment esclaircies & establies dans la suite.

CHAPITRE II.

De l'origine du nom de Septimanie, & de Gothie.

A dignité de la matiere que je traitte, m'oblige auant que de passer outre, de dire en cét endroit, que la Prouince de Narbonne a cette prerogatiue d'estre de tout temps la premiere de toutes les Gaules, comme dit le Poëte Ausone.

tu Gallia prima togati
Nominis, attollis latio Proconsule fasces.

Et de là vient qu'elle a esté considerée comme vn Royaume particulier, non seulement du temps des Romains, selon Festus Auienus & Ausone, qui appellent disertement Narbonne, *Regnum*, Mais particulierement sous les Vvisigoths, successeurs des Romains, par concession expresse de l'Empire, ainsi qu'il est constant, elle a porté le titre de *Regnum Septimaniæ*, comme l'on voit dans plusieurs anciens actes. Depuis ce temps Luibual vn des Roys des Vvisigoths d'Espagne a pris celuy de Roy de Narbonne, en suite du partage fait auec son frere Lou-

Memoires de l'histoire de Languedoc. p. 35.

vigilde; de mesme que les Roys des Vvisigoths ses predecesseurs qui ont regné en Languedoc, auoient pris celuy de Roys de Tolose, à cause que cette ville fut le lieu de leur residence ordinaire.

Sur cecy, pour ne pas dissimuler mon sentiment touchant l'origine du nom de Septimanie, ie diray icy en passant, & par maniere de disgression, que j'infere des paroles d'Auienus.

atque *Narbo Ciuitas,*
Erat ferocis regni maximum caput.

Que Narbonne a donné le nom à la Septimanie, & non la ville de Besiers; & voicy comment. C'est que Narbonne estoit la plus illustre des sept Prouinces dont l'assemblée generale des Estats se deuoit faire tous les ans, depuis les Ides d'Aoust, jusqu'aux Ides de Septembre, en la ville d'Arles, où apres la ruïne de la ville de Treves par les Vandales, l'an 406. le siege du Prefect du Pretoire des Gaules fut transporté, par ordonnance du Prefect Petronius, confirmée par celle d'Honorius, de l'an 418. publiée par le Pere Sirmond. De sorte qu'ayant esté destachée du corps de ces sept Prouinces, par la donation que l'Empereur en fit à Alaric Roy des Vvisigoths, elle prit de là le nom & la dignité de *Regnum Septimanię* à *Septem*, ou *Septimana Prouincia*, comme qui diroit que les Romains donnerent aux Goths la septiéme des Prouinces des Gaules, laquelle pour son excellence portoit déja le nom de Royaume. Et à vray dire le mot
de

de Septimanie n'est employé seulement que dans les Autheurs qui ont écrit depuis la donation du Languedoc faite aux Vvisigoths, & mesmes la plus-part de ceux-cy se sont indifferemment serius du nom de Septimanie & de Gothie, pour ce qu'il signifie presque la mesme chose, comme ayant vne mesme origine, au lieu que si le pays eut emprunté le nom de Septimanie de la septiéme Legion logée à Besiers, Ausone en eust fait quelque mention, comme homme qui estoit instruit à fond de l'estat de nostre Prouince, qu'il appelle Royaume, sous le nom general de Narbonne.

Nec tu Martie Narbo silebere nomine cujus
Fusa per immensum quondam Prouincia regnum,
Obtinuit multos dominandi iure Colonos.

Ce qui me donne vn grand soupçon, que le Roy Ataülphe successeur d'Alaric estant venu planter son Siege royal en la ville de Narbonne, où il épousa Galla Placidia, sœur de l'Empereur Honorius, enuiron l'an 412. prit alors le titre de Roy de Narbonne, mais il en fut bien tost priué par les armes du Comte Constance, Lieutenant general de l'Empereur Honorius, lequel estant demeuré victorieux du Tyran Constantin & de ses enfans, attaqua Ataülphe auec toute la fureur qui accompagne vn guerrier, qui poursuit le rauisseur de sa maistresse, & l'obligea de se retirer à Barcelonne auec sa nouuelle épouse; en quoy celuy-cy commit vne faute pareil-

C

le à celle de Marc-Antoine, qui abandonna lâchement la bataille pour fuiure fa Cleopatre, d'où vient, à mon aduis, la deuife qu'on donne à Ataülphe. FVGIT GALLVM, SEQVITVR GALLAM. Quoy qu'il en foit, cette Prouince ou Royaume de Septimanie, a efté appellée le Royaume de Tolofe pendant tout le temps que les Roys des Vvifigoths ont tenu leur Siege dans cette ville; & il eft certain que pour lors la Septimanie comprenoit beaucoup plus de villes & de Citez qu'elle ne fit pas depuis que Clouis eut enleué aux Vvifigoths la ville de Tolofe: Car dés ce moment, le nom de Septimanie ne defigna feulement que les Citez de Narbonne, Carcaffonne, Befiers, Agde, Lodeve, Maguelone, Nifmes, Elne & Collievre, dont les Euefques auoient accouftumé d'affifter aux Synodes de Tolede; les autres Citez du Languedoc, comme font Tolofe, Vfez, Geuaudan, Viuiez, Alby, & Cominge eftans demeurées au pouuoir des François. Ainfi dans Sidonius, la Septimanie eft proprement tout le Languedoc tel qu'il eft aujourd'huy: Et le docte Pere Sirmond fur les paroles de cét Autheur, où il fe plaint de ce que les Goths ne fe contentant pas de leur Septimanie, auoient encore tâché par la force des armes d'vnir à leur nouueau Royaume le pays d'Auuergne, a écrit en fes nottes, que la Septimanie a efté la premiere demeure des Goths dans les Gaules; Et vn peu plus bas il dit pofitiuement, que c'eft la Prouince de Narbonne, & que c'eft vne chofe dont plufieurs Autheurs demeurent d'accord. Dans Gre-

Sidon. Ep. l. lib. III.

de Narbonne. 19

goire de Tours, il en va tout autrement: Car la Se- *Greg. Tur.*
ptimanie n'est pour le plus, que ce qui estoit demeu- *lib. 1. c. 30.*
ré au pouuoir des Vvisigoths, depuis la ville de Car- *Lib. 8. c. 28*
cassonne jusques à Nismes, bien qu'il apparoisse dans *30. Lib. 9. c.*
le testament de Saint Remy, que depuis mesme que *v. 13. 31.*
le haut Languedoc eust passé de la domination des
Goths, en celle des François, on ne laissoit pourtant
pas de luy donner quelquefois le nom de Septimanie;
Et cecy se voit en ce qu'il fait expresse mention que
Clouis auoit donné des biens à l'Eglise de Rheims,
dans la Septimanie, ce qui ne peut pas estre entendu
du bas Languedoc, puis que Clouis ne le possedoit
pas. Aussi comme le mot de Septimanie tout seul
disoit trop, Isidore de Seuille semble auoir pour cet- *Isidorus in*
te raison vsé de cette modification de donner à toute *cron. Goth.*
la Septimanie, que les Vvisigoths auoient retenuë,
le sur-nom de Gaule Gothique ou Gothie; & depuis
ces deux noms de Septimanie & de Gothie luy ont
esté continuez indifferemment dans Fredegarius, *Fred. Chro.*
Eginhard, & plusieurs autres. Il est vray que pour *cap. 109. &*
l'establissement de nos Ducs, Marquis & Comtes de *ad an. 760.*
Narbonne ou de Septimanie & de Gothie, il faut
prendre garde de ne confondre pas la Septimanie
auecque le païs de Tolose, d'autant que ces deux païs
estoient distinguez l'vn de l'autre du temps de Charlemagne, ainsi que l'on peut voir dans le partage qu'il
fit entre ses enfans, donnant à Louis la Septimanie
ou Gothie, & à Charles l'Aquitaine & la Gascogne:
Et plus particulierement l'on reconnoit cette distinction par le dénombrement des Monasteres, arresté

C ij

Histoire des Ducs

au Concile d'Aix en Allemagne, sous Louis le Debonnaire, l'an 817. Car ceux du païs de Tolose, *in pago Tolosano*, y sont specifiez separement, de ceux de l'Aquitaine & de la Gascogne, & à vn chapitre particulier ceux de la Septimanie. Enfin cette Prouince appellée indifferemment Septimanie ou Gothie, a pris le nom de Languedoc, de Langue de Oc, car oc, veut dire oüy en Languedoc, non pas langue des Goths, comme quelques-vns ont écrit: Et cette denomination a pris son origine, de ce que lors de la distribution que nos Roys firent il y a trois cens cinquante ans, de leur Royaume en deux langues (Langued'oüy, & Langued'oc) le pays de la Prouince Narbonnoise fut establi chef de la langue d'oc, & le Parlement, qui a esté depuis fait sedentaire à Tolose, ordonné pour les peuples qui auoient l'Idiome semblable. Voila comment tout le pays que nous comprenons maintenant sous le nom de Languedoc, a esté autrefois appellé des diuers noms de Prouince de Narbône, de Septimanie, & de Gothie: Et de la sorte les Gouuerneurs de cette belle Prouince ont esté appellez Preteurs, Proconsuls & Presidens de Narbonne sous les Romains, Ducs & Comtes de Narbonne sous les Vvisigoths: Et enfin ont porté indifferemment le titre de Princes de Narbonne & des Goths, de Ducs de Septimanie, & de Narbonne, & de Marquis de Gothie, & de Narbonne sous les François; Et c'est de ces derniers que nous allons parler. Et pour conclusion de leur histoire nous ferons voir au dernier chapitre, que le titre de Duc est aujourd'huy deub legitimement aux Archeuesques de Narbonne, à raison de ce que la confiscation de ce Duché sur Raymond dernier Comte de Tolose pour cause d'heresie, eschange fait depuis du Vicomté de Narbonne auec le Comté de Beaufort, & reünion de l'vn & de l'autre à la Couronne, ne regardent que cette portion du Comté que possedoit le Vicomte en arriere-fief du Duc; & que d'ailleurs l'Archeuesque de Narbonne joüit & possede encore l'autre partie de la Cité & Comté de Narbonne, & que pour le surplus du Duché & Vicomté qui est à present entre les mains du Roy, les Ducs & Vicomtes luy deuoient autrefois hommage & serment de fidelité.

CHAPITRE III.

Estat sommaire des diuers Gouuernemens du pays de Languedoc, appellé cy-deuant & Septimanie & Gothie.

VE si toutesfois le Lecteur curieux desire auant que de voir quel a esté le gouuernement des Ducs de Septimanie, & Marquis de Gothie sous les François, apprendre quels ont esté les diuers gouuernemens de cette Prouince, à commencer aux Tectosages jusques à ces derniers, d'où se sont écoulez enuiron douze cens ans; Il remarquera que long-temps deuant que les Romains eussent estendu leur domination dans les Gaules, cette partie que nous appellons aujourd'huy Languedoc, estoit possedée par des peuples appellez Volcques Tectosages, Volcques Arecomiques, & autres noms, comme je montre dans vne autre sujet, lesquels viuoient sous le gouuernement Aristocratique. Strabon parlant du passage de nos Tectosages en Asie, dit qu'ils establirent en ce pays là, la mesme police, & le mesme gouuernement, dont on auoit l'vsage en leur pays natal, & que suiuant cette disposition ils departirent les terres où ils firent dessein de demeurer, en quatre princi-

<small>Strab. Geograp. l. 12.</small>

pautez appellées Tetrarchies, & qu'en chaque Tetrarchie ils créerent vn Duc ou Tetrarque auec vn Iuge, vn Mareschal de Camp des armées, & quelques autres Officiers, & vn Conseil de douze pour deliberer de toutes les affaires concernant la Iustice, Police, Milice & finances, horsmis de celles de la derniere importance, & particulierement en ce qui regardoit la puissance du glaive, auquel cas l'assemblée se faisoit de tous les Estats, & estoit composée de cent hommes de chaque quartier ou departement, choisis & establis par l'auctorité publique. Et il faut noter qu'en Asie, ce Conseil ou Assemblée generale des Volcques n'estoit composée que de trois cens, à cause, peut-estre, qu'ils n'estoient là que trois peuples du Languedoc, sçauoir les Tolistoboges, les Tectosages, & les Troëmes: Les Tolistoboges, sont pris pour ceux de Tolose, & de l'ancien *pagus Tolosanus*, comprenant le Foix, qui est le pays des Volcques Dariens chez Ptolemée, & l'Albigeois qui est le pays des Ruteniens Prouinciaux de Cesar: Les Tectosages, estoient tous les autres peuples du Languedoc, voisins de Narbonne, comme sont ceux de Carcassonne, de Roussillon, de Besiers, & d'Agde; & les Troëmes sont aussi peuples de nostre Prouince, puis qu'ils viuoient sous mesmes loix, parloient mesme langage, & vsoient de mesme habits, suiuant le mesme Strabon, & l'on peut croire que ce sont ceux des montagnes des Ceuenes & du Geuaudan, lesquels auoient emprunté le nom de la riuiere Troueyre, dont plusieurs Autheurs ont parlé. On voit de là que les Volcques Arecomiques, qui sont ceux de Nismes, & des autres villes du bas Languedoc, n'estoient pas en Asie auecque les autres: Et s'ils y eussent esté, Strabon eust sans doute dit, que le Conseil & Assemblée generale des Estats des Volcques, estoit composé de cent hommes de chaque quartier & departement ou Tetrachie. Ainsi les peuples de Languedoc, lors qu'ils s'assembloient en corps d'Estats, estoient en nombre de quatre cens. Voila quel estoit au vray l'estat & le gouuernement du Languedoc, au temps des Tectosages, selon Strabon: Et sur vn autre sujet je fais voir que nos anciens Gaulois auoient emprunté cette forme de gouuernement des Grecs, par le moyen des alliances qu'ils contracterent auec les Phoceens, fōdateurs de Marseille, Agde & autres villes de la Gaule Narbonnoise. Tite-Liue confirme tout ce que dessus, & remarque que la supplication des Ambassadeurs Romains qui passerent d'Espagne en Languedoc, pour demander aux Gaulois qu'il leur pleust de ne point donner passage dans leurs terres à Annibal, fut faite en des Conseils ou Assemblées, où le peuple se trouuoit en armes; dont les Ambassadeurs furent estonnez. Et de l'vn & de l'autre de ces deux Autheurs, desquels nous nous seruons pour l'appuy & le fondement du veritable gouuernement du Languedoc auant les Romains, nous apprenons qu'il n'y auoit point de Magistrat sous l'estat Aristocratique des Volcques, qui peut, ny condemner à mort, ny resoudre des affaires de la paix ou de la guerre, sans la participation & le consentement

de Narbonne. 25

sentement du peuple; les Tetrarques estoient seulement Souuerains en temps de guerre, pour tout ce qui regardoit la charge & le commandement des armées.

Or les Romains ayant sousmis cette illustre partie des Gaules par les armes victorieuses de *Q. Fab. Maximus*, ils laisserent à ses peuples l'vsage de toutes leurs Loix, Libertez, & Coustumes, comme l'on apprend de Cesar en ses Commentaires, & de Ciceron en l'oraison pour Fonteius, ainsi que je verifie ailleurs; ce qui fut confirmé par Auguste aux Estats generaux qu'il tint à Narbonne, comme je montreray au mesme endroit, auec l'auctorité d'vn lieu de l'Epitome de Tite-Liue, dont je dois la remarque & l'explication à vn des plus sçauans Prelats de ce temps, c'est Monseigneur l'Illustrissime Archeuesque de Tolose. Ie ne m'amuse pas à produire icy les preuues qui seruent pour monstrer que la Prouince de Languedoc jouissoit du Droit Latin, c'est vne chose si connuë, que la discussion en seroit vn labeur inutile; Il suffira seulement que je die, que quoy que *Ius Latinum*, ou autrement *Iuris Ital.* fut inferieur au Droict Romain, que neantmoins il acqueroit aux villes la faculté d'estre regies par leurs propres Loix, sans estre obligées de subir la jurisdiction ordinaire, & immediate des Magistrats Romains. Selon ces Loix & ces Coustumes, il y auoit en chaque ville capitale, c'est à dire, en chaque Cité de la Prouince, vn Gouuerneur particulier que les Romains appelloient Tribun ou Prefect, & vn Iuge, auec vn Conseil de

Lib. 1. cõment.

D

douze; Et ces derniers sont proprement ceux qui ont esté appellez Decurions sous les Romains, & qu'autrement on nomme Senateurs Municipaux, d'autant qu'ils n'estoient pas Officiers de l'Empire, mais seulemét ils estoient choisis & establis par les Prouinciaux. Sur tout ceux cy estoit le Preteur ou Proconsul, dont le siege fut establi en la ville de Narbonne, & celuy cy auoit la souueraine intendance de toutes les affaires, tant de la paix & de la guerre, que de la justice & des Tributs, que le peuple payoit aux Romains, & qui estoiét exigez par vn Magistrat apellé Questeur. Pour cét effet ce Preteur ou Proconsul assembloit de temps en temps de la part du peuple ou de l'Empereur de Rome, les Officiers & personnes notables de la Prouince, pour traitter des affaires publiques. L'on voit dans le huictiéme Liure des Commentaires de Cesar, que les lieux d'Assemblée, où estoient aussi les Sieges & Tribunaux de Iustice dans nostre Prouince, estoient appellez *Conuentus*; & soit dans la Constitution de l'Empereur Honorius, publiée par le Pere Sirmond, que dans l'Epitome de l'abregé de Tite-Liue, l'on y apprend que ce nom signifie proprement des Assemblées d'Estats generaux, que les Loix du Code Theodosien, dont nos anciens Gaulois ont eu long-temps l'vsage, appellent indifferemment, & *Conuentus*, & *Prouinciale Concilium*. Telles Assemblées d'Estats generaux, appellées depuis Parlemens, se tenoient ordinairement en la ville de Narbonne, & quelquefois, suiuant la volonté du Proconsul, en quelqu'vne des autres Citez de la Prouince. C'estoit là, que suiuant le Droict Ciuil du pays, l'on auoit accoustumé de rendre des jugemens publics sur les matieres de consequence ; Et de l'illustre nombre des Sçauans hommes, qui dans ces belles occasions faisoient esclatter leur doctrine, a esté Aprunculus, lequel de simple Aduocat paruint à la dignité de Proconsul de Narbonne, où il fut esleué pour son merite. Les Personnes intelligentes, sçauent que dans le Droict, dans les Loix du Code Theodosien, dans les Iurisconsultes, dans Cesar, dans Ciceron, & generalemét dans tous les Anciens, la diction *Ciuitas* signifie toute sorte de villes, que la disposition de l'Empire reconnoissoit pour les chefs de tout vn peuple. De là est venu que les villes Episcopales pour en auoir plusieurs autres sous elles, sont nommées Citez, dans les Decrets des Conciles, & dans les Anciens Historiens Ecclesiastiques, jusques là mesme qu'autrefois les Euesques signoient indifferemment, ou du nom de la Cité d'vn tel peuple, ou de celuy du peuple d'vne telle Cité.

Mais ce qui est principalement à remarquer, & que nous ne pouuons pas obmettre, c'est, que de mesme qu'il y a eu diuers changemens en l'Estat Romain, qui de Monarchique se changea en populaire, & puis apres retourna en son premier estat ; aussi y a-il eu plusieurs changemens en Languedoc, & par consequent plusieurs degrez (pour ne pas dire plusieurs variations) en la Magistrature & gouuernement de de cette belle Prouince, dont la discussion est vn peu dificile, parce que les anciens Autheurs n'en parlent

D ij

pas precisement. Ce qu'il y a de plus asseuré, c'est que le Languedoc est la quatriéme Prouince que les Romains erigerent, à cause dequoy elle porte le nom de Gaule Prouinciale dans Cesar; Et depuis, Auguste ayant en des Estats generaux tenus à Narbonne confirmé à cette Prouince toutes ses Libertez & Coustumes, & establis la ville de Narbonne le chef de tout le pays, qui a esté compris sous le nom de Gaule Narbonnoise, il attribua aussi au Preteur, ou Proconsul de Narbonne le mesme pouuoir & la mesme auctorité dans l'estenduë de sa Prouince, que le Prefect du Pretoire auoit dans la ville de Rome. Ceux qui ont pris le soin d'apprendre les choses du temps passé, sçauent que ce Prince diuisa tout le corps des Gaules en quatre, Adrian en quatorze, & puis Theodose ou ses enfans Arcadius, & Honorius en dix-sept, les vnze desquelles estoient Consulaires, & aux autres les Gouuerneurs portoient le titre de Presidens; & de ce nombre estoit Narbonne. L'on apprend de là, qu'au commencement le Gouuerneur de la Prouince de Narbonne fut appellé Preteur, puis Proconsul, & enfin President, Charges qui n'estoient qu'Annuelles, ou Triennalles pour le plus. Ils n'ignorent pas aussi qu'Auguste establit dix diuers Pretoires, comme écrit Strabon, & que celuy qui fut erigé en la ville de Narbonne auoit sous sa Iurisdiction tout ce qui a esté appellé Gaule Narbonnoise, comprenant auec le Languedoc ou Narbonnoise premiere, la Prouence appellée Narbonnoise seconde, la Viennoise, la Lyonnoise, & les Alpes maritimes;

à quoy Galba adjoufta les Alpes Graies & Pennines, suiuant Pline. Bref ils font pleinement informez qu'il n'y auoit au commencement dans l'Eftat Romain qu'vn Prefect du Pretoire, deuant lequel il y auoit appel des Iuges Prouinciaux, & les jugemens de celuy cy qui eftoient fans appel, eftoient de pareille auctorité que s'ils euffent efté prononcez par la bouche du Prince mefme: Et qu'enfin fous Conftantin le Grand, & les Empereurs fuiuans, le nombre a efté precifement de quatre, entre lefquels l'adminiftration de tout l'Empire eftoit partagée. Le dernier s'appelloit *Prefectus Pretorio Galliarum*, & auoit fous fa jurifdiction toutes les Gaules, toute l'Efpagne, l'Angleterre & les Ifles adjacentes; Son Siege eftoit à Treves en Allemagne, & de là il fut tranfporté en la ville d'Arles, apres la ruïne de la ville de Treves par les Vandales, comme nous auons dit au chapitre precedent. Par cét eftabliffement, l'auctorité du Preteur ou Proconful de Narbonne, ne fut plus fi grande qu'elle auoit efté auparauant: Car alors il receuoit les Commiffions, du Prefect du Pretoire, pour tout ce qui regardoit les affaires de la paix & de la guerre, & les impofitions & leuées dans la Prouince; au lieu qu'auant ce temps-là, il les receuoit immediatement du Senat, ou de la Cour du Prince mefme. Il affembloit toutes les villes & toutes les perfónes notables en corps d'Eftats, pour en deliberer, & pouruoir au departement & exaction, fuiuant l'ordre & la couftume du pays de Languedoc, qui n'a jamais fuby de Tribut pour les perfonnes, comme les autres

Prouinces, mais seulement pour les biens & heritages, sur lesquels les Romains se reseruerent la Seigneurie vniuerselle, & laisserent la directe aux proprietaires ; d'où ont pris leur origine les Allodiaux. Pour reconnoissance le peuple faisoit tous les ans ses dons gratuits au Prince, & ensuite les Magistrats Municipaux en ordonnoient le regalement selon la faculté d'vn chacun. Ainsi le cayer de leurs doleances, qui se portoit au commencement, ou au Senat sous l'estat populaire, comme il fut fait contre Marc Fonteie, ou deuant la personne du Prince mesme, dés le temps d'Auguste, estoit porté depuis au siege de la Prefecture. Là on se pouuoit plaindre du Proconsul, & l'accuser mesme de concussion & de maluersation en sa charge s'il en estoit trouué coupable ; & pour tout dire, enfin, l'on y pouuoit poursuiure par voye d'appel la reformation des sentences qu'il auoit renduës auec ces Assesseurs aux procez & differents des particuliers. Il y a plusieurs textes dans le Code qui justifient cette verité, que les Gouuerneurs & Presidens des Prouinces estoient sujets à la censure du Prefect du Pretoire.

Mais pour mieux comprendre cecy, il faut remarquer que le Prefect du Pretoire des Gaules estably à Treues, eut trois Vicaires ou Lieutenans generaux dans les Gaules ; l'vn tenoit son siege en la ville de Treues, & auoit sous sa jurisdiction les deux Belgiques, & les deux Germanies : L'autre en la ville de Lyon qui auoit pour son ressort les quatre Lyonnoises, & la Prouince des Sequanois ou Bourguignons, &

le troisiéme en la ville de Vienne, ayant sous soy les huict Prouinces sur-nommées, Viennoises, sçauoir la Viennoise premiere, les deux Narbonnoises, les Alpes Maritimes, les Alpes Graies & Pennines, les deux Aquitaines, & la Nouempopulanie. C'est la remarque du docte Scaliger en sa Notice: Et il faut noter en passant, que les frequens changemens des Gaules, par la subdiuision des Prouinces, de quatre en quatorze, & de quatorze en dix-sept, qui est la distribution que represente la Notice, n'altererent rien à l'ordre politique, & gouuernement particulier de nostre Prouince, quoy que celuy de la qualité & dignité de son Gouuerneur en donne d'abord quelque soupçon, en ce qu'au lieu du nom & titre de Preteur, & puis de Proconsul, qu'il portoit auparauant, il n'eust plus enfin que celuy de President. Bien que Xenophon die, que tous changemens de Republiques sont mortels, & qu'il n'y a pas moins d'inconuenient à la trop frequente mutation des Gouuerneurs que si l'on faisoient de nouuelles Loix, & vne administration toute nouuelle: Il est certain neantmoins que ces promotions n'apporterent aucune nouueauté, horsmis seulement qu'il y eust vn plus grand nombre de Gouuerneurs, qu'il n'y auoit auparauant: chose que les Empereurs inuenterent, soit par raison d'Estat, soit pour vn moyen de pouuoir par là recompenser les gens de valeur. Et certes si nous voulons mesurer ce temps-là sur celuy d'aujourd'huy, nous trouuerons que comme le gouuernement politique du Languedoc est le mesme entre

Not. Imp.

les mains de trois Lieutenans du Roy, qu'il estoit autrefois entre les mains d'vn seul, que semblablement sous le President de la Prouince establypar Theodose, il estoit le mesme que sous le Proconsul, & sous le Proconsul le mesme que sous le Preteur, & qu'il n'y auoit à dire, sinon que l'auctorité de ce dernier, j'entends du President, ne s'estendoit pas sur tant de peuples que celle des autres. A dire le vray, on voit dans le denombrement des dix Pretoires establis par Auguste, que le Preteur de Narbonne auoit sous sa jurisdiction tout le pays qui a esté nommé Gaule Narbonnoise, comprenant six diuerses Prouinces, comme nous auons veu: l'vne desquelles qui est la Lyonnoise, en ayant esté retranchée par Constantin, ce qui demeura sous le ressort du Vicaire du Prefect du Pretoire establi à Vienne, s'appella les cinq Prouinces, ausquelles Theodose ou ses enfans adjousterent les deux Aquitaines, & la Nouempopulanie, d'où vint le nom des huict Viennoises. En effet, le partage que fit Adrian, qui (comme nous auons dit) diuisa tout le corps des Gaules en quatorze Gouuernemens, ou Prouinces, n'osta rien au Preteur ou Proconsul de Narbonne, en ce qui regarde le pouuoir & jurisdiction Pretoriale; Car il fut toûjours Gouuerneur & Lieutenant general de toute la Gaule Narbonnoise d'Auguste & de Galba, & les Gouuerneurs particuliers des Prouinces qu'elle comprenoit, & dont le nombre estoit plus grand du temps d'Auguste & des Empereurs suiuans, par la subdiuision d'Adrian, estoient comme ses Lieutenans generaux. Des jugemens

Strab. lib. 17. Geogr.

mens & sentences de ceux-cy, il y auoit appel par deuant le Preteur ou Proconsul de Narbonne, dont l'auctorité estoit semblable à celle du Preteur de Rome ; comme nous auons dit. Il en fut tout autrement sous Constantin, qui retrancha au Proconsul de Narbonne cette grande iurisdiction qu'il auoit auparauant, laquelle fut partagée entre les deux Vicaires du Prefect du Pretoire, dõt l'vn auoit son siege à Lyon, & l'autre à Vienne. Par ce moyen Narbonne perdit sa superiorité, & deuint subalterne de Vienne ; car dés lors les appellations du Proconsul de Narbonne se releuoient deuant le Vicaire du Prefect estably à Vienne. Quoy qu'il en soit pourtant, le Languedoc ne vit rien changer à ce qui estoit de sa disposition politique, comme il se peut colliger de Sextus Rufus, en son Breuiaire adressé à l'Empereur Valentinian, qui represente l'estat des Gaules, tel qu'il estoit de son temps, suiuant & conformement au departement d'Hadrian. Depuis elle s'y est inuiolablement maintenuë, & a tousiours fait vn seul corps, & vne seule Prouince, bien qu'elle ayt esprouué vn notable changement dans l'estat Ecclesiastique, qui luy a osté les Citez de Geuaudan, de Viuiez, de Comenge, & d'Alby, lesquelles estoient anciennement de la Gaule Narbonnoise premiere, ou Languedoc, comme elles le sont encore en l'ordre politique, ainsi que ie montre en vn autre sujet. Aussi void on que la dignité de Metropolitaine a esté conseruée à la ville de Narbonne, non seulement en la distribution d'Auguste, & par les reglemens d'Hadrian, mais encore & plus

E

formellement par les departemens de Constantin & de Theodose. De là vient que l'Archeuesque de Narbonne a pris le titre, de *Archiepiscopus primæ sedis*, comme Euesque *in Narbonensi prima*, & a pretendu le droit de primatie sur le Metropolitain d'Aix, d'autant qu'il n'est que *in Narbonensi secunda*.

Tant y a que le pouuoir du Proconsul de Narbonne, soit deuant, soit apres l'establissement du Pretoire des Gaules à Treues, & du Vicariat de Vienne ; & celuy du President de la mesme Prouince de Narbonne estably par Theodose, estoit semblable à celuy des Proconsuls & Presidens des autres Prouinces de l'Empire, qui consistoit à prendre soin des affaires de l'Estat, des Finances, & de la Iustice, & de tenir les Assemblées pour ce sujet dans les Citez qu'il iugeoit à propos, & le plus souuent dans celle qui estoit la Metropolitaine, où les bons Esprits, comme Votienus, Attanus, & Aprunculus dans Narbonne, selon Eusebe, Martial, & Ammian Marcellin, acqueroient de la reputation par leur doctrine & par leur eloquence. Cecy se void dans les loix inserées au Code Theodosien, au titre de *Legatis, & decretis legationum*, qui permettent aux personnes les plus honorables des Citez de tenir en la principale ville, les Estats ou l'Assemblée Prouinciale, pour y traicter & deliberer des affaires concernant le general de la Prouince, ou interest particulier de chaque Cité, & d'enuoyer apres par leurs Legats ou Deputez les actes de leurs Deliberations, & les cayers de leurs doleances au siege de la Prefecture. Les presens qui étoient faits au Prince en telles Assem-

Lib. 12. t. 12.

blées s'appellent aujourd'huy Dons gratuits, & pour lors s'appelloient *Aurum Coronarium*, dont il y a vn titre exprés dans le Code Theodosien. Voila vne preuue fort claire que c'est vn priuilege bien ancien en Languedoc, de s'assembler, comme l'on fait encore tous les ans en corps d'estats, pour faire le Don gratuit au Roy, deliberer des subsides & imposts, & autres affaires de la Prouince, & en suitte demander au Prince par ses Deputez la reparation des infractions à ses Priuileges, Loix, Libertez & Coustumes. Aussi doit-il passer pour veritable, que les Romains ayant accordé aux peuples du Languedoc, qu'ils auroient l'vsage de toutes leurs anciennes Loix, Libertez, & Coustumes, ils les laisserent par consequent maistres absolus de leurs personnes & de leurs biens, qui est principalement ce qu'en pays de conqueste les Romains ostoient aux vaincus. De cette sorte toute la Prouince demeura franche & libre, & ne paya aux Romains autre tribut que celuy que le peuple s'imposoit luy mesme, par les Dons gratuits qu'il faisoit tous les ans à l'Empire, en reconnoissance de sa souueraineté. On infere cecy de ce que dit Cesar à Ariouistus, & de ce que remarque Hircius, en l'endroit où il escrit que Cesar visita tous les lieux d'Assemblée de la Gaule Narbonnoise, recompensa toutes les villes de leur fidelité, & n'imposa aucuns tributs; & la deputation au Senat de Rome que firent nos Languedociens contre le Preteur Marc Fonteius, confirme la chose, puis que ce fut pour faire oster le tribut que ce Gouuerneur auoit voulu mettre sur les vins qu'on

Comment. lib. 1. & 8.

portoit d'vn bourg appellé Cobiomacus, situé entre Narbonne, & Tolose. Ainsi les personnes & les biens du païs de Languedoc demeurerent les mesmes sous les Romains, qu'ils auoient esté auparauant; Et tout au plus ce n'estoit que pour le transport, entrée, & sortie des denrées & des marchandises, que l'on payoit certain tribut sur les Frontieres, aux havres, & ports de mer, aux portes des villes, & sur les ponts & grands chemins. Sans doute qu'en toutes choses les peuples du Languedoc iouïrent des mesmes exemptions que les Citoyens Romains, les personnes & biens desquels estoient francs & libres, puis que les curieux sçauent que nos Prouinciaux furent faits participans des priuileges de Citoyens Romains, long temps auant que l'Empereur Antonin le Debonnaire, natif de Nismes, n'estendit cét honneur à tous les suiets de l'Empire, par la Constitution vniuerselle qu'il en fit. C'est pourquoy le Geographe Grec Strabon, qui florissoit lors que Iesus Christ vint au monde, a remarqué qu'encore de son temps on voyoit dans nostre Prouince, & particulierement dans la ville de Nismes, plusieurs personnes qui auoient esté Questeurs ou Ediles. Et Monseigneur l'Archeuesque de Tolose, dont la doctrine est au dessus de toute loüange, a fort doctement montré à sa premiere entrée aux Estats de Languedoc, que toutes les contributions qu'elle faisoit aux Romains, estoient ordonnées par l'Assemblée de la Prouince, en suitte de la demande du secours que le Prince faisoit par ses Commissaires, pour subuenir aux necessitez extraordinaires ; ce qui a esté successiuement continué par les Vvisigoths & par les François.

Mais, enfin, il y eut par la suitte des temps dans les Prouinces, vn si grand nombre de Magistrats, de Gouuerneurs, & d'Officiers, tant ciuils que militaires, que le nom de Duc & de Comte, qui au commencement ne se donnoit ; celuy de Duc, qu'aux Chefs & Capitaines de Milice, & celuy de Comte qu'aux Sur-Intendans des Finances, comme Comte du sacré Domaine, Comte des choses priuées, Comte des affaires de la guerre, &c. furent en vsage pour signifier des Gouuerneurs de Prouince ; c'est à dire, que par vne necessité d'Estat, les Empereurs furent contraints de conferer les Gouuernemens des Prouinces, tantost aux simples Ducs & Capitaines de Milice, & tantost aux Comtes. Ainsi dans l'Histoire, & dans les Rescrits des anciens Empereurs, l'on trouue indifferemment des Comtes & des Ducs, Gouuerneurs des Prouinces ; & sur tout dans le Code Theodosien, qui est vne compilation des Rescrits & Constitutions des Empereurs, depuis le grand Constantin iusqu'à Theodose & ses enfans Arcadius & Honorius, l'on y void des Comtes d'Orient, de Macedoine, d'Espagne, d'Egypte, d'Afrique, &c. des Ducs de Tripoli, d'Egypte, d'Osdroene, &c. Et particulierement les Rescrits de Theodose, Arcadius, & Honorius, à Syluain Duc & Correcteur des Marches, c'est à dire, Marquis ou Gouuerneur des Frontieres de Tripoli, & d'Arcadius, Honorius, & Theodose, à Nestorius Comte & Duc, sert d'instruction, que ces trois titres,

E iij

Duc, Comte, & Marquis, quoy que differens au commencement, furent à la fin confondus, puis qu'à vn mesme temps, vne mesme personne estoit Duc, & Marquis, & Duc & Comte. Et pour ce qui regarde en particulier nostre Prouince, nous trouuons que Constance, Comte & Patrice Romain vint en Languedoc, comme Lieutenant general d'Honorius, contre Constantin & ses enfans, & autres Tyrans, & qu'apres les auoir desfaits il fit la guerre aux Vvisigoths, & traita enfin la paix auec Vallia Roy des Vvisigoths, comme nous auons dit plus haut. Nous pouuons inferer de là que le nom de Comte fut dés ce moment reconnu en Languedoc, pour signifier vn Gouuerneur & Lieutenant general. De fait, Hibba se trouue auoir esté quelque temps apres Gouuerneur & Lieutenant general en Languedoc sous les Vvisigots, sans auoir porté autre titre que celuy de Comte, d'autant que ce mot exprimoit encore pour lors ce que faisoit celuy de Proconsul & de President, du temps des Romains, quoy que depuis ce temps-là les Vvisigoths ayent apporté la mesme distinction entre le titre de Duc & celuy de Comte, qu'il y auoit auparauant entre ceux de Proconsul & de Comte. Cecy se peut verifier au titre de *appellationibus pœnis earum, & consultationibus*, du Code Theodosien, où il y a vn Rescrit de l'Empereur Constantin, qui parle en ces termes; *à Proconsulibus & Comitibus, & his qui vice Præfectorum cognoscunt, siue ex appellatione, siue ex delegato, siue ex ordine iudicauerint, &c.* Et au titre de *Officio Rectoris Prouinciæ*, est le Rescrit du mesme Empereur, *Ad*

Prouinciales, qui porte ces mots : *Qui si dissimulauerint, super eodem conquerendi vocem omnibus aperimus apud Comites cunctos Prouinciarum, aut apud Prefectum Prętorium, &c.* Et enfin au titre *de Officio Iudicum omnium*, on lit, *neque Comiti, neque Rectori Prouinciæ*. D'où l'on void qu'au commencement vn Comte estoit quelque chose de plus qu'vn Duc, & que c'est seulement depuis le temps de Constantin que celuy de Duc commença à estre en vsage, & qu'il estoit tantost pris d'vne maniere, & tantost d'vne autre, comme font foy les Rescrits de Constantin à Seuere & à Octauian, Comtes d'Espagne ; de Iulian, à Iulien, Comte d'Orient; de Valentinian, Valens, & Gratian, à Seuerian Duc; de Valentinian, & de Valens, à Victor Duc d'Egypte; & de Gratian, Valentinian, & Theodose, à Euagrius, Prefect Augustal, & à Romain Comte d'Egypte; & ainsi de plusieurs autres que le Lecteur peut voir, tant dans le Code Theodosien, que dans celuy de Iustinian, qui contient les Constitutiōs & Rescrits des Empereurs, depuis Hadrian iusqu'à Iustinian.

Il faudroit vn trop long discours pour marquer toutes les differences qu'il y a eu autrefois en la fonction de l'vne & de l'autre de ces Charges; il suffit pour ce lieu de remarquer qu'à la fin le mot de Duc signifia vn Gouuerneur & Lieutenant General de Prouince ; Comte, vn Gouuerneur particulier de Ville, lequel en estoit aussi Iuge & Magistrat, & auoit la charge & surintendāce des deniers des Tributs & Impositions, comme anciennement le Questeur, lequel fut appellé, & *Præfectus ærarij*, & *Procurator Cæsaris*. Et depuis

Constantin *Comes sacr. Largitionum :* Bref ce Comte estoit aux affaires d'importance comme Lieutenant & Assesseur du Duc; & c'est pour cela que plusieurs disent que *Comites* signifie *quasi socij Duces.* Outre ceux-cy il y eut des Gouuerneurs des Frontieres appellez *Correct. limitis,* du temps des Romains, *limitis custodes* du temps de Charlemagne, & ses enfans; & enfin Marquis, à cause que *Marca* en Latin signifie Frontiere. Les Letttes de Sauuegarde que le Roy Charles le Simple fit expedier à Arnuste, Archeuesque de Narbonne, qui sont dans M. Catel, en la vie de cét Archeuesque, montrent clairement que Marquis, Duc, & Comte, signifient indifferemment des Gouuerneurs de Prouince, & des Magistrats de Ville, car elles sont adressées à *Omnibus Marchionibus, Comitibus, Ducibus, Vicariis, Iudicibus actionarijs, ceu cunctis Rempublicam administrantibus.* Et à prendre mesme les choses au pied de la lettre, on peut croire que du temps du Roy Charles le Simple, la qualité de Marquis estoit encore plus considerable que celle de Duc ny de Comté, puis que dans ces Lettres les Marquis precedent, & les Comtes, & les Ducs.

Nous auons dit plus haut que l'Empereur Honorius donna à Alaric Roy des Vuisigoths, le Languedoc ou Gaule Narbonnoise premiere, qui gemissoit alors sous l'oppression & la tyrannie des Vandales, qui l'auoient enuahie; & de cette concession tous les anciens Historiens en demeurent d'accord. A taülphe son successeur en vint prendre possession enuiron l'an 412. Et quoy qu'il en fut chassé peu de temps

apres

de Narbonne. 41

aprés par le Comte Conftáce, cette belle Prouince fut neantmoins renduë à Vallia l'vn des fucceffeurs d'Ataülphe, par le Traicté fait auec le Comte Conftance, enuiron l'an 419. par le moyen duquel ce Vallia vnit l'Aquitaine au Royaume de Narbonne, & vint pour lors eftablir fon fiege Royal à Tolofe. L'on doit tirer de là cette inftruction, que les Vvifigoths fe conformerent en la Prouince de Narbonne à l'ordre Politique des Romains, & qu'ainfi ils laifferent la mefme difpofition dans toute la Prouince qu'ils y trouuerent, & eftablirent des Officiers aux lieux feulement qui par les reglemens des Empereurs eftoient reconnus pour Citez. Sous ceux-cy, il y auoit d'autres Officiers appellez *Centenarijs, Decani, & Vice-judices*, qui eftoient eftablis en certains quartiers d'vn Comté, pour y exercer la Magiftrature, fuiuant le pouuoir qui leur en eftoit donné. L'on void dans le Code Theodofien vne preuue inconteftable de cette verité, que les Goths laifferent en la Prouince de Narbonne la mefme difpofition que les Romains y auoient eftablie; car comme le Roy des Vvifigoths & de Tolofe, Euric voulut eftablir les Loix qui furent appellées Theodoriciennes, du nom du Roy Theodoric fon pere; les naturels habitans du Languedoc & de l'Aquitaine s'en plaignirent, & demanderent d'eftre maintenus & conferuez en leurs anciennes Loix, Libertez, & Couftumes. Pour ce fujet Alaric fils d'Euric, fit faire exprés vn extrait des Loix du Code Theodofien, pour l'vfage particulier des Gaulois, & les fit publier par Anian fon

F

Chancelier, en des Eſtats Generaux tenus à Ayré en Aquitaine ; à cauſe dequoy les ſujets du Roy de Toloſe ſont diſtinguez en Goths & en Romains dans les Autheurs du Temps. Toutes ces Loix Theodoriciennes & Theodoſiennes furent à la fin reduites à vn ſeul Volume, & publiées en Eſpagne ſans diſtinction des perſonnes, ſous le Titre de *Codex legum Vviſigothorum*. C'eſt dans ces Loix que l'on void vn teſmoignage anthentique de l'eſtabliſſement qu'à l'imitation de l'ordre Politique des Romains, les Vviſigoths firent en Eſpagne & en Languedoc, qui releuoient également de la Couronne du Royaume des Vviſigoths, leſquels tinrent leur ſiege Royal en Eſpagne, depuis que Clouis leur eut enleué la Ville de Toloſe, l'an 507. Et plus formellement l'on apprend de trois diuers lieux des Canons du Concile Prouincial de Narbonne, tenu l'an 589. qu'il y auoit vn Comte dans chaque Cité de la Prouince, qui auoit auec le Gouuernement de la Ville, la Charge ordinaire de la Iuſtice, des Finances, & de la Police de la Cité où ils eſtoient eſtablis, & de tout le païs qui en dépendoit. Dans l'Eſtat Eccleſiaſtique on comprenoit anciennement tout le païs qui releuoit d'vne Cité pour le Spirituel, ſous le nom general de Parroiſſe, & aujourd'huy nous l'appellons Dioceſe, & dans l'Eſtat Temporel l'on appelloit cela Comté : De ſorte que Comté veut autant à dire que Cité ou Dioceſe.

Pour ce qui eſt du nombre des anciennes Citez du Languedoc, il y a vne grande diuerſité dans les anciens Geographes, & dans les Notices de l'Empire. Strabon dit que la Cité de Tolose estoit la Metropolitaine des Tectosages, & Nismes des Arecomiques; Il ne dit rien des autres deux Citez des Volcques, pour faire en tout le nombre des quatre Citez principales qu'il y auoit durant le Gouuernement Aristocratique. Il est vray qu'en ce qu'il dit que de son temps Narbonne n'estoit pas vne si grande Republique que Nismes, qui auoit sous soy vingt-quatre Bourgs ou Villes, il nous laisse en doute, si la Ville de Narbonne n'est pas l'vne de ces quatre. Ie dis, nous laisse en doute, d'autant qu'il y a vne belle & curieuse reflexion à faire, sur ce Vers d'Ausone, pris de l'Epistre 24. escrite à Paulin;

Quintuplicem socias tibi Martie Narbo Tolosam.

Elle est reseruée pour vn autre sujet. De sorte que puis qu'il n'y a point de Volcques ailleurs que dans le Languedoc, ainsi qu'a verifié Monseigneur l'Archeuesque de Tolose, dans son Histoire de Bearn, contre le P. Monet, Iesuite, qui presuppose dans sa Geographie des Gaules, que *Volcę Vimares*, & *Volcę Nitiobriges*, sont peuples du païs Agenois; Il s'ensuit de là que ces deux peuples sont Languedociens, & partant que comme *Volcę Troëmi*, ou *Volcę Trocmi*, comme quelques-vns escriuent, peuuent estre pris pour ceux du Geuaudan, ces deux autres aussi doiuent estre pris pour ceux du Viuarez, & du païs d'Vsez. En effect ces deux païs Geuaudan & Viuarez, ont esté plustost de la Narbonnoise premiere, ou Languedoc, que de l'Aquitaine, ainsi que ie feray voir vn iour en ma description Geographique du Languedoc. Là ie montreray qu'encore qu'il n'y eust que quatre Citez dans toute l'estenduë de la Prouince des Volcques, que neantmoins les peuples y estoient en plus grand nombre, puis que sous ces deux principaux, Volcques Tectosages, & Volcques Arecomiques, sont compris les Volcques Tolistoboges, les Volcques Datiens, qui sont ceux du païs de Foix, les Volcques Sanagenses, qui sont ceux du païs de Castres, Senegadés, & autres d'Albigeois, que Cesar appelle Ruteniens Prouinciaux; Les Volcques Atacins, qui sont ceux du païs de Narbonne, Carcassonne, Alet, Limoux, & Sault; Les Volcques Ruscinois ou Sardons, qui sont ceux des Comtez de Rossillon, & de Cerdaigne, les Volcques Troëmes, autrement nommez Trocmes, les Volcques Vimares ou Viuarés, les Volcques Nitiobriges, & quelques autres. Que si dans Cesar, Pline, Ptolemée, & autres anciens, on trouue parmy ces diuers peuples vn plus grand nombre que de quatre Citez, il faut inferer que les Romains en erigerent de nouuelles. Cette disposition Politique de la Prouince des Volcques peut auoir esté faite en cette sorte, que Narbonne ayant esté faite le Siege du Preteur, ou Proconsul, & par consequent les autres Citez luy ayant esté assujeties, ils augmenterent aussi le nombre des Citez, afin d'augmenter par mesme moyen celuy des Gouuerneurs

de Narbonne. 45

& des Magiſtrats, & en cét eſtat contenir mieux la Prouince dans l'obeïſſance de l'Empire. On peut par conjecture dire que les Citez de la Cruë des Romains, ſont quatre, leſquelles auec les quatre anciennes des Volcques, faiſoient en tout le nombre de huict; Sçauoir Narbonne Metropolitaine, Toloſe, Niſmes, Carcaſſonne, Comenge, Beſiers, Geuaudan, & Viuiers, ou *Alba Auguſta* : Et toutes celles-cy portent le nom de Citez dans Ceſar, Pline, & les autres Anciens. Mais parce que depuis il y eut diuers changemens dans les Prouinces, & particulierement en la Narbonnoiſe premiere; au commencement ſous Auguſte, & apres ſous Galba, & Hadrian; ainſi que ie montreray en ma deſcription Geographique; de-là vint auſſi que pour remplacer les Citez de Geuaudan, Viuiers, & Comenge, qui furent oſtées à la Narbonnoiſe, & adjugées à d'autres Metropoles, on erigea les autres Citez du Languedoc, Lodeue, Agde, Maguelonne, & Vſez : Et par ce moyen la Prouince de Narbonne euſt neuf Citez, qui eſt l'eſtat auquel elle s'eſt conſtamment maintenuë. Il faut noter que la Ville d'Albi, qui fut erigée dans le païs des Ruteniens Prouinciaux de Ceſar, lors que la Ville de Viuiers qui auoit eſté ſeparée du corps de la Gaule Narbonnoiſe premiere, fut aſſujettie à la Viennoiſe, s'eſt à cauſe de l'originaire dependance de ſes peuples, conſeruée dans le priuilege d'eſtre de meſme que les Citez de Geuaudan, Viuiers, & Comenge, du corps de l'Eſtat Politique du Languedoc; & toutes ont leur rang & leur ſean-

F iij

ce dans l'Assemblée des Estats Generaux de cette Prouince.

A ce que dessus l'on doit ajoûter que les François ayant enleué la Ville de Tolose aux Vvisigoths, & aussi celle d'Vsez, les mesmes Vvisigoths erigerent deux nouuelles Citez dans la Septimanie, Elne & Collievre ; & ceux-là se trompent bien qui veulent que Carcassonne ait esté pour lors erigée Cité, car on void dans Cesar que de son temps elle estoit Cité ; & & dans plusieurs anciennes Notices Manuscrites, elle se trouue dénombrée parmy les autres Citez de la Narbonnoise premiere, ainsi que fait foy la Notice Manuscrite de M. Catel, & celle de Scaliger, en laquelle le Copiste a corrompu l'Ortographe, & escrit *Aletensis*, au lieu de *Carcassensis*, ou *Attacensis*, qui est l'ancienne denomination de Carcassonne, comme ie montre en mon Histoire des Euesques de Carcassonne. Quant à l'ancienne Cité de Collievre, elle fut suprimée du temps du Roy Vamba, & vnie à celle d'Elne ; & depuis tout ce païs a esté compris sous le nom general de Comté de Rossillon.

Il faut donc comprendre que le Gouuernement du Languedoc, receut vn notable changement depuis la perte de la Ville de Tolose par les Vvisigoths, car les François tinrent dés-lors en cette ville vn Duc, & les Goths en tinrent vn autre, tantost à Narbonne, tantost à Carcassonne, qui fut dés ce temps-là Frontiere du Royaume des Vvisigoths. Ce Duc de Septimanie se rendit Souuerain en la personne d'Eude, en suite de la mort du dernier Roy des

de Narbonne. 47

Vvisigoths d'Espagne, que les Sarrasins tuerent en bataille l'an 711. ou 712. Et sur les Enfans de celuy-cy, Pepin, ou Charles son fils, conquit le Languedoc, en chassa les Sarrasins qui l'auoient enuahy, & traita auec les peuples Catholiques, qu'ils y seroient maintenus & conseruez en l'vsage de toutes leurs anciennes Loix, Libertez, & Coustumes, comme il demeure constant. Et voila l'establissement du Duc de Narbonne, ou de Septimanie, ou Marquis de Gothie, sous les Roys de France, desquels nous auons entrepris de parler.

Il est vray que parce que la Septimanie aussi bien que le païs de Tolose, a esté comprise dans le Royaume d'Aquitaine, erigé par Charlemagne en faueur de son fils Louis, qui a esté surnomé le Debonnaire; Il importe de remarquer que ce nouueau Royaume fut estably l'an 781. & que Louis en fut sacré Roy par le Pape, estant encore au berceau. Il comprenoit dans son estenduë les deux Aquitaines premiere & seconde, la Gascogne, le païs de Tolose, la Septimanie, ou Languedoc, & les nouuelles conquestes d'Espagne. Ce Royaume a subsisté iusques au temps de Charles le Chauue, qui s'en fit couronner Roy en la Ville de Limoges, & y establit vn Duc, comme nous verrons dans la suite; & neantmoins le Gouuernement du Languedoc continua d'estre le mesme qu'il auoit esté. A la fin ce Gouuerneur du Languedoc ou Septimanie se rendit Souuerain: Et nous verrons que Raymond de S. Gilles comprit tous les Titres que ses predecesseurs auoient portez, sous celuy de Duc de Narbonne, à quoy il a esté imité par tous ses descendans. L'heresie des Albigeois dont ils se rendirent fauteurs, les a despoüillez d'vne si belle Prouince, & en suite les gens des trois Estats ont confirmé à nos Roys de la troisiesme race par vn Traité solemnel, la donation que nos ancestres auoient faite à ceux de la deuxiesme ; & de leur part ces Illustres Monarques ont continué au Languedoc toutes ses Loix, Libertez, & Coustumes, & expressément stipulé que nul n'en pourra estre Gouuerneur qui ne soit Prince du sang Royal. Nous verrons toutes ces veritez dans la suite de cette Histoire.

Quant à ce lieu, ce que nous auons representé cy-dessus doit suffire pour vn important sommaire de l'ordre que l'on a tenu en Languedoc auant l'establissement de nos Ducs, Marquis, & Comtes de Narbonne, en ce que regarde le Gouuernement general de cette Prouince, qui s'est tousiours conseruée dans le plein vsage de tous ses priuileges ; D'où vient principalement l'vsage du Droit escrit, comme nous montrerons en son lieu auec exactitude. Les personnes intelligentes, & qui ont manié l'Histoire, sçauent que qui voudroit auoir vne connoissance plus estenduë de l'entiere administration de cette Prouince, rapporter toutes les variations qu'elle a esprouuées dans vne si longue suite d'années, sous tant de diuers Maistres qu'elle a eus, & par ce moyen expliquer le nom & le Ministere de tant d'Officiers que les Romains, & que les Goths y
ont

de Narbonne.

ont ordonnez & eſtablis ; Ils ſçauent (dis-je) que pour deſcrire cela par le détail, il faudroit compoſer vn Liure entier, & non vn ſeul Chapitre. Ceux qui prendront la peine de traicter du pouuoir & Iuriſdiction des Magiſtrats du Languedoc, depuis les Romains iuſqu'à nous, ſatisferont à mon defaut, & par cette curioſité qui eſt purement hiſtorique, ils feront voir en expliquant les diuers changemens qui y ſont interuenus, que c'eſt là vn deſſein qui paſſe les bornes d'vn ſommaire. Auec cela ie viens à nos Duc, Marquis & Comtes de Narbonne, à la teſte deſquels i'aurois peu placer les Preteurs, Proconſuls, ou Preſidens de Narbonne, ſous les Romains, & en ſuite les Ducs ou Comtes de Septimanie, ſous les Vviſigoths, puiſque ſelon ce que nous auons veu, nos Ducs, Marquis & Comtes de Narbonne, ont ſuccedé à la place des autres. Mais i'ay iugé cela ſuperflu & de peu d'importance, pour le ſujet que ie traite, qui a pour ſon objet principal celuy de faire voir quels ont eſté les Ducs de Septimanie, & Marquis de Gothie ; d'où les Comtes de Toloſe ont pris ſujet de ſe donner le Titre de Ducs de Narbonne ; & ſur quel fondement les Archeueſques de Narbonne, qui ont eſté depuis le temps de la guerre des Albigeois, ont baſty les pretentions qu'ils ont euës, & qu'ils ont encore, que le Titre de Duc de Narbonne leur eſt deub, quelque reünion qui ait eſté faite du Languedoc à la Couronne de France.

G

CHAPITRE IV.

De la Conqueste du Languedoc ou Septimanie, faite par les Roys Pepin & Charlemagne, tant sur Eude Duc d'Aquitaine & ses Enfans, que sur les Sarrasins.

MAIS quoy que sans faire vne plus longue digreſſion des Preteurs, Proconſuls, Preſidens, Ducs, & Comtes de Narbonne, auant l'eſtabliſſement que les François y firent, ce que ie viens de repreſenter, faſſe voir auec vn notable diſcernement les diuers Gouuernemens de la Prouince de Languedoc, & ſous les Romains, & ſous les Vviſigoths; il ſemble toutefois que pour garder l'ordre de l'Hiſtoire, il eſt tres à propos de montrer en cét endroit par quel euenement conſiderable cette belle Pouince eſt paſſée entre les mains de ces derniers. En effet, entrer d'abord dans le ſujet des Ducs, Marquis, & Comtes de Narbonne, que les Roys Pepin & Charlemagne y ont ordonnez & eſtablis pour le Gouuernement general de la Prouince, appellée pour lors Septimanie ou Gothie, & obmettre de parler de la Conqueſte qu'ils en firent, qui eſt le fondement de cette ſouueraine auctorité, ce ſeroit man-

de Narbonne. 51

quer au poinct le plus essentiel, & priuer le Lecteur d'vn recit qui n'est pas inutile. Cela est si veritable, qu'apres auoir donné tant de temps à expliquer quel a esté le Gouuernement de cette mesme Prouince, & pendant les cinq cens trente-deux ans de la Domination des Romains, & pendant les trois cens du regne des Vvisigoths, ie puis bien donner encore vn moment à representer icy, comme dans vn portrait, racourcy, son estat, au temps de cette illustre conqueste; mesme que pour mieux comprendre les suites que i'ay à raconter, il importe necessairement de considerer, que lors de la defaite du dernier Roy des Vvisigoths, Roderic ou Rodrigo, par les Sarrasins enuiron l'an 412. Anseca, grand Seigneur de Biscaye, estoit Duc de Septimanie; & qu'ayant esté tué auec son Roy en cette sanglante iournée qui rendit les Sarrasins maistres de toute l'Espagne, Eude son fils luy succeda au Gouuernement de cette Prouince, selon Garibay, Autheur Espagnol. Eude donc se trouuant Gouuerneur du Languedoc ou Septimanie, apres la perte de l'Espagne, comme escrit Beuter en sa Cronique, il se maria auec vne Dame heritiere du Duché d'Aquitaine, laquelle estoit peut-estre de la race de Boggis Duc d'Aquitaine, qui viuoit long-temps auparauant, ainsi qu'on peut verifier par l'Autheur de la conuersion du Comte Hubert, enuiron l'an 640. où il est dit que ce Comte auoit aupres de luy sa tante Oda, vefue de Boggis Duc d'Aquitaine, & de ce Boggis deuoit vray-semblablement descendre Sadragesile Duc d'Aquitaine auant Eude, &

Compendio historial d'Espag. lib. 31. c. 2.

L. 1. c. 19.

Apud Sur. tom. 5.

G ij

l'on peut auec beaucoup d'apparence prendre ce Sadragefile pour le pere de cette Dame, par le mariage de laquelle Eude ioignit la Seigneurie d'Aquitaine à celle du Languedoc ou Septimanie. De celle-cy il se rendit maistre absolu par vn commun consentement des peuples, d'autant que les subjets des Roys des Vvisigoths de cette Prouince n'ayant plus de Roys depuis la mort de Roderic ou Rodrigo, & se trouuant d'ailleurs trauaillez par les courses frequentes des Sarrasins, furent contraints par la necessité de la deffence de leur païs, de leur liberté, & de leur Religion, de se soûmettre à la domination souueraine du Duc Eude, comme à celuy sur la charge & la conduite de qui rouloit alors toute leur bonne ou mauuaise fortune. Et certes ils n'auoient seulement pas le pouuoir de le prendre pour leur simple Protecteur, mais mesmes pour leur Prince & leur Roy, sans contreuenir en cela nullement ny aux Loix, ny à la Iustice ; & la raison de cecy, c'est que le droit que les Roys des Vvisigoths auoient dans l'Espagne & dans la Gaule Gothique ou Languedoc, se trouuoit alors entierement eclipsé par la mort du Roy Roderic ou Rodrigo, & par la possession que les Mores d'Affrique, Arabes, & Sarrasins auoient desia prise de toute l'Espagne, qui releuoit de leur Couronne, en ce temps vaccante sans esperance de resource. De cette sorte tous les Chrestiens estoient generalement en droit de la r'auoir par la force des armes, en tout, ou en partie, & il n'y a point de doute qu'en ces occurrences la conqueste ne leur acquit la

Seigneurie en proprieté & en Domaine abſolu de ce qui pouuoit eſtre gaigné, à titre de dépoüille remportée par vne iuſte victoire, & acquiſe par vn triomphe legitime, ainſi que la choſe demeure doctement reſoluë par vn Autheur tres-celebre parmy les Eſpagnols, l'Eueſque Diago Couarrubias, à quoy ſe rapporte fort à propos vne des Gloſes du Canon Hadrianus, que beaucoup de Docteurs ont ſuiuy & embraſſé, & en pareil ſens le Pere Fray Franciſco Fornez, dans ſa *Catalana Verdad*. Et à ſincerement parler il eſtoit d'autant plus licite aux Vviſigoths d'élire de nouueaux Seigneurs, que le Royaume des Vviſigoths ne reconnoiſſoit point de ſucceſſion de ſang, ny de parenté, ny d'inſtitution hereditaire, ſinon la pure & ſimple election, que les peuples en deuoient faire, ſelon la Loy premiere de l'eſlection des Princes, dans le Liure vulgairement appellé en Catalogne, *El fuero Iuzgo*, & le Chapitre dernier du Concile de Tolede IV. confirmé par les autres Conciles ſubſequens. De maniere que comme nul ne pouuoit eſtre Roy des Vviſigoths que par la voye de l'election, & qu'il ne faloit pour cela qu'eſtre de la race des Goths, ceux de deçà les Pyrenées furent dans la faculté de ſe ſeruir du Droit que leur donnoit les Loix de l'Eſtat, & l'auctorité des Conciles, pour élire Eude, pour leur Souuerain Seigneur, auecque la meſme raiſon d'equité & de iuſtice, que les Goths qui s'eſtoient refugiez dans les montagnes des Aſturies, éleurent pour leur Roy & chef des Armées l'Infant Don Pelayo, ſur l'an 717. Ceux de Nauarre

G iij

pour leur General, Garcy Ximenes, sur l'an 724. les Arragonnois pour leur Comte, Aznar, sur l'an 730. & les Catalans pour leur Chef & Capitaine general, Bernard, sur l'an 740. comme escriuent tous les Historiens Espagnols. Bien que pour le temps qui a passé depuis celuy de l'élection d'Eude iusqu'à maintenant, où il y a vne interuale de plus de neuf cens ans, & que par la negligence des anciens Historiens, & les desordres des guerres, les actes ne s'en trouuent pas, il ne faut pourtant pas mettre en doute que le tout ne fut fait selon les Loix & Coustumes des Vvisigoths, c'est à dire en Assemblée des Estats Generaux des Prelats, des Nobles, & du Peuple, suiuant & conformement aux Loix Ciuiles des Vvisigoths, & aux Decrets des Conciles de Tolede.

En qualité donc, ou de Roy, ou de Duc, Eude se porta depuis courageusement contre les Mores & Sarrasins, tant au siege de Tolose, que par tout ailleurs, & leur fit souffrir de grādes pertes. La premiere incursion de ces Barbares dans le Languedoc ou Septimanie, fut en l'année 717. que le Sarrasin Alaor, Gouuerneur d'Espagne pour le Roy ou Caliphe de Damas, appellé Zulciman, successeur d'Vlit, vint en personne dans cette Prouince, pour se saisir des Villes de Narbonne, Carcassonne, & autres places, qu'il pretendoit appartenir aux Sarrasins, comme successeurs des Roys des Vvisigoths, & comme faisant cette Prouince vn membre & vne portion du Royaume des Goths d'Espagne. Cette conqueste fut pourtant reseruée à Zama ou Zema, successeur d'Alaor, lequel

de Narbonne.

selon Isidore, & Roderic, Archeuesque de Tolede, assiegea & prit la ville de Narbonne, où il mit vne forte garnison, tant pour la garder, que pour faire la guerre aux François; & apres auoir imposé sur les Chrestiens le mesme tribut que desia les Espagnols payoient aux Sarrasins, il alla assieger Tolose; mais Eude Duc d'Aquitaine & de Septimanie estant venu au secours, Zama fut tué, son armée desfaite, & les restes poursuiuis par le Vainqueur: ce qui tombe sur l'année 721. selon les Annales d'Hepidan, Moine de S. Gal; & cecy est tres veritable, car Zama gouuerna enuiron trois ans, suiuant Isidore. Le mesme a remarqué dans sa Cronique qu'aussi-tost apres la mort de Zema, c'est à dire, en l'Ere des Espagnols 759. & l'an des Arabes 103. qui est l'an de Iesus-Christ 721. ou 722. Ambisa Gouuerneur d'Espagne, sous le Roy ou Caliphe, Isit, ou Iscam, vint en Languedoc, pour y continuer la guerre, prenant & ruinant plusieurs Villes & Chasteaux, & redoublant le tribut aux Chrestiens: ce que la Cronique de Moissac deduit plus particulierement, car elle porte par expres, qu'il assiegea & prit la Ville de Carcassonne, & qu'apres cette prise tout le païs se rendit à luy par composition iusqu'à la Ville de Nismes. Il y a seulement à dire, que cette prise de Carcassonne par Ambisa, est par cette Cronique marquée sur l'an 716. au lieu que c'est l'an 722. qui est l'année cinquiesme qu'on eut commencé d'attaquer cette Prouince.

Les pertes que le Duc Eude fit souffrir à Ambisa dans les deux cãpagnes suiuantes, obligerét le mesme

Ambifa, l'an 4. de son regne, c'est à dire l'an 725. dé leuer de nouueau vne puissante armée, qu'il conduisit luy-mesme en personne, pour faire la guerre aux François; mais se trouuant atteint de la maladie dont il mourut, il donna le commandement de l'armée qui se retiroit, au Consul ou General Hodera. Depuis ce temps Eude fit alliance auec Mounous Seigneur More, qui auoit le commandement de la Catalogne, & de ce que les Sarrasins tenoient en Languedoc ; & dans la resolution que celuy-cy auoit prise de se retirer de l'obeïssance des Arabes, ou Sarrasins d'Espagne, indigné qu'il estoit de voir que les Arabes traitoient mal ceux de son païs, Eude luy accorda librement l'vne de ses filles en mariage, voyant que par ce moyen il s'affermissoit dans la souueraineté de la Septimanie. Le Gouuerneur general d'Espagne appellé Abderramen ou Abderraman, assembla incontinent vne armée, auecque laquelle il vint fondre contre Mounous, l'assiegea dans la Ville de Cerdagne en Catalogne, & quoy qu'il euadât secretement, il fut surpris par ses ennemis dans les rochers des montagnes, où enfin il fut tué, ayant esté precipité d'vn rocher en bas, & sa teste luy fut coupée & portée à Abderraman, qui enuoya la femme de ce More rebelle fille d'Eude, tres-belle femme, pour captiue au Roy Iscam, en la Ville de Damas en Syrie. De-là cette armée vint contre les François, & combatit Eude entre les riuieres de la Garonne & de la Dordogne ; il y fut mis en fuite auec vn tel carnage que l'Euesque de Badajos qui en fait vn plus ample recit,

escrit

escrit, que Dieu seul sçait le nombre des Chrestiens qui moururent en cette sanglante iournée.

Cecy seruira pour leuer le scrupule que la pluspart des Historiens ont laissé au Lecteur, lors qu'ils ont escrit qu'Eude appella les Sarrasins à son secours, pour s'opposer à Charles Martel; car à prendre la chose selon l'estat des affaires du Languedoc, il se trouue qu'il ne pouuoit pas mesme commettre cette perfidie, quand bien il en eust esté capable. Aussi Isidore, Autheur du temps, le descharge ouuertement de ce blasme, & nous fait connoistre que c'est bien à tort que l'on a fait fondement en l'alliance que fit Eude auec Mounous, qu'il appella Abderramen. Et de fait le mesme Autheur remarque que Charles Martel, fut aduerty par Eude de l'inondation des Sarrasins, & que celuy-cy vint aussi-tost au deuant du danger auec vne armée moindre en nombre, mais qui surpassoit les Infideles en courage & adresse, & en fit vn si horrible carnage proche de Tours, qu'on dit que trois cens soixante quinze mille Sarrasins demeurerent sur la place auec Abderramen, qui fut trouué mort parmy des montagnes de corps & des fleuues de sang; & toutesfois à peine quinze cens François s'y perdirent. Eude auec tout ce qui luy restoit de forces fut à cette memorable bataille, & dans Anastase le Bibliotecaire, est rapporté qu'il en donna aduis par ses Lettres au Pape Gregoire II. ou plustost Gregoire III. puis que selon le calcul le plus exact, le temps de cette desfaite se rapporte à l'année 734. Ie sçay bien que plusieurs l'assignent à l'année 716. auquel temps Gregoire II. Romain, fils de Marcel, estoit seant à Rome : Mais ils sont contredits par Isidore, qui est plus croyable, lequel establit le commencement de l'administration d'Abderraman, par quelques-vns appellé Abderrame, en en l'Ere des Espagnols 769. qui est l'an de Iesus-Christ 731. Et celuy d'Abdilmelic, qui luy succeda, incontinent apres sa mort, en l'Ere 772. c'est à dire l'an 734. de N. S. auquel temps Gregoire III. Syrien de nation estoit Pape. Tant y a que tout ce que dessus iustifié entierement, qu'il n'est point vray que iamais Eude ait appellé Abderraman de deça les Monts, & que c'est vne des plus grandes impostures qui ayent troué du credit dans l'Histoire : Et certes la chose parle d'elle-mesme, puis que le Duc Eude receut de la main du Sarrasin le déplaisir de la captiuité de sa fille, de la mort de son gendre, de la perte de deux sanglantes batailles, & enfin de la defection & entiere ruine de ses terres. Eude mourut deux ans apres, l'an 736.

Roderic Archeuesque de Tolede en son Histoire des Arabes, escrit que les Sarrasins qui eschapperent de cette bataille s'en retournerent en la Prouince de Languedoc, laquelle (dit-il) ils tenoient, & auoient quelque temps auparauant gaignée sur les Chrestiens : là ils s'establirent, d'autant que suiuant les anciens Auteurs, ils amenoient leurs femmes auec eux. C'est donc icy la seconde fois que les Sarrasins s'establirent dans le Languedoc, & voulant y affermir leur demeure, ils oserent en suite entreprendre sur la Ville d'Auignon, dont ils se saisirent. On peut de là aisément se persuader que ce fut en ce temps-là que ces Barbares pour se maintenir en cette conqueste, se fortifierent en diuers quartiers du Languedoc proche des Pyrenées, & encore vers le Rosne, puis qu'on ne peut pas nier qu'ils n'ayent tenu les Villes de Narbonne, Carcassonne, Besiers, Nismes, & Auignon. De maniere que comme c'est vn des malheurs que la la guerre produit, que de changer soudainement & auec vn grand & sanglant effort la fortune des Empires, & de renuerser par leur cheute fatale le bonheur d'vn million de peuples ; celuy de la Prouince de Languedoc éprouua aussi à vn instant les pitoyables effets de ces effroyables calamitez qui luy firent souffrir presque vn changement vniuersel de Loix & de Religion, par l'inuasion entiere que les Sarrasins qui resterent apres la desfaite d'Abdirrame, en firent auecque toute la fureur, qui accompagne vn peuple qui vient d'estre horriblement battu, & qui faisant tout son courage de son desespoir, descharge enfin sa colere sur tout ce qu'il rencontre. La mort d'Eude fauorisa tout ensemble, & leur establissement, & l'infraction des capitulations que les Chrestiens auoient faites auecque les Generaux predecesseurs d'Abderramen ; & les Sarrasins relascherent d'autant moins de leur fureur & de leur rage, que Charles Martel ayant basty sur la mort d'Eude le dessein de se saisir de l'Aquitaine, & du Languedoc, vint en suite auec vne grande armée pour leur oster Auignon & Narbonne, comme il fit, apres auoir desfait à trois lieuës de Narbonne, proche de Sigean, sur la riuiere de Bere,

Aymonius l. 4. c. 56.

vn puissant secours que le Sarrasin Amorros conduisoit, pour faire leuer à Charles Martel le siege de Narbonne. Apres cecy il prit Narbonne sur Athima Roy Sarrasin, & en suite les Villes de Besiers, Agde, & Nismes ; Quelques-vns pourtant disent que la Ville de Narbonne fut si opiniastrement deffenduë, qu'il fut contraint de la laisser inuestie, & de s'en retourner en France, où il mourut peu de temps apres.

On n'est pas bien d'accord si Charles Martel vint deux fois en Languedoc, & s'il prit la ville de Tolose ; Et pour moy ie crois qu'il n'y vint qu'vne seule fois, veu que l'Histoire remarque, qu'il alla premierement assieger Auignon, qu'il enleua aux Sarrasins par surprise apres vn siege considerable, qu'en suite il vint assieger Narbonne, & qu'apres la desfaite des Barbares sur la riuiere de Bere, il prit les Villes d'Agde, Nismes, Besiers, & autres. Nicolas Gilles explique cecy plus nettement, lors qu'il dit qu'il assiegea & prit Narbone, Nismes, Agde, Haultmur, Sustantion, Arles le Blanc, Besiers, & autres, qu'il fit (dit-il) brûler & raser iusqu'aux fondemens l'an 737. ce qui est pris d'Aymoin. Or il est à remarquer que dans tout ce que dit ce dernier, ny apres luy Sigisbert dans sa Cronique, il n'est point fait mention aucune de Carcassonne; ce qui nous donne lieu de croire pour toute conclusion, que Charles Martel ne passa point plus auant que de la Ville de Narbonne, qu'il laissa inuestie, & s'en retourna en France par la route d'Auignon. Ainsi il n'y a point d'apparence qu'il ayt pris la Ville de Tolose, puis que l'Histoire ne dit pas que

L. 4. c. 57.

les Sarrasins l'eussent en leurs mains, & qu'au contraire il est constant qu'Eude leur fit leuer le siege, & y fit mourir le General des Sarrasins, Zama. Selon ce sens il peut estre vray ce que dit M. Beloy Aduocat General au Parlement de Tolose, homme de grand sçauoir, dans vn plaidoyé fait en l'année 1610. pour la Cité de Carcassonne; qu'apres la mort d'Eude, Vaifier & Hunault ses Enfans, se seruirent des restes des Vvisigoths & des Mores qui estoient en Catalogne & en Languedoc, & qu'auec ces troupes ramassées, Vaifier se saisit d'Auignon, de Nismes, de Montpellier, d'Agde, de Narbonne, & de Carcassonne; c'est à dire qu'il reprit celles dont Charles Martel s'estoit rendu maistre, & s'asseura des autres, que la mort d'Eude tenoit dans la consternation. Ie ne sçay mesmes si selon ce que dit le mesme Beloy, que Charles Martel donna bataille à Vaifier proche de Salses en Rossillon, il n'a pas presuposé que l'armée que desfit Charles Martel sur la riuiere de Bere prés de Sigean, estoit composée des Vvisigoths & des Mores, que Vaifier auoit tirez du Languedoc, Rossillon, & Catalogne, pour s'opposer au progrez de ses armes: veu qu'il y a lieu de douter si dans ces diuerses conionctures où les Enfans d'Eude se voyoient dépoüiller de leurs biens, ils ne firent pas quelque traité auecque les Sarrasins, ou plustost s'ils n'appellerent pas à leurs secours tous les Mores qui auoient esté de la faction de Mounous, Seigneur More, leur beau frere, afin d'estre aydez de leurs forces pour se maintenir dans la possession des Estats de leur pere. Et de fait

Extat in Cartul. Eccl. S. Saturn. Ciuit. Carcass.

apres le retour de Charles Martel en France, ils se saisirent de tout le Languedoc, & donnerent la peine à Pepin apres la mort de son Pere, de venir de nouueau assieger la Ville de Narbonne, & reprendre en suite les Villes de Maguelonne, Nismes, & Besiers.

Nous deuons tirer d'icy cette consequence qu'effectiuement Carcassonne, & les autres places que Vaisier pût reduire à son obeïssance en Languedoc, luy demeurerent pour son partage, de mesme qu'vne partie de l'Aquitaine demeura à Hunault, qui pour cette raison est appellé dans Aymoin *Patritius Aquitaniæ*, titre ancien venu des Romains, ainsi que toutes les personnes intelligentes sçauent, & qui respond à la dignité de Pair, selon le docte Budée. D'où, & de ce que le Languedoc & l'Aquitaine ne furent point compris dans le partage que fit Charles Martel de ses Royaumes & Estats entre ses Enfans, il est aisé d'inferer que si Hunault, qui n'estoit que le Cadet, posseda l'Aquitaine, que fort probablement aussi Vaisier, qui estoit l'aisné, eut le Languedoc; Et de fait l'ancienne Vie de S. Theodard, dans Catel, appelle ce Vaisier, *Vasconiæ, Aquitaniæque Dux, & specialiter Tolosanæ vrbis Præses, & Dominus*. C'est pourquoy Pepin voulant acheuer ce que son Pere auoit commencé, vint depuis auec vne armée contre les mesmes Vaisier & Hunault, qui luy firent bien de la peine, iusqu'en l'année 767. que Vaisier fut desfait & mis en fuite; ce qui le rendit si mesprisé des siens mesme, qu'ils luy osterent la vie l'année suiuante 768. ainsi qu'écrit Toromacus, & l'ancienne Cronique

de Narbonne. 63

citée par M. Catel. Quant à Hunault, il s'enfuit en Lombardie, où il apoſtaſia (dit-on) & enfin y mourut accablé de pierres.

Ainſi le Roy Pepin fut maiſtre abſolu de tout le Languedoc en l'année 767. tant par la desfaite de Vaifier, que par la reduction que luy fut faite de la Ville de Narbonne, moyennant que les Goths ſeroient continuez dans l'vſage de leurs anciennes Loix, Libertez, & Couſtumes, comme écrit *Geruaſius Tilleberienſis* Mareſchal du Royaume d'Arles, dans ſon Liure *de mirabilibus Mundi.* Il eſt vray qu'il y a de la diuerſité aux Croniques quant à l'Epoque du temps de cette reduction : celle dont M. Catel fait mention, veut que ce ſoit en l'année 759. & celle de S. Theodoric d'Vſez, publiée par le ſieur Caſeneuue à la fin de ſon Franc-alleu, en l'an 745. Mais i'eſtime celuy de la Cronique du Mareſchal d'Arles d'autant plus veritable, que les anciennes Annales que Caniſius a faites imprimer, les Annales de Pepin, Regino, le Preſident Fauchet, & pluſieurs autres, remarquent que ce fut en l'année 767. que tout le Languedoc fut ſoûmis au Roy Pepin. Il faut meſme noter, pour vne preuue certaine que le Languedoc ne fut rendu au Roy Pepin, qu'enuiron l'an 767. Premierement que la Cronique de S. Theodoric d'Vſez, appelle Pepin Roy déja ſur l'an 743. au lieu que ce titre ne luy fut decerné par les François que dés l'an 750. il falut meſmes exiger l'adueu du Pape Zacharie, pour eſtre diſpenſez du ſerment qu'ils auoient rendu au Roy Childeric : Et en deuxiéme lieu que

Toromacus, qui a écrit plus particulierement les guerres faites par Pepin, qu'aucun autre Historien qui soit, dit qu'en l'année 763. Vaifier enuoya fon coufin Manfio auec vn bon nombre de gens de guerre vers les quartiers de Narbonne, pour y furprendre les troupes que Pepin y auoit enuoyées. Dauantage les petites Annales du Moine Hepidan, publiées par M. du Chefne, affeurent que le Roy Pepin vint contre Vaifier dés l'an 758. ou 752. felon les Annales de Mets, & continua aux années 760. & 765. auquel temps il prit Tolofe, & à la troifiéme campagne la Ville de Narbonne, comme veulent les Annales de Mets, & la Cronique de S. Theodoric d'Vfez. Et plus formellement on void dans l'ancienne Cronique extraite de la Bibliotheque du Prefident de Thou, chez le mefme du Chefne, que ce fut par fix diuerfes fois que Pepin, ou Charlemagne pour luy, vint contre Vaifier; & que pour lors il fe rendit entierement maiftre des Villes de Narbonne, Tolofe, & Alby, & deliura les Goths des tributs qu'ils payoient aux Sarrafins, lefquels pour les diuifions qui furent en Efpagne entre les Mores & les Arabes, depuis l'an 742. & 747. que Iuzzif, ou Iofeph, More de nation, prit le titre de Roy d'Efpagne, ne furent pas en eftat de s'oppofer au progrez des armes victorieufes de Pepin. Que fi au contraire toutes ces diuerfes Epoques eftoient veritables, Pepin auroit efté vnze ou douze fois en Languedoc, fçauoir aux années 743. 44. & 45. fuiuant la Cronique de S. Theodoric d'Vfez; aux années 752. 53. & 54. fuiuant les Annales

de

de Mets ; En l'année 758. selon les petites Annales du Moine Hepidan ; en l'année 759. selon la Cronique manuscrite de M. Catel ; aux années 760. & 65. suiuant le Moine Hepidan ; Et finalement en l'année 767. selon les Annales du mesme Hepidan, celles de Mets, & la Cronique du Mareschal d'Arles. Il est donc aisé d'inferer de là que les trois dernieres campagnes consecutiues ausquelles Pepin, ou Charlemagne commandant pour luy les armées en Languedoc, reduisit entierement cette Prouince, sont celles de l'an 765. 66. & 67. En suite dequoy le Gouuernement general du païs fut donné au Comte Metropolitain de Narbonne, comme nous allons voir.

En quoy, sans faire l'Histoire particuliere de la Ville de Narbonne, nous voyons en general, que Narbonne n'a pas seulement esté au commencement vne florissante Republique, en suite vne Prouince de l'Empire, & enfin vn Royaume, particulierement sous les Vvisigoths, dont quelques-vns ont sans contredit porté le titre de Roys de Narbonne, entre autres Luibua & Recaredde ; mais de plus nous y apprenons que ce Royaume de Narbonne, autrement appellé de Septimanie, estant venu à la Couronne de France par la Donation que les peuples en firent à Pepin & Charlemagne, moyennant qu'ils jouïroient perpetuellement de toutes leurs anciennes Loix, Libertez, & Coustumes, il fut en suite incorporé au Royaume d'Aquitaine. Et la suite nous fera voir que les Ducs, Marquis, & Comtes de cette belle Prouince, commencerent à la posseder en fief dés le temps

I

de Charles le Chauue, & qu'enfin la chose leur demeura pleinement confirmée sous le regne de Hugues Capet, qui par de puissantes maximes d'Estat fut obligé, non pas à démembrer le Languedoc de la Couronne, comme quelques vns ont voulu dire, mais bien de laisser toute cette Prouince à ses Comtez, en qualité d'heritage perpetuel. Ce qui a duré iusqu'au temps de Louis VIII. qu'elle fut reünie à la Couronne; & cette reünion a esté confirmée par la nouuelle Donation que les Estats Generaux de Languedoc en firent à Charles VII. comme nous verrons en son lieu.

CHAPITRE V.

AYMERIC, autrement appellé THEO-
DORIC, premier Duc, Marquis
& Comte de Narbonne.

DANIEL Archeuesque & premier Conseigneur de
Narbonne.

MAINTENANT ie viens à nos Ducs, Marquis, & Comtes de Narbonne, & commence par AYMERIC, autrement appellé THEODORIC, qui est le premier qui porte le Titre de Duc de Narbonne, dans l'Histoire ou Roman de la fondation du Monastere de la Grasse, compilé par Guillaume Paduan, où il est dit que Charlemagne en recompense des seruices signalez que Aymeric vaillant Cheualier luy auoit rendus à la prise de la Ville de Narbonne, luy donna la troisiéme partie de la Seigneurie de cette Ville, & les autres deux parties l'vne à l'Archeuesque, & l'autre aux Iuifs, qui luy auoient aydé en cette occasion. On ajoûte mesmes que celuy-cy fut de plus estably Gouuerneur de tout le païs conquis sur les Sarrasins, sous le titre de Duc de

I ij

Narbonne, & de Comte de Tolose, auquel il soûmit les Comtes des Citez de Besiers, Carcassonne, Nismes, Rossillon, & autres, comme a escrit le Iurisconsulte Chassaneus, & apres luy plusieurs autres. Nicolas Gilles, en sa Cronique de France, qu'il a extraite de l'ancienne Cronique de S. Denis, parle aussi de cette Donation de la Cité de Narbonne à Aymeric, qu'il appelle fils d'Arnaud de Beaulande, ou Bellande, & nepueu de Gerard de Vienne: & les Romans du Charroy de Nismes, & des Ducs de Normandie, donnent à cét Aymeric la qualité de Comte & de Marquis de Narbonne, & pourtant M. Catel l'a mis à la teste des Vicomtes de Narbonne, ensemble son fils Guillaume, dequoy il est blasmé par plusieurs bons Auteurs de ce siecle. En effet la qualité de Comte est plus que celle de Vicomte, & celle de Duc de Septimanie, ou de Narbonne, ou de Marquis de Gothie, & de Narbonne, est encore plus que l'autre; car il est certain que bien qu'en beaucoup de lieux, Duc, Comte, Marquis, ayent esté autresfois pris indifferemment, neantmoins en Languedoc le titre de Comte signifioit du temps de Charlemagne & de ses Enfans, vn Gouuerneur de Ville, qui auoit l'administration de la Iustice distributiue, tant sur les peuples de la Cité, que de tout le ressort ou Diocese, auecque la recepte des deniers du Domaine; & celuy de Vicomte signifioit vn Lieutenant du Comte dans l'estenduë de sa Iurisdiction; c'est à dire que les premiers estoient ce que sont auiourd'huy les Seneschaux, & les seconds ce que sont les Viguiers,

Chass. consid. 46. & in Cathal. part 5 consl. 47. Carol. de Grassalio, li. 1. de Regal. Franc.

aussi s'appelloient-ils *Vicarios Comitum*, duquel mot de *Vicarius* est venu celuy de Viguier. Mais pour le regard des Ducs ou Marquis, c'estoient des Gouuerneurs des Prouinces ou des Frontieres, qui n'auoient pas l'administration de la Iustice comme les Comtes, mais simplement le Gouuernement & administration Politique des païs dont ils auoient le commandement & l'auctorité; & les Comtes estoient tenus d'aller à la guerre sous eux, & d'y amener tous les Vassaux de leur ressort, de la mesme maniere que font les Seneschaux, toutes les fois que nos Roys conuoquent le ban & arriereban. Il est vray que cette qualité de Duc ou de Marquis, laquelle au sens que nous la prenons en cette matiere, signifie la mesme chose, n'estoit pas incompatible auec celle de Comte, & bien souuent il se trouuoit que le Duc ou Marquis possedoit vn ou plusieurs Comtez, dequoy la suite du sujet que nous traittons, fournira beaucoup de preuues. Et pour le regard de nostre Aymeric ou Theodoric, il est certain qu'il estoit en particulier Comte de Narbonne, & que comme Comte Metropolitain, il possedoit conjointement la Charge de Duc de Septimanie : il en a esté de mesme de plusieurs de ses descendans, qui ont compris le titre de Comte sous celuy de Duc & de Marquis; ainsi que nous verrons : & c'est en ce sens que tant Aymeric ou Theodoric, que Guillaume son fils, sont appellez Marquis de Narbonne dans les anciennes Annales de Normandie écrites en François; & aussi dás M. Catel, quoy qu'il les ait placez à la teste des Vicomtes. Com-

I iij

bien que sous les derniers Roys de France de la seconde race, l'on voye les Villes du Languedoc entre les mains des Comtes & des Vicomtes, & auec distinction & sans distinction ; cette distribution en Comtez & Vicomtez ne fut pourtant pas introduite par les François, mais plustost elle fut empruntée des Vvisigoths, qui par la disposition generale de leur Estat auoient l'vsage des Vicomtes pour Lieutenans Generaux du Comte, & les appelloient *Vicarios Comitum*, ainsi que ie viens de dire. Car comme de leur temps les Comtes possedoient plusieurs Citez ensemble, & estoient à peu prés Gouuerneurs des Prouinces, tel que le Comte Hibba en Languedoc, pendant le regne de Theodoric Roy des Ostrogoths d'Italie, dans Procope, Cassiodore, & autres anciens ; Les Narbonnois estoient de toute ancienneté en ce priuilege special d'auoir des Officiers sur les lieux pour rendre iustice aux peuples. Il faut se souuenir de ce que disent communement les Iurisconsultes, que ceux que les Romains enuoyoient dans les Prouinces, pour y commander, estoient establis seulement aux Villes que la disposition de l'Empire reconnoissoit pour les Chefs de tout vn peuple, sous le nom de Cité. Or comme les Vvisigoths se conformerent en la Prouince de Narbonne à l'ordre Politique des Romains, ils laisserent aussi la mesme disposition dans toute la Prouince qu'ils y trouuerent, & en cét estat establirent des Officiers en tous les lieux qui par les Reglemens des Empereurs estoient reconnus pour Citez ; & encore sous ceux-cy y auoit-il

de Narbonne. 71

d'autres Officiers appellez *Centenarij*, *Decani*, *& Vice-judices*, qui estoient establis en certains quartiers d'vn Comté pour y exercer la Magistrature, selon le pouuoir qui leur en estoit donné, comme nous auons dit autre part.

Aussi est-il veritable qu'au temps de nostre Aymeric, il y auoit de mesme en Languedoc autant de Comtes qu'il y auoit de Citez, sçauoir à Narbonne, Carcassonne, Besiers, Agde, Lodeue, Maguelonne, Nismes, & Rossillon, qui font en tout le nombre de huict Citez, ou Comtez. La preuue qu'il y auoit autant de Comtes, se peut tirer d'vne Charte de Charlemagne qui est dans les Archiues de l'Eglise Metropolitaine de Narbonne, faite en faueur des Espagnols refugiez en Languedoc; les Comtes ausquels elle est adressée, sont en nombre de huict, & sont nommez en cét ordre, *Berano, Gauscelino, Gisclafredo, Odileni, Ermengario, Ademaro, Laibulfo, Erlino, Comitibus*. Et ce qui confirme que le Duc de Narbonne deuoit particulierement posseder le Comté de cette Ville conjointement auec le Duché, ou Marquisat, c'est que bien que la dignité Comtale fût par tout la mesme chose, & qu'entre les Comtes il y eut cette égalité qui se retrouue generalement parmy tous ceux qui possedent vn mesme grade, & vne mesme qualité, où les plus vieux n'ont que le pas deuant les autres, il y auoit toutesfois quelque chose qui releuoit la qualité de Comte de la Cité Metropolitaine, pardessus celle des autres Citez. Car les Loix & les Reglemens que le Prince faisoit aux Assemblées des

Estats Generaux, estoient deliurez par le Chancelier aux Euesques & aux Comtes des Citez Metropolitaines, qui les enuoyoient apres aux Euesques, aux Abbez, & aux Comtes des Citez qui releuoient de leur Metropolitaine, pour en faire la publication sur les lieux. Aux iugemens que les Comtes rendoient suiuant la teneur des Loix & des Reglemens, ils n'appelloient que les Officiers ordinaires de leur Cour; mais aux affaires de consequence, ils estoient obligez de prendre aduis & conseil des Euesques, des Abbez, & des Vassaux, selon qu'il est prescrit par les Capitulaires. En quoy ce n'est pas de merueille si les Ducs ou Marquis de Narbonne ont voulu aussi estre Comtes, puisque la Charge de Duc & de Marquis, n'estoit pas incompatible auec celle de Comte, à laquelle estoit attachée l'auctorité de iuger deffinitiuement les causes & procez des particuliers, en la maniere que iugent auiourd'huy les Cours Souueraines des Parlemens. Et voila comment Aymeric ou Theodoric pouuoit estre tout ensemble, & Duc, ou Marquis, & Comte de Narbonne.

Quant aux noms d'Aymeric, & de Theodoric, ce Seigneur a porté tous les deux, & particulierement dans l'acte de la fondation du Monastere de S. Guillaume le Desert, que fit son fils Guillaume le quatorze de Decembre de l'an 14. du regne de Charlemagne, & le 4. de son Empire. Là, ce Guillaume Comte & Duc, ou Marquis de Narbonne, se dit fils de Theodoric, nom que le Pere Labbe Iesuite, dans ses Tableaux Genealogiques, luy donne aussi,

&

de Narbonne. 73

& remarque que sa femme, mere de S. Guillaume s'appelloit Aldane, fille de Charles Martel, & le sixiéme Enfant de sa premiere femme nommée Roctrude, & par erreur Geltrude, qu'on dit estre morte dés l'an 720. On ne sçait pas le temps de son decez, ny celuy de sa promotion, tant au Comté de Narbonne, qu'au Duché & Gouuernement de la Septimanie.

Neantmoins, ie reietterois ce premier à l'année 767. auquel temps la Ville de Narbonne fut entierement soûmise par le Prince Charles, conduisant l'armée pour le Roy Pepin son pere, sous cette condition stipulée par serment solemnel, que les peuples de cette Prouince seroient continuez dans l'vsage de leurs anciénes Loix, Libertez, & Coustumes, comme i'ay dit plus haut, auecque l'auctorité de Geruais Tillebery Mareschal du Royaume d'Arles, & les Croniques & Annales de Mets, & du Monastere de sainct Gal; bien que cette reduction & composition soit marquée sous trois années differentes en quelques lieux tant de l'vne de ces Croniques que des autres. Ie confirme mon opinion par la remarque du Pere Guidonis, en la vie des Papes, qu'il a composée, où il met la reduction de Carcassonne à Charlemagne sous le Pontificat du Pape Paul Romain, qui a tenu le siege depuis l'an 757. iusqu'à 767. Et il ajoûte que Charlemagne la fit fortifier en l'année 768. Ce qui se doit entendre que ce fut l'année apres qu'il eut soûmis cette Ville, qu'il l'a fit fortifier. Ie montreray cecy au long en mon Histoire des Euesques & Com-

K

tes de Carcaſſonne. La preuue certaine que l'eſtabliſſement des Comtes & Ducs de Narbonne, ou de Septimanie ſous Charlemagne, reſpond à ce temps-là, c'eſt que la Septimanie fut compriſe dans le Royaume d'Aquitaine erigé par Charlemagne en faueur de ſon fils Louis, l'an 781. Et toutesfois il n'eſt pas dit qu'aucun Comte ou Duc fût eſtably à Narbonne pour la deffence de cette Frontiere, & l'adminiſtration des Domaines de la Couronne. Dans la continuation d'Aymoinus, on void que pour le ſoin & la conduite de ce nouueau Royaume, Charlemagne eſtablit des Comtes François dans toutes les autres Villes qui en dépendoient, à la reſerue de Narbonne, & Duché de Septimanie, qui pour auoir déja des Comtes, ne ſont pas compris dans le dénombrement que l'Hiſtoire en fait; ce qu'on n'eut pas obmis, puis qu'on y trouue le nom de ceux qui furent eſtablis à Toloſe, & à Alby, qui eſtoient des païs diſtincts & ſeparez de la Septimanie, ainſi que nous auons veu ailleurs. Il eſt donc vray que l'eſtabliſſement des Comtes de Narbonne, & Ducs de Septimanie ſous les François, deuance l'erection du Royaume d'Aquitaine, & reſpond fort bien au temps de la reduction des Villes de Carcaſſonne & de Narbonne, en ſuite deſquelles toute la Prouince fut ſoûmiſe.

Cecy ſe void auec vn notable diſcernement dans la Charte de Charles le Chauue en faueur de l'Archeueſque Berarius, qui contient poſitiuement que le Roy Pepin qui deceda l'an 768. auoit donné à l'Ar-

L. 5 c. 1. & 3.

cheuefque de Narbonne la moitié de la Cité, & autres chofes dont nous auons plus haut fait mention ;
& partant il eft conftant que Pepin a efté maiftre de
Narbonne, & que de luy tire fon origine le premier
eftabliffement des Comtes François dans cette Ville. La Bulle du Pape Eftienne VII. en faueur d'Arnufte Archeuefque de Narbonne, nous apprend
que cette Donation de Pepin fut faite à l'Archeuefque Daniel, fur lequel vn Comte nommé Milon,
voulut depuis vfurper quelques lieux, comme nous
dirons en parlant de ce Comte Milon : tous ces deux
titres font à la fin de cette Hiftoire. Et fans faire vne
plus longue induction, ie dis qu'apres cela il n'y a
plus lieu de douter que l'eftabliffement des Comtes
François dans Narbonne, & dans les autres Villes du
Languedoc, n'ait pris fon commencement fous
Pepin.

K ij

CHAPITRE VI.

MILON second Duc, Marquis & Comte de Narbonne sous le simple titre de Comte.

DANIEL Archeuesque & premier Conseigneur de Narbonne.

AVECQVE l'auctorité du jugement rendu par les Commissaires du Roy Charlemagne à Narbonne, l'an 14. du regne de ce Prince, qui est l'an 782. produit à la fin de cette Histoire, i'establis ce Comte Milon dont il y est parlé, pour Duc ou Marquis, & Comte de Narbonne, apres Aymeric ou Theodoric, soit que celuy-cy fût mort en cette année 782. ou plustost que Milon, eût esté substitué par Charlemagne à la place de Theodoric, puis que les Duchez, Marquisats, & Comtez, n'estoient alors que des Charges & des Dignitez qui n'estoient pas perpetuelles, mais dont le temps de l'employ n'auoit autre durée ny autre estenduë que celle qu'il plaisoit au Roy de luy donner. Quoy qu'il ne soit point appellé Comte de Narbonne, il est pourtant aysé de comprendre qu'il l'estoit sans difficulté aucune, & il

de Narbonne. 77

le dit-luy mefme affez clairement, lors que pour toute deffence contre l'Archeuefque Daniel, concernant les Villes & lieux fituez dans le Comté de Narbonne, dont ce jugement fait expreffe mention, il fouftenoit formellement en prefence des Commiffaires, & autres Iuges, deuant qui cette caufe fut folemnellement plaidée, que ces lieux luy auoient efté baillez par Charlemagne *in Beneficium*, c'eft à dire en fief honoraire; car s'il n'euft pas efté Comte de Narbonne, qui, comme nous auons dit, n'eftoit qu'vne Charge & Office perfonnel, & à temps, il n'euft peu parler en ces termes, d'autant plus que c'eftoit au reuenu de telle nature de biens que confiftoit en ce temps-là les appointemens des Comtes, Gouuerneurs, & Magiftrats des Villes. Et à parler fincerement & iufte; fi celuy-cy n'euft eu le caractere de l'auctorité Comtale dans le païs, il n'euft pas eu le droit qu'il pretendoit auoit de difputer contre l'Archeuefque de Narbonne la poffeffion de tous ces diuers lieux, que Arluin fon Aduocat fouftenoit au contraire auoir efté depuis long-temps joüis & poffedez par l'Archeuefque *ab integro*, c'eft à dire allodialement, ainfi qu'il prouua par tefmoins. Auffi fut l'Archeuefque de Narbonne maintenu deffinitiuement au plein poffeffoire de tous ces lieux, le nom defquels eft fi corrompu dans l'acte qui a efté extrait des Archiues de Narbonne, que ie n'en fais pas icy exprez le dénombrement; il eft du 3. des Nones de Iuin, l'an 14. du regne de Charlemagne, que nous auons dit eftre l'an 782. auquel temps l'Archeuefque

K iij

Daniel se trouuoit absent de Narbonne, pour estre allé en pelerinage en la Ville de Hierusalem, d'où il estoit de retour en l'année 788. qu'il tint vn Concile à Narbonne contre Felix Euesque d'Vrgel. De là nous apprenons que Daniel a esté plus de vingt ans Archeuesque, puis que c'est à luy que le Roy Pepin fit cette belle Donation dont nous auons parlé, & qu'il estoit encore viuant en l'année 788. Daniel est donc le premier Archeuesque Conseigneur de Narbonne, de qui cette Histoire commence à faire mention.

En suite dequoy, & pour auctoriser la qualité de Duc ou Marquis de Narbonne que ie donne à ce Comte Milon, quoy qu'il n'apparoisse pas qu'il en ayt porté d'autre que de Comte, il faut se souuenir que le Comte de Narbonne, comme Comte de la Ville Metropolitaine, auoit succedé à l'auctorité & au pouuoir du Preteur, Proconsul, & President de la mesme Prouince sous les Romains, & de Duc & Comte sous les Vvisigoths. En cet Estat ce Comte estoit Lieutenant de Roy dans toute la Prouince, & sa Charge estoit distinguée des autres Magistrats appellez simplement Comtes, par le titre de Duc ou de Marquis, qui appartenoit proprement & particulierement au Comte Metropolitain, soit comme Superieur des autres Comtes, soit comme Gouuerneur de la Prouince & des Frontieres. Et quoy que nous trouuions que Guillaume fils d'Aymeric ou Theodoric, a possedé depuis les mesmes Gouuernemens, il n'a pourtant pas succedé immediatement,

de Narbonne.

d'autant que nous verrons en parlant de luy, qu'en cette année 782. que Milon estoit Comté de Narbonne, ce Seigneur estoit encore trop ieune pour remplir vne place si importante, ne pouuant auoir alors guere plus que de quatorze ou quinze ans.

CHAPITRE VII.

TORSIN, ou TVRSIN, Comte de Tolose, troisiéme Duc, Marquis, & Comte de Narbonne, sous le titre de Prince de Narbonne.

DANIEL premier Archeuesque & Conseigneur de Narbonne.

APRES Aymeric, ou Theodoric, appellé Marquis, Duc & Comte de Nabonne, & le Comte Milon, ie trouue que Torsin, ou Tursin porte le titre de Prince de Narbonne & de Tolose, dans vne Charte de l'ancien Monastere d'Alet, faite le x. des Calendes de Fevrier, l'an 796. voicy les mesmes termes. *Regnante Potentissimo atque Christianissimo Principe Carolo Magno Rege Francorum, sub illo regnante in ista Prouincia Torcino Principe Tolosensi & Narbonensi.* Elle sera produite à la fin de cette Histoire. Que si cela est vray, il faut donc dire que Torsin ne fut pas deposé du Comté de Tolose, & auec ce Gouuernement de toutes ses Dignitez, en l'année 789. ainsi qu'on écrit communement, mais plustost en l'an 799. comme a remarqué *Adelmus Benedictinus*, en la vie de Louis le Debonnaire,

de Narbonne. 81

Debonnaire, & apres luy Catel en la vie de Guillau- *Hist. des*
me, premier du nom, Comte de Tolose. Dans le *Comtes de Tolose, p.*
Continuateur d'Aymoinus ce Torsin, ou Tursin, au- *45.*
trement appellé Corson, est qualifié Duc de Tolose; Et ailleurs, le mesme Autheur l'appelle Comte
de Tolose lors qu'il dit que Charlemagne estant de
retour de la conqueste d'Espagne, donna l'Aquitaine en titre de Royaume, à Louis son fils, & que pour
le Gouuernement de ce nouueau Royaume, il établit
des Comtes François dans toutes les Villes, entre
autres Corson à Tolose. M. Catel, dans ses Comtes de Tolose, dit auoir leu dans vn ancien Autheur
manuscrit, que Charlemagne bailla à Torsin Bourdeaux, Tolose, Narbonne, & la Prouence; Nicolas
Gilles, & du Tillet, disent la mesme chose, & ils ajoû-
tent de plus que Torsin estoit Gascon, & quelques
autres asseurent qu'il estoit Goth de nation, & Prince
de la race des Goths. Mais ce qui confirme que Torsin a possedé ces quatre diuerses pieces, est la remarque qu'on fait, que lors qu'il fut priué de ses Dignitez, celuy qui fut substitué à sa place fut creé Duc
d'Aquitaine, Languedoc, & Prouence; pieces qui
par consequent pouuoient auoir esté entre les
mains de Torsin, puis que l'on sçait que les Duchez
n'estoient alors que des Charges & des Gouuernemens personnels, qui se changeoient selon la volonté du Prince, & comme dit la Cronique de sainct
Denis parlant de Torsin; *& n'estoient pas en ce temps ces*
Duchez par heritage, mais estoient comme Bailliages que
l'on ostoit, & mettoit selon le temps.

L

Ie ne croy pas pourtant que Torſin aye poſſedé la Principauté ou Duché & Comté de Narbonne, auſſi-toſt que le Comté de Toloſe, mais ſeulement i'eſtime qu'il fut promeu à cette nouuelle Dignité, apres le Comte Milon, ſucceſſeur de Theodoric, ou Aymeric, dont on ne trouue pas le temps du decez; & ſans doute qu'il en fut pourueu à vn temps où le Comte Guillaume fils d'Aymeric, qui a eſté depuis Duc, Marquis, & Comte de Narbonne, eſtoit au ſeruice de Charlemagne, aupres duquel il a long-temps demeuré. A raiſon dequoy la neceſſité de la deffenſe d'vn païs qui eſtoit ſujet aux irruptions des Sarraſins, obligea Charlemagne d'en donner le Gouuernement ſucceſſiuement à Milon & à Torſin; & à moins que de cette vrgente neceſſité, il n'en eût pas priué Guillaume, qui pour eſtre fils d'vne ſienne tante luy touchoit de germain. Quoy qu'il en ſoit, M. d'Elbene en ſon Traicté des Marquis de Gothie, eſtablit ce Torſin ou Chorſon, Marquis de Gothie, & le place à la teſte de ſes Marquis, deuant Guillaume Duc & Marquis de Gothie, ſucceſſeur au Duché de Narbonne ou Septimanie, & Marquiſat de Gothie. Il diuiſe ces Marquis de Gothie, en quatre branches; la premiere commence à Chorſon, & continuë à Guillaume, Berenger, & Bernard; la deuxieſme, qu'il diuiſe de la premiere ſous le titre de Marquis de Gothie, commence à Guillaume le Deuot, & continuë à Pons pere & fils, & à Guillaume leur deſcendant; la troiſiéme à Raymond Comte de S. Gilles; & la quatriéme & derniere à Alphonſe Comte de Poictiers.

CHAPITRE VIII.

GVILLAVME DE BOVR-GONGNE, quatriéme Duc, Marquis & Comte de Narbonne, sous le Titre de Duc, & de Marquis.

NIBRIDIVS Archeuesque, & deuxiesme Conseigneur de Narbonne.

PAR la deposition de Torsin, Guillaume de Bourgongne fils d'Aymeric, ou Theodoric, Comte, Duc, & Marquis de Narbonne, fut creé Duc d'Aquitaine, Septimanie, & Prouence, suiuant l'Autheur de la vie de sainct Guillaume, fondateur du Monastere de S. Guillaume le Desert, au Diocese de Lodeve, laquelle vie se trouue dans la vie des Saincts que le Pere Guidonis, Inquisiteur de la Foy à Carcassonne, & depuis Euesque de Lodeve, a recueillies en plusieurs Tomes, qui sont encore dans la Biblioteque des Freres Prescheurs du Conuent de Tolose. Ce que i'ay dit par conjecture, que lorsque Torsin fut promeu au Gouuernement de Languedoc à la place d'Aymeric de Narbonne, ou du Comte Milon, Guillaume son fils deuoit estre encore au seruice de Charlemagne, se verifie dans cette ancienne vie de S. Guillaume : car elle contient entre autres choses que sainct Guillaume nasquit sous Pepin, & qu'il fut éleué sous Charlemagne, qui le fit Comte; & particulierement dans le Roman en Vers, qui a esté composé de luy, il est dit qu'il estoit natif de Narbonne.

Ie suis Guillaume, de Narbonne, fus né.

Sa naissance donc doit estre rejettée enuiron l'an sept cens soixante-sept, que la Ville de Narbonne fut entierement soûmise au Roy Pepin, pere de Charlemagne, qui en fist la conqueste, comme i'ay dit cy-dessus. Tellement que depuis l'an 767. iusqu'à l'an 796. que Torsin estoit Gouuerneur du Duché de Narbonne, il y a 29. ans; & partant il s'ensuit qu'encore pour lors le Comte Guillaume estoit aupres du Roy Charlemagne, à cause dequoy vn autre fut pourueu du Gouuernement de Septimanie, aussi-tost apres Milon, que nous auons veu qui estoit Comte de Narbonne l'an 782. auquel temps Guillaume ne pouuoit auoir que quatorze ou quinze ans, à prendre sa naissance à l'année 767.

Mais ce qu'il y a de plus veritable de la vie du Duc Guillaume de Narbonne, fondateur du Monastere de S. Guillaume le Desert, que les anciennes Chartes nomment *Gellonense*, doit estre tiré de l'acte de la Donation, que fit Louis le Debonnaire en faueur de ce Monastere l'an 808. qui est quatre ans apres sa fondation, & deux ans apres que le Comte Guillaume s'y fut retiré. Auecque l'auctorité d'vn acte si authentique, il doit demeurer constant qu'il auoit esté Comte à la Cour de Charlemagne, mais que pour l'amour de Dieu choisissant vne meilleure vie, il voulut estre pauure, refusant les plus grandes Charges de la Cour. Quoy qu'il en soit, ce Comte Guillaume est le sujet des anciens Romans du Connestable Guillaume au Court-nez, ainsi appellé, à cause que combattant contre les Sarrasins, il eut le bout du nez coupé ; D'où l'on tire l'origine de la maison d'Orenge, & des Cornets qui sont en leurs armes. Pour moy, ie croy veritablement que celuy-cy est ce Comte Guillaume, que mal à propos on appelle Comte de Tolose, lequel fut enuoyé par Charlemagne en Languedoc l'an 793. pour s'opposer aux Sarrasins qui venoient de faire vne nouuelle irruption dans cette Prouince, & apres auoir défait les nostres qui auoient osé leur deffendre l'entrée, bruslé les fauxbourgs de Narbonne, & saccagé tout le païs depuis les Pyrenées & la Mer iusques à Carcassonne, auoient mis le siege deuant cette Ville. Le Comte Guillaume, auec plusieurs autres Comtes François, partit de la Ville de Tolose, vint au deuant, auec vne armée composée de vingt mille hommes, & leur donna bataille, non pas proche de Salses, comme veulent quelques-vns, ny aux champs d'Alet, ou Alzau, suiuant l'opinion de quelques autres, mais prés du Monastere de la Grasse, sur le fleuue d'Ourbieu, que les anciennes Chartes appellent *Odurobio*, & *Vrbio*, & la Cronique de Moyssac *Oliuerio*, & tout auprés du lieu de S. Pierre les Champs, appellé Aleschans dans le Roman de Guillaume au Court-nez. Le lieu où se donna cette bataille est encore tout remply des Tombeaux qui furent dressez pour tant de braues gens que le Comte Guillaume perdit en cette iournée, en laquelle il acheta si cherement la gloire d'auoir tué de sa propre main le Roy ou General des Sarrasins, qu'il resta luy seul quatorziéme de vingt mil hommes qu'ils estoient, & neantmoins le champ de bataille luy demeura, à cause que les ennemis voyant leur Roy, ou General Abdelmelech mort, se retirerent aussi-tost, & se contenterent du butin qu'ils auoient gaigné. Voicy ce qu'en dit le Roman.

En Aleschans fu molt gran li doleur
Liquens Guillaume tint le brant de coleur.
Tant ot feru sor la gent Payenneur,
Le corps atteint de sang o de sueur:
De vingt mille hommes qu'il mena en l'Esteur,
N'a que quatorze, c'il n'ont point de vigueur,
Quar à mort sont navré tuit li plus seur.

Apres quoy il faut que ce Comte Guillaume soit retourné à la Cour aupres de Charlemagne, puisque la vie de sainct Guillaume, contient, que ce grand Prince reconnoissant les merites & la valeur de ce Seigneur, le fit Consul, c'est à dire qu'il le fit son Connestable, & son Lieutenant General pour le commandement des Armées, car le mot Consul en cét endroit signifie la mesme chose, de mesme que dans Isidore, Charles Martel est appellé Consul de

de Narbonne. 87

la France Interieure; & Guillaume estant en ce haut rang, qui le rendoit le second du Royaume, le Roy se seruoit de son conseil dans ses plus importantes affaires. En effet auant l'année 793. ce Comte estoit encore trop ieune pour posseder alors toutes les belles parties qui le rendirent depuis digne d'vn employ de cette qualité, & qui pour le moins demandoit vn homme de moyen âge. Aussi lors qu'il l'enuoya apres Torsin en Languedoc, il commit à la prudence & à la valeur de Guillaume, ces trois belles Prouinces, Aquitaine, Languedoc, & Prouence, & voulut qu'il en portast le titre de Duc: Dignité qu'il posseda iusqu'en l'année 806. qu'il entra dans le Monastere qu'il auoit fondé; & par sa mort a merité d'estre mis au Catalogue des Saints.

Voila quel a esté Guillaume Duc, Marquis, & Comte de Narbonne, qui est appellé Prince de Bourgongne par Frere Estienne de Lusignan, en son Histoire de Cypre, & Marquis de Narbonne, tant dans le Roman des Ducs de Normandie, que dans Paradin en son Histoire de Bourgongne, Belleforest en ses Croniques, & Claude de Rubis en son Histoire de Lyon. Il est aussi appellé tantost Comte, & tantost Marquis, dans le Roman qui a esté fait de luy, à raison de ce qu'il possedoit auec le Duché de Narbonne, le Comté de la mesme Ville, & auoit la garde des Frontieres, & le commandement des gens de guerre qui y estoient establis pour la deffense du païs. Le Roman qu'on a fait de luy, dit à vn endroit,

J'ay nom Guillaume le Marquis a nom Dé.

<small>Belleforest ch. 2. l. 2.
Croniq. Rubis l. 3. ch. 19. hist. de Lyon.</small>

Ailleurs.
Trestuit n'appellent François, & Berruier,
Comte Guillaume au Court-nez le guerrier.
Et encore.
Li Cuens Guillaume au Court-nez, li Marquis.
Et enfin conclud.
Tant fist en terre qu'és Cieux est coronné.
Plusieurs bons Auteurs tombent d'accord, qu'il estoit veritablement Prince de Bourgongne, c'est pourquoy dans Nitard, Bernard Duc de Septimanie fils de nostre sainct Guillaume, enuoye son fils Guillaume à Charles le Chauue, apres la bataille de Fontenay, pour le prier de luy vouloir conseruer les biens & honneurs qu'il auoit en Bourgongne.

Les Romans se sont fort estendus sur les actions de ce Duc Guillaume, & en effet il est certain, comme dit le Pere Labbe, en son Tableau Genealogique des Comtes de Tolose. 1. Qu'il perdit vne bataille contre les Sarrasins dans le Languedoc, l'an 793. nous auons remarqué le lieu. 2. Qu'il remporta plusieurs victoires sur les mesmes Sarrasins, qu'il chassa bien loing dans l'Espagne. 3. Qu'il assista au siege mis deuant Barcelonne, par Louis le Debonnaire, Roy des Aquitains. 4. Qu'il bastit au Diocese de Lodeve, à deux lieuës de ladite Ville, l'Abbaye iadis nommée *Gellonense Monasterium*, & maintenant sainct Guillaume le Desert, sur la Riuiere de l'Eraut. 5. Qu'il s'y rendit Religieux le iour de sainct Pierre & de sainct Paul l'an 806. le 6. de l'Empire de Charle-

de Narbonne. 89

Charlemagne. 6. Qu'il y mourut sainctement, vn 28. iour de May, sans sçauoir precisement l'année, sinon qu'il ne paruint pas iusques en l'an 814. auquel deceda sainct Charlemagne.

Pour sa parenté, nous auons déja dit qu'il est fils de Theodoric ou Aymeric, estably Duc & Comte de Narbonne sous le Roy Pepin, & de la Princesse Aldane, fille de Charles Martel, & par consequent tante de Charlemagne, auec lequel nostre S. Guillaume se trouuoit estre cousin germain. De cette sorte, il est vray ce que dit Thegan Choreuesque de Tréves, que Bernard Duc de Septimanie fils de nostre S. Guillaume, estoit, *ex stirpe regali.* Au reste on luy donne deux Freres nommez Theoduin, autrement Theodebert, & Adalesme Comte, & deux sœurs nommées Albane, & Berthe ou Bertane, qui furent Religieuses. Il eut deux femmes nommées Chunegonde & Guiberge; & le nom de ses Enfans est. 1. Bernard Duc de Septimanie. 2. Guillaume. 3. 4. 5. Guithier, Gotzlene ou Gozlin, & Herbert. 6. Berthe femme de Pepin Roy d'Italie. 7. Et Gerberge ou Gerbich, qui fut Religieuse. Voyez ce que le Pere Labbe dit des vns & des autres.

Au surplus, i'ay placé à la teste de ce Chapitre Nibridius Archeuesque de Narbonne, successeur de Daniel, d'autant que quand bien il seroit le mesme que ce Nifridius Abbé de la Grasse, dont il est fait mention dans vne Donation de Charlemagne de l'année 6. de son Empire, 29. de son regne en France, & trente-deux d'Italie; Il faut qu'il ait succedé

M

Histoire des Ducs

enuiron ce temps-là à Daniel, puisque celuy-cy ne peut auoir guere plus vescu que iusques enuiron l'année 806. qui est la 38. du regne de Charlemagne. Ainsi Nibridius aura esté Archeuesque & Conseigneur de Narbonne, & sous Charlemagne, & sous Louis le Debonnaire, comme nous allons voir.

CHAPITRE IX.

BERA, cinquiéme Duc, Marquis & Comte de Narbonne.

NIBRIDIVS, Archeuesque & deuxiéme Conseigneur de Narbonne.

N ne peut pas asseurer que le Comté de Narbonne & Duché de Septimanie ait esté possedé par le Comte de Tolose apres S. Guillaume, moins encore que son fils Bernard luy ait immediatement succedé ; au contraire l'on trouue que Berenger Comte de Tolose, dés l'an 819. lequel estoit fils de Hugues, Comte de Tours, disputoit en l'année 836. le Duché de Septimanie à Bernard fils de S. Guillaume. Or comme ce Gouuernement ne peut pas auoir demeuré vaccant depuis l'an 806. que S. Guillaume le quitta, pour embrasser la vie Monastique, iusqu'à l'an 820. que Bernard son fils en fut fait possesseur ; Il s'ensuit probablement que le premier des huit Comtes nommés dans la Charte de Charlemagne en faueur des Espagnols qui s'estoient refugiez en Languedoc, est le Comte de Narbonne, & partant que Bera ou Bera-

M ij

no si connu des Historiens Espagnols, est celuy qui remplissoit alors la place de Duc de Septimanie. Pour l'establissement de cette coniecture, ie desire de rapporter icy les mesmes paroles dont se seruent les Historiens Espagnols, lors qu'ils parlent que le Roy Louis le Debonnaire, ayant pour la derniere fois reduit la Ville de Barcelonne au pouuoir du Roy Charlemagne son pere, enuiron l'an 806. Il en bailla le Gouuernement à vn Goth nommé Bera, natif de la Gaule Narbonnoise. *Dexò por Gouernador à Bara, Godo de la Galia Narbonense, y por consiguiente Catalan por ser de la Septimania, que assi se llamaua entonces todo el territorio, que occupauan los godos desta parte, por contener siete regiones : es à saber la Galia Narbonense, Carcassona, Rossethon, Empurias, Barcelona, Gerona, y Biterrio : En losquales se diuidia el Condado de Barcelona, como lo dizen el Abad Carrillo, Baronio, y el Obispo de Pamplona, losquales todos conuienen enque era lo mesmo llamarse Conde de Barcelona, que Conde de Septimania.* D'où, & de ce que Bera ou Berano, portoit déja auparauant le titre de Comte, comme il se recueille de ces paroles d'Aymoinus : *Bera Comite, ibidem ob custodiam relicto cum Gothorum auxiliis;* l'infere que ce Bera, qui fut par Louis le Debonnaire, establiy Comte & Gouuerneur de Barcelonne, enuiron l'an 806. est le mesme qui est nommé à la teste des autres Comtes de la Septimanie, dans la susdite Charte de Charlemagne, qui nomme les huict Comtes, des huict Citez de la Septimanie, en l'ordre que i'ay déja rapporté, & que ie suis obligé de repeter encore en cét

<small>Carrillo, an. 815. Baron. n. 28, 38. Fr. Prudencio de Sandoual, en la hist. del Rey Alonso, proclamaçon de Cataluña, §. 15.</small>

de Narbonne.

endroit. *Berano, Gauscelino, Gisclafredo, Odileni, Ermengario, Ademaro, Laibulfo, Erlino, Comitibus.* Ce qui confirme cette conjecture que Bera ou Berano, estoit Duc de Septimanie, selon l'opinion des Espagnols, c'est que du temps qu'il possedoit le Comté de Barcelonne, il affecta la Royauté des Vvisigoths, qui demeuroit esteinte depuis la mort du Roy Roderic ou Rodrigo; & fondoit toutes ses esperances sur ce qu'il y auoit alors plusieurs d'entre les Goths qui auoient la mesme pensée de se rendre maistres de l'Espagne. Son crime estant venu à la connoissance de l'Empereur Louis le Debonnaire, & suiuant les Loix des Vvisigoths, en estant conuaincu par la victoire que son accusateur remporta sur luy en Duel, ses Gouuernemens luy furent ostez, l'an 820. Enfin ce qu'il y a de plus certain, est que du temps que Bera estoit Comte de Barcelonne, toutes ces Villes, Narbonne, Carcassonne, Besiers, Rossillon, Empuries, Girone, & Barcelonne, estoient également comprises sous vn mesme Gouuernement, puis que les Lettres de Louis le Debonnaire en faueur des Espagnols qui s'estoient retirez du pouuoir des Sarrasins, pour venir resider parmy les peuples du Languedoc, sont adressées aux Comtes de ces Villes; Celles de l'an 815. ordonnent que dans chaque Cité de leur residence, il y ait trois exemplaires du Priuilege qu'il leur accorde, dont l'vn soit vers l'Euesque de la Cité, l'autre entre les mains du Comte, & le troisiéme au pouuoir des Espagnols interessez; & celles de l'an 816. ordonnent que ces Lettres soient enregistrées à Narbonne, Carcassonne, Rossillon, Empuries, Barcelonne, Girone, & Besiers, qui estoient autant de Comtez, & par consequent qui estoient tous dans vn mesme Gouuernement, ou du moins entre les mains d'vn mesme Gouuerneur. Il ne se peut à mon aduis rien produire de plus exprez, pour iustifier que Bera, estant comme il est probable, Comte de Narbonne, & Gouuerneur de la Septimanie, son païs natal, & depuis Comte de Barcelonne, qu'il a possedé iusqu'en l'année 820. qu'il conserua aussi tousiours ces deux Gouuernemens; quoy que neantmoins Barcelonne ny Girone ne dependissent pas de la Septimanie, qui est par tous les anciens Auteurs & actes restreinte & limitée au seul Languedoc, ou Gaule Narbonnoise premiere. Bien que ces Lettres ne fassent pas mention des Comtez de Maguelonne, Agde, Lodeve, Nismes, & Vsez, ce n'est pas pourtant à dire qu'ils ne fussent aussi du Gouuernement & Duché de Septimanie; Et la raison pour laquelle ces Lettres n'en parlent pas, c'est que ce n'estoit que dans les seules Citez de Narbonne, Carcassonne, Rossillon, Empuries, Girone, Barcelonne, & Besiers, que les Espagnols qui se retirerent du pouuoir des Sarrasins l'an 815. vinrent establir leur demeure, comme il se peut inferer des mesmes Lettres, en ce que les premieres ordonnent que dans chaque Cité de leur residence, il y ayt trois exemplaires de ce Priuilege, & que les secondes disent positiuement que c'est Narbonne, Carcassonne, Rossillon, Empuries, Girone, Barcelonne, & Besiers.

Nous pouuons ajoûter à ce que dessus ce que les Historiens tant François qu'Espagnols remarquent, que six ans apres la deposition de Bera, Aizo, Seigneur Goth, s'estant reuolté contre Louis le Debonnaire, Vvillemond fils de Bera, s'alla ioindre à luy auecque tous ses amis, & que celuy-cy commit beaucoup d'actes d'hostilité dans la Cerdagne, & la Vallée, *Cerdanna y al Valles*, comme parle Diago; c'est à dire dans la Cerdagne, & dans la Vallée de Conflent, qui sont dans les anciennes limites de la Gaule Narbonnoise premiere, ainsi que nous ferons voir autre part. C'est vne preuue asseurée que Bera estoit originaire du Languedoc, comme accordent les Espagnols, puis que la disgrace de son pere auoit engagé dans la rebellion du fils plusieurs personnes de ce païs. Et de fait, l'on croit que cét Abbé Elisachar, que l'Empereur enuoya contre ces rebelles, estoit Abbé de Castres, & que c'est le mesme qui fut depuis Euesque de Tolose, ainsi qu'a remarqué Borel en ses Antiquitez de Castres ; Et pareillement les Comtes Hildebrand, & Donat, estoient des Comtes du païs, lesquels auec les troupes qu'ils peurent ramasser dans le Languedoc, entrerent en Espagne, & auecque l'assistance de Bernard Comte de Barcelonne, & aussi Duc de Septimanie, comme nous allons voir, s'opposerent courageusement aux Rebelles.

Au reste Nibridius qui estoit Archeuesque de Narbonne, & pendant la vie de Charlemagne, & apres sa mort, ayant esté trouuer Louis le Debon-

<small>Hist. de los Antiguos Condes de Barcelona. l. 2 cap. 2.</small>

naire à Aix la Chappelle, l'année premiere de son regne, qui est celle de 815. Il obtint de luy la confirmation des Priuileges accordez par ses predecesseurs à son Eglise; constat de la Charte produite à la fin de cette Histoire, en datte du 4. des Calendes de Ianuier.

BERNARD

CHAPITRE X.

BERNARD, sixiéme Duc, Marquis, & Comte de Narbonne, sous le titre de Duc de Septimanie.

NIBRIDIVS, & BARTHELEMY, Archeuesques, & deuxiéme, & troisiesme Conseigneurs de Narbonne.

ERNARD, fils de sainct Guillaume, fondateur du Monastere de S. Guillaume le Desert, fut estably à la place de Bera, l'an 820. quoy que communement on escriue que ce fut l'an 829. qui est vne erreur que l'on descouure par les termes dont se sert Nitard, lors que parlant qu'en cette année-là, Louis fit Bernard, son Chambellan, & luy commit l'education du ieune Prince Charles son fils, il dit, *Bernardum quemdam Ducem Septimaniæ*; Car ce mot *quemdam*, signifie que Bernard possedoit la qualité de Duc de Septimanie long-temps auparauant. Ce Bernard est appellé dans les anciennes Annales tantost Duc & Comte de Barcelonne, & tantost Gouuerneur de la Frontiere d'Espagne, & Duc de Septimanie; & M. Catel a expres-

Nit. l. 1.

Hist. des Comtes de Tolose, en la vie de Bernard.

sement remarqué que plusieurs l'ont appellé Marquis de Gothie, c'est à dire Duc & Comte de Narbonne, Rossillon, & autres Comtez faisant Frontiere.

Beranger Comte de Tolose, pretendant le Duché de Septimanie luy appartenir, à cause sans doute que les Comtes ses predecesseurs l'auoient tenu, le disputa au Duc Bernard; & l'Auteur de la vie de Louis le Debonnaire remarque, que les volontez des habitans du païs estoient partagées entre ces deux Seigneurs : mais que la mort de Berenger, qui suruint sur le poinct que le Roy deuoit iuger la dispute, à l'Assemblée ou Parlement tenu à Straniac, au païs de Lyonnois, l'an 836. vuida le different, & laissa Bernard paisible, qui posseda sa Dignité de Duc de Septimanie, & de Comte de Narbonne iusqu'en l'année 844.

Depuis l'Empereur tenant son Parlement à Carisiac, l'an 839. les Seigneurs Goths, qui auoient encore le Gouuernement des Villes du Languedoc entre leurs mains, en consequence du Traicté fait auecque les Roys Pepin, & Charlemagne, y porterent leurs plaintes contre le Duc Bernard, des violences & tyrannies que tant luy que ses Officiers exerçoient dans toute la Prouince, contre leurs Libertez, & demanderent qu'il pleût à sa Majesté de deputer des Commissaires pour reformer tels abus, y apporter le remede conuenable, & les maintenir & conseruer dans l'vsage de la Loy de leurs Ayeux; *& Auitam eis legem conseruarunt*. Cecy se doit entendre tant des Loix Vvifigothiques faites en Efpagne, que de celles qui furent publiées à Ayre en Aquitaine, l'an 506. par le Roy Alaric, qui font vne compilation du Code Theodofien, que ce Prince fit faire exprez pour l'vfage particulier des naturels habitans du païs, lefquels font pour cette raifon diftinguez des Goths, par le nom de Romains; & auffi cela comprenoit les Loix & Couftumes municipales de la Prouince, foit en general, foit en propre & particulier aux Citez.

 Il femble que la Prouince de Languedoc fût pour lors diftribuée en quatre principaux Comtez, ou fieges de Iudicature, fçauoir, Narbonne, Tolofe, Carcaffonne, & Maguelonne; ce qui refpond à peu près à l'ordre de l'Eftat & Ariftocratie de nos anciens Tectofages. Nous auons dit auecque l'auctorité de Strabon, qu'ils eftoient diuifez & departis en quatre Principautez, appellées Tetrarchies, en chacune defquelles il y auoit vn Duc ou Tetrarque, auecque vn Iuge, vn Marefchal de Camp des Armées, quelques autres Officiers, & vn Confeil de douze, pour deliberer de toutes les affaires concernant la Iuftice, Police, Milice, & Finances, horfmis aux chofes de confequence, que l'Affemblée de tous les Eftats, deuoit eftre compofée de quatre cens. Cela eftant ainfi, il faut à mon aduis, attribuer cette nouuelle diftribution de la Prouince de Languedoc en quatre principaux Comtez ou Sieges de Iudicature, à la paffion des peuples naturels du Languedoc au temps de Louis le Debonnaire, tels qu'eftoient ceux

Strabon Geograph. l.12.

qui sont appellez Goths, sous le nom desquels sont compris tous les originaires, autrement appellez Indigenes. Les Commissaires deputez par l'Empereur dans toutes les Prouinces de son Royaume, pour y faire les Reglemens necessaires, & particulierement ceux qui vinrent en Languedoc, c'est à dire les Comtes Boniface & Donat, & l'Abbé Adrebald, leur accorderent par cette nouuelle disposition, que la Police generale de la Prouince, fut comme vne Image renaissante de la Police des anciens Tectosages. Les François tels qu'estoient ces Commissaires, auoient en autant plus de respect & de veneration cét Illustre Peuple, qu'ils sçauoient que la race de Charlemagne estoit originaire de Narbonne, comme il demeure constant auecque les vies M. S. de S. Firmin, & de S. Ferreol Euesques d'Vsez, l'vne tirée de la Bibliotheque de M. du Chesne, Aduocat au Conseil, & l'autre communiquée par le R. P. Thomas d'Aquin, Carme Deschaussé, Definiteur de la Prouince d'Aquitaine, & toutes deux publiées par M. du Bouchet. D'ailleurs ils n'ignoroient pas que les François qui planterent les fondemens de la Monarchie Françoise, sous les heureux auspices du Roy Pharamond, descendent des mesmes Tectosages qui passerent autresfois du Languedoc dans l'Allemagne, & establirent leur demeure au delà du Rhin, proche de la Forest Hercinie, autrement appellée la Forest Noire, où ils estoient encore du temps de Cesar, & d'où enfin sont sortis ces peuples guerriers, qui sous le nom de Francs,

Hist. de l'origine de la maison de Charlemagne par du Bouchet.

Cesar. Comment. l. 5. Germaniæ loca circum Herciniam syluam, quâ Eratosteni,

de Narbonne. 101

nom de ligue, ont donné naiſſance au plus floriſſant de tous les Royaumes du monde. Et il eſt encore plus probable que ce Reglement & cette diſtribution fut faite par les Commiſſaires de Louis le Debonnaire, qu'à bien dire, c'euſt eſté preſque ne rien faire, ſi tels Commiſſaires, qui furent particulierement commis & deputez pour informer des violences que les Officiers du Roy exerçoient dans les Prouinces, & y apporter les remedes neceſſaires, comme a expreſſement remarqué le Choreueſque de Treues; ſi ces Commiſſaires (dis je) en oſtant les abus, n'euſſent pourueu par les moyens les plus doux & les plus plauſibles, à rendre à l'aduenir la Prouince paiſible & tranquille. Outre que la demande que faiſoient les peuples du Languedoc, en l'Aſſemblée ou Parlement tenu à Straniac, l'an 836. où les vns ſupplioient que Berenger Comte de Toloſe, fut preferé à Bernard au Gouuernement de la Septimanie, & où au contraire les autres faiſoient toutes leurs inſiſtances à ce que Bernard l'emportaſt ſur Berenger; montre que cette Prouince ayant reconnu les Roys de France ſous cette condition, qu'on y auroit le plein vſage de toutes les anciennes Loix, Libertez, & Couſtumes du païs, a par conſequent eu celuy du droit Latin, auquel le *Iuſpetendi Magiſtratus*, eſtoit eſſentiellement attaché, comme dit Aſconius Pedianus.

Apres quoy il y a lieu de croire que c'eſt par cette nouuelle diſpoſition Politique du Languedoc, que depuis le temps de Louis le Debonnaire, outre la Ci-

& quibuſdam Græcis famæ notam eſſe video, quam illi Orcimā appellant Volcæ Tectoſages occuparunt atque ibi federunt, quæ gens ad hoc tempus ijs ſedibus ſe continet ſummamque habet iuſtitiæ, & bellicæ laudis opinionem. Thegan, Chorep. Tren. in vita. Lud. Pij. cap.13.

N iij

té Metropolitaine de Narbonne, nous ne voyons plus que ces quatre Citez, Tolose, Carcassonne, Rossillon, & Maguelonne, entre les mains des Comtes; & les autres comme sont Besiers, Agde, Lodeve, Nismes, & Vsez, entre les mains des Vicomtes, ou autres Officiers inferieurs. Il est vray que pour dire nettement tout ce que i'en pense, il y a apparence que les Comtez de Narbonne, de Rossillon, Besiers, Nismes, Agde, Lodeve, & Vsez, demeurerent affectez au Duc de Septimanie, lequel commettoit des Vicomtes au Gouuernement de la Iustice, Police, & deffence de ces païs, & ceux-cy estoient comme ses Lieutenans Generaux dans l'estenduë du Territoire de ces Villes. En ce sens il faut presupposer que le Tribunal superieur & souuerain de ces diuers Comtez, que le Duc de Septimanie possedoit en particulier, estoit à Narbonne, où il a demeuré iusqu'à ce que les Marquis de Gothie ayant esté ruinez en la personne de Bernard Marquis de Gothie, du temps de Louis le Begue, cela apporta vn nouueau changement en la disposition Politique du Languedoc, qui auoit esté introduite ou plustost restablie sous Louis le Debonnaire, & confirmée sous Charles le Chauue, ainsi que nous verrons dans la suitte. Pour ce lieu, il suffira que j'aiouste à ce que dessus, que la preuue certaine que sous Louis le Debonnaire, & Charles le Chauue, la Prouince de Languedoc reprit en quelque façon son ancienne Police, suiuant laquelle il n'y pouuoit auoir que quatre principaux Tribunaux, se tire de ce que depuis ce temps-là, les

de Narbonne. 103

quatre Comtes du Languedoc ont eū touſiours leur Cour, qui s'appelle dans les anciens Reglemens, *Curia Comitis*, comme verifie Fray Diago pour les Comtes de Barcelonne, M. Catel pour les Comtes de Toloſe, & comme ie verifieray auſſi pour les Comtes de Carcaſſonne; (ce qui ſeruira pour tous les autres Comtes de la Septimanie.) On ne peut pas dire cecy des anciens Vicomtes, qui n'ont eu cette auctorité que depuis le temps ſeulement que ſe preualant du deſordre qui auoit introduit l'heredité des fiefs, & qui pis eſt celle des Magiſtratures, & des Gouuernemens, ils ſe firent maiſtres du pouuoir & des reuenus des Comtes.

Et pour conuiction de la verité que i'eſtablis, ſçauoir que l'ancien ordre Politique du païs fut reſtably en Languedoc pendant le regne de Louis le Debonnaire, l'on void encore dans les Archiues de la Cité de Carcaſſonne vn grand ſceau, à deux faces, en l'vne deſquelles eſt grauée vne Aigle eployée, auec des fleurs de Lys ſans nombre, & à l'entour ces mots.

: ✠ : SIGILLVM : TOTIVS : VNIVERSITATIS : CARCASSONE :

Et à l'autre il y a ſeulement des fleurs de Lys ſans nombre, auec ces mots à l'entour.

: ✠ : SIGILLVM : PROBORVM : HOMINVM : CARCASSONE :

Il faudroit estre ignorant iusqu'à la stupidité, pour pouuoir reuoquer en doute, que ces sortes de sceaux ne soient pas ceux dont l'on seeloit les actes que le Comte de Carcassonne expedioit par l'aduis & conseil des Prud'hommes, qu'il appelloit pour deliberer & resoudre auecque luy des affaires, suiuant l'ordre prescrit par les Capitulaires, & suiuant la Police du païs, dés le temps de ceux de nos Roys qui ont possedé l'Empire. Il s'ensuit donc de là que cecy vient, ou de Charlemagne, ou de Louis le Debonnaire, ou de Charles le Chauue. A ce propos il faut noter que dans les Archiues de Carcassonne, l'on trouue aussi que les anciens Seneschaux de cette Ville, ayant succedé à l'auctorité des anciens Comtes, ils auoient sous eux vn Conseil de douze Barons, dont le pouuoir & auctorité estoient encore en force & en vigueur en l'année 1305. Ainsi qu'il appert de la sentence de mort renduë par le Seneschal de Carcassonne auecque leur aduis & conseil, & d'Aymeric Vicomte de Narbonne, contre Helie Patrice, & ses complices, criminels de leze majesté, pour auoir voulu liurer la Ville de Carcassonne entre les mains de Ferrand fils du Roy de Majorque, & le reconnoistre pour Roy. Elle sera produite à la fin de cette Histoire. Par cette sentence il resulte que le nombre de ces Barons, Conseillers & Assesseurs du Seneschal aux matieres de consequence, estoit de douze, comme Strabon represente, qu'estoit le Conseil ordinaire des Tetrarques chez nos Tectosages, pendant le temps de l'Estat Aristocratique. Ceux-cy sont proprement

prement ceux qui sont appellez *Vassis* dans les Capitulaires de Charlemagne, & ses Enfans, *Consortius & Officiis Palatinæ dignitatis*, dans les Loix Vvisigothiques, & Ordonnance du Roy Recesuinthe, & *Decurionibus*, & *defensores Ciuitatum*, dans les Loix Romaines. Et pour faire l'application de cecy auec ce qui estoit de l'vsage Politique du Languedoc au temps de Louis le Debonnaire, il faut prendre garde que les Lettres de ce Prince en faueur des Espagnols refugiez dans la Septimanie, sont adressées: *Aut Comitibus, aut Vassis nostris, aut Paribus suis*. Aussi les curieux sçauent que dans les Capitulaires de Charles le Chauue, chez Otton Euesque de Frisingen, l'Abbé d'Vsperg, Mathieu Paris, Nangis, dans les Constitutions Siciliennes de l'Empereur Frederic, dans les forts d'Arragon, chez Hieronimo Blanca, & enfin dans tous les anciens Escriuains, les Barons sont les vassaux qui suiuent en ordre de Dignité apres les Comtes, & qui pour le merite de leurs personnes estoient anciennement employez tant au Gouuernement de l'Estat, qu'à l'administration de la chose publique, & à l'exercice de la iustice distributiue dans les Prouinces.

On fait vne remarque qui donne de grandes lumieres pour connoistre quels estoient ces Barons Conseillers & Assesseurs des anciens Senesxhaux, qui sont appellez *Barones Terrarios*, dans Guillaume de Puy-Laurens, parlant de ceux de Carcassonne, & ailleurs; cela fait mesme que ce que ie dis par conjecture qu'ils furent ainsi establis sous les Roys de France, à

Guill. de Pod. Laurent. Cronic. cap. 18. Præclara Francor. facinora, anno. 1240.

O

l'imitation de la Police des Tectosages, doit estre tenu pour constant, & doit passer en force de verité. Cette remarque est que Baron est vn mot Grec (langue fort familiere à nos anciens Gaulois) & signifie la mesme chose que signifioit le mot Clarissime chez les Romains, qui honnoroient de ce titre tous ceux qui estoient de l'ordre des Senateurs; & d'ailleurs que sous Charlemagne & ses Enfans, les fiefs ayant esté introduits, ils furent conferez à ces sortes de Nobles. Nous auons de cecy vn bel exemple dans le Roman de Guillaume au Court-nez, où Bertrand nepueu de Guillaume Marquis & Comte de Narbonne, se plaint de ce que le Roy les a oubliez dans le partage des terres qu'il donna en fief en Languedoc.

Nostre Empereres à ses Barons fieués,
Cel donne terre, cel Chastel, cel Cites
Cel donne villes, selonc ce que il set,
Moy & vous oncle y sommes oubliés.

Chap. 19. Thegan, en l'histoire de Louis le Debonnaire parle de cette Donation des fiefs aux Nobles: Et à ce propos M. Pithou, & le Docteur Peleus, sont autheurs de l'opinion la plus suiuie, sçauoir que depuis que les fiefs furent rendus hereditaires, il y eust en chasque fief dominant vn certain nombre de vassaux chargez de tenir la Cour du Seigneur, & iuger les causes feodales; & pour ce qu'ils auoient pareilles iurisdictions, auctoritez, preeminences, priuileges & dignitez l'vn que l'autre, & pour tout dire qu'ils estoient *Pares curiæ aut domus*, ils furent nommez Pairs, & sont autrement appellez Francs-hommes de fiefs. L'exemple de cecy se void dans l'Arrest de la Commune de Han, donné le troisiesme iour d'Auril, l'an mil trois cens cinquante-vn, où il est dit que le Seigneur de Han estoit l'vn des six Pairs du Comté de Vermandois: en celuy de l'Abbé de S. Amand, au Parlement d'Hyuer de l'an mil trois cens dix, sont nommez les quatre Pairs ou Francs-hommes dudit Abbé; Messire Hugues Seigneur d'Otton, Baudoüin de Montagu, Guillaume le Bleu Montigni, & Pierre Sanguin Cheualier: Aux registres des Enquestes du Parlement de N. D. de Septembre mil deux cens cinquante-neuf, sont nommez les quatre Pairs du Chasteau de la Ferté Millon; & en l'Arrest de la Reyne Blanche, contre le Comte de Ioigny, donné le penultiesme Auril 1354. est rapporté que le Comté de Champagne estoit decoré de sept Comtes Pairs, principaux membres de Champagne, assis auec le Comte en son Palais pour le conseiller & honorer, sçauoir le Comte de Ioigny, de Rethel, de Brienne, de Portian, de Grand-Pré, de Coussy, & de Brenne; Tout cecy est pris du Docteur Peleus en ses questions illustres, Question quatre-vingt deux. De là il appert que tous les Barons qui tiennent fiefs Royaux, comme sont les Duchez, les Comtez, & tels autres, mouuans nuëment du Roy & de sa Couronne, se pourroient approprier le titre de Pairs du Royaume, ainsi que semblent auoir esté au temps de l'institution des Pairs de France, les douze Barons, ausquels les Roys

O ij

de France decernerent cette Dignité, en les apppellant auprés de leurs Personnes, pour les assister en leurs Conseils par leur prudence & par leur experience aux affaires, & pour deffendre leur Couronne par leur valeur & par leur fidelité. Pour moy i'estime que tels doiuent estre considerez ceux qui sont appellez *Vassis* dans les Capitulaires, lesquels estoient Barons Pairs, Principaux Seigneurs du Comté, & le Conseil ordinaire du Comte en l'administration de sa charge. Ceux qui tenoient des terres en arriere-fiefs de ceux-cy estoient appellez *vassali*, vassaux. Le *Præceptū concessionis* de Louis le Debonnaire, montre cecy bien clairement comme i'ay rapporté, *Aut Comitibus*, est-il dit, *aut vassis nostris, aut paribus suis*: Et les Capitulaires de Charles le Chauue aux François & Aquitains, sous lequel mot d'Aquitains sont compris ceux du Languedoc, qui faisoit vn membre & vne portion du Royaume d'Aquitaine, ainsi que i'ay monstré, parlent aussi de ces Barons Pairs; *Ante suos pares illum in rectam rationem mittat*. Ie pourrois rapporter plusieurs autres textes qui parlent de ces Pairs, mais en voila assez pour la preuue de ma proposition. A suitte de quoy ie dis que tels Barons sont appellez *Barones terrarios*, pour dire Barons de fiefs; & ailleurs ils sont nommez *Proceres*, *Peritus*, & *Probus*, à cause de la dignité de la Magistrature qu'ils exerçoient conjointement auec la profession des armes, à l'imitation de la police des Romains, qui faisoient marcher ces deux Charges ensemble. Delà vient qu'encore en France les Offices de Seneschaux, Baillifs, Viguiers,

de Narbonne. 109

Vicomtes, Preuosts, & autres Chefs de Iustice, dans les Iurisdictions subalternes, sont entre les mains de gens d'espée, qu'on appelle autrement gens de Robe-courte. Les personnes intelligentes sçauent qu'en l'establissement des Parlemens de Paris, & de Tolose, par Philippes le Bel, il ordonna que les Conseillers de ces Cours seroient pris non seulement des gens de Lettres & de Robe-longue, mais encore de plus des personnes experimentées aux affaires, qui faisoient profession des armes, & qu'au dessus de ceux-cy immeditatement apres les Presidens, les Prelats y auroient seance, à l'exemple de celle qu'il voulut que les douze Pairs eussent au Parlement de Paris. Ces Conseillers de Robe-courte sont appellez Lais, & les autres Clercs, dans les anciennes ordonnances. Messieurs les Barons qui ont l'entrée aux Estats generaux du Languedoc, apprendront de ce que ie viens de dire, qu'ils peuuent s'appeller les Pairs du Languedoc; & tels les appelle le Roy Philippes le Bel dans l'eschange qu'il fit l'an mil trois cens cinq, du Vicomté de Lautrec auec la ville & chasteau de Caramain, situé dans le Diocese de Tolose, qu'il bailla en recompense à Bertrand Vicomte de Lautrec, fils & heritier de Sicard Vicomte dudit lieu; car il y est conuenu en termes expres, que le Roy fera du chasteau de Caramain vne Baronnie & Vicomté, & que ce Vicomte & ses Successeurs seront appellez Pairs & Vicomtes de Caramain.

Inuent. des titres du Tresor des Chartres de France M. S. vol. 5. Lautrec, page 312. num. 2.

Desquels tesmoignages il resulte qu'il est positiuement vray que chaque Comte en Languedoc

O iij

auoit plusieurs Seigneurs qui estoient sous eux, desquels ils prenoient Conseil en leurs plus importantes affaires; Monsieur Catel, comme i'ay desia dit, le verifie amplement pour les Comtes de Tolose, ainsi que le Lecteur curieux pourra voir dans son histoire des Comtes; ce que i'ay monstré le verifie aussi pour les Comtes de Carcassonne. Si l'on foüille exactement les Archiues de la ville de Montpellier, & celle de Perpignan Chef du Rossillon, on y trouuera sans doute dequoy s'esclaircir, que les anciens Comtes de Maguelonne & de Rossillon, auoient la mesme iurisdiction, la mesme auctorité, & la mesme prerogatiue, que ceux de Tolose, & de Carcassonne. Car comme les Comtez n'estoient que Gouuernemens & Sieges de Iudicature au commencement, & par consequent Offices, & Dignitez honoraires, personnelles, muables, & temporelles, il est certain aussi que lors que l'heredité en fut introduite, ce fut sans innouation aucune à l'ordre desia establi, soit en l'administration de la Iustice distributiue, qu'en la subordination entre le Comte, & les Barons ses Iuges, Assesseurs & Conseillers, pour le Gouuernement de l'Estat, & iugement des causes. Voila tout ce que i'auois à dire touchant la distribution du Languedoc en quatre principaux Comtez, & en Vicomtez inferieurs, auec le restablissement des anciens Officiers, que ie pense auoir esté faite du temps de Louis le Débonnaire, en suitte de la plainte que firent les Seigneurs Goths du Languedoc contre le Duc Bernard, & ses Officiers. Car puis qu'auecque l'auctorité du Choreuefque de Tréves il demeure conftant que ce fage Roy enuoya des Commiffaires pour le reglement des Prouinces, & correction des abus des Officiers, il s'enfuit donc que la difpofition generale de la iuftice diftributiue en Languedoc fut alors changée à la requefte & fupplication des naturels habitans du païs; vû que depuis l'on ne trouue plus des Comtes, que de ces quatre villes, Tolofe, Carcaffonne, Maguelonne, & Roffillon, fur tous lefquels eftoit le Duc, Marquis, & Comte de la Cité Metropolitaine de Narbonne.

Et encore faut-il prendre garde que les Comtes de Maguelonne, font tantôt appellez Comtes de Suftantion, & tantoft Comtes de Melgueil, ce qui vient de ce que cette ville affife fur les bords de la mer, auecque la commodité d'vn bon port, ayant efté ruinée du temps de Charles Martel, le fiege de l'Euefché & du Chapitre fut en fuite tranfporté par Charlemagne au lieu de Suftantion, qui eft affis fur vne coline, à vn quart de lieuë de Montpellier, & eft appellé *Softantio* dans l'ancien Itineraire de Ierufalem, *Sextatio* dans celuy d'Antonin, *& Serratio* dans les tables de Peutinger. Apres quoy l'Euefque de Maguelonne prit le nom d'Euefque de Suftantion, & le Comte de Maguelonne de Comte de Suftantion, & ajoûta enfin à ce titre celuy de Comte de Melgueil, à caufe que le lieu de la refidence ordinaire du Comte de Maguelonne eftoit le Chafteau de Melgueil, fi connu à raifon de la monnoye des fols Melgoirois qui y eftoit battuë. Ainfi le Comte de Maguelonne a porté depuis indifferemment le titre, & de Comte de Melgueil, & de Comte de Suſtantion. Et de fait dans le Concile tenu à Narbonne l'an ſept cens quatre-vingt huit, on lit qu'Amicus y aſſiſta en qualité de Comte de Maguelonne; & l'Eueſque Arnaud de Verdale, au Liure qu'il a fait des Eueſques de Montpellier, à remarqué que S. Folcrand Eueſque de Lodeue, qui viuoit enuiron l'an 975. deſcendoit des Comtes de Suſtantion.

Pour le regard du Comté de Roſſillon, nous trouuons que Roſtang eſtoit Comte de Roſſillon, en l'année 806. auquel temps il eſtoit General de l'armée que le Roy Louis mena contre la ville de Barcelonne, qui eſtoit dans la reuolte. Depuis, ce Comté ayant eſté vn long-temps poſſedé par les Ducs & Comtes de Narbonne, & Marquis de Gothie, & par la ruine de ceux-cy ſe trouuant vaccant, le Roy Lothaire, enuiron l'an 980. bailla l'inueſtiture de ce Comté, à vn Comte nommé Vvifred, qui le tranſmit à ſa poſterité.

Ie ne parle pas des Comtes de Toloſe, parce que M. Catel, Conſeiller au Parlement de Toloſe en a amplement traicté, & pluſieurs autres, & encore a-on obmis deux Comtes, Egfridus, & Fredelo; le premier eſt le quatrieſme Comte depuis Torſin, ſucceſſeur de Berenger, & l'autre le ſixieſme, lequel eſtoit frere de Raimon qui luy ſucceda l'an 864. & tranſmit le Comté à ſes Deſcendans.

Ie ne parle pas non plus des Comtes de Carcaſſonne, puis que i'en dois donner l'Hiſtoire toute entiere, dans celle des Eueſques de Carcaſſonne, depuis

le

de Narbonne.

le premier Comte nommé Rotgarius, & Oliba son successeur establis par Charlemagne, iusqu'à l'entiere reünion du Comté à la Couronne de France. Quant aux Vicomtez, nous en parlerons plus bas.

Cependant pour finir ce Chapitre, ie diray que nostre Duc Bernard, par vn effet de ialousie des enfans du Roy Louis le Debonnaire, fut accusé d'adultere auec l'Imperatrice Iudith leur marastre; ce qui obligea Bernard de s'esloigner de la Cour, & de retourner dans son Gouuernement de Septimanie. Heribert son frere, ou selon quelques-vns frere de Duodene sa femme, & son cousin Odo, furent arrestez prisonniers, & accusez d'auoir seruy le Duc aux amours de l'Imperatrice; l'vn fut puny par la perte des yeux & confiné en Italie, & l'autre, apres auoir esté degradé des armes, fut condamné au bannissement. Ie n'ay à faire de m'engager icy dans l'examen scrupuleux d'vne matiere si delicate; soit que Bernard fut coupable, ou non du crime dont on l'accusoit, tant y a qu'il fut rappellé à la Cour, & ne pouuant iustifier son innocence par le duel, suiuant la coustume de ce temps-là, il se purgea par la voye du serment prescrit par les Loix Saliques.

Il arriua neantmoins depuis vn nouueau changement. Louis le Debonnaire, auoit donné à son fils Pepin le Royaume d'Aquitaine, l'année apres qu'il eut succedé au Roy Charlemagne son pere, comme on infere de plusieurs anciennes Chartes de ce Roy Pepin, vne desquelles faite en faueur de l'Abbé de sainct Hilaire, au Diocese de Carcassonne, est en datte

P

de l'an 16. du regne de Louis Auguste, & le 15. de Pepin. Celuy-cy estant mort pendant la vie de l'Empereur son pere, Charles le Chauue en fut inuesty au prejudice des deux enfans que Pepin auoit laissez, dont l'aisné s'appelloit Pepin comme son pere; il fut relegué en Allemagne par son Ayeul, à cause qu'il vouloit disputer la Couronne à Charles, auquel les Aquitains furent contraints de prester le serment de fidelité. Louis le Debonnaire ne fut pas plûtost hors du monde, que Pepin arma pour rentrer par la force des armes dans la possession du Royaume de son pere, & attira à son party l'Aquitaine, Bourdeaux, Poictou, Xaintonge, & Languedoc, & entre-autres le Duc Bernard fauorisa ouuertement son party. Toutesfois Bernard apres auoir esté battu par Charles le Chauue, s'humilia deuant luy, & obtint sa grace, moyennant la promesse qu'il fit de r'amener Pepin & les siens à leur deuoir; & pendant ce temps demeura neutre entre les Princes, lors de la sanglante bataille de Fontenay l'an huit cens quarante vn, quoy qu'il ne fut qu'à trois lieuës de l'endroit où elle se donna. Ayant neantmoins apris que Charles auoit gaigné la victoire, il luy enuoya aussi-tost son fils Guillaume, auec asseurance que s'il luy conseruoit les biens & honneurs qu'il auoit en Bourgongne, il luy feroit soûmetre Pepin, & tous les siens. En effet il tint parole, & l'accord entre tous les freres du Chauue, & le nepueu, fils de Pepin, fut fait ainsi ; Louis eut la Germanie, à l'occasion de quoy il fut surnommé Germanique; Charles fut Roy de France ; Lothaire

de Narbonne. 115

eut l'Italie, l'Empire, & les païs qui sont entre le Rhin, la Moselle, Mets, & Treves; & Pepin fils de Pepin eut l'Aquitaine. On dit que cette Transaction fut publiée à Verdun l'an huict cens quarante-trois; c'est ainsi qu'en parle la Cronique de Carrion, exposée & augmentée par Pencer: Auentin en ses annales de Bauiere parle aussi de cét accommodement qui remit Pepin en possession du Royaume d'Aquitaine; Et Fauchet écrit que Pepin se nomma encore Roy d'Aquitaine. Charles le Chauue se voyant ainsi dépoüillé du Royaume d'Aquitaine garda vn si vif ressentiment contre Bernard Duc de Septimanie, qu'enfin il le fit assassiner l'an 844. & dit-on qu'auparauant Pepin auoit tasché de le faire mourir. Cecy monstre bien clairement que tousiours ceux qui veulent faire les fins dans les querelles des Princes, se filent eux-mesmes le cordeau qui les doit estrangler, & deuiennent enfin la proye de tous les deux partis.

L. 4. in Vit. Loth.

Fauchet, Antiq. vol. 2. 4. ch. 10.

Le Pere Labbe dans son tableau Genealogique des Comtes de Tolose, parle de ce Duc, en ces termes: Le quatriéme Comte de Tolose est Bernard, fils de sainct Guillaume au court-nez, & fort renommé dans nos histoires. Monsieur du Bouchet luy a dressé vn eloge tres-ample & tres-veritable sur la fin de la seconde partie de l'origine de la maison Royale de France: ie me contenteray de dire succintement, 1. Que Louis le Debonnaire n'estant encore que Roy d'Aquitaine l'auoit tenu sur les saincts fonds de Baptesme, ainsi que l'on apprend de Thegan. 2. Qu'il epousa Duodene sa femme, non le premier iour de Iuillet, com-

P ij

me dit Catel, mais le vingt-quatriefme de Iuin de l'an huit cens vingt-trois, dans la ville d'Aix la Chappelle, comme il est expreſſement porté dans le Manuel que ladite Dame enuoya à Guillaume ſon fils. 3. Qu'il fut Comte de Barcelonne, Marquis de Gothie, & Duc de Septimanie, & qu'en ayant eſté priué par l'Empereur Louis l'an huit cens trente-deux, il trouua le moyen d'y r'entrer, & en fut paiſible poſſeſſeur, au moins depuis la mort de Berenger, aduenuë l'an huit cent trente-ſix. I'eſtime auſſi que par le deceds du meſme Berenger il fut pourueu de la Comté de Toloſe, qui auoit eſté autresfois gouuernée par ſon pere Guillaume. 4. Que l'Empereur le fit ſon grand chambrier, Gouuerneur de ſon fils Charles, & Lieutenant General de ſon Royaume, l'an huit cens vingt-neuf, ce qui donna occaſion aux factieux de ſe reuolter contre leur legitime Prince, & de commettre les deſordres que tout le monde ſçait. 5. Que l'an huit cens trente-quatre, aſſiſté de Guerin Comte d'Auuergne, il retira l'Empereur de ſa captiuité, & le remit ſur le Throſne. 6. Qu'apres la mort de Louis le Debonnaire il ſuiuit le party du ieune Pepin, & durant la fatale bataille de Fontenay en Auxerrois l'an huit cens quarante-vn, il demeura comme neutre, en attendant l'iſſuë, laquelle ayant eſté fauorable à Charles le Chauue, il luy enuoya ſon fils Guillaume, pour ſe ſoûmettre à luy. Enfin qu'ayant eſté condamné à mort par le Iugement des François, comme coupable du crime de leze-Majeſté, il auoit eſté pris à l'impourueu, & aſſaſſiné l'an huit cens quarante-quatre.

de Narbonne.

Voyez Thegan, Nitard, les Annales de sainct Bertin, de Mets, & autres semblables Autheurs qui traictent des affaires de ce temps-là. Ce Duc Bernard n'eust de sa femme Duodene que trois enfans masles Guillaume, Bernard, & Immon; Et quoy que le mesme Genealogiste leur donne pour fille N. femme de Vulgrin premier du nom Comte d'Angoulesme, le sentiment de quelques-vns est pourtant qu'elle estoit sœur de ce Guillaume Comte de Tolose, sur lequel Charles le Chauue assiegea Tolose, & la prit vers la fin du mois de Iuin, de l'an huit cens quarante-quatre, suiuant la remarque de Monsieur Catel. Ce Guillaume Comte de Tolose, n'est pas Guillaume fils du Duc Bernard, qui n'en fust iamais Comte, comme la creu le mesme; ce qu'on découure aisément par la remarque qu'on fait, que cette Comtesse femme de Vulgrin luy apporta en dot le Comté d'Agenois, ainsi qu'on apprend du fragment de l'histoire d'Aquitaine, piece qui n'estoit pas dans la maison du Duc Bernard.

Au reste ce qu'il y a de plus memorable des guerres de Charles le Chauue contre Pepin, est que de mesme que Egfridus fut estably Comte de Tolose par le ieune Pepin, aussi-tost apres la mort de son pere, il faut que ce Guillaume qui estoit Comte de Tolose en l'année 844. eût esté aussi establi apres le traicté de paix fait à Verdun l'année auparauant, puis que celuy-cy tenoit Tolose pour Pepin. Cette ville fut pourtant renduë à Pepin l'année apres, auec la plus grande partie du Royaume d'Aquitaine, suiuant la remarque des

Nitard. l. 4. hist.

petites. Annales de sainct Bertin, qui portent que l'an 844. Pepin fut restitué du Royaume d'Aquitaine, par le Chauue son oncle, à la charge de l'hommage, & sous le retranchement du Poictou, Xaintonge, & Angoulmois. Sur l'execution de ce traicté fait entre le Roy Charles le Chauue, & son nepueu Pepin, il arriua quelque rupture, que l'histoire ne remarque pas, qui obligea le Chauue à retenir en son pouuoir la ville de Tolose; mais Pepin trouua moyen de s'en saisir, & en suitte il sousleua toute la Prouince contre Charles, qui vint derechef contre luy, défit son armée, le fit prisonnier, & depuis le fit tondre, & mettre en religion. Ce fut alors que Charles le Chauue ayant reassiegé Tolose, le Comte Fredelo, que Pepin y auoit estably, la remit volontairement entre les mains de Charles, & merita par cette soûmission d'estre continué au Comté, par le serment de fidelité qu'il presta; c'est à dire que Fredelon receut le Comté de Tolose en fief de la Couronne de France, enuiron l'année huit cens quarante-huit, ainsi qu'on peut inferer de ce qu'en dit la Cronique de l'Abbaye de Fontanelle, qui a esté publiée par M. du Chesne depuis le deceds de Monsieur Catel, à cause de quoy le Comte Fredelon est obmis en la Genealogie de ses Comtes. Ce Comte Fredelon est donc le premier Comte hereditaire de Tolose, auquel succeda Raimon son frere fondateur de l'Abbaye de Vabres en Rouergue, Duc & Marquis de Gothie, fils de nostre Bernard Duc de Septimanie.

Quant au Royaume d'Aquitaine, il ne commença

d'eſtre reüny à la Couronne de France, qu'en l'an huit cens cinquante-quatre, veu que ſelon vne Charte de ſainct Denis, Charles le Chauue fut oint & couronné Roy d'Aquitaine en la ville de Limoges, le ſixieſme Iuin de cette année, par les mains de Raoul Archeueſque de Bourges, aſſiſté de pluſieurs Archeueſques & Eueſques de France, Aquitanie, Italie, & Bourgongne, ſuiuant la curieuſe remarque du Sieur Beſli ; qui fait voir que pour lors Ramulfe Comte de Poictiers fuſt eſtably Duc d'Aquitaine. Ce Royaume ne fut pourtant pas ſi toſt eſteint & ſupprimé, car dans les Roys de Guyenne du meſme autheur, qu'il a faits imprimer apres ſon hiſtoire des Comtes de Poictou, il ſe void que non ſeulement Charles l'vn des enfans du Chauue, qui deceda l'an 866. porta le titre de Roy d'Aquitaine, mais encore apres luy Louis XI. autre fils de Charles le Chauue, Charles le Gras Empereur, & Carloman Roy de France : depuis lequel il ne ſe parle plus des Roys d'Aquitaine.

Nous auons veu au chapitre precedant que Nibridius eſtoit Archeueſque de Narbonne, en l'année 815. & en celuy-cy nous apprendrons qu'en celle de 828. Barthelemy eſtoit Archeueſque ; & Meſſieurs de ſaincte Marthe l'eſtabliſſent le dix-ſeptieſme Archeueſque de Narbonne, entre Nibridius & Berarius, que nous allons voir, qui poſſedoit l'Archeueſché de Narbonne en l'année 845.

Gallia Chriſtiana, tome 4. Archeueſq. Narbon.

Histoire des Ducs

CHAPITRE XI.

SVMEFRIDVS ou HVMFRIDVS, septiesme Duc, Marquis & Comte de Narbonne, sous le titre de Marquis de Gothie.

BERARIVS & FREDOLD Archeuesques, & quatriéme, & cinquiéme Conseigneurs de Narbonne.

N pourroit croire qu'apres Bernard Duc de Septimanie qui fut tué l'an 844. Fredelon Comte de Tolose a esté Duc Marquis & Comte de Narbonne, dautant que dans les anciens actes il est appellé Duc & Marquis; mais comme ses successeurs ont prit de mesme le titre de Marquis de Tolose, il se void que ce n'est pas à raison du Marquisat de Gothie qu'ils se sont donnez ce titre. Celuy donc que j'estime auoir esté fait Duc & Comte de Narbonne sous le titre de Marquis de Gothie, apres la mort du Duc Bernard, est le Marquis Sumefridus ou Humfridus, dont fait mention la Charte de Charles le Chauue, en datte au siege de Tolose le 14. des Calendes de Iuin, indiction 6. l'an 4. du Regne de ce Prince qui est l'an 844. Car comme elle est faite en
faueur

de Narbonne. 121

faueur des Espagnols qui y sont nommez, lesquels residoient dans le Comté de Besiers, l'on ne peut pas dire que ce Marquis Sumefridus qu'elle nomme, soit le Comte de Barcelonne appellé Iamfredus par les Historiens Espagnols, qu'ils disent auoir succedé immediatement à Bernard au Comté de Barcelonne, puis que la Lettre que le Prestre Eulogius de Cordoüe escriuit à Vvilesinde Euesque de Pampelonne l'an 851. & la Cronique de Fontanelle, nous apprennent que le successeur de Bernard au Comté de Barcelonne, se nommoit Aledran, autrement appellé Alderan ou Aldebrand. Nous apprenons aussi de cette Lettre d'Eulogius, que Guillaume fils du Duc Bernard, indigné de la mort de son pere, & voulant par toute sorte de moyens s'en venger, appella à son secours Abderrachman Roy des Arabes Espagnols, & la Cronique de Fontanelle s'accorde en ce poinct, que l'année 849. Guillaume surprit Barcelonne, & en chassa Aledran, qu'elle qualifie Gardien & Gouuerneur de la ville, & de toute cette frontiere d'Espagne. Cette remarque me fait reietter l'opinion vulgaire, qui veut que Guillaume ait retenu le Gouuernement ou Duché de Septimanie, d'autant que s'il eut esté en pleine possession de cette Prouince, il ne fut pas allé en Espagne mandier du secours chez les Sarrasins, pour aller surprendre Barcelonne, & de là venir dans le Languedoc, qu'il rauagea par toute sorte d'actes d'hostilité. Ainsi sans plus hesiter la dessus, ie dis que ce Marquis Sumefridus, dont parle Charles le Chauue dans la Charte, donnée au siege de Tolose l'an 844.

Q

est le mesme que les Actes de la translation des reliques de George & Aurelius, composez par Aymoin, appellent Humfridus Marquis de Gothie, enuiron l'an 858. De cette sorte Guillaume n'a iamais possedé le Duché de Septimanie, & Marquisat de Gothie, puis que selon les Annales de S. Bertin, il fut tué dans Barcelonne par le Comte Aledran, sur lequel il auoit auparauant surpris cette ville. La Cronique de Fontanelle touche des particularitez de cette action qui ne doiuent pas estre passées sous silence, sçauoir que Guillaume se saisit à vn pour parler de paix de la personne du Comte Aledran, & d'Isembard fils de Vvarin, que les Annales de S. Bertin appellent aussi Comte; & qu'apres cecy ayant esté desfait à vn combat, qui cousta la vie à plusieurs Sarrasins qui l'assistoient, il voulut se sauuer dans Barcelonne, où il fut arresté, & executé à mort par la faction du Comte Aledran & de quelques-vns des Goths.

Ce Comte Guillaume fils aisné de Bernard Duc de Septimanie & de Duodene, nasquit le 29. de Nouembre de l'an 826. qui est le 13. de l'Empire de Louis le Debonnaire, comme il est expressement couché dans le Manuel de sa mere Duodene, qu'elle luy enuoya pour son instruction, de la ville d'Vsez où elle demeuroit, en celle d'Aix la Chappelle, où il estoit à la suite de la Cour du Roy. Il n'auoit que quinze ans quand il fut enuoyé par son pere l'an 841. deuers le Roy Charles le Chauue, & partant ayant esté tué en l'an 850. ou 51. il n'estoit pour lors âgé que de 24. ou 25. ans. Ses freres Bernard & Immon succederent à son ambition & à sa reuolte, & perirent mal-heureusement, comme nous verrons dans la suite ; sans qu'il soit demeuré aucune posterité d'vne si illustre famille.

Pendant la vie de nostre Marquis Humfridus ou Sumefridus, Berarius estoit Archeuesque de Narbonne, lequel estant allé trouuer le Roy Charles le Chauue au siege de Tolose, il obtint de luy la confirmation de tous les Priuileges & Concessions faites par les Roys ses predecesseurs à l'Eglise de Narbonne, auec l'octroy de la moitié de tous les droits que le Comte exigeoit à Narbonne ; la Charte est produite à la fin de cette histoire, en datte au siege de Tolose dans le Monastere de sainct Saturnin le 12. des Calendes de Iuillet, indiction 6. le 4. de son regne, qui est l'an 844. & le 17. de son regne, qui est l'an 857. il donna à l'Archeuesque Fredold successeur de Berarius, les biens mentionnez en sa Donation, aussi produite au mesme endroit

Comme i'acheuois ce Chapitre ie me suis apperceu que les Historiens Espagnols parlent sur l'année 858. de la mort d'vn Comte qui fut pris à Narbonne appellé *Vmfredo* par plusieurs de ces autheurs, *Vuifredo* par Fray Diago en ses Comtes de Barcelonne, *Iamfredus* par Tarrapha en son histoire d'Espagne, Zurita en ses Indices d'Arragon le nomme *Vmfredus*, & Michel Carbonell dans sa Cronique d'Espagne qu'il a composée en langage Catalan, il y a plus de deux cens ans, dit, qu'il faut lire Ioffre. Celuy-cy remarque particulierement que ce Comte Vmfredus fut appellé par les Commissaires du Roy l'an 858. en la ville de

Narbonne, pour y rendre conte de quelques crimes dont on l'accusoit; & que s'y estant rendu auec son fils encore ieune enfant, il y fut si mal traicté par vn de ces Commissaires, qui, pour luy faire vn plus sensible affront, le saisit par la barbe, que le Comte outré de rage & de desespoir mit aussi-tost l'espée à la main, & la passa au trauers du corps de ce Seigneur qui en mourut sur la place. Il fut aresté par les autres, & amené prisonnier au Roy; mais comme ils furent proche de la ville du Puy en Auuergne, ils entrerent en doute que le Roy qui estimoit beaucoup ce Seigneur, ne luy pardonnast ses crimes, & dans ce soupçon ils voulurent eux-mesmes venger la mort de leur compagnon par celle du Comte qu'ils firent mourir. Sur quoy ie desire que le lecteur curieux remarque auec le Sieur Caseneuue en sa Catalogne Françoise, que quoy que tous les Historiens d'Espagne ayent escrit que Iamfredus, Vmfredo, ou Vvifredo, ou Ioffre, selon Carbonell, fut Comte de Barcelonne apres Bernard Duc de Septimanie, que neantmoins il n'est pas vray qu'aucun de ce nom luy ait succedé immediatement; au contraire ce fut le Comte Aledran ou Aldebrand qui fut fait Comte de Barcelonne apres la mort de Bernard, ainsi qu'il se verifie auecque l'auctorité de la Cronique de Fontanelle, & les Annales de S. Bertin. Apres Aledran il presuppose que celuy qui fut fait Comte de Barcelonne, est ce Sumarius, dont il est fait mention dans vne ancienne confirmation ou concession des biens appartenans au Monastere de sainct Cucufat, proche de Barcelonne, faite l'an 978. par

Diago, hist. de Los Condes de Barcelona l. 2. chap. 5. Miquel Carbonell, Cronicas de España, fol. 47 vers.

Catelogne françoise chap. 3. Num. 6. 8. 10. 11. & 12.

de Narbonne.

Lothaire II. & rapportée par Miquel Carbonell. Il est donc vray que Iamfredus, Vmfredo, ou Vvifredo, autrement appellé Ioffre, n'a iamais esté Comte de Barcelonne, & que ce nom a d'affinité auec celuy de nostre Marquis de Gothie, appellé Sumefridus dans la Charte de Charles le Chauue, en faueur des Espanols refugiez dans le Comté de Besiers, & Humfridus dans les Actes de la translation des reliques de George & Aurelius. Sur ces considerations i'oserois croire que tout ce qu'on dit de ce pretendu Comte de Barcelonne, se doit entendre de nostre Comte de Gothie. Sans que la difference des noms de *Sumefridus, Humfridus, Iamfredus, Vmfredo, & Vvifredus*, doiue laisser aucun scrupule sur ce sujet, veu que côme dit Carbonell parlant de ce mesme Vmfredus, qu'il dit deuoir estre appellé Ioffre, il est certain que plusieurs noms anciens se sont corrompus. En effet nous lisons qu'anciennement on disoit *Vvarmund*, & *Ludvvig*, pour dire Pharamond, & Louis, suiuant la remarque de Carrion ; & selon l'vn des grands Prelats de nostre temps, la conjecture est fort veritable, que Clouis veut dire Louis, & que nostre grand Monarque est plustost le 17. de ce nom, que le 14. comme l'on escrit communement ; & de mesme void-on qu'autrefois on escriuoit Vvillelmus pour Guillelmus, & que ce que nous disons aujourd'huy Gascogne s'appelloit Vvasconia. Enfin, c'est pour prononcer plus doucement que les Latins ont changé les noms propres qui estoient Goths ou Germaniques, & que les François & les Espagnols ont encore changé les vns & les au-

Q iij

tres, pour les accómoder à leur langue, ainsi que tout monde sçait. Cela estant de la sorte, la conjecture est ce me semble fort probable, que nostre Marquis Humfridus est le mesme que les Espagnols appellent Vmfredus, Comte de Barcelonne, lequel estoit homme de grande valeur & de grand merite, Seigneur du Chasteau d'Arrie, autrement nommé Ria, dans la contrée de Ville-franche du Conflent païs de Rossillon, suiuant Fray Diago en ses Comtes de Barcelonne. Par consequent Humfridus estoit natif de la Septimanie, quoy qu'en pense vn nouueau Genealogiste, qui le veut faire passer pour originaire Norman, fils aisné d'vn certain Roric Roy des Normans, Prince de Dannemarc; & veut de plus qu'il soit pere de ce Bernard Comte de Tolose, qui receut en don, ou plustost à simple titre de Gouuernement, le Comté de Carcassonne & de Rasez, & celuy-cy pere d'Ermengaud. Mais outre qu'il n'en produit aucunes preuues, cela choque d'ailleurs tellement la verité de l'histoire, qu'on void dans la Genealogie des Ducs de Normandie du pere Labbe, que ny Rollon, surnommé Robert, Danois de nation, premier Duc de Normandie, estably par le Roy Charles le Simple, en suitte de son baptesme, l'an 912. & lequel Rollo ou Robert espousa en secondes nopces Gisle fille du Simple, ny Guillaume fils aisné de Rollon, qui mourut l'an 943. n'ont eu aucun fils du nom de Humfridus.

Mais pour reprendre ce que nous auions laissé concernant le Comté de Barcelonne, que Humfridus n'a iamais possedé, ie diray qu'il se peut faire que la sur-

de Narbonne. 127

prise des autheurs Espagnols vient, de ce que de mesme que Bernard son predecesseur celuy-cy pouuoit tout à la fois posseder & le Gouuernement de l'Espagne, & celuy de la Septimanie, sous le seul titre de Marquis de Gothie, puis qu'il est vray que le titre de Marquis fut en vsage sous le regne de Louis le Debonnaire, pour designer tous Comtes ou Gouuerneurs des Marches ou Frontieres, telle qu'estoit la Catalogne & la Septimanie; & de fait dans Aymoin & plusieurs autres, les Comtes de Barcelonne, Ampuries, Girone, & Vrgel, sont appellez *Hispanici limitis custodes,* Gardiens des Frontieres d'Espagne. D'ailleurs il peut estre vray, que lors que l'Empereur Louis le Debonnaire appella auprés de sa personne le Duc Bernard, pour luy donner la Charge de son grand Chambellan, ce Seigneur Humfridus ou Iamfredus, fut laissé dans Barcelonne, pour y exercer toutes les fonctions de Comte & de Lieutenant General du Duc Bernard pendant son absence. Principalement comme escrit Fray Diago, qu'en ce temps-là Barcelonne, estoit exposée aux incursions des Mores & de Ayzon: *Tiempo era este,* dit cét autheur, *para no oluidarse Ludouico de Barcelona, sino paratener mucha memoria d'ella, y Embiarle vn Conde de tantas prendas, y destreza en las armas que supiesse y pudiesse Guardar lo poco que quedaua, y ganar lo mucho que se auia perdido. Y a se dio razon de todo ello en los Capitulos precedentes. Y pues en esta occasion hecho mano Ludouico Pio de la personna de Vmfredo, essa es la mayor alabança que d'este Conde se puede escriuir.* Enfin Miquel Carbonell veut que le fils de celuy-cy

<small>Diago hist. de Los Condes de Barcelona l. 2. cap. 4.</small>

<small>Cronic. de España fol. 48. in fin.</small>

Hiſtoire des Ducs

ait auſſi poſſedé le Gouuernement & Comté de Narbonne; *y encontinent*, dit-il, *enſenyoris del comptat de Barcelona, Eaquell Regi & Gouerna de la Ciutat de Narbona fins en Eſpanya tam com viſque*, ce qui n'eſt pas pourtant; Bien que Charles le Chauue dans les Capitulaires de l'an 874. appelle le Comte de Barcelonne, Marquis & Comte en vn meſme Chapitre.

Il eſt vray que d'autant que Belle foreſt, Olhagaray, & les Memoires manuſcrites de M. Eſtellat Chanoine de Carcaſſonne, diſent que les Comtes de Carcaſſonne ſont deſcendus du ſang de Geoffroy d'Arrie, que nous venons de voir, deuoir eſtre le meſme que Vmfridus, il pourroit eſtre que ce fils de Humfridus, dont Carbonell fait mention eſt Roger II. du nom, & premier Comte hereditaire de Carcaſſonne, qui aſſiſta l'an 887. à la tranſlation des Reliques de S. Antonin de Pamiers; puis que comme ie verifie en mon hiſtoire des Eueſques de Carcaſſonne, les Comtes de Carcaſſonne deſcendoient de meſme tige que ceux de Barcelonne. Dans ce ſentiment on peut dire que celuy-cy eſtoit frere de D. Vvifrede ſurnommé *el Velloſo*, le velu, qui receut en fief le Comté de Barcelonne du Roy Charles le Chauue, en recompenſe du ſeruice qu'il rendit à l'Empereur, à la ſanglante journée contre les Normans l'an 867. Les Hiſtoriens Eſpagnols diſent que pour vn eternel monument de la valeur de ce Comte, il receut alors les armes qu'ont depuis porté les Comtes de Barcelonne & Roys d'Arragon, qui ſont quatre pals de gueules, à champ d'or, que le Roy blaſonna luy-meſme ſur l'Eſcu doré du

Belleforeſt, l. 3. hiſt. de France.
Olhagaray, hiſt. de Foix Bearn & de Nauarre.

Nitard, l. 2. pag. 324.

de Narbonne. 129

du Comte, auecque les quatre doigts de sa main trempez dans le sang de ce genereux Prince, lors qu'il alla le visiter blessé qu'il estoit dans sa tente. Or il y a apparence qu'à ce bien-fait, ou plustost à cette iuste remuneration des seruices de Vvifrede, l'Empereur ajousta depuis le don des Comtez de Narbonne, Carcassonne, Rasez, & païs de Foix, aussi en fief, en faueur de Rotgarius ou Roger, que ie prends pour fils du Marquis Humfridus, ou Vmfredus, & frere de Vvifrede le Velu, que nos Historiens François appellent Godefroy. Cecy tombe sur l'année 874. en laquelle Bernard Comte de Tolose, à qui, tant le Marquisat de Gothie, que le Comté de Carcassonne & Rasez, auoient esté baillez par le Chauue, estoit mort, suiuant le Pere Labbe Iesuiste, ou en 876. selon M. Catel. Ie sçay bien que quelqu'vn a escrit que Vvifrede qu'il appelle Humfridus, s'empara l'an 863. de la ville de Tolose sur Raymond Comte, & y establit pour Vicomte Sigher Comte d'Vrgel en Catalogne son cousin ; mais outre qu'il n'en produit aucunes preuues, nous trouuons bien loin de là, que pendant mesme la vie de Fredelon Comte de Tolose, decedé auant l'an 862. Raymond premier du nom son frere, fut estably Comte & Marquis de Tolose enuiron l'an 855. par le Roy Charles le Chauue, & que Bernard son fils aisné luy succeda, & l'an 871. ou 72. fut fait Comte de Carcassonne & Rasez. De maniere que ce fut seulement apres le deceds de ce dernier, que les Comtez de Narbonne & de Carcassonne passerent entre les mains de celuy que nos anciennes Chartes

Hist. des Comtes de Poictou & Ducs de Guienne par Besli, pag. 18.

Tableau genealogique des Comtes de Tolose. Hist. des Comtes de Tolose, en la vie de Bernard.

R

nomment Rotgarius, & qui pourroit estre ce fils aisné de Vmfredus, que les Historiens d'Espagne appellent Rodulphe. Car vne ancienne Charte de l'Abbaye de sainct Hilaire de Carcassonne, du sixiesme du regne de Robert qui est l'an 1003. porte ces mots: *multis annis iamperactis accepit Rogerium Carcassonensem Comitalem Arnaldus filius Radulphi nomine Vicecomitis.* Comme cette Charte contient confirmation de la Donation faite à cette Abbaye par Roger II. Comte hereditaire de Carcassonne, l'an 982. pour la victoire qu'il gaigna sur Oliba Cabreta, Comte de Cerdaigne, fils de Miron Comte de Barcelonne, qui auoit voulu luy enuahir le Comté de Carcassonne ; on peut croire que ce Radulphe est le frere aisné de Vvifrede le Velu, que nous appellons *Rotgarius* ou *Rotgerius*, qui fut inuesti du Comté de Carcassonne & autres terres possedées par son pere dans la Septimanie, à titre de Vicomté, & qu'apres Arnaud son fils, Roger II. du nom s'estoit entierement emparé du Comté de Carcassonne : à cette occasion Oliba Cabreta Comte de Cerdaigne voulant remettre ce fief dans la maison de Vvifrede le Velu, pourroit auoir porté la guerre dans le Comté de Carcassonne. Le nom de Roger semble estre vn surnom suiuant l'vsage de ce temps-là, auquel celuy de Taillefer, qu'en langage du païs on disoit *Rotferro*, romp le fer, se trouue auoir esté donné à plusieurs, particulierement à vn Comte de Besalu nommé Bernard Taillefer, à Guillaume Comte de Tolose IV. du nom, surnommé aussi Guillaume Taillefer, à Guillaume Taillefer Comte d'Angoulesme,

de Narbonne.

& à vne infinité d'autres, tous gens de grande valeur & de grand courage. A cela pres, Rodulphe ou Radulfe, fils aifné de Humfridus ou Vmfredus, pourroit auoir eſté ſurnommé Rotger, par corruption ou ſincope du mot Rotfer.

CHAPITRE XII.

BERNARD, huictiéme Duc, Marquis & Comte de Narbonne, sous le titre de Marquis de Gothie.

FREDOLD & SIGEBODVS, Archeuesques, & cinquiéme, & sixiéme Conseigneurs de Narbonne.

ERNARD Duc & Comte de Narbonne sous le titre de Marquis de Gothie, vient en suite de Humfridus ou Sumefridus, & il y a lieu de croire que ce Bernard Marquis de Gothie, est le fils de Bernard, & de Duodene, dont les Annales de S. Bertin font mention sur l'an 864. & le mesme qui estoit ligué auec les grands du Royaume contre Charles le Chauue sur la fin de son regne. Pour sçauoir au vray quel il est, il faut remarquer que Duodene femme de Bernard Duc de Septimanie, dans son Manuel qu'elle dedie à Guillaume son fils, escrit qu'vn an apres la mort de Louis le Debonnaire, c'est à dire l'an 841. elle accoucha d'vn autre fils, dont elle ne dit pas le nom, parce que sans doute il n'estoit pas encore

de Narbonne.

baptisé. Mais les Annales de saint Bertin supleant à ce défaut nous apprennent qu'il s'appelloit Bernard, comme son pere, à qui elles donnent le titre de Tyran ; & adioustent qu'aux Estats Generaux que le Roy Charles le Chauue tenoit à Pistes, l'an 864. auquel temps Bernard estoit aagé de 23. ans, celuy-cy fut accusé d'auoir voulu venger la mort de son pere sur la personne mesme du Roy, & s'en estant fuy il fut priué de toutes les Dignitez que le Roy luy auoit données. Le Latin employe la diction *honores*, & dit qu'elles furent conseruées à Robert ; mais comme parmy nos Ducs, Comtes, ou Marquis de Gothie ou Septimanie, il n'y en a aucun de ce nom, nous ne pouuons pas dire positiuement que cela doiue s'entendre des Charges que son pere auoit possedées en Languedoc. D'ailleurs ce Robert, qui est Robert le Fort, Marquis de France, sorty de la maison Royale, & excellente tige de nostre Louis XIV. heureusement regnant, ayant esté tué combattant contre les Normans l'an 867. l'on peut asseurer qu'il ne prit iamais possession du Duché de Septimanie ; posé mesme qu'il luy eut esté conferé par Charles le Chauue. Ie croy pourtant que ce Bernard Marquis est celuy que nous trouuons depuis ligué auec les grands de France contre le Roy Charles le Chauue, sur la fin de son regne, & lequel pouuoit s'estre tenu dés l'an 864. dans la ville d'Vsez, lieu du sejour ordinaire de sa mere Duodene, & où il auoit commencé de voir la lumiere ; Car c'est veritablement le lieu où nasquit Bernard second fils de Duodene, ainsi qu'elle mesme

R iij

Histoire des Ducs

Contin. Aymoi l. 5. Cap. 55. vsq. 58.

escrit dans son Manuel. Le Continuateur d'Aymoinus fait vn ample recit de tout ce qui se passa dans cette guerre, & remarque que Bernard Marquis de Gothie auoit vn frere que les vns nomment Immon, & les autres Aymon, lequel s'estant saisi de la ville d'Eureux, faisoit mille rauages à la façon des Normans. Depuis Charles estant mort, Louis le Begue arma contre Bernard, parce qu'il persistoit dans sa rebellion, & ne vouloit point se remettre dans son deuoir: & par le Conseil des grands du Royaume, il le priua de ses Honneurs & Dignitez, & en donna vne partie à Tierry ou Theodoric son grand Chambellan, & l'autre à Bernard Comte d'Auuergne & de Bourges l'an 879. Ce qui m'empesche de douter que ce ne soit icy Bernard Marquis de Gothie fils de Bernard Duc de Septimanie & de Duodene, c'est que celuy-cy perseuera tousiours dans sa rebellion, & apres mesme qu'il sçeut que le Roy Louis l'auoit priué de ses Estats & Dignitez, & qu'il auoit partagé ses despoüilles, il arma plus fort qu'auparauát. Le Continuateur d'Aymoin, adiouste que le mesme Roy apres qu'il eut celebré la feste de la Purification à Pontigny, fit resolution d'aller à Autun pour chastier pour vne bonne fois ce rebelle; mais il mourut auant que d'auoir peu reduire Bernard. De sorte que nous sommes encore à trouuer vn autheur qui nous apprenne qu'elle fut la fin de nostre Bernard Marquis de Gothie; à cause de quoy ie rapporteray icy mot à mot ce que le Pere Labbe en dit dans son Tableau genealogique des Comtes de Tolose.

Bernard II. fils de Bernard Duc de Septimanie & de Duodene, nasquit à Vsez le 22. iour de Mars de l'an 841. qui suiuit immediatement le decez de l'Empereur Louis le Debonnaire; son pere, ayant appris sa naissance commanda qu'on le luy apportast en Aquitaine, où il estoit pour lors, & le faisant baptiser luy fit porter son nom. Le malheur de son pere & de son frere l'accompagna tousiours, iusques-là mesme qu'il fut accusé d'auoir voulu attenter sur la vie du Roy Charles le Chauue, & de ses principaux Chefs de guerre, Robert le Fort, & Ranulphe. Le Roy luy osta les Charges & les Gouuernemens dont il l'auoit honoré, & les donna à Robert le Fort. Voyez les Annales de Saint Bertin sous l'an 864. *Bernardus Bernardi quondam Tyranni, carne & moribus filius, &c.* Deux ans apres il se saisit de la Comté d'Autun, ce qui obligea le Roy de la donner à son fils Louis l'an 866. De plus, i'estime que ie persuaderay aisement aux personnes intelligentes dans nostre Histoire, que c'est ce Bernard Marquis de Gothie, duquel il est parlé sur la fin du Chapitre 27. du Liure cinquiesme de la Continuation d'Aymoin, & au Chapitre vingt-huitiesme, où il est dit qu'il tua vn autre Bernard surnommé le Petit-Veau, & qu'il eut la dépoüille de ses Gouuernemens. Il en est parlé au Chapitre trente-cinquiesme comme d'vn rebelle contre l'Empereur Charles : au Chapitre suiuant il est dit qu'Immon frere du Marquis Bernard prit la Ville d'Eureux, l'an 878. & au Chapitre trente-septiesme que ses Charges furent distribuées à d'autres Seigneurs ; au Chapitre trente-neufiesme il est nommement marqué que le Roy Louis le Begue ayant donné le Gouuernement d'Autun à Tierry, Bernard se rebella, &c. Qui pourra nous seruir quelque iour à luy dresser vn plus long Eloge. Nous ne sçauons pas quand il mourut, quels enfans il laissa, & mesmes nous n'auons point de preuues qu'il aye esté marié ; Voila ce que dit le P. Labbe, vn des hommes de ce temps, le mieux esclairé dans l'Histoire, & dans les Genealogies des Illustres Familles.

Au reste, il faut presupposer que Charles le Chauue, considerant que la Cité de Carcassonne estoit la plus importante place de la Prouince, & que si Bernard qui se disoit Marquis de Gothie, venoit à s'en saisir, il ne pourroit pas la luy oster qu'auecque beaucoup de peine, & auec vne grande dépense, voulut s'asseurer de cette place en la confiant entre les mains de Bernard Comte de Tolose, & y ioignit le Comté de Rasez, c'est à dire, tout ce qui est aujourd'huy du Diocese d'Alet & Limoux, qui s'estend iusques sur le haut des Pyrenees. Cecy fut fait en l'an 872. selon la Cronique de sainct Bertin, ou en l'an 871. selon le Continuateur d'Aymoin, & plusieurs autres, qui tous ensemble conuiennent en ce poinct que le Roy Charles le Chauue donna ces deux Comtez à Bernard Comte de Tolose, apres auoir pris serment de luy, c'est à dire apres auoir tiré asseurance de sa fidelité, & qu'il luy conserueroit soigneusement toutes ces Terres, & s'opposeroit courageusement aux entreprises de ses ennemis. Le
Comté

de Narbonne. 137

Comté de Carcaffonne & de Cafes ne fut pourtant baillé au Comte de Tolofe, qu'à l'occafion de la reuolte de Bernard, ainfi que ie prefuppofe, & afin de deffendre cette forte place des infultes de Bernard, & affeurer par fa conferuation toute la Frontiere. Auffi voit-on apres la mort de Bernard Comte de Tolofe, qui fut en l'an 876. felon M. Catel, ou auant l'an 874. felon le P. Labbe, le Comté de Carcaffonne entre les mains de Rotger, que ie foubçonne eftre fils du Marquis Humfridus, de qui font defcendus les autres Comtes de Carcaffonne, qui ont poffedé cette belle piece en titre de fief hereditaire, comme ie monftreray en mon Hiftoire des Euefques de Carcaffonne. I'ay defia dit que c'eft probablement l'aifné de Vvifredus nommé Radulphe, qui peut auoir efté furnommé, Rot-fer, Romplefer ou Taillefer, & de là par fyncope du mot, Rotger, car en leur fignature nos Rotgers ont toufiours mis *Rotgerij.* Eftant fort certain que l'vfage de ce temps là auoit introduit l'eponimie, ou les furnoms, d'autant qu'on n'auoit pas encore celuy des noms patronimiques, par lefquels on a depuis diftingué les familles, & les perfonnes.

Pendant la vie de Bernard Marquis de Gothie, ont efté Archeuefques de Narbonne Fredold, & Sigebodus, celuy-là enuiron l'année 858. & celuy-cy en 864. & a vefcu iufqu'en celle de 885. Voyez les Archeuefques de Narbonne, de Meffieurs Catel, & Sainte Marthe.

S

CHAPITRE XIII.

RAYMOND & BERNARD, Comtes de Tolose, neufiéme & dixiéme Ducs, Marquis & Comtes de Narbonne, sous le titre de Marquis & Ducs.

SIGEBODVS, Archeuesque, & sixiesme Conseigneur de Narbonne.

Voy que l'Histoire ne le die pas, je croy pourtant qu'apres Humfridus, autre que le Comte de Tolose, n'a eu le Comté de Narbonne & Gouuernement de Septimanie, car comme la chose parle d'elle-mesme, que pendant la reuolte de Bernard Marquis de Gothie, Charles le Chauue substitua quelqu'vn à sa place, il y a apparence aussi que ce fut Raymond Comte de Tolose, qui deceda enuiron l'an 865. & en suite Bernard son fils, comme les plus voisins & les plus propres pour deffendre le pays contre vn ennemy qui en fut chassé, puis que dans la pluspart des guerres qu'il a faites contre Charles le Chauue on le void hors de son Gouuernement. C'est peut estre la raison pour laquelle dans la Donation que ce Bernard Comte de Tolose, & sa mere Berteys, firent au

de Narbonne. 139

Monastere de Vabres l'an 25. du Regne de Charles le Chauue, qui est celuy de 865. ou 66. Bernard a pris le titre de Comte & de Duc en sa signature, au lieu que dans tous les autres Actes, il n'est appellé que Marquis de Tolose. Il en est de mesme de Raymond son pere, que M. Catel croit auoir esté substitué à la place de Guillaume fils du Duc Bernard, ne s'estant pas pris garde que ce fust Humfridus autrement, appellé Sumefridus, Vmfredo, Vvifrede, & autres noms, qui signifient tous la mesme chose, comme nous auons veu. De sorte que nous pouuons dire que pendant la vie de Bernard Marquis de Gothie, second fils de Bernard Duc de Septimanie, & de Duodene, Humfridus Marquis de Gothie estant mort, le Gouuernement du pays fut successiuement entre les mains de Raymond & de Bernard pere & fils Comtes de Tolose; & peut estre que c'est pour cette raison que dans vne Donation faite l'an 874. au Monastere de Vabres, il est dit que ces deux Comtes Raymond & Bernard furent Marquis & Ducs; *Nec non Raimundi, set etiam & Bernardi, qui fuerunt Marchiones, & Duces, &c.* Et sur ce propos l'on peut croire que si les Commissaires qui furent enuoyez en Languedoc en l'année 864. pour reprendre en la main du Roy, les Chasteaux & Terres que le Marquis Bernard tenoit, s'en retournerent sans rien faire, que ce fut d'autant que le Comte de Tolose fit voir que ses predecesseurs auoient possedé le Gouuernement de la Septimanie, & que partant il luy appartenoit de droict, & luy deuoit estre conserué, comme il le fut,

S. ij.

& la chose luy demeura confirmée par la mort de Robert le Fort, qui fut tué par les Normans l'an 867. En effet, la Concession que Charles le Chauue fit depuis à Bernard Comte de Tolose, des Comtez de Carcassonne & Rasez, est comme vne recompense des bons seruices que le pere & le fils auoient rendus en la conseruation de la Prouince ; & cecy d'autant plus volontiers que l'importance de la Cité de Carcassonne rendoit le Don tres côsiderable, outre l'vtilité que le Comte de Tolose deuoit retirer des grands reuenus de ces deux Comtez. Ils comprenoient comme i'ay dit tout le pays de Carcassône, Alet, Limoux, & Sault, depuis les Montagnes de Noro, que la ville de Carcassonne a sur le Septentrion, appellées Cemmenienes, tant dans Strabon, que dans l'Inscription de l'Abbaye de Soreze, chez de Catel, iusques sur le haut des Pyrenées ; & partant ces Comtez confrontoient auec le Rossillon d'vn costé, & auec l'Espagne d'vn autre.

Raymond I. du nom, Comte de Tolose, en fut establyComte & Marquis enuiron l'an 855. par le Roy Charles le Chauue à l'exemple de l'establissement du premier Duc d'Aquitaine qu'il fit auparauant, en la personne de Ranulfe Comte de Poictiers. Il fonda l'Abbaye de Vabres en Rouergue, maintenant Euesché dependant de la Metropolitaine de Bourges, le vnziesme iour de Nouembre feste de sainct Martin, de l'an huit cens soixante & deux, & Bernard son fils fut nommé Comte dés le viuant de son pere dans la souscription de la susdite Donation

de Narbonne. 141

du Monaſtere de Vabres; depuis il a pris le titre de Comte & Marquis de Toloſe. Ce qui fait voir que ny le pere ny le fils ne peuuent auoir porté le titre de Ducs qu'à raiſon du Gouuernement & Duché & Côté de Narbonne ou Septimanie, qu'ils doiuent auoir tenus depuis l'année huit cens ſoixante quatre, auquel temps Bernard Marquis de Gothie commença à ſe reuolter contre le Roy, iuſqu'au temps de leur decez, qui deuance l'an 879. que Bernard fut entierement depoüillé de tous ſes Eſtats, leſquels furent partagez entre Tierry ou Theodoric, & Bernard Comte d'Auuergne. Il eſt vray que depuis le temps du decez de Bernard Comte de Toloſe, iuſqu'à cette année huit cens ſeptante-neuf, j'eſtime que le Gouuernement de la Septimanie ou Gothie fut entre les mains de *Rotgerius* que nous diſons Roger, que ie preſuppoſe auoir eſté eſtably tout à vn meſme temps Comte de Narbonne, Carcaſſonne, Raſez & pays de Foix, comme i'ay dit plus haut, & dont nous verrons la preuue icy bas. Et à l'auance ie diray icy, que deux choſes me le perſuadent ainſi; La premiere, que ce Comte Odo frere de Bernard, qui luy ſucceda au Comté de Toloſe, n'a point porté le titre de Marquis & de Duc, comme ſes predeceſſeurs, ny n'a point iamais poſſedé le Comté de Carcaſſonne & Raſez qui auoit eſté baillé à ſon frere: Et la ſeconde, que noſtre Rotger premier Comte hereditaire de Carcaſſonne a pris le titre de Prince dans tous les Actes qu'il a faits, ainſi que nous monſtrerons en ſon lieu.

Comme qu'il en ſoit, il arriua vn nouueau chan-

S iij

gement dans le Gouuernement de la Septimanie, par la deposition de Bernard Marquis de Gothie, en ce que le Roy Louis le Begue ayant partagé à deux sa depoüille, comme nous auons veu, l'Histoire fait mention que Bernard Comte d'Auuergne, & son fils Guillaume le deuot, possederent la Gothie, & ne dit autre chose de Tierry, sinon que le Gouuernement d'Autun luy fut donné. Surquoy il faut remarquer suiuant la Cronique de sainct Theodoric d'Vsez, publiée par le sieur Caseneuue, à la fin de son franc Alleu, que dés l'an 887. les villes de Nismes, & d'Vsez n'eurent plus de Comtes, mais seulement de simples Iuges & Magistrats, qui auoient nom *Biricus & Gilimirus*, & que *Amenardus* fils de Gilimire estoit *Vicedominus*, Vicomte & Lieutenant au Gouuernement de la Ville de Nismes, & Ricard Elesippio d'Vsez. En cet estat on peut soubçonner que sans doute apres la ruine de Bernard Comte de Narbonne, & Marquis de Gothie, tout ce qui a esté depuis appellé Prouince de sainct Gilles fut détaché du Gouuernement de la Septimanie, & fit comme vn Marquisat à part, ayant esté retenu par Tierry ou Theodoric Chambellan de Louis le Begue. On reconnoist la consideration en laquelle le pays de sainct Gilles a esté, lors que Otto Euesque de Frisingen appelle la Ville de sainct Gilles Metropolitaine, que Godefroy de Viterbe en sa Cronique dit qu'elle a esté appellée *Palatium Gothorum*, le Palais des Goths, & que tant luy que Sigibert en sa Cronique, ont escrit que ce qui estoit autresfois appellé Gothie, estoit nommée de leur temps

Pantheon. l. 6. cap. 16.

la Prouince de sainct Gilles, nom que le Languedoc porte dans Foulques de Chartres, *Albertus Aquensis*, & plusieurs autres. Apres tous ces Autheurs M. Catel essaye de monstrer que la Prouince de saint Gilles a esté en dernier lieu appellée Languedoc, & sur ce suiet il en fait vn Chapitre particulier dans ses Memoires de l'Histoire de Languedoc. Mais mon opinion est que proprement la Prouince de saint Gilles est tout le bas Languedoc voisin du Rosne, & qu'elle comprenoit les Comtez de Maguelonne, Geuaudan, Viuarez, Nismes, & Vsez, ou du moins ces trois derniers; Et de fait le Roman intitulé, *Le Charroy de Nismes*, dit que Nismes estoit du territoire de sainct Gilles.

Cette Cité dont ie vous chante, Nismes,
Est en la Terre de Monseigneur S. Gilles.

De sorte que comme dés le partage des Estats de Bernard Marquis de Gothie, entre le Comte Bernard d'Auuergne, & Tierry ou Theodoric Chambellan de Louis le Begue, la Prouince de Septimanie fut diuisée en Prouince de saint Gilles, & en Marquisat ou Principauté de Gothie, delà vint aussi que Raymond fils de Pons Comte de Tolose, & d'Almodis, que les Historiens Espagnols nomment tousiours la *Condessa de Carcassona*, qui estoit vn Seigneur courageux & hardy, voulant restablir sa maison en tous les honneurs & préeminences qu'elle auoit eües dans la Prouince, commença à se faire surnommer de S. Gilles, & enfin comprit tous les titres qu'il portoit sous celuy de Duc de Narbonne, comme nous verrons en parlant de luy.

Et pour iustification de cette conjecture, nous voyons que dans la Gothie, c'est à dire dans les autres Comtez qui dependoient tousiours de Narbonne, les Comtez de Narbonne, Rossillon, Besiers, Agde, & Lodeue, qui demeurerent au partage du Comte d'Auuergne, furent autrement gouuernez que les Comtez de Maguelonne, Nismes, & Vsez, car ce Comté de Maguelonne conserua tousiours sa dignité Comtale, & les autres deux Citez eurent des Vicomtes, & des Iuges, ceux-là pour simples Gouuerneurs, & ceux-cy pour auoir l'administration de la Iustice distributiue Les premiers estoient comme les Lieutenans Generaux du Duc ou Marquis du pays, & comme tels auoient là Sur-Intendance des Villes & des Armes; & les autres estoient comme les Vicaires des Comtes, & en cette qualité auoient l'auctorité de connoistre, iuger, & decider les procez & differens des particuliers. Estant certain que dans les anciens il y a de deux sortes de Vicomtes; les plus illustres sont ceux qui estoient Lieutenans Generaux des Comtes par tout le Comté, & y exerçoient toutes les fonctions de Gouuerneurs en leur absence, & ce sont, à mon aduis, ceux qui sont appellez *Vicedominus*, qu'autrement on nomme *Vicecomitis*; les Vicomtes du second genre sont ceux que les Loix Vvisigothiques appellent *Vicarios Comitum*, & qui en plusieurs endroits des Loix Saliques, & Lombardes, dans les Capitulaires de Charlemagne, dans les Additions

Leg. Vvisigoth. lib. 2. tit. 1. l. 23. & 26.
Lib. 3. tit. 6. l. 1.
Leg. Longob. l. 2. tit. 30. l. 2.
Vvalfrid. Strabo.

de

de Louis le Debonnaire, dans les formules de Mar- culfe, & mille autres, sont pris pour des Iuges ordi- naires, & sont appellez, *Centenarij, Decani, & Viceju- dices*. Le premier des trois degrez de Iurisdiction qui estoit en vsage chez les Romains, c'est à dire le *Me- rum Imperium*, qui prenoit connoissance des matie- res Criminelles, & ce que concernoit la liberté & la proprieté estoit purement de la souueraineté des Comtes, priuatiuement à tous autres Iuges; Aux Vi- caires & Centeniers qui respondent aux Viguiers & Baillifs de ce temps, appartenoit le second degré de Iurisdiction du droict Romain, appellé *Imperium mixtum*, qui prenoit connoissance des matieres Ciui- les, auec quelque attribution du Criminel; Et le der- nier degré estoit la simple Iurisdiction, qui n'auoit que la connoissance des causes purement Ciuiles, comme il se collige des Loix 3. & 4. *ff. de Iurisdict. om- nium iudicium*. Voila pourquoy il est vray de dire que de mesme que le pouuoir des Comtes estoit absolu- ment distint & separé de celuy du Duc de Septima- nie ou Marquis de Gothie, qui auoit le Gouuerne- ment General de la Prouince, sans nulle connoissan- ce de la Iustice distributiue, s'il n'estoit Comte de la Ville Metropolitaine, comme ie pretends qu'il l'estoit; Aussi estoit celuy des Vicomtes de la pre- miere espece tout à fait distint de celuy de la secon- de. Le discernement s'en peut faire dans les Loix Vvisigothiques, & Lombardes, où les Comtez sont distribués en Centaines, les Centaines en Decuries, Decanies, ou Disaines, & la Decurie ou Decanie en

Hiero. Bi- gnonius. V. C. in notis ad Verteres formul. C. I.
Lindem- broch. in glossar.
Cod. leg. Antiq.

T

septaines & quintes; dont il est parlé aux Coustumes de Bourges & d'Anjou.

Ie ne dis rien encore pour le regard des Comtez de Geuaudan & de Viuires, quoy qu'ils dependissent anciennement de la Septimanie ou Gothie, car ils en estoient separez du temps de Charlemagne & ses Enfans, de mesme que le pays de Tolose. Il est vray que depuis ils y ont esté reünis, & l'on voit le premier entre les mains de Raymód, Berenguier, & Bernard Berenguier, Vicomtes de Narbonne, depuis enuiron l'an 960. iusques enuiron 1060. puis qu'en ce temps-là le Vicóte Bernard Berenguier en dispose comme d'vn patrimoine qui a appartenu à son pere & ayeul. Pour l'autre nous verrons dans la suite que ce Comté dont Louis le Debonnaire fait mention dans les Lettres de Sauuegarde qu'il fit expedier à l'Abbaye de Crudas, estoit entre les mains de Raymond de sainct Gilles, en l'année 1095. & semble auoir eu du temps de Louis le Debonnaire Teydonus pour Comte, & apres celuy-cy Herebert fils de Teydomus.

Mais quand aux Comtez de Narbonne, Besiers, Agde, & Lodeue, & encore le Comté de Rossillon, ils estoient autrement gouuernez que ceux dont nous venons de parler. Ils auoient tous de ces Lieutenans generaux appellez Vicomtes, qui furent faits auec le temps hereditaires, & possederent leurs Vicomtez sous l'hommage qu'ils en faisoient au Duc de Narbonne; ce que tesmoigne celuy que nous verrons cy-apres que Raymond de sainct Gilles se fit

de Narbonne. 145

faire à ces Vicomtes. Ainsi Narbonne auoit Majol pour son Vicomte, enuiron le temps de la ruïne de Bernard Marquis de Gothie, puis qu'il est fait expresse mention de luy & de ses enfans Vlberard & Alberic dans vne Donation qui est aux Archiues de l'Eglise de Narbonne, faite par Arnuste Archeuesque à son Eglise l'an 911. & tant le pere que les fils sont qualifiez Vicomtes dans cette Donation. On trouue Vlberard Vicomte de Narbonne sous le Regne de Charles le Simple, Odon depuis l'an 930. iusques enuiron 945. Matfred en l'an 959. & dés là en auant la posterité de Matfred iusqu'à Guillaume III. qui fut le dernier Vicomte de la famille de Narbonne sous le Regne de Charles VI. comme l'on peut voir dans M. Catel, en ses Vicomtes de Narbonne.

Quoy qu'on ne trouue point en quel temps la Ville de Narbonne commença à auoir des Vicomtes hereditaires, il y a pourtant lieu de croire que ce n'a esté que depuis le Vicomte Majol, lequel pour auoir par sa valeur & par sa prudence mis à couuert la Prouince de Septimanie des Insultes du Marquis Bernard, auroit en recompense merité d'estre continué dans la Charge de Lieutenant General du Duc de Septimanie, & Marquis de Gothie, sous le titre de Vicomte de Narbonne, qu'il transmit à ses descendans, qui le possederent depuis en arrierefief, & en firent hommage & serment de fidelité, tant aux Ducs de Septimanie, Marquis de Gothie, & Comtes Metropolitains de Narbonne, qu'aux Archeuesques de la mesme Ville, ainsi que nous verrons dans la suite.

Les Vicomtes de Besiers sont vn peu plus vieux que ceux de Narbonne, à cause que cette ville ayant esté tousiours tres considerable & situéé sur vn grand chemin, les Ducs de Septimanie estoient obligez par cette consideration d'y tenir actuellement vn Vicomte. Le premier est Antoine, Fondateur de l'Abbaye de Lesat, dás la Gascogne ; Apres on trouue Teudo en l'an huit cens soixante-neuf ; Raynaldus & Nolo sont mis à suite, Guillaume qui viuoit enuiron l'an 985. & puis apres Pierre Raymond, & Raymond Bernard Trincanel, qui espousa l'heritiere du Comte de Carcassonne, & s'accommoda auec le Comte de Barcelonne, qu'il demeureroit Seigneur de Carcassonne, & Terres qui en dependoient sous le titre de Vicomte, & que tant luy que ses descendans luy feroient hommage & le reconnoistroient en qualité de Comte, ainsi qu'ils ont fait iusqu'à Raymond Trincanel dernier, qui fut contraint de ceder au Roy S. Louis tout le droict qu'il auoit sur Carcassonne, Besiers, Rases, Agde, Alby, Nismes, & autres Terres que ses ancestres auoient possedées. Ces Vicomtes de Besiers possedoient aussi le Comté d'Agde dés le commencement, car le Vicomte Nolo se dit Vicomte de Besiers & d'Agde, & de plus possederent celuy de Lodeue, qui, quelque temps apres reuint entre les mains des Vicomtes de Narbonne, par le moyen de quelques mariages sans doute, comme il se peut inferer de ce que Bernard Berenguier & Raymond son frere firent enuiron l'an 1030. partage de tous les biens qui auoient iadis appartenu à leur

de Narbonne. 149

ayeul Raymond, & à Ricarde sa femme, à Berenguier leur pere, & à Garsinde leur mere, aux Comtez de Besiers, Lodeue, Alby, & Nismes.

La suite nous éclaircira du surplus de la succession des Vicomtes, tant de Narbonne que de Besiers, Agde, Lodeue, Nismes, & Vsez, & nous y apprendrons aussi qu'elles ont esté les pretensions que les Comtes de Tolose ont eu sur les autres anciens Comtez du Languedoc, qui estoient dans le Gouuernement de la Septimanie; & souuent & plusieurs fois nous verrons l'auctorité Comtale confuse auec celle de Vicomte. Nous nous y instruirons aussi de celles des Comtes de Barcelonne & Roys d'Arragon sur cette Prouince, & comme selon la Charte de l'Abbaye de sainct Hilaire de Carcassonne, il semble que Rodulphe frere aisné de Vvifrede le Velu, que ie presuppose auoir esté surnommé Rotger, n'ait esté establi que Vicomte de Carcassonne par son frere, de là peut estre venu en partie que Raymond Berengier Comte de Barcelonne, & la Comtesse Almodis sa femme, transigeant l'an 1068. auec Ermengarde seule heritiere des Rogers de Carcassonne, sur les droicts qu'ils pretendoient en ce Comté & autres Terres possedées par les Comtes de Carcassonne, se contenterent de retenir pour eux & leurs descendans le titre de Comtes de Carcassonne, & laisserent Ermengarde & sa posterité en possession de ces fiefs sous le titre de Vicomté, & moyennant la foy, hommage, & serment de fidelité aux Comtes de Barcelonne.

Au reste, Sigebodus Archeuesque de Narbonne

T iij

ayant vefcu, iufqu'en l'année 885. Sainct Theodard luy fucceda, & comme c'eft pendant ce temps-là qu'il arriua vn notable changement au Gouuernement de la Septimanie & Duché ou Comté de Narbonne, il fe verra dans le Chapitre fuiuant que dès-lors la Ville de Narbonne eut des Vicomtes.

CHAPITRE XIV.

BERNARD, Comte d'Auuergne & de Bourges, vnziéme Duc, Marquis & Comte de Narbonne, sous le titre de Prince & Marquis de Gothie.

SIGEBODVS, & *S. THEODARD*, Archeuesques, & sixiéme & septiéme Conseigneurs de Narbonne.

MAIOL, premier Vicomte hereditaire de Narbonne.

Ovs auons veu que la dépoüille de Bernard Marquis de Gothie, fut l'an 879. partagée par le Roy Louis le Begue, partie à Bernard Comte d'Auuergne & de Bourges, & Duc d'Aquitaine, & partie à Tierry ou Theodoric son Chambellan; & suiuant ce partage ie presuppose que Bernard eut Narbonne, & les Comtez qui en dependoient, & l'autre ce qui a esté depuis appellé Prouince de sainct Gilles. Bernard ne transporta pas pourtant la Principauté de Gothie immediatement à son fils Guillaume le Deuot, Comte de Poictiers & Duc d'Aquitaine, & Fondateur du Monastere de Clugny, comme l'on a

pretendu, mais bien Richard appellé Duc d'Aquitaine, fils de Tierry ou Theodoric, a esté depuis Duc de Septimanie, & Guillaume apres celuy-cy.

Pour comprendre cecy, il faut remarquer qu'apres le decez du Roy Louis le Begue, arriué l'an 881. au mois d'Auril, les affaires du Royaume de France furent dans vne si horrible confusion, que les vns vouloient que Louis & Carloman fils bastards du Roy deffunct fussent Roys, les autres que ce fut Boson Roy de Bourgogne & de Prouence, frere de Richilde, femme de Charles le Chauue, & ceux qui formoient vn troisiesme party auoient dessein d'éleuer à la Royauté Charles Roy de Germanie. Nostre Duc Bernard fut du party de Louis & Carloman, & l'vn de ceux qui les firent couronner Roys en l'Eglise sainct Pierre de Ferrieres en Gastinois: Boson d'autre costé se fit couronner Roy d'Aquitaine, selon Nicolle Gilles, la Cronique de Berry, & l'Hist de Niuernois, & du Haillan, & entra en armes à France du costé de la Bourgogne. Mais Louis & Carloman s'opposerent si vigoureusement à Boson qu'ils luy donnerent la chasse, & partagerent sa dépoüille; sçauoir la Bourgogne à Richard Comte d'Autun, fils de Thierry ou Theodoric, & la Prouence à vn Seigneur que Nicolle Gilles appelle Bernard Plantepelose, ou Plante-veluë, qui est autre que Bernard Duc d'Auuergne, qui mourut enfin à cette guerre, enuiron l'an huit cens quatre-vingts six. Il auoit épousé Ermengarde fille de Guerin Comte de Mascon & de Chaalons, & Marquis de Bourgogne,

&

de Narbonne.

& probablement pendant toutes les guerres contre Boson, l'Aquitaine & la Septimanie, furent sous le Gouuernement du Duc Richard, duquel il est temps de parler.

Ce sera toutesfois apres que nous aurons dit, que le Regne de Louis & de Carloman ayant esté bien court, comme tout le monde sçait, & Charles Posthume de Louis le Begue se trouuant trop ieune pour gouuerner l'Estat agité de tous costez de troubles & de diuisions, & comme vn Theatre ou les Normans iouoient vne sanglante Tragedie, les Seigneurs François, du nombre desquels estoit nostre Bernard d'Auuergne, appellerent Charles le Gros Empereur, qui tenoit le rang de germain sur Charles, & luy commirent le Gouuernement du Royaume. Dans Guy Coquille en son Histoire de Niuernois, il est dit, que tant Bernard que Guillaume son fils, deux des vaillans hommes de leur temps, donnerent vn grand & fauorable secours à Charles le Gros, en la guerre contre Boson; & ailleurs il remarque qu'ils s'opposerent tousiours constamment contre les ennemis de l'Estat. Auec l'auctorité d'vne Charte de cét Empereur, dattée du 15. *Kal. Septemb.* qui est le 18. Aoust, l'an 5. de son regne en Italie, indiction 6. qui est l'an 887. Il monstre aussi que veritablement Bernard Comte d'Auuergne & Marquis de Gothie mourut à la guerre contre Boson. Ce Bernard est appellé par le Pape Iean VIII. dans le Rescrit qu'il luy enuoya l'an 879. fils bien aymé & tres noble Marquis; & dans la susdite Charte

V

de Charles le Gros, il est qualifié, *gloriosus Comes & Marchio*: L'vne & l'autre sont produites aux preuues de l'Histoire des Comtes de Poictou & Ducs de Guyenne, par M. Besli. Et quoy que le mesme Coquille die que le titre de Marquis fut donné à Bernard & à Guillaume, à cause qu'ils eurent charge particuliere de garder le pays de Niuernois, contre les entreprises de Boson, il se void neantmoins qu'ils portoient ce titre à raison du Marquisat de Gothie.

Et parce que (pour dire tout ce que ie conçois de la suite du Gouuernement particulier de la ville & Comté de Narbonne) ie croy que ce fut dés le temps de la ruïne de Bernard Marquis de Gothie, qu'il commença à y auoir des Vicomtes hereditaires à Narbonne, c'est aussi la raison pour laquelle i'aymis à la teste de ce Chapitre, Majol pour premier Vicomte hereditaire, tant pour ce qu'il n'y a point memoire aucune de ceux qui peuuent auoir esté Vicomtes auant luy, que d'autant principalement que nous trouuons que ses enfans luy ont succedé, & ont esté Vicomtes apres le pere, comme nous auons dit, & comme nous verrons plus particulierement dans la suite. Estant constamment vray que les desordres qui prirent naissance en France dés le temps du decez du Roy Louis le Begue, rendirent les Charges de Vicomtes si necessaires, qu'il fut besoin qu'il y eust tousiours dans la ville de Narbonne vn Magistrat, en qui l'auctorité de Duc Marquis & Comte residast, & s'estendit sur tout le Comté; Et cecy fut consommé par maniere de dire sous le Regne de

Preuues de l'Hist. des Comtes de Poictou, & Ducs de Guyenne, pag. 193. & 495. Hist. de Niuernois.

de Narbonne.

Charles le Simple, que les Duchez, Marquisats, Comtez & Vicomtez deuinrent fiefs hereditaires & patrimoniaux, ainsi que les personnes intelligentes de l'Histoire sçauent.

CHAPITRE XV.

RICHARD, Duc d'Aquitaine, douziéme Duc, Marquis & Comte de Narbonne, sous le titre de Duc.

SAINCT THEODARD, ARIBERT & ARNVSTVS, Archeuesques, & septiesme, huitiéme & neufiéme Conseigneurs de Narbonne.

MAIOL, premier Vicomte hereditaire de Narbonne.

N lit dans vne ancienne vie de Saint Theodard, Archeuesque de Narbonne, que les Iuifs s'estans plaints au Roy Carloman, de ce que l'Euesque de Tolose les oppressoit, leur faisant souffrir de grandes ignominies sans sujet; Richard appellé Duc d'Aquitaine receut Commandement du Roy d'assembler les Euesques de l'Aquitaine & de la Septimanie pour en iuger: & l'on void que ce Concile Prouincial fut tenu dans la ville de Tolose, & que Sigebodus, Archeuesque de Narbonne en eut l'entiere direction. La mesme vie contient que sainct Theodard succeda à Sigebodus en ce temps-là, c'est à dire enuiron l'an 884. qui est ce-

de Narbonne. 157

luy du decez de Carloman, arriué le sixiéme Decembre, ce Prince n'estant pour lors aagé que de 18. ans; & en plusieurs lieux on y reconnoist que l'auctorité de Richard, que cette vie qualifie Duc d'Aquitaine, s'estendoit aussi sur la Septimanie. Il y a donc lieu de dire que pendant le regne de Carloman, Richard Duc d'Aquitaine, estoit aussi Duc de Septimanie, & probablement c'est ce Richard surnommé le Iusticier Duc de Bourgongne, que M. Besli dit estre fils de Tierry ou Theodoric Chambellan du Roy Louis le Begue, à qui nous auons veu que partie de la depoüille de Bernard Marquis de Gothie fut donnée. Il y a d'autant plus d'apparence à cecy, que Bernard Comte d'Auuergne ayant esté tousiours fortement attaché au party de Louis & de Carloman, Richard pouuoit auoir esté establi par le Roy Carloman Gouuerneur de la Septimanie & de l'Aquitaine; car comme ces deux Princes se partagerent le Royaume en cette sorte, que Louis eut la France & la Neustrie, & Carloman l'Aquitaine, & la Bourgongne, celuy-cy disposa aussi du Gouuernement de l'Aquitaine & de la Septimanie, & confia ces deux Prouinces à Richard, qui estoit oncle paternel de la femme de Carloman fille de Boson de Bourgongne, & qui reconnoissoit ce Prince pour seul Maistre, selon ce que nous venons de voir. Quand au Duc Bernard il demeura prés de la personne du Roy Louis, duquel le Roy Louis le Begue son pere luy auoit doné la garde & tutelle par son Testament, comme tous ceux qui ont manié l'Histoire sçauent.

Hist. des Comtes de Poictiers & Ducs de Guyenne, pag. 17.

V iij

Ceux qui pourroient encore douter si Carloman estoit veritablement reconnu en Languedoc, en verront vne preuue effectiue dans la vie de Sigebodus Archeuesque de Narbonne, qui viuoit durant le Regne de Louis & de Carloman ; car cét Euesque estant allé deuers le Roy Carloman, il obtint de ce Prince la Donation de l'Abbaye de sainct Laurent, & du Bourg ou ville de Limoux dans le Comté de Rasez ; l'Acte est du 3. du regne de Carloman, qui est l'an 883. Cét Archeuesque se trouua au Concile de Troyes en Champagne, tenu par le Pape Iean VIII. & sur ce qu'il s'y plaignit dequoy les Loix Vvisigothiques n'ordonoient point aucune peine contre les sacrileges, sa Sainteté y pourueut par son Decret, ainsi qu'on peut voir dans Yues Euesque de Chartres.

Hist. des Comtes de Poictou, & Ducs de Guyenne, Chap. 8. 9. & 12.

Auec cela, pourtant ce Richard qui peut auoir esté constitué Duc d'Aquitaine par le Roy Carloman, ne se trouue point placé parmy les Ducs de Guyenne du Sieur Besli, qui a esté tres sçauant à l'Histoire ; & la raison de cecy c'est par ce que l'Aquitaine estoit possedée par ses Ducs hereditaires, lesquels se maintinrent en la possession de ce Duché, contre Eudes Comte de Paris, qui prit la qualité de Duc de Guyenne l'an 880. sous l'appuy & la faueur de son Oncle Hugues, par excellence surnommé l'Abbé Duc de France. Et de fait, on trouue qu'apres Ranulfe I. Ranulfe II. son fils aisné luy succeda, & vescut iusqu'enuiron l'an 890. qu'il fut empoisonné ; ayant eu la vanité de se faire proclamer Roy d'Aquitaine, au mesme temps que Eudes, autrement appellé Odon, fut sacré Roy de France l'an 888. comme recite Herman Contract, Autheur qui viuoit il y a prés de six cens ans. Dans la confirmation que ce Roy Odon fit en cette mesme année 888. à S. Theodard Archeuesque de Narbonne, de la Donation de la susdite Abbaye de sainct Laurens, faite par le Roy Carloman à l'Archeuesque Sigebodus son predecesseur, à quoy Odon adiousta la Donation de la ville de Caudies, dans le Comté de Rasez, & de plusieurs autres biens exprimez dans la Charte, situez tant dans le Comté de Narbonne que Comté de Rasez; nous apprenons que le Roy Odon ou Eudes fut dés le temps de son Couronnement reconnu en Languedoc; & dans mon Histoire des Euesques de Carcassonne, il se void que ce mesme Prince fit Donation de plusieurs biens, à Gimer Euesque de Carcassonne. A ce propos on peut croire que pour chastier l'insolence de Ranulfe, le Roy Eudes ou Odon, continua à Richard la possession du Gouuernement & Duché d'Aquitaine; & parce que Guillaume le Déuot, fils de Bernard Comte d'Auuergne, estoit cousin germain de Ranulfe, & estoit ligué auec luy, il luy confirma aussi la possession du Duché de Septimanie ou Marquisat de Gothie. Estant certain qu'à raison de cette action du Duc Ranulfe, Eudes departit ses Estats & ses Charges à ses Fauoris, & qu'entre autres choses il donna le Comté de Poictou, que possedoit Ranulfe, à son frere Robert, contre l'esperance d'Aymar, leur cousin germain, fils d'Emenon, Comte d'Angoulesme, qui s'attendoit d'en estre pourueu. De là vint que celuy-cy quita le party d'Eudes, & s'accommoda auec Ranulfe, & ses freres, & ayant pris les armes se ietta à leur faueur dans le Poictou, où il se fortifia contre le Roy Eudes, qui s'achemina dans la Guyenne, auec vne bonne armée, ruinant tout le pays où il passoit l'an 891. Semblablement il priua Guillaume Comte d'Auuergne & de Bourges de ses Charges & Estats, & les donna à vn Seigneur nommé Hugues, qui se porta dés lors pour Comte de Bourges. D'icy nasquit vne si cruelle guerre entre Hugues & le Comte Guillaume, que celuy-cy perdit quinze cens hommes, & l'autre cent seulement, à la Bataille où Hugues demeura prisonnier, & fut apres tué par le Comte d'Auuergne, qui tout boüillant de colere & de rage du carnage des siens luy refusa la vie, & luy passa la lance au trauers du corps. Hugues pleura sa mort, dit Abbon, & Guillaume sa Victoire, donnant à entendre que cette iournée ne fut pas moins douloureuse & sanglante au Comte d'Auuergne victorieux, qu'au Comte de Bourges vaincu & tué : & selon le mesme, le Comte Roger de Carcassonne nepueu du Comte Hugues, lequel estoit fils bastard de Lothaire II. Roy de Lorraine, & celuy cy fils de l'Empereur Lothaire, se signala en cette guerre : I'en rapporte les Vers Latins en mon Histoire des Euesques & Comtes de Carcassonne. Voila comment Richard peut auoit esté Duc d'Aquitaine, comme l'appelle la vie de sainct Theodard.

Il est vray que d'autant que Tierry ou Theodoric son

son pere retint selon moy la Prouince de saint Gilles, il pourroit estre que delà Richard a esté appellé Duc d'Aquitaine, c'est à dire Duc de Prouence, puis qu'on n'ignore pas que la Prouince de saint Gilles n'ait tousiours fait partie de la Prouence. A ce sujet le Sieur Besli a remarqué que la Prouence est souuent appellée Aquitaine, à cause d'Aix ville Metropolitaine de cette Prouince, que les Romains ont nommée *Aquæsextia*; & c'est en ce sens que Raymond nommé Duc de Gothie, dans Flodoard, & Boson, & Hugues premier Roy d'Italie, & aussi Pons, & autres Comtes de Tolose, sont appellez Ducs d'Aquitaine, pour signifier Prouence, que les Autheurs anciens les plus delicats & les plus polis nomment *Aquensis Prouincia*: Voyez la Preface que cét Autheur a faite sur la Table de la Genealogie des Ducs de Guyenne, publiée l'an 1617. Outre quoy il faut prendre garde que *Dux Aquitanorum & Dux Aquitanicæ*, sont des titres differends.

L'on ne trouue pas iusqu'en quel temps Richard peut auoir tenu le Gouuernement & Duché de Septimanie, bien qu'il fut viuant en l'année 911. qu'il combatit contre les Normans proche de Chartres en Beausse, & qu'il ne soit decedé que le premier iour de Septembre 921. suiuant la Cronique de Flodoard. Il a esté enterré dans l'Eglise de l'Abbaye de sainte Colombe de Sens, selon la remarque du P. Labbe, qui ne donne pas à ce Richard la qualité de Duc d'Aquitaine, non plus que Besli, mais seulement celle de Comte d'Autun, & de Duc de Bourgongne, qu'il posseda plusieurs années. J'ay dit que le mesme Besli le fait fils de Tierry ou Theodoric Chambellan de Louis le Begue, Comte d'Antun, & dit-on que tant à sa solicitation & poursuitte, que d'Ermengarde fille de l'Empereur d'Italie, Louis II. du nom, vefue de Boson son frere, Louis leur fils, & son nepueu fut couronné Roy de Prouence, à Valence, par les Archeuesques de Lyon, d'Arles, de Vienne & d'Ambrun, & autres Prelats l'an 890. & ce Louis se trouue auoir esté depuis surnommé L'aueugle. Apres ce Louis, les Ducs de Bourgongne ont possedé la Prouence.

Quoy qu'il soit de ce que dessus, il est du moins constamment vray que Majol estoit enuiron le temps du Duc Richard, Vicomte hereditaire de Narbonne, dont il transmit la possession à ses enfans Vulcharius ou Vlberardus, & Alberic, comme il se prouue par la Donation que Arnuste Archeuesque de Narbonne fit à l'Eglise de S. Pol de Narbonne, le 24. de Iuin, 911. des biens qu'il auoit acheptez auparauant de Vulcharius ou Vlberardus & Alberic son frere Vicomtes, fils de Majol aussi Vicomte de Narbône. Dans la confirmation que fit le Roy Charles le Simple à ce mesme Archeuesque Arnuste, l'an 7. de son regne, & le 2. de de la succession du Roy Odon ou Eudes, qui est l'an 899. de tous les priuileges, Octroys & Concessions faites par les Roys ses Predecesseurs, à l'Eglise de Narbonne, à quoy ce Prince adjouste *Iuniacum* dans le Comté de Sustantion, le Chasteau nommé dans le Latin *Salabense*, dans le Comté de Nismes, &

de Narbonne. 163

l'Eglife de faint Saturnin *in Valle Oßilionenfi*, on découure clairement qu'elle eftoit pour lors la difpofition du Gouuernement en general du Languedoc; car l'adreffe de cette Charte eft faite *à Marchionibus, Comitibus, Ducibus, Vicarijs, Iudicibus actionarijs, ceu cunctis Rempublicam adminiftrantibus*, comme i'ay defia remarqué : ceux qui font appellez icy *Vicarijs* font les Vicomtes, Lieutenans Generaux des Comtes dans les Villes du Languedoc, tels qu'eftoient à Narbonne Majol, & apres luy fes enfans. Ie croy que ces derniers font ceux qui troublerent depuis l'Archeuefque en la poffeffion des biens à luy donnez ou confirmez, & pour raifon dequoy il eut recours au Pape Eftienne VII. qui commença à tenir le fiege l'an 898 duquel il obtint les Bulles rapportées aux preuues, portant deffences de le troubler en la ioüiffance de ces biens fur peine d'excommunication, ny de leuer aucun tribut, charge, ou impofition fur iceux; voulant de plus que le Clergé de Narbonne ne peuft eftre appellé pardeuant autres Iuges que pardeuant l'Archeuefque, & que celuy-cy venant à deceder le Clergé peuft élire à fa place vn des Clercs de l'Eglife de Narbóne, s'il s'y en trouuoit de capable, & à defaut de ce qu'il feroit permis de poftuler vn des Euefques fuffragans de cét Archeuefché. Cét Archeuefque Arnufte qui fucceda à Aribert, & celuy-cy à faint Theodard, mourut allant à vn Concile, du temps du Pape Anaftafe, & tant luy que Agio fon fucceffeur, ont pris le titre redoublé d'Archeuefques de Narbonne & de Rafez.

X ij

CHAPITRE XVI.

GVILLAVME, *Comte de Poictiers, & Duc d'Aquitaine, douziéme Duc, Marquis & Comte de Narbonne, sous le titre de Prince de Gothie.*

ARNVSTE & AGIO, Archeuesques, & neufiesme & dixiéme Conseigneurs de Narbonne.

VVLCHARIVS ou VLBERARDVS, & ALBERIC, deuxiesme Vicomtes hereditaires de Narbonne.

Pres Richard, on trouue Guillaume le Deuot, Comte de Poictiers, & Duc d'Aquitaine, Fondateur du Monastere de Clugny, fils de Bernard Comte d'Auuergne & de Bourges, qui porte le titre de Prince de Gothie, dans *Ioannes Italus*, en la vie de saint Odon, où il est dit que ce Prince possedoit la Gothie & l'Aquitaine. Cela va sur l'an 910. auquel temps il fonda l'Abbaye de Clugny. Il estoit marié auec Ingoberge, & suiuant la commune opinion il mourut l'an 927. sans laisser aucuns enfans : Neantmoins le Pere Labbe dit que

ce Guillaume le Pieux deceda enuiron l'an 918. & Guillaume son nepueu & son successeur l'an 927. & ainsi il pretend que Guillaume fils d'Ebles II. du nom, Comte de Poictou, & Duc de Guyenne ou Aquitaine, est le troisiesme du nom, & non pas seulement second, comme il prouuera, dit-il, dans vne disgression destinée à l'éclaircissemét de cette verité. Que si cela est vray il faut que l'Oncle & le Nepueu ayent esté Ducs de Septimanie ou Marquis de Gothie, puis que l'on trouue que ce dernier a esté aussi appellé Marquis: Mais iusqu'à ce qu'il ait produit ses preuues sur ce sujet, nous n'admettrons que Guillaume le Deuot pour Prince de Gothie, d'autant plus volontiers que le titre de Marquis qui est donné à Guillaume le Nepueu sans addition, ne conclud pas qu'il fut Marquis de Gothie, à vn temps nommement où le titre de Marquis estoit commun à tous les Ducs ou Comtes qui possedoient les Gouuernemens des Frontieres, ou qui auoient le commandement des Armes pour la defence des limites d'vne Prouince. Mesme que la Cronique abbregée de saint Martin de Masciac, que le mesme Pere Labbe Iesuiste vient de publier, ne donne pas à ce Guillaume Duc d'Aquitaine, qu'il dit estre Nepueu du Deuot, la qualité, ny de Prince, ny de Marquis de Gothie : Voicy comme quoy elle parle de ces deux diuers Seigneurs, An. DCCCCXIX. *Guillelmus famosus Dux Aquitanorum efflauit, & coniux eius Ingelberga finem viuendi fecit.* DCCCCXXVI. *obiit Berno Abbas : & Guillelmus Duc Aquitanorum hominem exuit.*

Tom. 1.
Nouæ Biblioth.
M S. pag. 732.

Hist. des Comtes de Poictou & Ducs de Guyenne. Iustel, hist. des Ducs d'Auuergne.

Tant y a que le nom de ce Guillaume Prince de Gothie est tres-celebre parmy les Auteurs, & dans les titres de diuers siecles ; car vne fois il est appellé Duc ou Prince des Aquitains, puis apres Comte & Marquis sans adjonction de Seigneurie, & enfin tres-grand, tres-puissant, & tres-Chrestien Prince, comme a remarqué M. Besli. Apres luy M. Iustel l'appelle Prince de Bourgongne, à cause sans doubte des grands biens qu'il possedoit dans cette Prouince de par sa mere, que nous auons dit estre fille de Guerin Comte de Mascon & de Chaalons, & Marquis de Bourgongne ; & la petite Cronique de saint Martin de Masciac l'appelle *famosus Dux*, comme nous venons de voir.

Au reste, quoy que nous ne trouuions pas le temps auquel nostre Duc Guillaume fut confirmé au Duché & Comté de Narbonne ou Marquisat de Gothie, qui auoit esté donné à son pere par Louis le Begue, nous pouuons neantmoins asseurer que ce ne peut auoir esté que depuis l'an 891. en laquelle année il estoit ligué auec Ranulfe II. Comte de Poictiers son cousin germain, qui s'estoit fait proclamer Roy d'Aquitaine, contre le Roy Odon ou Eudes, qui à cette occasion priua l'vn & l'autre de leurs Charges & Estats, comme nous auons veu. De moy ie croy qu'il ne posseda pas, du moins paisiblement, la Principauté de Gothie, qu'apres la paix du Roy Odon, & du Duc Ranulfe, qui fut faite incontinent apres ce Couronnement de Charles le Simple, qui fut le vingt-huitiesme de Ianuier l'an 893. Car le Sieur Besli a re-

de Narbonne. 167

marqué qu'apres cette paix, Ranulfe fuiuit la Cour du Roy Odon, qui l'eſtimoit beaucoup pour ſa valeur & pour ſes merites. D'où l'on peut inferer qu'à la conſideration du Duc Ranulfe, Guillaume ſon couſin germain fut remis en poſſeſſion de la Principauté & Marquiſat de Gothie, en laquelle il auoit ſuccedé à ſon pere.

Et ie m'affermis dans ce ſentiment par la remarque qu'on fait qu'Odon ou Eudes regna en Guyenne ou Aquitaine par Ordonnance des Eſtats, faite lors du premier ſacre de Charles le Simple l'an 893. Et cecy eſt fondé ſur deux circonſtances qui oſtent toute ſorte de doute. La premiere, qu'incontinent apres le decez d'Odon, qui tombe à l'an 897. comme nous verrons bien toſt, le Roy Charles le Simple commença à datter ſes Chartes par les ans de la reünion de ſon Royaume, en contant en deux manieres à la fois, l'vne à prendre à ſon premier ſacre, en 893. & l'autre à ſon ſecond en 897. ou 898. apres le treſpas d'Odon ; & nous verrons icy bas que dés l'an 911. ou 912. Il adiouſtera aux deux precedentes vne troiſieſme maniere de datte, & contera par les ans d'vne plus ample heredité recueillie. Et la deuxieſme, c'eſt que Robert Comte de Paris, qui eſtoit du party de Raoul ou Rodulfe de Bourgongne, fils de Richard Duc de Bourgongne, pretendoit le Royaume d'Aquitaine luy appartenir, pour auoir eſté delaiſſé à Odon, & ſur le refus que le Simple fit de le luy rendre, il ſe fit couronner Roy le vingt-neufieſme May, 922. & arma contre Charles, qui le tua de ſa

Hiſt. des Comtes de Poiƈtou & Ducs de Guyenne.

propre main à la bataille qu'il gaigna sur luy proche de Soissons le quinziesme de Iuin, vn peu apres midy, iour de Dimanche l'an 923. Tellement que pendant tout le temps qu'Eudes vescut & regna en Aquitaine, Guillaume le Deuot en demeura Duc, fut tousiours dans les interests de Charles le Simple, & se maintint au Duché d'Aquitaine contre les pretensions de Robert ; Et enfin soit l'Oncle, soit le Nepueu, Guillaume Duc d'Aquitaine ne voulut point reconnoistre Rodulphe de Bourgongne au prejudice du vray Roy, à cause dequoy cét Vsurpateur de la Couronne, fit la guerre au Duc Guillaume l'an 924. Ainsi il s'ensuit de là que Guillaume le Deuot se conserua dans la possession du Marquisat de Gothie, & sous Odon, & sous Charles le Simple.

 Sous ce Duc Guillaume, Vvlcharius ou Vlberardus, & Alberic, fils du Vicomte Majol, & de Raymonde, estoient Vicomtes de Narbonne, comme nous auons veu ; & ie ne sçay si de Vvlberard qui a vescu durant le regne de Charles le Simple, & a esté marié auec Richilde, n'est pas fils, ce Vicomte Odon, qui se trouue leur auoir succedé. Semblablement, c'est du temps de ce Duc, & pendant la vie du Pape Anastase, que Arnuste Archeuesque de Narbonne estant mort, c'est à dire enuiron l'an 913. Agio fut canoniquement éleu à sa place, & contre celuy-cy Gerard Nepueu d'Ancelin Euesque d'Vsez ; dequoy les Euesques suffragans de Narbône ayant fait plainte au saint Siege, Gerard fut excommunié, & Agio confirmé par le Pape Iean X. successeur d'Anastase, qui

de Narbonne. 169

qui enuoya à Agio le Pallium ; & depuis cét Archeuefque obtint du Roy Charles le Simple la confirmation de toutes les Donations faites par les Roys fes predecefleurs aux Archeuefques de Narbonne: Conftat de la Charte produite par M. Catel en fes Archeuefques de Narbonne, en datte à Setico contre Tours, le 7. des Ides de Iuin, l'an 30. de fon regne, qui eft l'an neuf cens vingt-trois, peu de temps auant la prifon de ce Roy. Nous verrons cecy au Chapitre apres le fuiuant ; où ie me referue à faire voir l'erreur de la datte de la Charte du mefme Roy en faueur d'Erifons, Archeuefque de Narbonne, fuccefleur d'Agio : & bien que fuiuant la correction que nous eftimons en deuoir eftre faite, cette narration deuft eftre mife en ce lieu, nous l'auons neantmoins laiffée pour le Chapitre, où nous auons à parler d'Ermengaud & de Raymond Princes de Gothie.

S'il en faut croire à Miquel Carbonell, Abderraman Roy des Sarrafins d'Efpagne, enflé de la victoire qu'il gaigna l'an 920. contre Ordanyo Roy des Afturies, paffa quelque temps apres les Monts Pyrenées, & conquefta iufqu'à la Ville de Tolofe, fans que perfonne ofaft luy faire aucune refiftance, tant la valeur & la cruauté de ce Barbare auoit ietté de la terreur & de l'épouuente dans le cœur des Chreftiens. Quoy que die cét Auteur Catalan, que perfonne n'ofa s'oppofer aux Sarrafins, ie n'en croy rien pourtant; car dans la Cronique de Flodoard on void Guillaume Duc d'Aquitaine, & Raymond

Cronica de Efpaña fol. 28.

Y

Marquis de Gothie armez l'an 922. contre les Normans, qui faisoient des courses dans l'Aquitaine & dans l'Auuergne, lesquels ils combatirent, & en defirent douze mille; & peut estre que cecy se doit entendre des Sarrasins, aussi-tost que des Normans, puis que la décente des Sarrasins tombe sur ce temps-là, & qu'elle fut faite dans l'Aquitaine.

CHAPITRE XVII.

RAYMOND, Comte de Tolose, quatorziéme Duc, Marquis & Comte de Narbonne, sous le titre de Marquis de Gothie.

AGIO, Archeuesque, & dixiesme Conseigneur de Narbonne.

VVLBERARD & ALBERIC, deuxiesmes Vicomtes hereditaires de Narbonne.

AYMOND, Marquis de Gothie, qui assista Guillaume Duc d'Aquitaine contre les Normans, l'an 922. doit estre le successeur immediat de Guillaume le Deuot, au Comté de Narbonne & Marquisat de Gothie, dés enuiron l'an 918. temps de son decez, suiuant le Pere Labbe ; & selon le sentiment du Sieur Besli, il estoit Comte de Tolose. En effet, i'estime pour moy que c'est le fils d'Odon, Comte de Tolose, duquel saint Odon Abbé de Clugny fait mention en la vie de saint Geraud Comte d'Aurillac, lors qu'il dit que le Comte Raymond fils d'Odon, tenoit prisonnier Benoist, Vicomte de Tolose, nepueu de saint Geraud, lequel

Y ij

s'achemina exprès iusqu'à la riuiere de Lauairon, pour traitter auec luy de sa déliurance : ce qui doit estre aduenu auant l'année 907. en laquelle saint Geraud deceda. Et ie croy dautant plus volontiers que ce Raymond est le successeur immediat de Guillaume le Deuot, au Marquisat de Gothie, que quoy que Ebles fils de Ranulfe II. Comte de Poictiers, fut fait Duc de Guyenne l'an 926. ou 27. par la mort de son cousin Guillaume, nepueu du Pieux, & par mesme moyen qu'il eut ioint les Comtez d'Auuergne, de Vellay, & de Limoges, au Comté de Poictiers; il ne se trouue pourtant pas que ce Duc Ebles ait iamais possedé le Duché de Septimanie, quoy qu'il ait vescu iusqu'à l'an 935. Ce qui me confirme dans mon premier sentiment, que Guillaume le Nepueu n'a point possedé le Duché de Septimanie ou Marquisat de Gothie, puis que s'il eust esté ainsi, il en eust transmis la possession à Ebles.

A Raymond succeda Pons son fils, qui prit aussi le surnom de Raymond; Mais parce que Ermengaud & Raymond son fils, pour auoir adheré au Roy Raoul ou Rodolphe de Bourgongne, ont porté le titre de Princes de Gothie dés l'an 923. nous en parlerons en ce lieu, & remettrons à parler de Pons au Chapitre suiuant. Ie sçay bien que quelques-vns pretendent que Raymond qui fit hommage à Raoul, Pons I. qui fonda l'Abbaye de sainct Pons de Tomieres, l'an 936. & Raymond III. Comte de Tolose, qui fit du bien à l'Abbaye de Gaillac en Albigeois, & duquel il est parlé dans Luitprand, est

de Narbonne.

la mesme chose, & presupposent que M. Catel s'est grandement trompé d'auoir fait trois personnes d'vne seule. Ie ne vois pourtant pas que cela puisse estre, & par la discussion que nous auons à faire de ce qui regarde les principales actions des vns & des autres, le Lecteur iudicieux & intelligent sera luy mesme le iuge d'vne question, qui, à la verité, seroit encore bien embroüillée, si nous n'auions en main deux Actes, qui iustifient que le Comte Pons estoit ieune homme en l'an 927. & qu'il estoit decedé en 937. comme nous verrons en parlant de luy. Ainsi Raymond Prince de Gothie, qui estoit ligué auec le Duc d Guyenne contre les Normans l'an 922. est autre que Pons surnommé Raymond qui viuoit en l'an 927. & estoit decedé en l'année 937.

CHAPITRE XVIII.

ERMENGAVD & RAYMOND, quinziémes Ducs, Marquis & Comtes de Narbonne, sous le titre de Princes de Gothie.

AGIO, & ANNO, Archeuesques, & dixiesme & onziesme Conseigneurs de Narbonne.

ODON, troisiesme Vicomte hereditaire de Narbonne.

DAns les vieux exemplaires de la Cronique de Flodoard, on lit que Raymond & Ermengaud, Princes de Gothie, se soûmirent au Roy Rodolphe de Bourgongne, l'an 923. ce qui a esté suiuy par beaucoup de nos Historiens; Neantmoins dans les dernieres Editions de cette Cronique on a mis neuf cens trente-deux, au lieu de neuf cens vingt-trois. Pour moy ie pretends que c'est l'an neuf cens vingt-trois, & non neuf cens trente-deux; & en voicy la raison. Tous ceux qui ont pris la peine d'auoir quelque connoissance de l'Histoire, sçauent qu'apres la mort de Robert Comte de Paris, qui auoit pris le titre de Roy, & lequel le Roy Charles le Simple tua de sa propre main le quinziesme de Iuin neuf cens vingt-trois, Hebert Comte de Vermandois son filleul & gendre de Robert, arresta le Roy dans sainct Quentin sur Somme, où il l'auoit conuié, feignant de luy vouloir communiquer d'affaires d'importance pour son seruice ; & dés là l'enuoya tenir prison à Chasteau-Tierry, vne sienne Forteresse sur Marne. Ayant en suite extorqué de ce Prince vn consentement pour faire couronner Raoul, autrement appellé Rodolphe de Bourgongne, fils de Richard le bon Iusticier, Duc de Bourgongne, cousin de Hebert, & aussi son beau-frere, pour auoir espousé les deux sœurs de Hugues le Grand ; Rodolphe fut peu apres couronné & sacré Roy, au Monastere de saint Medard de Soissons, le treiziesme de Iuillet de cette mesme année neuf cens vingt-trois. Guillaume Duc de Guyenne detesta cette action, & refusa de faire hommage à Rodolphe, qui à cause de ce refus arma contre luy, & passa en Guyenne l'an neuf cens vingt-quatre. Il contraignit enfin le Duc à le recognoistre & luy faire hommage, moyennant les conditions accordées entre eux, suiuant lesquelles Rodolphe rendit à Guillaume le Berry, & la ville de Bourges, comme tesmoigne Flodoard, qui estoit present. D'où, & de ce que l'on void Raymond Comte de Tolose, & Marquis de Gothie, vny auec Guillaume Duc de Guyenne, l'année auparauant, qu'ils combatirent ensemble les Normans, il est aisé d'inferer, que ces deux Princes de Gothie, Ermengaud, & Raymond pere & fils, ne peuuent auoir rendu hommage & presté serment de fidelité à Rodolphe, neuf ans apres qu'il eust pris la qualité de Roy, mais bien incontinent apres son sacre, puis que leur refus eust attiré la mesme indignation de ce nouueau Roy contre eux, que contre le Duc d'Aquitaine. Ie dis tantost Guyenne, & tantost Aquitaine, par ce que l'vn vaut l'autre, iusques-là mesme que M. Besli vse du mot de Guyenne plustost que de celuy d'Aquitaine. Ainsi ie tiens pour constant que c'est en l'année neuf cens vingt-trois qu'Ermengaud & Raymond Princes de Gothie, se sousmirent au Roy Rodolphe de Bourgongne; ce qui doit auoir de bien pres suiuy le temps de son couronnement, puis mesme qu'on dit que le Duc de Guyenne fut le seul qui garda fidelité au veritable Roy.

Annal. de France l. 1. C. 16.

Belleforest croit que cét Ermengaud estoit fils de Roger Comte de Carcassonne, que i'ay dit plus haut deuoir estre pris pour le fils aisné du Marquis Humfridus, autrement nommé Geoffroy d'Arrie, selon ma conjecture; & que c'est ce Roger qui estoit Comte de Carcassonne en l'année 887. en laquelle il fonda l'Abbaye de Pamiers, au pays de Foix. Cecy a d'autant plus de probabilité que Agio Archeuesque de Narbonne, en sa lettre de l'an neuf cens quinze, nomme Ermengaud & Raymond, ses Comtes: & comme il les connoissoit mieux que Flodoard, qui viuoit pour lors, il place Ermengaud deuant Raymond, par ce qu'en effet Ermengaud estoit pere de Raymond; au lieu que Flodoard met le fils deuant le pere. Vn nouueau Genealogiste commet encore vne faute plus

de Narbonne. 177

te plus lourde, lors qu'il fait Ermengaud Prince de Gothie, fils de Bernard aisné d'Humfridus, & de Birichilde, & qu'il dit que de Thibaud fils du second lit de Roric & de Berthe, vindrent Roger & Aldüin; & que Roger fut Comte de Carcassonne. I'ay plus haut refuté cette opinion.

Mais on apprend la qualité de tous les deux par vn Acte d'eschange fait l'an 5. du Roy Rodolphe, entre l'Abbé de Vabres en Rouergue, & Ermengaud Prince Magnifique, & l'Abbé Raymond son fils, appellé Regimond dans cét acte, aussi bien que Flodoard l'appelle *Ragemundus* : cét acte est datté, regnant le Roy Rodolphe, & le Prince Ermengaud. Quoy qu'il en soit, l'on tire de la personne de Rotger Comte de Carcassonne vne preuue fort illustre qu'il estoit de la maison des Princes de Gothie, & ceux-cy de la maison des anciens Comtes de Tolose, suiuant les preuues qu'en produit le tres-sçauant M. de Marca, à present tres-digne Archeuesque de Tolose. Car outre que selon plusieurs, Ermengaud a esté pere, ou plustost ayeul d'Arnaud Comte de Carcassonne, & celuy-cy pere de Rotger, troisiesme du nom, Comte hereditaire de Carcassonne, de qui Bernard I. Comte de Foix a esté fils, l'on void encore, en premier lieu dans l'acte de la fondation que fit Deda Religieuse l'an 7. du Roy Rodolphe, que Ermengaud auoir plusieurs enfans, puis qu'elle donne, tant pour elle, le Comte Ermengaud, Adelays sa femme, & ses enfans, que pour le Comte Pons; c'est le Comte de Tolose, & partant Roger II. Comte de

Hist. de Bearn l. 8. c. 2. n. 12.

Catel, en ses Comtes de Tolose.

Z

Carcaſſonne frere d'Ermengaud, ſera auſſi parent de Pons, Comte de Toloſe & Marquis de Gothie, duquel nous parlerons au Chapitre ſuiuant. En ſecond lieu, l'on verra dans ce que ie dois donner des Comtes de Carcaſſonne, dans l'Hiſtoire des Eueſques de la meſme ville, que ce Roger II. a porté le titre de Prince, à l'exemple de Rotger ſon pere, qui eſt appellé *Princeps Carcaſſonenſis*, dans la Charte de ſainct Antonin, puis que dans celle de la Tranſlation des Reliques de ſaint Hilaire, Eueſque de Carcaſſonne, & Fondateur de l'Abbaye de ſaint Hilaire, il eſt appellé diſertement Prince, & au commencement eſt dit, *apud Prouinciam Carcaſſenſem imperante Rotgerio Comite eiuſdem Prouinciæ*; vanité qu'il n'euſt pas euë s'il n'euſt eſté de la maiſon des Princes de Gothie. Et en troiſieſme & dernier lieu, & qui eſt la preuue la plus preſſante, que les anciens Comtes de Carcaſſonne eſtoient de meſme maiſon que ceux de Toloſe; c'eſt, que ces deux maiſons auoient anciennement meſmes armes, c'eſt à dire celles de l'Aigneau ſouſtenant vne Croix pommettée, qu'on appelle vulgairement l'Aigneau Paſcal; & celles-cy ſe voyét encore à la Clef de la voûte de la Tour dite de la Vado, à celle de la Nef de l'Egliſe des Capucins, autresfois Abbaye, & autres lieux anciens de la Cité de Carcaſſonne. Il faut qu'on ſçache que les armes d'or à trois pals de gueules que l'on donne aux Comtes de Foix, ne ſont pas les originaires armes des Comtes de Carcaſſonne d'où ils ſont deſcendus, mais bien ce ſont celles des Comtes de Barcelonne, à cauſe que comme nous auons dit, & dont nous parlerons encore icy bas, les vns & les autres descendoient de Vvifrede, Vvifredus, ou Humfridus, Marquis de Gothie & Seigneur du Chasteau d'Arrie en Conflent, qui luy fut donné en fief par Louis le Debonnaire, l'an huit cens treize, suiuant Carbonell, & lequel Seigneur, qui fut tué l'an huit cens cinquante-huict, Ie prends pour pere de Vvifrede surnommé le Velu, Comte de Barcelonne, & semblablement pour pere de Rotger premier Comte hereditaire de Carcassonne.

Et cela presupposé de la sorte, le Roy Raoul, ou Rodolphe, accepta la sousmission que luy firent volontairement Ermengaud & Raymond, sous le titre de Princes de Gothie, encore qu'auparauant ils ne portassent que le seul titre de Comtes, comme nous auons veu plus haut, pris de la lettre d'Agio, Archeuesque de Narbonne, de l'an neuf cens quinze. De sorte que bien que dans le Continuateur d'Aymoin, on voye que Louis le Begue partagea à Theodoric, ayeul de Rodolphe, & à Bernard d'Auuergne, les Estats & Dignitez de Bernard Marquis de Gothie, & que dans Flodoard Raymond soit Marquis de Gothie, en l'an neuf cens vingt-deux, il faut conclurre que cette dignité fut éuincée à ce Raymond, qui estoit Comte de Tolose, fils du Comte Odon, & pere de Pons, successeur de Guillaume le Deuot, par les Comtes Ermengaud & Raymond ses cousins, en suite de l'hommage & prestation du serment de fidelité qu'ils firent volontaire-

Z ij

ment à Rodolphe de Bourgongne, à qui appartenoit de droict la portion des Estats de Bernard Marquis de Gothie, qui fut donnée à son ayeul, & que son pere semble auoir possedée sous le titre de Duché d'Aquitaine, pour dire Prouence. Et peut estre mesme que cét vsurpateur de la Couronne, pour engager plus fortement les Comtes Ermengaud & Raymond dans ses interests, leur confera le titre de Princes de Gothie, & leur bailla en fief hereditaire la Principauté de Gothie sous la simple foy & hommage.

Vne preuue de cecy, c'est que la Charte de Charles le Simple, par laquelle ce Roy à la priere de Roger Archeuesque de Treues, & de Guillaume son grand Marquis, met sous sa protection & sauuegarde Erifons Euesque resident à Narbonne, & Vvltard Prestre, doit estre de la datte de l'an neuf cens quatorze, ou plustost de l'an neuf cens quinze, selon l'explication la plus raisonnable que l'on y puisse donner. La voicy, *Datum non. Iulij, indict. octaua, anno vigesimo secundo, & non, trigesimo, redintegrande atque regnante (Carolo) rege gloriosissimo.* Cette datte doit estre expliquée par celle d'vne autre Charte du mesme Roy, qui est dans les Archiues de l'Archeuesché de Narbonne, contenant confirmation à l'Archeuesque Agio, à qui l'on veut qu'Erifons ait succedé, des Dons & Concessions faites à son Eglise par les Roys ses predecesseurs. *Anno trigesimo regnante Domino Carolo, redintegrante vigesimo quinto, largiore vero hereditate indepta vndecimo.* Or voicy de la maniere que i'explique le regne de Charles le Simple. Louis le Begue son pere mourut en Auril, huit cens septante-neuf. Louis, & Carloman, ses fils bastards furent reconnus Roys; & apres leur regne qui fut assez court, Charles le Gros gouuerna le Royaume, non pas cinq ans comme escriuent la plufpart de nos Hi-storiens, mais feulement enuiron trois ans, car il fut appellé apres le decez de Carloman arriué en Decembre de l'an huit cens quatre-vingts quatre, & ne vint en France que l'an huit cens quatre-vingts cinq, dont il fut chassé par les François apres le Traitté honteux fait auec les Normans l'an 887. à fuite dequoy il deceda le treiziefme de Ianuier de l'an 888. selon le quatriefme Liure des Croniques de Carrion. Apres celuy-cy, Odo ou Eudes Comte de Paris fut couronné Roy de France, & porta le titre de Roy iufqu'à son decez; il est vray que quatre ans apres les François ayant enuoyé chercher exprez le ieune Prince Charles en Angleterre, ils le firent couronner Roy; & par Ordonnance des Estats, Odo regna en Aquitaine feulement, depuis l'an 892. ou 93. & mourut en l'an 897. comme i'ay appris d'vn acte que ie dois donner tout entier à la fin de cette Histoire, dont la datte est en ces termes, *Anno XXIX. regnante Carolo rege, post obitum Oddonis Regis.* Sur cecy les curieux doiuent remarquer que l'an du decez de Charles le Simple, estant sans contredit celuy de IESVS-CHRIST, neuf cens ving-sept, bien que quelques-vns escriuent neuf cens vingt-neuf, que l'an premier du vingt-neufiéme de son regne apres le

7. May 817. au Chasteau de Peronne en Vermandois. Hist. des

Comtes de Poictou, Ducs de Guyenne. pag. 41.

decez d'Odon, se doit donc prendre à l'an 898. & non ny plustost ny plus tard, quoy que communement l'on assigne le trespas de celuy-cy, les vns en 897. & les autres en 899. Ainsi le premier couronnement de Charles le Simple est assigné au vingt-septiesme de Ianuier de l'an 893. & son second couronnement aussi en Ianuier 898. Par le resultat de toutes ces choses, il se voit que le commencement du regne de Charles le Simple est en l'année 893. qu'il demeura Roy sans competiteur en l'année 898. & que partant le trentiesme de son regne est l'an neuf cens vingt-trois, en laquelle année il fut emprisonné, & le vingt-deuxiesme l'an neuf cens vingt-cinq. Ie dis vingt-deux, quoy qu'à l'original il y ait trente-deux, d'autant plus hardiment qu'outre que cet acte ne peut absolument pas estre de l'an neuf cens vingt-cinq, attendu la prison de Charles le Simple, on apprend d'ailleurs dans la Lettre que Agio Archeuesque de Narbonne escriuit à Agambert, & Elephonse ou Alphonse Euesques, que les Comtes Ermengaud & Raymond allerent en ce temps-là en Cour auec ces Euesques; Et il y a lieu de croire que les prouisions par lesquelles le Roy prend sous sa protection l'Euesque Erifons residant à Narbonne, & le Prestre Vvlfard, sont les mesmes dont la minute fut enuoyée par Agio aux Comtes Ermengaud & Raymond. Pour toute conclusion, on apprend d'vn ancien acte de vente faite en l'année neuf cens vingt-quatre, par Adalaix Vicomtesse de Besiers, de la ville de Sellasion, que Agio estoit decedé en cette année neuf cens vingt-quatre, puis qu'il y eſt fait expreſſe mention de Anno pour lors Archeueſque de Narbonne; ſuiuant la remarque de Meſſieurs de Sainte Marthe, qui oſtent Erifons du nombre des Archeueſques de Narbonne. De ſorte que quoy que l'acte de la tranſlation des Reliques de ſainct Antonin, ſoit datté de l'an huit cens quatre-vingt ſept. *Carolo minore rege regnante;* Il eſt neantmoins vray que le regne de Charles le Simple ne ſe prend pas au temps du decez de ſon pere qui le laiſſa Poſthume, mais bien à celuy de ſon premier couronnement, ainſi que ces mots, *redintegrante vigeſimo-quinto*, le demonſtrent; veu que toute l'Hiſtoire profeſſe que ſon competiteur à la Couronne regna cinq ans apres ſon Couronnement, leſquels auec les quatre qu'il auoit deſia regné, font en tout les neuf ans qu'on luy donne de regne. Et à bien prendre, ce retranchement de cinq ans du regne de Charles le Simple, eſt tout le temps que ce Prince n'a pas regné ſeul, & qu'Odon regnoit en Aquitaine, & partageoit auecque luy la Couronne, tout le droict de laquelle il luy reſigna enfin par ſon Teſtament. Les mots, *Largiore vero hæreditate indepta vndecimo*, s'entendent, dit-on, de la reünion de la Lorraine à la France; Mais par mon ſens cela ſe peut interpreter de la naiſſance de Loüis fils vnique de Charles, qui ſelon cette Epoque bien remarquable, auoit vnze ans en l'an neuf cens vingt-deux, & dix-ſept lors qu'il fut rappellé d'Angleterre, où ſa mere Ogine, fille du Roy Edoüard d'Angleterre l'auoit tranſporté pendant la vie du

Roy son pere. Et ma conjecture, que la naissance de Louis est particulierement consignée par cette Epoque, est fondée sur ce que les enfans estoient par les Hebreux appellez edifices, par ce que ce sont les Ouurages des Peres qui les tirent des meres, comme d'vne maison, pour perpetuer en eux leur nom, & leur gloire, & arriuer par ce moyen à l'Immortalité de vie que la nature leur refuse; Et partant les enfans sont à iuste titre l'heritage du Pere. Ainsi le Roy Prophete appelle le peuple d'Israël l'heritage de Dieu: *Pascere Iacob seruum suum, & Israël hereditatem suam: Psal. 77.*

Et par tout ce que dessus il faut conclurre, que quoy que Raymond porte le titre de Marquis de Gothie en l'an neuf cens vingt-deux, que neantmoins Pons ne luy a pas succedé immediatement, veu que le Roy Rodolphe se trouue dés l'an neuf cens vingt-trois auoir donné la Principauté de Gothie aux Comtes du Languedoc qui voulurent le reconnoistre; tels que furent Ermengaud Comte de Narbonne & de Carcassonne, & Raymond son fils, qui estoient grands Seigneurs & possedoient force terres, mesmes en Rouergue, comme plusieurs Actes iustifient. C'est pourquoy l'on reconnoist qu'Ermengaud fut tousiours attaché au seruice du Roy Rodolphe, par la soubscription de l'acte d'eschange qu'il fit auec Fredelon Abbé de Vabres, l'an 5. du regne de Rodolphe; où l'on lit, *regnante Rodulpho Rege, & venerabili Ermingando Principe*: au commencement de l'acte il s'appelle *Ermingaudus Egregius Princeps*, & plus bas,

ma-

magnificus Princeps ; Et quand l'Abbé Fredelon parle de luy, c'est en ces termes, *Venerabilis Comes*: Aussi quoy qu'il se nomme Prince, il prend à son seing le titre de Comte, comme n'estant que Comte de Rouergue, qui n'estoit pas des dependances de la Principauté de Gothie. M. Catel a remarqué de plus que dans le Cartulaire de l'Abbaye de Vabres, il y a deux actes de l'an 7. du regne de ce Rodolphe, l'vn desquels est fait par le Prince Ermengaud, & l'autre parle de luy. Tellement qu'à prendre le regne de Rodolphe à l'année de son sacre, qui est celle de neuf cens vingt-six, apres le decez de Charles le Simple, Ermengaud viuoit encore en l'an neuf cens trente-trois, & demeura constamment dans le party de Rodolphe contre Louis surnommé d'Outremer, fils & successeur de Charles, couronné Roy l'an neuf cens vingt-huit : A cause dequoy l'on pourroit soubçonner que ce Prince le priua depuis de ses dignitez, & les transporta en la personne de Pons, Comte de Tolose, fils de Raymond, qui auoit auparauant porté le titre de Marquis de Gothie. Nous n'auons pas toutesfois aucun Acte, ny Historien pour le conuaincre, au contraire ie produiray au Chapitre suiuant mes preuues, pour monstrer que Pons est successeur immediat de Raymond son pere, & celuy cy de Guillaume, au Marquisat de Gothie.

Mais pour faire en cét endroit vne iuste application de ce que nous venons de voir, il faut considerer qu'Ermengaud & Raymond n'estoient que simples Comtes, enuiron l'an neuf cens quinze, & que

A a

depuis pour s'eſtre ſouſmis à Raoul ou Rodolphe de Bourgongne ils en meriterent le titre de Princes de Gothie ; & il ſe peut faire que les prouiſions que l'Archeueſque Agio fut obligé d'auoir l'an neuf cens vingt-trois, du Roy Charles le Simple, pour ſe conſeruer en la poſſeſſion des biens & droicts que les Roys ſes predeceſſeurs auoient donnez à ſon Egliſe, regardent cette portion de la Seigneurie de la Cité de Narbonne, que les Comtes Ermengaud & Raymond vouloient vſurper ſur l'Archeueſque, & peut-eſtre meſmes qu'ils l'auoient deſia vſurpée, puis que dans l'Epiſtre que le Pape Iean X. eſcriuit depuis à Agio, & à Auſterius Archeueſque de Lyon, & leurs ſuffragans en la Septimanie, Eſpagne, & Bourgongne, il leur teſmoigne qu'à leur priere il eſcrit à Raymond, & l'exhorte de rendre & reſtituer à l'Egliſe ce qu'injuſtement il luy auoit vſurpé, autrement qu'il l'excommunieroit, & tous ſes ſemblables. Et la preuue que c'eſt Raymond Prince de Gothie, fils d'Ermengaud Comte de Narbonne & de Carcaſſonne, & non Raymond Comte de Toloſe, comme veulent quelques-vns, eſt que cette Lettre fait mention de Gerard qui fut eſleu clandeſtinement Archeueſque de Narbonne du temps de l'Archeueſque Agio, canoniquement éleu enuiron l'an neuf cens treize ; & defend le Pape d'auoir nulle communication auec ce Gerard qu'il auoit excommunié. Pour le regard de l'Eueſque Eriſons, il faut noter qu'il n'eſtoit pas Archeueſque de Narbonne au temps de la ſauue-garde de Charles le Simple, puis que Agio l'eſtoit, & qu'il

de Narbonne. 187

n'eſt auſſi qualifié dans cette Charte, que ſeulement Eueſque reſidant à Narbonne ; ce qui me feroit relaſcher à ce ſentiment, que c'eſtoit icy vn Eueſque, ſoit de l'Eſpagne, ſoit de la Septimanie, qui auoit eſté dépoüillé de ſon Eueſché, & s'eſtoit retiré aupres de ſon Metropolitain, par la faueur duquel, & à la priere de Roger Archeueſque d'Arles, & de Guillaume le Grand Marquis, le Roy Charles le Simple le mit ſous ſa protection, & luy donna pour ſon viure la terre & les moulins qui ſont au deſſus du Pont de Narbonne. Apres quoy il pourroit auoir ſuccedé à l'Archeueſque Anno, ſucceſſeur d'Agio, & auoir veſcu à Narbonne pendant qu'Odon en eſtoit Vicomte : cét Odon a veſcu depuis l'an neuf cens trente, iuſques enuiron l'an neuf cens quarante-cinq ; & i'eſtime qu'il eſt fils de Vvlberard & de la Vicomteſſe Richilde, & pere du Vicomte Matfred.

Ce que ie viens de dire m'oblige auant que de paſſer outre, d'expliquer en ce lieu, que quoy que l'on trouue pluſieurs titres dattez du regne de Rodolphe, d'où l'on peut probablement inferer qu'il eſtoit reconnu Roy dans le Languedoc, ſi eſt-ce pourtant que l'acte dont i'ay plus haut fait mention, en datte du xxix. du regne de Charles, apres le decez d'Odon, monſtre ouuertement que le Roy Charles le Simple fut touſiours reconnu, du moins par la plus grande partie du Languedoc, iuſqu'au iour de ſon decez ; Car ſelon mon calcul pris de la datte de cét acte, il eſt de l'an neuf cens vingt-ſept, qui eſt le dernier du regne de Charles le Simple. D'où il appert que

Aa ij

quoy que ce Roy fuſt alors effectiuement priſonnier, & qu'il ſoit meſmes mort en priſon dans le Chaſteau de Peronne en Vermandois, le ſeptieſme de May, neuf cens vingt-ſept, ayant eſté enterré à ſaincte Colombe de Sens ; & que de plus Rodolphe euſt deſia dés l'an neuf cens vingt-trois, vſurpé ouuertement la Soueuerainetté ; que pourtant Charles le Simple fut reconnu Roy en Languedoc, meſmes dans le Comté de Carcaſſonne qui appartenoit à Ermengaud, & où il auoit eſté reconnu dés le temps de Charles le Gros, comme appert de la datte de la Charte de ſainct Antonin de Pamieres, de l'an huict cens quatre-vingt ſept, *13. Kal. Iulij*, *Carolo minore rege regnante*. On ne donne auſſi que deux ans de regne à Rodolphe, ſelon le ſens de ce Vers, pris du Liure des Effigies des anciens Roys de France ;

Cadens binis poſtquam regnauerat annis.

Et la raiſon de cecy, c'eſt qu'il ne fut abſolument pas reconnu Roy qu'apres le decez de Charles le Simple, & qu'il ne regna ſeul que l'eſpace de deux ans, au bout deſquels, qui eſt en 929. les François rappellerent Louis d'Outremer, pour prendre poſſeſſion du Royaume ; Neantmoins Raoul ou Rodolphe fit tant de peine à ce ieune Prince, que tout le temps qu'il y a depuis l'an 929. iuſqu'au decez de Raoul, aduenu le douzieſme ou quinzieſme de Ianuier 936. n'eſt pas conté regne pour luy, ainſi qu'on void dans l'Acte de la fondation de ſaint Pons de Tomieres en Languedoc, qui eſt du mois de Nouembre 936. l'an premier du regne de Louis, & dans la confirmation faite quatre ans apres par le mesme Roy Louis, l'an 4. de son regne. Les troubles de ce temps-là estoient tels, que la souscription d'vn Acte du Cartulaire de Vabres qui a esté veu par M. Catel, est conceuë en ces termes: *An. secundo, quo Radulphus rex fuit, Deo Imperante, & regem spectante.* Et tous les curieux de l'Histoire sçauent que Hugues le Grand Comte de Paris, ayant épousé dés l'an 938. Auide, autrement nommée Hauoye ou Halinde, sœur d'Otton Roy de Germanie, afin d'auoir de l'appuy & de l'assistance de ce costé-là, fit si bien, que dés l'an 940. Louis se vit abandonné de tous les François, horsmis du Duc de Guyenne, & de Roger Comte de Carcassonne; & qu'au bout du conte ces desordres & ces confusions mirent dans le Throsne les Roys de la troisiesme Race.

Il est pourtant aisé d'inferer de la remarque que fait Flodoard, que Raymond Comte de Tolose, qui est le mesme Marquis de Gothie, dont nous auons desia fait mention, estoit vny auec Guillaume Duc d'Aquitaine contre les Normans, qu'ils défirent en Bataille l'an 922. que le Comte de Tolose & Marquis de Gothie estoit du party de Charles le Simple, auquel tant luy que Guillaume Duc d'Aquitaine, & Prince de Gothie, furent inseparablement attachez. Ce qui monstre combien se trompent ceux qui confondent Raymond Comte de Tolose, auec Raymond ou Regimond fils d'Ermengaud. Quoy qu'il en soit, i'estime que les Princes Ermengaud, & Raymond, furent dépoüillez des Dignitez qu'ils posse-

A a iij

doient en Languedoc, par le Comte Pons de Tolose, & qu'ils furent par luy relancez dans le Rouergue; Nous allons voir ce Pons, Marquis de Gothie en ce mesme temps.

Sont produites aux preuues de l'Hist. des Comtes de Poictou & Ducs de Guyenne, par Besli pag. 100. 243. 244. 250. & 253.

Pour le Comté de Carcassonne il passa és mains de Roger III. du nom, & deuxiéme Comte hereditaire de Carcassonne, issu de la tige d'Ermengaud, qui fut aussi du party de Louis d'Outremer, ainsi qu'il se peut colliger d'vne Charte de ce Roy, donnée à Poictiers au mois de Ianuier de l'an 942. par laquelle le Roy en faueur de Guillaume II. surnommé Teste d'Estoupes, Duc de Guyenne ou Aquitaine, & Comte de Poictiers, Auuergne, Limoges, & Vellay; d'Ebles Euesque de Limoges son frere, & du Comte Roger de de Carcassonne, confirma les Priuileges de S. Hilaire de Poictiers, c'est à dire, la Donation du deuxiéme du regne du Roy Oddon, 3. *Kal. Ianuar. an. 889.* L'vne & l'autre contiennent entre autres choses Donation de certains biens & Alleus dans le pays de Tolose & de Carcassonne; qui est vne preuue bien claire, que ce Comte Roger qui y est nommé, & à la priere duquel & de l'Euesque Ebles, le Roy Louis pourueut vn personnage nommé Martin, de l'Abbaye de sainct Iean d'Angerie, aujourd'huy Angely, estoit Comte de Carcassonne. C'est aussi le mesme qui a souscrit deux Chartes du Duc Guillaume Comte de Poictiers, l'vne en faueur de saint Hilaire de Poictiers, & l'autre du Monastere de sainct Iean d'Angely, toutes deux dattées de l'an 3. du regne de Lothaire, qui est l'an neuf cens cinquante-sept; car Lothaire fut

de Narbonne. 191

couronné le douziefme de Nouembre de l'an neuf cens cinquante-quatre.

Et puis que i'ay dit plus haut que probablement Pons Comte de Tolofe dépoüilla Ermengaud & Raymond fon fils de la Principauté de Gothie, & que nous trouuons que Rotger eftoit Comte de Carcaffonne aux années 941. & 957. Il importe de dire en ce lieu, que de mefme celuy-cy doit eftre pris pour frere d'Ermengaud, appellé Arnaud dans la Charte de l'Abbaye de fainct Hilaire, & fils de Radulphe furnommé Rotger I. Comte hereditaire de Carcaffonne, qui viuoit & eftoit Comte en l'an 887, & fe fignala aux guerres que Hugues Comte de Bourges fon oncle eut auec Guillaume Duc d'Aquitaine, en l'année 889. fuiuant Fauchet, ou en 892. fuiuant Nicolas Vignier. Il eft pourtant mal-aifé d'eftablir de quel cofté venoit la parenté d'entre ce Comte Rotger, & Hugues Comte de Bourges, qui eftoit fils baftard de Lothaire II. Roy de Lorraine, & celuy-cy fils de l'Empereur Lothaire ; Car felon la remarque de Du-Tillet, Pithou, & Befli, on appelloit oncle le coufin qui auoit le germain fur l'autre ; d'où il s'enfuiuroit que Hugues feroit coufin germain, ou du pere, ou de la mere de noftre Rotger. Outre que ce dernier dit autre part, que les Auteurs de ce temps-là, plus que demy barbares, abufent auec tant de liberté de ce mot nepueu, pour fignifier diuers degrez de parentez, qu'il eft mal-aifé, dit-il, d'y affeoir iugement. Ie fçay bien que quelques-vns ont dit que Rotger Comte de Carcaffonne eft fils aifné de

Antiq. Franc. liu. 7. Chap. 2. vol. 1. Bibliot. Tom. 2.

Hift. des Comtes de Poictou, & Ducs de Guyenne. ch. 10.

Thibaut Comte de Champagne, qui eut à femme Berthe fille de Lothaire II. & sœur du Comte Hugues; & par ainsi que Rotger estoit frere de cét autre Hugues qui fut fait Comte d'Arles l'an 890. & peu apres Roy d'Italie, & lequel estoit sans contredit Nepueu de Hugues Comte de Bourges. Mais ny ces Inuenteurs de Genealogies n'en produisent aucunes preuues, ny le P. Labbe tres-sçauant Genealogiste, n'a point reconnu que Thibaud Comte de Champagne ait eu aucun fils qui ait porté le nom de Roger, comme i'ay remarqué ailleurs; quoy que ce fust l'vsage de ce temps-là de porter deux noms, & de les prendre tantost coniointement, & tantost separement; ce qui a grandement embroüillé l'Histoire. Il peut estre mesme que la mere de nostre Comte Rotger estoit l'vne des cinq filles que Pepin fils de Charlemagne, decedé en Italie l'an 810. eut de sa femme Berthe, fille de sainct Guillaume Duc & Comte de Narbonne, d'où venoit la parenté qui estoit entre Hugues Comte de Bourges du Sang de France, & nostre Rotger Comte de Carcassonne. Et cela estant de la sorte, il se peut faire qu'apres la ruine d'Ermengaud Prince de Gothie, que Pons relança dans le Rouergue, Rotger II. que ie prens pour frere d'Ermengaud, qui auoit tousiours demeuré auprés d'E-

Preuues de l'Hist. des Comtes de Poictou & Ducs de Guyenne, pag. 220. & 221.

bles Duc d'Aquitaine, comme il est aisé de reconnoistre par les souscriptions qu'il a faites à deux Actes de ce Duc, l'vn du 26. du regne de Charles le Simple, qui est l'an 919. & l'autre du 3. du regne de Rodulphe, l'an 926. Que ce Roger, dis-ie, fut
restably

de Narbonne.

restably par le Roy Louis d'Outremer dans les Comtez de Carcassonne, Rasez, & Foix, qu'il transmit à ses Descendans; & que la Principauté de Gothie, auec le Comté de Narbonne, & autres terres qui en dépendoient furent laissées à Pons. Ainsi Rotger eut tousiours vn grand attachement aux interests de Louis d'Outremer; & il se trouue mesme auoir suiuy le Duc Guillaume de Guyenne fils d'Ebles, dans toutes les occasions où le Roy eut besoin du secours du Duc de Guyenne, son cousin germain, qui ne l'abandonna iamais: & possible que ce fut à sa priere que Roger auec qui il y auoit quelque parenté, fut confirmé au Comté de Carcassonne. Car comme en ce temps-là le respect de l'auctorité Royale n'estoit pas encore du tout esteint, les Seigneurs quoy qu'ils recueillissent à titre hereditaire les Villes, Comtez, & Dignitez, que leurs predecesseurs auoient possedées, ne laissoient pourtant pas, tant par deuoir d'obligation, que pour en affermir la succession dans leurs familles, de se les faire confirmer par les Roys.

Au reste, cét Ermengaud pouuoit estre Comte de Rodez du Chef d'Adelays sa femme, & l'on peut croire que celle-cy estoit fille ou petite fille de Bernard Comte de Rodez, duquel Flodoard, & apres luy le P. Labbe font mention, qui viuoit du temps de Bernard Comte d'Auuergne, pere de Guillaume le Deuot, & de Bernard Marquis de Gothie ; & ce Bernard Comte de Rodez, pourroit estre Bernard depuis Comte de Tolose, & Marquis, puis qu'il se

<small>Tableaux Genealogiques, pag. 418. & 392.</small>

trouue auoir esté nommé Comte dés le viuant de son pere, dans la souscription de la fondation du Monastere de Vabres. Aussi est-il certain qu'il ne laissa point d'enfans, à cause dequoy son frere Oddon luy succeda au Comté de Tolose. La Charte de cette fondation est produite par M Catel, qui rapporte aussi la Lettre d'Agio Abbé de Vabres, dans ses Comtes de Tolose; elle est de l'an 863. qui estoit le 23. du regne de Charles le Chauue, à conter du iour de son sacre.

Page 69. & 70.

CHAPITRE XIX.

PONS, *surnommé RAYMOND, Comte de Tolose, seiziéme Duc, Marquis & Comte de Narbonne, sous le titre de Prince, & premier Marquis de Gothie.*

ANNO, ERIFONS, & AYMERIC, Archeuesques, & vnziéme, douziéme, & treiziesme Conseigneurs de Narbonne.

ODON, troisiesme Vicomte hereditaire de Narbonne.

PONS I. du nom Comte de Tolose, fils de Raymond appellé Marquis de Gothie, & petit fils du Comte Oddo, est appellé Prince & Marquis, dans l'Epistre écrite au Pape Iean X. par Aymeric Archeusque de Narbonne, Hugues Euesque de Tolose, & Renaud Euesque de Besiers, qui, quoy que sans datte, est neantmoins de l'an 927. ou 28. puis que ce Pape deceda en cette année, & que c'est entre ce temps-là, & l'an 924. que Pons chassa les Hongres du Languedoc. De là il s'ensuit que le Prince Pons succeda à son pere Raymond, comme celuy-cy auoit succedé à Guillaume Duc d'Aquitaine, & Marquis de Gothie, au Comté de Narbonne & Marquisat de Gothie, immediatement apres sa mort qui fut en l'an 918. selon le P. Labbe. D'où, & de ce que nous auons plus haut remarqué, sçauoir qu'Ermengaud Prince de Gothie viuoit encore en l'année 933. & qu'il estoit dans le party de Rodolphe de Bourgongne, il faut conclurre que Pons fut reintegré de la dignité de Marquis & Prince de Gothie, en recompense des seruices rendus aux Roys Charles le Simple & Louis d'Outremer son fils, ayant fait par sa fidelité, & par sa sage conduite, qu'ils furent tousiours reconnus en Languedoc, nonobstant que les Comtes Ermengaud & Raymond son fils, se fussent soufmis au Roy Rodolphe. C'est pourquoy dans la Charte de la confirmation de l'Abbaye de saint Pons de Tomieres, fondée par le Comte Pons, le Roy Louis d'Outremer, l'appelle, *Illustris vir ac dilectus Comes seu Marchio.* Celuy-cy possedant à iuste titre la dignité de Comte de Tolose, & de Marquis de Gothie, semble auoir exclud Ermengaud & Raymond de celle de Princes de Gothie, & auoir vny en sa persone toute l'auctorité de Duc, de Comte de Marquis, & de Prince de Gothie ou de Septimanie, sous lesquels titres a esté compris celle de Duc & Comte de Narbonne. En tout cas on ne peut pas ignorer que Pons n'ait esté reconnu dans la Ville de Narbonne, puis qu'il est fait expresse mention de luy dans la Donation ou fondation faite par les executeurs du Testament d'Aymeric, Archeuesque de Narbonne, de l'an 937. *Propter remedium animæ Pon-*

ctionis, Comitis defuncti, siue Matfredi Vicecomitis, siue Odonis Vicecomitis, vel Richilda Vicecomitissa: Il est vray que la suite monstre que les Comtes de Rouergue qui descendoient d'Ermengaud par succession, restablirent apres Pons la dignité Comtale de Narbonne dans leur maison.

Et il faut noter en passant, que quoy que dans cét acte Pons ne soit appellé que Comte, qu'il est vray neantmoins qu'il estoit reconnu dans le pays pour Prince & Marquis, puis que l'Archeuesque de Narbonne, & les Euesques de Tolose, & de Besiers, escriuant au Pape Iean X. luy font sçauoir que les Hongres ont esté chassez de leur Prouince par la valeur de ce ieune Prince & Marquis Pons. C'est vne façon de parler qui fait voir que ces Euesques reconnoissoient son auctorité, les vns & les autres dans l'estenduë de leurs Dioceses, & que de mesme que Pons estoit Comte de Tolose, dont le Gouuernement n'auoit rien de commun auec celuy de Narbonne, il estoit aussi Duc & Comte de Narbonne, sous le titre de Prince & de Marquis. L'Acte de la fondation de l'Abbaye de sainct Pons de Tomieres dans le Diocese de Narbonne, confirme ce qui estoit de l'auctorité, que le Comte Pons auoit dans le Duché & Comté de Narbonne, dont le pays de sainct Pons de Tomieres dépendoit; car elle porte en termes exprés: Que Pons Fondateur donne tous les Allodiaux, & tout ce qui dépendoit de sa Ville dite de Tomieres, auec son Eglise fondée à l'honneur de sainct Martin, qui estoit communement appellée l'Eglise de Iaur, à cause qu'elle estoit située sur la riuiere dite *de Iauro*. Sanctius Roy d'Arragon dans vne Donation faite à ce Monastere l'an 1093. dit qu'il donne, *Omni potentissimo & clementissmo Deo, & almæ genitrici Mariæ, nec non Tomariensi Cænobio, quod est situm in pago Narbonensi super fluuium Iauri, &c.* Or apres que Pons a fait le dénombrement des lieux & Parroisses, & autres terres qu'il donne, tant dans le Diocese de Narbonne que dans celuy d'Alby, auec toute sorte de droicts Allodiaux & Seigneuriaux, il adjouste qu'il veut que le tout soit tenu par ce Monastere, exempt de toute Seigneurie, en façon qu'aucun, ny de sa race, ny autre quel qu'il soit, ne puisse pretendre nul droict, pouuoir, ny auctorité, sous quelque pretexte que ce soit, sur les biens donnez. Termes qui seroient mal-seans dans la bouche d'vn homme qui n'auroit pas eu toute sorte d'auctorité dans ces terres, telle que ie presuppose qu'auoit nostre Prince & Marquis Pons ; lequel pour vne plus grande marque de l'auctorité qu'il auoit dans le pays, prend dans cét Acte le titre de *Pontius, gratia Dei Comes Tolosanus, Primarchio, & Dux Aquitanorum*. Il est vray qu'il prend, à mon aduis, celuy de premier Marquis, à cause que sans doute la posterité de Tierry ou Theodoric, Chambellan du Roy Louis le Begue, duquel le Roy Rodolphe estoit petit fils, retenoit encore pour lors le bas Languedoc, appellé Prouince de sainct Gilles, dont ie presuppose qu'il auoit esté partagé. Tellement que comme cette Prouince de saint Gilles faisoit portion du Du-

de Narbonne. 199

ché de Septimanie, & par conſequent du Marquiſat de Gothie, il falloit que Pons, puis qu'il poſſedoit la partie de ce Marquiſat, à laquelle eſtoit particulierement attachée la dignité de Duché, de Principauté, & de Marquiſat, prit vn titre qui deſignat qu'il eſtoit le premier de tous ceux qui poſſedoient des Terres & des Seigneuries dans le Marquiſat de Gothie.

Enfin ce Comte Pons de Toloſe, a pris tantoſt le titre de Duc, & tantoſt celuy de Marquis, auſſi bien qu'il a pris indifferemment le nom de Raymond qui eſt celuy de ſon pere; car apres auoir pris dans la ſuſdite Donation le titre *de Comes Toloſanus, Primarchio, & Dux Aquitanorum*, il prend à ſa ſignature celuy *de Pontio Marchionis*: dans l'Acte qu'il fit l'année apres cette fondation, il s'appelle *Raymundus qui & Pontius Primarchio & Dux Aquitanorum*, & quand il ſigne, *Signum Raymundi excellentiſſimi Ducis*. De plus, Aymeric Vicomte de Narbonne dans vne Donation par luy faite audit Monaſtere de ſainct Pons, l'an 1103. parle de ce Marquis Pons en cette maniere: *Pontius Comes Toloſa, Aquitanorum Dux & Princeps magnus*: & Raymond Comte de Rodez & Seigneur de Narbonne, dans vne ſienne Donation faite auſſi au meſme Monaſtere, l'appelle *Pontius Aquitanornm magnus Dux & Princeps*. Pour toute concluſion, il a eſté appellé Prince & Marquis de Gothie, iuſqu'à ſon decez aduenu l'an 937. ou vn peu deuant, comme l'on apprend de l'acte en execution du Teſtament d'Aymeric Archeueſque de Narbonne, qui fait expresse mention que pour lors le Comte Pons estoit decedé. D'où il se void vne fois pour toutes, que Pons surnommé Raymond n'est pas ce Raymond qui épousa enuiron l'an 950. Berthe niepce de Hugues Roy d'Italie, duquel nous parlerons au Chapitre suiuant; non plus qu'il n'est pas ce Raymond dont nous auons desia fait mention, puis que dans la lettre de l'Archeuesque de Narbonne, & des Euesques de Tolose & de Besiers, on trouue qu'en l'année 927. il estoit encore ieune homme : ce qui oste toute sorte de doute.

Au sens du sieur Besli touchant le titre de Duc d'Aquitaine, qu'on donne au Comte Pons, il faut dire que cela doit estre entendu de la Prouince de sainct Gilles, qui faisoit partie de la Prouence; car comme parle Miquel Carbonell, en ses Chroniques d'Espagne, le Comté de Melgueil estoit des dépendances du Marquisat de Prouence, c'est à dire, de la Prouince de saint Gilles, comprise sous le nom de Marquisat de Prouence: *Malguir ensenyoris deldit Marquesat de Prouença.* Mesmes que comme Rodolphe II. Roy de Bourgongne, auoit pendant sa vie vny à vn mesme corps la Prouince de saint Gilles auec la Prouence, qu'il osta à Hugues fils de Lothaire, Roy de Lorraine, & de Vvaldrade sa concubine, qui l'auoit vsurpée sur la posterité de Boson premier Roy de Prouence, beau-frere de Charles le Chauue, & oncle de Rodolphe, pretendant que la Prouence appartenoit à sa maison, pour auoir esté du partage de Lothaire, fils de Louis le Debonnaire son ayeul;

Aussi

de Narbonne.

Aussi ce Marquis Pons, prenant aduantage de la mort de Rodolphe, peut en suite s'estre emporé de l'entiere Prouince de sainct Gilles, & auec elle de cette partie de la Prouence qui faisoit frontiere auec le Languedoc ou Septimanie, & qui a esté appellée Marquisat de Prouence. C'est pourquoy Boson II. du nom, selon les vns, fils ou frere de Rodolphe, selon les autres, fils de Conrad Roy de Bourgongne & de Prouence, & suiuant M. Ruffi en son Histoire de Marseille, page 44. fils d'vn Seigneur nommé Rothbold, ne porta depuis que le titre de Comte de Prouence, mais son fils Guillaume qui vescut iusques en l'année 992. & fut vn Prince pieux, genereux & magnanime, ayant reüny à sa maison le Marquisat de Prouence, il a pour cette raison porté le titre de Prince, de Comte, & de Marquis de Prouence.

Enfin le Comte Pons pouuoit par le titre de Duc d'Aquitaine faire allusion aux terres & Seigneuries qu'il possedoit dans l'Aquitaine, ou en l'année 932. il auoit entre autres choses le Comté de Cahors, & celuy de Rodez, comme l'on void dans M. Catel, en la vie de ce Pons, premier du nom, dans ses Comtes de Tolose. Il est vray que ce dernier demeura peu de temps en ses mains, puis que bien-tost apres on le void successiuement entre les mains de Raymond & de Hugues Comtes de Rouergue & Seigneurs de Narbonne, dont nous auons à parler plus bas; & que suiuant ce que nous allons voir, Raymond Comte de Tolose & Prince des Goths, successeur de Pons, n'a

C c

pas possedé le Comté de Rodez. Et à cela prés, il y a lieu de croire que ce Pons, (à qui ie presuppose que Louis d'Outremer donna les Estats & Seigneuries d'Ermengaud & de Raymond pere & fils, Princes de Gothie, à la reserue de Carcassonne, dont Roger fut partagé,) rendit le Comté de Rodez aux Descendans de ces Princes, auec qui nous auons veu qu'il y auoit quelque parenté ; & de là vient que de tout ce qui auoit appartenu à Ermengaud & Raymond, nous ne voyons que le seul Marquisat & Comté de Narbonne entre les mains de Raymond Comte de Tolose, successeur de Pons.

Au reste, quoy que Anno ait succedé à Agio en l'Archeuesché & Seigneurie de Narbonne, puis qu'il estoit Archeuesque en l'année 924. ie ne laisse pas, suiuant l'opinion de M. Catel, d'admettre Erifons pour Archeuesque de Narbonne, auant Aymeric, qui fut éleu enuiron l'an 928. & viuoit en 958. comme nous verrons cy-apres. C'est de cét Archeuesque Aymeric que Hugues Euesque de Tolose, Raynald Euesque de Besiers, & autres, font mention dans l'Epistre qu'ils escriuirent au Pape Iean X. pour faire confirmer son election, & demander pour luy le Pallium. I'ay dit plus haut qu'elle est de l'an 927. ou 28.

de Narbonne. 203

CHAPITRE XX.

RAYMOND, Comte de Tolose, dix-septiesme Duc, Marquis & Comte de Narbonne, sous le titre de Prince des Goths.

AYMERIC, Archeuesque, & treiziesme Conseigneur de Narbonne.

MATFRED, quatriesme Vicomte hereditaire de Narbonne.

PRES Pons qui estoit decedé en l'année 937. on trouue Raymond Prince des Goths dans Flodoard en sa Chronique, où il escrit que le Roy Louis & la Reyne Gerberge vindrent en Aquitaine, l'an 944. & qu'apres auoir parlé auec Raymond Prince des Goths, & autres grands d'Aquitaine, il s'en retourna en France. Encore que Flodoard n'appelle pas ce Raymond Comte de Tolose, c'est pourtant sans contredit Raymond fils de Pons I. & pere de Pons II. & Luitprand le nomme Prince des Aquitains, pour la mesme raison que Pons son pere prenoit la qualité de Duc d'Aquitaine; c'est à dire, à cause des Terres qu'il possedoit dans

Cc ij

l'Aquitaine, & aussi à l'occasion de la Prouince de sainct Gilles, comprise sous le nom general de Marquisat de Prouence, dequoy nous verrons diuerses preuues dans la suite.

Et quoy que i'aye dit cy-dessus, que lors que le Prince Pons prenoit le titre de premier Marquis, c'estoit possible à cause que la posterité de Theodoric ou Tierry, Chambellan du Roy Louis le Begue, possedoit encore la Prouince de sainct Gilles; Il y a toutesfois apparence que tout le bas Languedoc estoit reüny à la Principauté de Gothie, entre les mains de ce Raymond Prince des Goths, puis que Luitprand escrit, que Hugues Roy d'Italie, ayant esté contraint dés l'an 947. de se retirer en Prouence, pour ne pouuoir plus resister au ieune Berenger d'Italie, nostre Raymond Prince des Goths fut aussi-tost le trouuer, & s'engagea auec serment d'assembler des trouppes suffisantes pour chasser Berenger d'Italie: ce que pourtant il n'eut pas moyen d'executer. Les offres qu'il fit à Hugues luy acquirent les bonnes graces de Berte, niepce de Hugues, vefue de Boson II. du nom, Comte de Prouence; & son Oncle, qui deceda bien-tost apres, l'ayant laissée heritiere de beaucoup d'argent qu'il auoit porté en Prouence, Elle épousa Raymond Comte de Tolose, enuiron l'an 948. 49. ou 50. comme parle M. Catel. Et ie souscris au sentiment de ceux qui ne luy donnent pas d'autre femme apres Berte, puis qu'il est certain que le mary d'Adelarde sœur de Guy, Euesque d'Auuergne, qu'on croyoit auoir esté femme de Ray-

Lintprand. hist. l. 5. c. 14.
Sigon. Ital. hist. l. 6.

de Narbonne. 205

mond, se nommoit Godefroy, ainsi qu'a remarqué le P. Labbe; & que Girsende, Gilsende, ou Gersinde, est femme d'vn autre Raymond, comme nous allons voir. Quoy qu'il en soit, nostre Prince & Marquis Raymond viuoit encore en l'année 963. qui estoit la huitiesme du regne de Lothaire, ainsi qu'il en appert par vn titre de l'Abbaye de Beaulieu, que M. Iustel a publié dans son Histoire d'Auuergne & de Turenne.

Tant y a, que comme Berte fille de Boson I. Comte d'Arles, & de Gisle de Bourgongne, auoit apporté comme en dot ce Comté à Boson, Comte de Prouence son mary: Il est fort veritable aussi que par le moyen du mariage de cette Comtesse Berte, auecque le Comte Raymond de Tolose, le Comté d'Arles vint dans la maison de Tolose; & c'est la raison pour laquelle Guillaume leur fils, & autres leurs descendans Comtes de Tolose, ont pris le titre de Comtes d'Arles. Ce Boson I. pere de Berte, estoit frere paternel de Hugues I. Roy d'Italie, l'vn & l'autre fils du Comte Thibaud qui auoit épousé Berte fille de Lothaire Roy de Lorraine, petit fils du Debonnaire, & sœur de Hugues bastard de Lothaire II. Mais bien que par l'acquisition du Comté d'Arles, les Comtes de Tolose eussent vny à vn mesme corps vne partie de la Prouence, auecque la Prouince de sainct Gilles: Ie ne trouue pas pourtant qu'ils ayent porté pour lors ny le titre de Princes de Gothie, ny de Marquis de Prouence; si ce n'est qu'ils ayent compris le tout sous le titre general de Duché

_{Hist. des Comtes de Poictou & Ducs de Guyenne par B. sl., ch. 16. & au Traitté de la v. aye Origine de Hugues Roy d'Italie.}

Cc iij

d'Aquitaine, en veuë de ce qu'anciennement toute la Prouince de Septimanie faisoit vne portion du Royaume d'Aquitaine. Il est vray que pour ce qui regarde la Prouence, on en void la raison toute apparente dans ce que i'ay dit plus haut, que Guillaume fils de Boson Comte de Prouence, recouura sur les Comtes de Tolose, ce qu'ils pouuoient auoir vsurpé dependant de la Prouence, & les reduisit enfin à ne porter plus que le seul titre de Comtes d'Arles; & pour luy il prit le titre de Prince, de Comte, & de Marquis de Prouence, selon la curieuse remarque de M. Ruffi, fortifiée d'vn acte de l'an 992. tiré des Archiues des Religieuses de sainte Cesaire d'Arles, dans lequel Guillaume Comte de Tolose, & sa femme Eme sont souscrits.

Ie sçay bien que Glaber appelle Guillaume IV. du nom, Comte de Tolose, & deuxiéme Comte d'Arles, Duc d'Aquitaine, parlant de luy & de son Mariage auec Blanche d'Anjou, sœur de Godeffroy Grisogonnelle I. & de Constance de Fouques-Nerre Comte d'Anjou; Neantmoins la Cronique d'Anjou ne luy donne que le simple titre de Comte d'Arles. Aussi voyons-nous la dignité de Prince, Marquis, & Duc de Gothie ou de Septimanie, vague & incertaine dans la maison des Comtes de Tolose, iusqu'à Raymond de sainct Gilles, qui la restablit dans sa famille, comme nous verrons par ordre. Ce sera toutesfois apres que nous aurons essayé de descouurir quel peut estre ce Guadaillo qui porte le titre de Prince des Goths, dans Fray Diago, en ses Comtes de Barcelonne,

de Narbonne. 267

Il est vray que d'autant qu'entre nostre Raymond Prince des Goths, & Raymond de saint Gilles Comte de Rouergue & de Narbonne, il y a deux Comtes de Rouergue, nommez Raymond & Hugues, que nous verrons paroistre sur les rangs comme Comtes de Narbonne; il y a lieu de croire en cét endroit, que de mesme que Pons, predecesseur de ce Raymond, Prince des Goths, pouuoit auoir rendu aux descendans des Comtes Ermengaud, & Raymond, le Comté de Rodez, qu'aussi celuy-cy à l'exemple de son deuancier leur rendit le Comté de Narbonne. Et comme si ce Raymond Prince des Goths eust voulu entierement se dépoüiller de tout ce qui pouuoit luy appartenir dans ce Comté, on remarque qu'il fit eschange des biens & possessions qu'il y auoit, auec Matfred Vicomte de Narbonne: du nombre de ces terres eschangées, qui appartenoient au Comte de Tolose, est le terroir dit de Luuiere, & en Latin *Liguria*, qui est ioignant la ville de Narbonne, auec tout ce qui en dépendoit. Il est fait mention de cét eschange dans la Donation que Berenguier petit fils de ce Vicomte Matfred fit de ce terroir de Luuiere au Monastere de Clusa en Piedmond, l'an 1044. dans M. Catel; où nous apprenons que le Vicomte bailla pour contre au Comte de Tolose, vn lieu appellé *Vircutius*. Et bien qu'on ne voye pas cét acte d'eschange, pour sçauoir le temps auquel il a esté fait, il est neantmoins constamment vray que c'est auec le susdit Raymond Prince des Goths, puis que Matfred se trouue auoir succedé à Odon au Vicomté de

Narbonne; qu'il viuoit en l'année 958. en laquelle & au mois de May Aymeric Archeuefque de Narbonne acheta de ce Matfred, Vicomte de Narbonne, le Bourg de Creiſſan, qu'il auoit acquis d'vne femme nommée Adamura, & dont la vente fut confirmée par le mefme Vicomte & Adalays ſa femme, le vingt-deuxiéfme Avril 959. & qu'il ne mourut qu'enuiron l'an 967. puis qu'il fit fon teſtament en cette année, ſelon la remarque de M. Catel au feuillet 79. de ſes Memoires de Languedoc. Ce Vicomte laiſſa deux enfans maſles, l'aiſné nommé Raymond fut Vicomte de Narbonne, & le cadet qui s'appelloit Ermengaud fut Archeuefque de la meſme Ville, apres Aymeric, qui auoit fuccedé à Eriſons, ou à Anno. Et quoy que nous ne trouuions pas le temps du decez de cét Archeuefque Aymeric, il va au delà de l'année 963. qui eſtoit la neufieſme du regne de Lothaire, auquel temps M. Catel a noté qu'vn nommé Iean luy donna le terroir de Fonjoncofe. Quand à ſon ſucceſſeur il eſtoit Archeuefque de Narbonne en l'année 974. qu'il tint vn Concile à Narbonne, comme nous dirons bien-toſt : il fut principalement aſſemblé contre la Nobleſſe qui ſe ſaiſiſſoit, non ſeulement de tous les biens de l'Eglife, mais encore qui offençoit griefuement les Eccleſiaſtiques ; & y furent preſens Raymond Comte de Rouergue, Roger Comte de Carcaſſonne, & Raymond ſon fils, Raymond Vicomte de Narbonne frere de l'Archeuefque, & Guillaume Vicomte de Befiers, & pluſieurs autres perſonnes nobles. Venons maintenant au Prince des Goths Guadaillo.

CHAPITRE

CHAPITRE XXI.

GVADAILLO, Prince des Goths.

RAY FRANCISCO DIAGO, dans son Histoire des Comtes de Barcelonne, fait mention de Guadaillo qui se disoit Prince des Goths au temps du Roy Lothaire, & il porte ce titre dans l'Acte de la Donation du Monastere de sainct Saturnin d'Vrgel, fait par Borrel Comte de Barcelonne, & vn de ses parens nommé Vvifrede, qui deuoit estre ce fils de *Oliba Cabreta*, qui fut depuis Comte de Cerdaigne & de Besalu, en datte du 30. de Iuillet, l'an 19. du regne de Lothaire, qui est l'an 972. si l'on conte le regne de ce Roy, suiuant la souscription de l'Acte fait par les Executeurs du Testament d'Aymeric Archeuesque de Narbonne; *Anno incarnationis nongentesimo septuagesimo sexto, indictione quinta, regnante Lothario rege anno vigesimo tertio.* Il seroit certes bien à desirer que Fray Diago eust pris la peine d'expliquer quel est ce Prince des Goths : mais cela n'ayant pas esté fait, & ne pouuant d'ailleurs le prendre pour le Comte de Barcelonne, puis que dans l'Acte fait en sa presence & de celle de Guisado Euesque d'Vrgel, & d'vn autre Euesque nommé Frugi-

Hist. de los Antiquos Condes de Barcelona lib. 2. cap. 11.

fero ou Fructuoso, Borrel porte le titre de Comte de Barcelonne en toute Souueraineté: Ie soubçonne que ce Guadaillo estoit de la race des anciens Princes de Gothie, lequel pouuoit auoir esté dépoüillé de ses Estats par les Comtes de Tolose, ou plustost les Comtes & Vicomtes du Languedoc, refusant de le reconnoistre, il estoit allé implorer la faueur & l'assistance des Espagnols pour les y obliger.

Toutesfois si dans l'incertitude où nous sommes, touchant ce Guadaillo, il m'est permis de parler par des conjectures, ie diray que cét Vmfredus que i'ay plus haut dit estre le mesme que le Marquis Humfridus, qui fut tué l'an 858. eut entre autres enfans celuy qui fut surnommé Vvifred le Velu, Comte de Barcelonne, de qui sont descendus tous les Comtes de Barcelonne qui ont esté depuis. De ce Marquis Humfridus descend Rotger premier Comte hereditaire de Carcassonne, qui possedoit ce Comté en l'an 887. s'il en faut croire Belle-forest, & apres luy Olhagaray, & quelques autres, qui d'vn commun accord ont escrit, que les Comtes de Carcassonne & de Foix descendent de Dom Geoffroy d'Arrie, que ie prends pour le Marquis Humfridus. L'vn de ceux-cy veut de plus que le Prince Ermengaud soit fils de nostre Rotger premier Comte hereditaire de Carcassonne, & pere d'Arnaud, ayeul de Bernard premier Comte de Foix; ce qui ne peut pas estre, puis qu'entre le Prince Ermengaud que nous croyons estre mort auant l'an 940. & Arnaud ayeul de Bernard Comte de Foix, il y a vn autre Roger Comte

Hist. de Franc. l. 3.
Hist. de Foix & Nauarre.

de Carcassonne, qui viuoit aux années 942. & 957. comme nous auons veu. Et l'on ne peut pas pretendre que ce Roger soit celuy qui estoit Comte de Carcassonne desia en l'année 887. d'autant qu'on void qu'aux années 919. & 926. qu'il estoit aupres d'Ebles Duc d'Aquitaine, il ne portoit pas encore le titre de Comte, qui luy fut donné depuis par Louis d'Outremer, en luy conferant le Comté de Carcassonne, ainsi que i'ay essayé d'establir plus haut, comme vn fondement veritable, n'ayant point de preuues contraires. De maniere que ce Roger qui viuoit aux années 942. & 957. est le pere d'Arnaud, ayeul de Bernard premier Comte de Foix ; & comme tel est le deuxiéme du nom des Comtes hereditaires de Carcassonne: l'vn & l'autre estoient du sang de Geoffroy d'Arrie, pere de Vvifrede le Velu, qui fut inuesty du Comté de Barcelonne à titre de fief par Charles le Chauue, dés l'an 874. selon Carbonell, qui a remarqué que le Roy luy permit de recouurer toutes les terres que son pere possedoit. Et cela estant ainsi, l'on peut croire que deux ans apres, Bernard Comte de Tolose, à qui le Roy auoit baillé le Gouuernement de Carcassonne, enuiron l'an 871. estant mort, Rotger que ie prends pour frere de Vvifrede le Velu, fut inuesty aussi à titre de fief du Comté de Carcassonne, & autres terres qu'il possedoit en l'année 887. Deux choses nous empeschent de plus hesiter sur ce poinct; La premiere est, comme i'ay dit plus haut, que le Comte Oddo frere de Bernard, qui luy succeda au Comté de Tolose, n'a iamais possedé le Comté

D d ij

de Carcassonne & de Rasez; Et la seconde, que les Comtes de Foix de la premiere souche, sont descendus de Roger fils d'Arnaud Comte de Carcassonne, & ont tousiours porté mesmes armes que les Comtes de Barcelonne & Roys d'Arragon; quoy que par l'ignorance des Peintres elles ayent esté tronquées d'vn pal, qui fait bordure du costé gauche, à cause, peut estre, que les anciens sceaux sur lesquels elles ont esté premierement copiées, estoient rongez en cét endroit, comme il y a apparence.

Les anciens Historiens des Comtes de Tolose, ont escrit que Torsin portoit trois moutons en ses armes, & que ses Descendans les reduisirent à vn Aigneau soustenant d'vn pied vne Croix pommettée, qu'on appelle communement l'Aigneau Pascal; & encore apres cecy l'on void que les derniers Comtes ont porté pour toutes armes vne grande Croix pommettée, celles de l'Aigneau Pascal estant demeurées à la ville de Tolose. I'ay dit autre part, que les Espagnols veulent que les armes des Comtes de Barcelonne, qui sont d'or à quatre pals de gueules, ayent esté données par Charles le Chauue à D. Vuifrede le Velu, à la sanglante iournée contre les Normans. Or les personnes iudicieuses & intelligentes iugeront assez, que les Comtes de Carcassonne & de Foix peuuent fort bien auoir quitté les anciennes armes de l'Aigneau Pascal (pour parler selon le vulgaire) pour prendre celles des Comtes de Barcelonne, puis que les Roys d'Arragon mesme ont quitté depuis les originaires armes d'Arragon pour les mesmes. On void pourtant que la ville de Carcaſſonne conſerue encore les anciennes armes de l'Aigneau Paſcal, ainſi que i'ay deſia remarqué : Et lors que les deux villes de Carcaſſone ont eſté ſeparées de Conſulat & de Iuriſdiction, la Cité a pris d'azur à trois tours d'argent, auec leur portail, ratelier, & maçonnerie de ſable, & ſur le tout de gueules à l'Aigneau d'argent, ſouſtenant d'vn pied vne Croix de meſme, pommettée ; & la ville baſſe a pris auſſi d'azur à l'Aigneau Paſcal d'argent, bordé de France. Ce que i'ay bien voulu expliquer en cét endroit auec extenſion, pour monſtrer que ſans point de doute les anciens Comtes de Carcaſſonne, qui tiroient leur origine de la maiſon des Princes de Gothie, ainſi que i'ay dit plus haut, deſcendoient de meſme tige que les Comtes de Barcelonne, & ceux-cy de Vvifrede, Humfridus, ou Vvifredus, Seigneur du Chaſteau d'Arrie, dans le Comté de Roſſillon, & Marquis de Gothie.

Et de là nous pouuons conclurre que le Prince des Goths Guadaillo deſcendoit des vns ou des autres, & peut eſtre qu'il eſtoit fils de Rotger I. Comte hereditaire, & frere de Roger II. pere d'Arnaud, Comte de Carcaſſonne; & comme parent qu'il eſtoit de Borrel, Comte de Barcelonne, fils de Sugner, quatrieſme fils de Vvifrede le Velu, il pouuoit s'eſtre retiré auprès du Catalan, pour luy demander du ſecours, afin d'eſtre reſtably dans la Principauté de Gothie, dont il falloit qu'il euſt eſté depoüillé. Le rang que Fray Diago luy donne entre deux Eueſques, monſtre aſſez ſa qualité, & nous pouuons croi-

D d iij

re que la guerre des Mores dans laquelle le Comte de Barcelonne se trouua embarrassé, l'empescha de pouuoir donner à Guadaillo Prince de Gothie, le secours & assistance dont il auoit besoin, pour se maintenir en la Principauté de Gothie; de laquelle tant les Comtes de Rhodez, que les Vicomtes de Narbonne luy auoient vsurpé toute l'auctorité. Et je ne sçay si ce ne fut pas en ce dessein que Collievre dans le Comté de Rossillon, autresfois Euesché, fut fortifié du temps du Roy Lothaire, enuiron l'an 981. par vn Seigneur de qualité nommé Vvifrede, lequel estoit sans doute proche parent du Prince Guadaillo; & en cette qualité auoit le Gouuernement du Comté de Rossillon, dont quelques-vns pretendent qu'il receut pour lors l'inuestiture. C'est tout ce que nous pouuons dire de ce Prince des Goths, qui viuoit en mesme temps que le Vicomte de Narbonne reconnoissoit Raymond Comte de Rouergue pour son Seigneur: & c'est dans l'incertitude où nous sommes que ie ne luy donne pas la qualité de Duc & Comte de Narbonne; quoy que ie pense que d'icy vint que le Comté de Rossillon, qui estoit auparauant possedé par les Ducs de Septimanie, comme faisant la principale portion de la Gothie maritime, fut depuis tenu & possedé par ses Comtes particuliers, auec independance du Duché de Narbonne.

Fray Diago, Condes de Barcelonæ l. 2. c. 21.

Quoy qu'il en soit, trouuant neantmoins dans Zurita, que la dispute qui fut entre Raymond Berenguier Comte de Barcelonne, & sa femme Almodis appellée la Comtesse de Carcassonne, & Ray-

Zurita, indices. rer. Arag. Annal. de Arragon, to 1 l. 1. cap. 20.

mond Bernard Trincanel Vicomte de Besiers, mary d'Ermengarde, sœur & heritiere de Roger Comte de Carcassonne, cinquiesme du nom, comprenoit particulierement la Iurisdiction de Tolose, Narbonne, & Carcassonne ; on peut inferer de là, que puis que les droicts que les Comtes de Barcelonne ont pretendu sur le Languedoc, venoient des mariages qu'ils auoient contractez auec les filles des Seigneurs de ces fiefs, que peut estre ceux qui regardoient en particulier Tolose & Narbonne, venoient de Guadaillo, soit ou qu'il les eust cedez à Borrel le vieux Comte de Barcelonne, ou que Ledgarde femme de Borrel fust fille de Guadaillo, à laquelle ce Prince des Goths pourroit auoir laissé toute la succession. Bien qu'ils fussent tous deux de mesme race, ils estoient pourtant à vn degré assez esloigné pour auoir peu contracter mariage; car selon ma conjecture Guadaillo pouuoit descendre de Vmfredus ou Humfridus, par la ligne de Rotger I. Comte hereditaire de Carcassonne, de qui ie presuppose qu'il estoit fils; & ainsi Guadaillo estoit au troisiesme, & sa fille au quatriesme degré de consanguinité: & Borrel estoit fils de Suguer, fils de Vvifred le Velu, Comte de Barcelonne, & par luy institué Comte d'Vrgel; & partant celuy-cy estoit au quatriesme degré, suiuant la façon ancienne de conter, & d'establir le premier degré d'affinité au pere & au fils. Or en ce temps-là, auquel tous les mariages estoient permis depuis les cousins germains en bas, rien n'auoit peu faire obstacle au mariage qui pouuoit auoir esté contraété entre Borrel Comte de Barcelonne, & la Comtesse Letgarde, de laquelle il auoit en l'année 975. vn fils nommé Raymond Borrel. Celuy-cy succeda au Comté de Barcelonne, & se maria auec Ermesinde fille de Roger II. pluftoft que de Roger III. Comte de Carcassonne, & de la Comtesse Adelays de la maison de Pons en Xaintonge comme l'on a creu ; & de ce mariage sortit Berenguier Comte de Barcelonne, qui espousa Dona Sancha fille du Comte Dom Sanche de Caftille, dont nasquit Raymond Berenguier, mary d'Almodis, Comtesse de Carcassonne, & fille de la Comtesse Amelie. Il n'y a rien pourtant dans toutes ces alliances qui puisse induire que la Principauté de Gothie, ou Duché, & Comté de Narbonne, peut estre escheuë aux Comtes de Barcelonne par le moyen de ces mariages ; si ce n'est qu'on veuille presupposer que les Comtes de Carcassonne tirant leur origine des Marquis & Princes de Gothie, les Comtes de Barcelonne ayent basty sur ce fondement les pretensions qu'ils ont euës sur la Prouince de Narbonne.

Zurita, & Fray Diago, lors qu'ils disent que le droit que le Comte de Barcelonne, mary de la Comtesse Almodis pretendoit sur la Prouince de Narbonne, venoit des mariages que les Comtes de Barcelonne auoient contractez auec les filles des Seigneurs de ce pays, nous apprennent que tout ce droit, quel qu'il fust, ne pouuoit auoir esté transporté dans la maison de Barcelonne, que par le moyen des Comtesses Ledgarde, Ermessinde, & Almodis. Et possible

de Narbonne. 217

ble que la Donation que fit le Comte de Barcelonne, Raymond Berenguier, & la Comtesse Isabeau sa premiere femme, à Berenguier Vicomte de Narbonne, du Comté de Tarragonne, fut en partie faite pour obliger le Vicomte à reconnoistre le Comte de Barcelonne, comme Seigneur dominant de la Prouince de Narbonne; ce que n'ayant peu obtenir, on void que cette Donation demeura sans effect, puis que le mesme Raymond Berenguier, & la Comtesse Almodis, sa seconde femme, donnerent l'an 1060. Tarragonne à Bernard Amat de Clermont, & à ses successeurs, sous le titre de Vicomté. Car que les Comtes de Barcelonne n'ayent pretendu la Soueraineté du Languedoc, cela se void clairement dans Zurita, qui dit en termes formels, que Raymond Berenguier Comte de Barcelonne, & Raymond Bernard Trincauel, mary de l'heritiere du Comte de Carcassonne, transigerent l'an 1068. touchant la proprieté hereditaire, & la Soueraineté des Citez de Carcassonne, Narbonne, & Tolose, outre les Comtez de Comenge, & de Couserans, qui sont dans la Gascongne, & le Comté de Rasez, & Vicomté de Minerue, qui sont dans la mesme Prouince de Narbonne; *Iurisdictionis Ciuitatum Carcassonensis & Narbonensis, ac Tolosatis &c. Trincauellus Comitibus se obstrinxit, supremumque eorum Dominatum & summam potestatem sancit.*

Il est vray que pour le regard des Comtez de Comenge & de Couserans, les Comtes de Barcelonne, pouuoient tirer leur droict, & du costé des Comtes-

Ee

ses de Carcassonne, puis que les Comtes de Carcassonne les ont possedez, & les ont transportez à leurs Descendans les Comtes de Foix, & du costé de Sanche, fille du Comte Sanche de Castille, ou plustost de Sanche, le grand Roy de Nauarre. Car on apprend de la verité de l'Histoire, que le Comté de Castille fut ioint à la Nauarre par le moyen de la Princesse Nunna, autrement appellée la Reyne *Donna Mayor, alias geloyda,* femme de Sanche le grand Roy de Nauarre, laquelle demeura heritiere du Comté de Castille apres le decez du Cóte Sanche Garcia son frere. Ce Roy se trouua si puissant, qu'il prit le titre d'Empereur des Espagnes, & conquit la Prouince de Gascongne, dés l'an 1013. selon M. Beloy Aduocat General au Parlement de Tolose, dans le Traitté qu'il a fait sur l'Edict de reünion de l'ancien Domaine de Nauarre; ou enuiron l'an 1026. Selon Zurita en ses Indices d'Arragon. C'est pourquoy dans l'Epitaphe de ce Roy, qui est enseuely en l'Eglise de sainct Isidore de Leon, il est qualifié Roy des Monts Pyrenées & de Tolose, & son fils Fernand, premier Roy de Castille, qui est enterré en la mesme Chappelle, est appellé par excellence, *fils de Sanche Roy des Monts Pyrenées & de Tolose.* De sorte que comme la Comtesse Sanche estoit sans difficulté, fille de ce Roy Sanche le Grand, puis que l'on void le Comte Berenguier son mary signé en plusieurs Actes faits par ce Prince, dans Zurita, & plusieurs autres; de là peut estre venu le droict que les Comtes de Barcelonne pretendoient sur les Comtez de Tolose, Comenge,

Hist. de Bearn, l. 3. c. 3. 14. Miquel Carbonell, Cronica de Espanya, fol. 131.

de Narbonne. 219

& Couserans, que le Roy de Nauarre pouuoit auoir transporté à son beau-fils, & à sa fille. Droit neantmoins, qui du costé de Sanche, ne regardoit, à mon aduis, que l'hommage que le Roy de Nauarre auoit exigé par la force des armes des Seigneurs de ces diuers Comtez ; au lieu que du costé des Comtesses Ermessinde & Almodis, il regardoit la proprieté des Comtez de Couserans & de Comenge, que les Comtes de Carcassonne auoient possedez.

Cela est pourtant si embroüillé, que i'en demeureray tousiours dans mon premier sentiment, de ne donner pas à Guadaillo Prince des Goths, le titre de Duc & Comte de Narbonne, iusqu'à ce que i'aye eu sur ce subjet de plus amples instructions. Et pour tout dire, enfin ie crois que ce Seigneur Guadaillo qui fut éleu Euesque de Barcelonne, l'an 1029. est fils de ce Prince des Goths, puis que Fray Diago dit, que cét Euesque Guadaillo estoit homme de tres-illustre race, *en lo que tocaua al lignage* ; qui est vne maniere de parler, laquelle insinuë que ce Seigneur estoit fort pauure, tel que pouuoit estre le Prince Guadaillo, qui probablement auoit esté dépoüillé de tous ses Estats, par les Seigneurs du Languedoc. Le mesme Autheur monstre qu'il est differend de cét autre Guadaillo Euesque de Gironne, que se trouue auoir assisté au Concile tenu à Vicq l'an 1027. L'Acte de l'esle&ion de cét Euesque Guadaillo, l'appelle *Guadallo dom nuncio, Baron grandement noble.* Et de ce qu'il est souscrit par Otto Archeuesque d'Ausch, au lieu de l'Archeuesque de Narbonne, nous deuons tenir

Diago, Condes de Barc. l. 2. c. 33. & 34.

E e ij

pour vray-semblable, que c'estoit icy vn Euesque qui ne pouuoit pas pour lors reconnoistre le Metropolitain de Narbonne, à cause du mauuais traictement que le Prince Guadaillo auoit sans doute receu dans Narbonne, tant par l'Archeuesque que par le Vicomte, qui estoient parens. Car apres Aymeric qui estoit Archeuesque en l'année 937. qu'il assista à la consecration de l'Eglise de sainct Pons de Thomieres, & viuoit encore en 958. que Matfred Vicomte de Narbonne, & Adalays sa femme, luy vendirent le village de Creissan auec ses Eglises ; Ermengaud fils puisné du Vicomte Matfred & d'Adalays, fut Archeuesque de Narbonne, & il est fait mention de luy dans des Actes faits en l'an 974. & 1010. Par consequent apres Matfred, Raymond frere aisné de l'Archeuesque Ermengaud, estant Vicomte de Narbonne, il ne peut pas estre contredit, que si Guadaillo Prince des Goths auoit esté mal traicté du Vicomte de Narbonne, il ne l'eust esté aussi de l'Archeuesque son frere. Il est mesme aisé de voir dans Fray Diago, que cét Archeuesque Ermengaud de Narbonne viuoit encore en l'an 1017. puis que c'est en cette année là que Vvifred Comte de Cerdaigne qui luy succeda en l'Archeuesché, estoit encore Abbé du Monastere de sainct Iean de Las Badesas, dans le Comté de Besalu, & fut pour lors ordonné & consacré par le Pape Benoist VIII. premier Euesque de l'Euesché, erigé en cette année à vn de ces trois lieux, ou au Monastere de sainct Iean de Rieupol, ou au Monastere de sainct Pol de Fenoilhet, ou à celuy des

Arch. de Narb. Carel, & en ses Vicomtes.

Hist. de los Condes de Barcel. l. 2. cap. 90.

de Narbonne.

Saints Sauueur, Genyez, & Michel Archange de la Ville de Besalu. Apres quoy l'on trouue que ce Comte Vvifred fut fait Archeuefque de Narbonne, ce qui fut caufe que ce nouuel Euefché fut fupprimé, comme efcrit le mefme Diago : Et de plus, l'on void qu'auant la mort de l'Archeuefque Ermengaud, Berenguier fon nepueu fucceda au Vicomté de Narbonne, & fe maria auec Garfinde fille de Bernard furnommé Taille-fer, Comte de Befalu, & de la Comteffe Tolde ou Tode. A raifon de cette alliance l'Archeuefque Ermengaud nomma pour fes Executeurs Teftamentaires, qu'il appelle Aumofniers dans fon Teftament qui eft fans datte, le Comte Bernard de Befalu, la Vicomteffe Ricarde vefue du Vicomte Raymond fon frere, & plufieurs autres.

Archeuefq. de Narb. de Catel.

De la confideration donc de cette alliance, l'on doit tirer cette inftruction, que les Comtes de Cerdaigne qui eftoient de mefme maifon auec ceux de Befalu, ainfi qu'on peut voir dans Diago, ont poffedé paifiblement le Comté de Roffillon, foit que le Comte Vvifred en euft efté inuefty par le Roy Lothaire, comme l'on efcrit communement, ou que celuy-cy le tint de la main du Prince Guadaillo, & s'en fut fait continuer & confirmer la poffeffion par le Roy, lors qu'il obtint la permiffion de conduire vne Colonie à Collieure, qui eftoit alors defert, & qui pourtant eftoit toufiours d'vne tres grande importance pour l'entrée du Roffillon, & d'Amputias. Car contre l'opinion vulgaire qui veut que Vvifred

Ee iij

Histoire des Ducs

Diago, Condes de Barcel. l. 2. c. 21. & 97.

ait esté le premier inuesty du Comté de Rossillon, à titre de fief hereditaire, i'ay appris de Diago, & de de plusieurs autres Espagnols, que celuy-cy ne fit qu'obtenir simplement la permission de peupler Collieure, parce que c'estoit vn lieu tres-important comme i'ay dit, à cause de l'entrée du Rossillon & d'Ampurias, & qu'il estoit situé sur les bords de la mer, auec la commodité d'vn bon port. Et adjouste cét Autheur, que Lothaire donna à Vvifred la ville de Collieure, pour la posseder luy & ses successeurs, & tout ce qui dépendoit de son territoire, lequel estoit, dit-il, distint & separé du Comté de Rossillon. Tellement que par la mort du Prince Guadaillo, celuy-cy demeura possesseur de l'entier Comté de Rossillon, duquel Gaufredo estoit Maistre au temps du decez de Raymond Vvifred, Comte de Cerdaigne, que Fray Diago par conjecture luy veut donner pour pere, fondé sur ce que Zurita dit que ce Gaufredo descendoit du Comte Vvifred de Cerdaigne, & que le Comte Guitard, celuy qui a le premier basty Perpignan, estoit nepueu de Guillem Raymond Comte de Cerdaigne, comme fils de son frere, au lieu que selon Miquel Carbonell, il estoit fils de la sœur du Comte de Cerdaigne. Il n'a pas esté mal-aisé aux descendans de Vvifred, de s'affermir en la possession du Comté de Rossillon, puis qu'ils se trouuent auoir esté alliez de deux puissantes maisons du pays, de celle des Comtes de Cerdaigne & de Besalu d'vn costé, & de celle des Vicomtes de Narbonne de l'autre. Et pour moy ie croy que c'est dans ce senti-

Annal. de Arrag. l. 1. c. 31. & 40.

Cronica de Espanya, fol. 35. Vers.

de Narbonne.

ment là que Miquel Carbonel appelle Guitard, premier Comte de Rossillon, pretendant que tous les autres Comtes auoient esté peu asseurez en leur possession, & que ce fut celuy-cy qui en fut veritablement inuesty à titre de fief; & il le dit bien clairement, en ce qu'il represente ce Comte promeu en sa dignité Comtale par la voye de l'election : *Fouch elegit Compte E senyor de Rossello E de Valspir, E del Castill de Cobliure en Girard qui era Noble E valeros caualler de la terra matexa nebot de G. Ramon Compte de Cerdanya fill de sa germana ; aquest Girart Fouch lo primer Compte de Rosselo*, &c.

CHAPITRE XXII.

RAYMOND, Comte de Rouergue, dix-huitiesme Duc, Marquis & Comte de Narbonne, sous le simple titre de Seigneur de Narbonne.

ERMENGAVD, Archeuesque, & quatorziesme Conseigneur de Narbonne.

RAYMOND, cinquiesme Vicomte hereditaire de Narbonne.

Voy qu'il soit de ce Prince Guadaillo, nous trouuons la succession de nos Comtes de Narbonne, Ducs de Septimanie, & Marquis de Gothie; car apres Raymond, qui portoit le titre de Prince de Gothie, & a esté fils de Pons I. Comte de Tolose, nous rencontrons vn autre Raymond Comte de Rouergue, qui a succedé à Raymond Prince de Gothie au Duché & Comté de Narbonne, ou Marquisat de Gothie, encore qu'il n'ait pris aucun titre, ny de Duc, ny de Marquis, ny de Prince, ny de Comte. Ce Raymond successeur de Raymond, Comte de Tolose, au Marquisat de Gothie,

de Narbonne.

Gothie, se trouue denombré le premier dans les Actes du Concile tenu à Narbonne par l'Archeuesque Ermengaud, enuiron l'an 974. sous le simple nom toutesfois de Comte de Rouergue. Il est vray que ce pourroit estre vne obmission du Copiste, puis que par le rang qu'on donne à ce Raymond Comte de Rouergue, deuant Roger Comte de Carcassonne, qui estoit d'vne maison où l'on prenoit la qualité de Prince dans les titres, comme i'ay dit plus haut, Raymond fils de Roger, Raymond Vicomte de Narbonne, frere de l'Archeuesque Ermengaud, Guillaume Vicomte de Besiers, & plusieurs autres Seigneurs & Personnes notables, l'on monstre euidemment qu'il estoit Comte & Seigneur de Narbonne. Déja le titre de Comte estoit si considerable à raison de l'auctorité Souueraine qui y estoit vnie, par l'vsurpation qui en auoit esté faite depuis le temps de Charles le Simple, que les titres de Duc, ny de Marquis, n'auoient plus dequoy donner de l'emulation, ny aux Comtes, ny aux Vicomtes, qui se rendirent jaloux de conseruer ceux de Comtes & de Vicomtes, & de les transporter à leurs descendans. A quoy ie pense qu'ils furent portez par vne raison d'Estat & de Politique, que ie puise de ce que ces Charges n'estant par la qualité de leur institution autre chose que des Gouuernemens, & des Magistratures, & de là passant tout à coup à estre Princes & Souuerains, ils eussent peu ietter de la jalousie parmy leurs égaux, s'il y en eust eu quelqu'vn qui eust affecté vn titre plus auguste que les autres. En effet,

Catel Mem. de l'Hist. de Lang. liu. 5. en la vie de l'Archeuesque Ermengaud.

F f

nous allons voir que depuis Raymond Comte de Tolofe, duquel nous venons de parler au Chapitre precedent, iufqu'à Raymond de fainct Gilles, la dignité de Marquis de Gothie a efté vague & incertaine dans la maifon des Comtes de Tolofe, foit, ou que les Vicomtes ne vouluffent pas reconnoiftre le Comte de Tolofe pour le legitime fucceffeur des Marquis & Princes de Gothie, ou pluftoft que fe preualant du defordre de l'eftat déchiré de toutes parts, ils euffent entierement fecoüé le ioug de la fuperiorité, & fe fuffent d'eux-mefmes emparez de l'auctorité Comtale, & des reuenus de chaque Comté.

Mem. de l'Hift. de Lang. aux Vicomtes de Beficrs.

Pour preuue de cecy, nous voyons qu'apres Nolo Vicomte de Beficrs & d'Agde, que reconnoiffoit vn Comte pour fon Superieur, comme il confte du Commandement qu'il fit de la part du Roy & du Comte, dans l'acte qu'en produit M. Catel; Guillaume Vicomte de Beficrs fon fucceffeur, fur la fin du regne de Lothaire, paroift en Maiftre & Seigneur du Comté d'Agde, par la Donation qu'il fait à l'Euefque d'Agde du Bourg de fainct André d'Agde, auecque l'Eglife, Cimetiere, & autres biens. Dans la plainte de Berenguier Vicomte de Narbonne contre l'Archeuefque Guifred, de l'an 1032. Berenguier y paroift auffi en Maiftre & Seigneur de Narbonne, & l'on reconnoift encore la mefme auctorité en fes enfans Bernard & Raymond, par le partage qu'ils firent des Seigneuries & droicts du pere. Ce qui fuit de l'Hiftoire des vns & des autres confirme toutes ces veri-

Le mefme aux Vicomtes de Narbonne.

Page 582.

de Narbonne. 227

tez, & nous fait voir que tant les Vicomtes que les Comtes n'eurent seulement pas la hardiesse de mettre dans leurs titres, *Par la grace de Dieu*, qui sont des termes de Souuerains, mais encore que les Vicomtes de Narbonne, n'osant pas ouuertement prendre la qualité de Comtes ny de Ducs, prirent celle de Proconsuls, soit à cause que ce mot a plus de faste que celuy de Vicomte, que par ce aussi qu'il fait allusion à la dignité de Proconsul de Narbonne du temps des Romains, dont ils vouloient par là releuer insensiblement l'éclat & le lustre.

Mais enfin, pour s'éclaircir vne fois pour toutes, si ce Raymond Comte de Rouergue & de Narbonne, dont nous parlons en ce Chapitre, n'est pas veritablement vn autre Raymond que celuy dont nous auons parlé plus haut, que quelques-vns ont confondus ensemble; Il faut remarquer, qu'en l'année 972. Raymond Comte & Girsende ou Gilsende, autrement Gersinde, firent Donation au Monastere de Gaillac de la Seigneurie, & reuenus de la ville de Gaillac; d'où l'on infere que ce Raymond estoit Comte d'Alby. Cette ville bastie sur la riuiere du Tarn, dans le pays des Ruteniens Prouinciaux de Cesar, eut Aymon pour Comte, en mesme temps que Torsin fut establi à Tolose par Charlemagne; & quoy qu'on ne trouue point les successeurs de cét Aymon, l'on void neantmoins qu'il y a eu des Comtes d'Alby, puis que dans les Actes de la Translation des Reliques de sainct Vincent, composez par le Moine Aymoinus, Ermengaud porte le titre de

L. 2. cap. 18.

F f ij

Comte d'Alby, en l'année 855. Il y a aussi apparence que c'est le mesme Ermengaud, duquel est fait mention dans vn ancien jugement, qui est dans les Archiues de l'Abbaye de Vabres, donné entre Ermengaud & Raymond son fils d'vne-part, & l'Abbé de Vabres d'autre, l'an premier du regne de Louis, apres le decez de l'Empereur Charles, en presence de Raymond Comte; Car c'est de Charles le Chauue, & de Louis le Begue, que cette souscription doit s'entendre. Ermengaud Comte d'Alby, viuoit donc en 878. qui est l'an premier du regne de Louis le Begue, & auoit vn fils nommé Raymond, qui doit auoir esté Comte d'Alby, apres son pere. De ce Raymond pourroit estre fille ou petite fille Girsende, femme de Raymond Comte de Rouergue & de Narbonne, par le mariage de laquelle il possedoit le Comté d'Alby, & celuy-cy doit estre fils, ou de Raymond, ou de Hugues fils d'Ermengaud Prince de Gothie, & d'Adelays sa femme.

Quelques autres pretendent que ce Raymond descendoit des Comtes de Tolose, & se fondent sur ce que dans vne Donation de Raymond de sainct Gilles Comte de Rouergue, en faueur du Monastere de S. Pons de Thomieres, de l'an 1080. il se dit arriere petit fils de Pons Fondateur de ce Monastere : *à Proauo meo Pontio Aquitanorum magno Duce & Principe*. Cecy ne peut pas estre, à moins que ce Raymond Comte de Rouergue, fust fils de Raymond Comte de Tolose & de Berte, ce qui n'est pas. Mais pour mieux comprendre de quel costé est-ce que veritablement

M. Catel, Mem. de l'Hist. de Languedoc, pag. 622. & 623.

M. Catel, en les Comtes pag. 23. & 24.

de Narbonne. 229

Raymond de sainct Gilles faisoit sa descente, il faut remarquer, que comme il estoit arriere petit fils de Pons I. par la ligne de Raymond & de Berte, qu'il estoit aussi Comte de Rouergue de par Pons son ayeul, fils des mesmes Raymond & Berte, lequel pouuoit auoir épousé vne fille de Raymond & de Girfrede, sœur vnique & heritiere de Hugues Comte de Rouergue, aussi Seigneur de Narbonne, auquel Raymond de sainct Gilles se trouue auoir succedé. Guillaume III. du nom Comte de Tolose, & premier Comte d'Arles, de par Berte sa mere, prit l'habit de Religieux par les mains de Mayeul Abbé de Cluny, vn peu deuant l'an 993. & Pons II. du nom son frere, luy succeda au Comté de Tolose. M. Catel croit que c'est luy qui octroya des Lettres de Concession & Sauuegarde à l'Abbé de Vians, à la priere de l'Euesque & du Chapitre d'Alby, au mois de Septembre de l'an 986. Comme nous ignorons encore le nom de sa femme, ie pencherois aisement du costé de ceux qui croiroient ce qu'apres le Pere Labbe ie viens d'insinuer cy-dessus, sçauoir que possible estoit-elle de la maison des Comtes d'Alby, fille de Raymond & de Girsende, par le Mariage de laquelle l'Albigeois a esté ioint au Comté de Tolose; puis que bien-tost apres Guillaume fils de Pons se dit Comte de Tolose, Cahors, & Alby, dans vn titre des Archiues de Sainct Sernin de Tolose, chez de Catel en ses Comtes. Apres celuy-cy Raymond de Sainct Gilles, fils de Pons III. prit au commencement le titre de Comte de Rhodez, & puis celuy de Com-

Tableaux Genealogiques, page 449.

F f iij

te de Tolose, Albigeois, Rhodez, Narbonne &c. Ainsi il peut estre que le Comté de Rhodez qui estoit sorty de la maison des Comtes de Tolose, apres le decez sans enfans masles de Bernard II. fils de Raymond I. Fondateur de l'Abbaye de Vabres, y reuint par le mariage de Pons II. auec N. fille de Raymond & de Girsende; & que celle-cy ayant succedé à Hugues Comte de Rhodez son frere, la succession en fut par ce moyen transmise à Raymond de sainct Gilles. Voila tout ce qui s'en peut dire de plus probable. Comme qu'il en soit, on apprend de là que Raymond Comte de Tolose, mary de Berte, est autre que ce Comte Raymond mary de Girsende, Gilsende, ou Gersinde : la difficulté reste tousiours, à sçauoir de qui estoit fils ce Raymond Comte de Rouergue & de Narbonne.

A propos dequoy, ie desire de détromper ceux qui pourroient estre preuenus de l'opinion d'vn homme de ce siecle, qui a voulu me persuader que Raymond Comte de Rouergue & de Narbonne, estoit fils aisné d'Arnaud Comte de Carcassonne, & que Roger II. Comte de Carcassonne, & Otton Comte de Rasez, estoient ses freres. La veritable Genealogie de nos Comtes de Carcassonne, telle que nous pouuons l'establir sur les titres que nous auons, ou sur les conjectures qui se tirent de l'Histoire; est que de Rotger I. Comte hereditaire de Carcassonne, Fondateur du Monastere de sainct Antonin de Pamiers, que ie prends pour Radulphe fils aisné du Marquis Vmfredus, est descendu Ermengaud Prince

de Narbonne. 231

de Gothie, appellé Arnaud dans la Charte de sainct Hilaire, & Roger II. Comte de Carcassonne; & selon ma conjecture, nous luy pouuons donner vn troisiesme fils nommé Guadaillo, qui portoit le titre de Prince de Gothie, l'an 973. ou 74. De ce Roger II. qui estoit Comte de Carcassonne déja en l'année 942. & viuoit encore en 984. comme ie verifie par titres en mon Histoire des Euesques & Comtes de Carcassonne, est descendu Arnaud Comte de Carcassonne, qui a vescu iusques en l'année 994. suiuant la commune opinion; & ie croy aussi qu'Ermessinde femme de Raymond Borrel, Comte de Barcelonne, estoit fille de ce Roger II. puis qu'elle estoit mariée en l'an mille. De plus ce Roger II. eut de sa femme Adelays ou Adelaxé, (car il peut auoir esté marié deux fois) deux autres fils nommez Raymond & Bernard; Raymond assista auec son pere au Concile tenu à Narbonne, l'an 974. & Bernard n'estoit pas encore baptifé en 982. Arnaud fils aisné de ce Roger espousa Arcende ou Arceude, & eut d'elle Roger III. Comte de Carcassonne, à qui le pere bailla en apanage le Chasteau de Castel-Penent, & plusieurs Terres au pays de Foix, apres l'an 994. & non en neuf cens septante-quatre, comme écrit la Perriere en son Histoire de Foix; & Otton le cadet eut le Comté de Rasez, apres le decez d'Arnaud: Ie croy que Amelie mere de la Comtesse Almodis, est fille de cét Arnaud. Enfin ce Roger III. est celuy qui en l'aage de quatorze ans épousa Adalaicie de la maison de Pons en Xaintonge, & en l'année 1062. ou plustost

Mem. de l'Hist. de Languedoc, pag. 623. 25. & 26.

1042. suiuant ma correction, il partagea ses biens à ses fils Raymond, Bernard, & Pierre; Raymond fut Comte de Carcassonne & Rasez, & posseda partie du Comté de Couserans, & la troisiesme partie du Comté de Comenge; Bernard puisné fut premierement institué par le pere Comte de Couserans, & puis reduit à porter le titre de Comte de Foix; & Pierre fut Abbé de la Grasse, & eut toutes les Abbayes qui estoient dans l'estenduë des Comtez que son pere possedoit, à la reserue de celles de Caunes & de Vernasone, qu'il donna à son fils aisné, & excepté aussi les Alleus qu'il auoit donnez à Dieu, & à ses Saincts, pour le remede de son ame. Le tout fut par clause expresse laissé sous la Baillie, c'est à dire, sous la garde, regence, & administration de la Comtesse Adalaicie. On void donc delà que Raymond Comte de Rouergue, de Narbonne, & d'Alby, ne peut auoir eu Arnaud Comte de Carcassonne pour pere, non plus que celuy-cy ne peut estre fils d'Ermengaud, suiuant Belle-forest, Olhagaray, & les Memoires de M. Estellat, Chanoine de Carcassonne. Aussi est-il constant, que ny le Comté de Rouergue, ny le Comté d'Alby, n'estoient pas dans la maison de Carcassonne du temps de Roger III. puis qu'il n'en est point fait de mention dans le partage qu'il fit à ses enfans; & que Bernard Atton Vicomte hereditaire de Carcassonne, est le premier des Descendans de cette Maison, qui a disposé de la Ville d'Alby, & du pays d'Albigeois, & de ce qu'il auoit au pays de Rouergue, qui estoit escheu à Bernard Otton du Chef

du

de Narbonne.

du Seigneur d'Ambilet, depuis Vicomté; lequel pouuoit estre ayeul, pere, ou oncle, de sa femme Cecille, de laquelle nous ignorons encore le nom de la famille : Ce testament est de l'an 1129.

Enfin pendant le temps que Raymond Comte de Rouergue estoit reconnu pour Seigneur de Narbonne, Raymond en estoit Vicomte, & nous trouuons que celuy-cy fut marié auec vne Comtesse nommée Ricarde, qu'il rendit mere de Berenguier Proconsul de Narbonne, de qui nous auons à parler dans vn Chapitre particulier, d'autant qu'il vsurpa la Seigneurie de Narbonne. Là nous examinerons si cette Ricarde estoit veritablement de la maison des Comtes de Rouergue, comme i'en ay quelque soubçon : & si de plus elle a esté mere de deux autres Comtes nommez Guillaume & Hugues, qui firent hommage au Vicomte Berenguier de Narbonne.

Histoire des Ducs

CHAPITRE XXIII.

HVGVES, Comte de Rouergue, dix-neu-fiéme Duc, Marquis & Comte de Narbonne, sous le simple titre de Seigneur de Narbonne.

GVIFRED, Acheuesque, & quinziéme Conseigneur de Narbonne.

BERENGVIER, sixiéme Vicomte hereditaire de Narbonne.

Qvoy qu'il soit de tout ce que dessus, l'on ne peut pas du moins douter que Hugues Comte de Rhodez, duquel est fait mention en la vie de Berenguier, qui se porta pour Proconsul de Narbonne, quoy qu'il n'en fust que Vicomte, ne soit aussi Comte de Narbonne, apres Raymond Comte de Rouergue, de qui il deuoit estre fils. On void dans la plainte de ce pretendu Proconsul de Narbonne, que les cent mille sols que Guifred Comte de Cerdaigne auoit promis donner au Vicomte Raymond pere de Berenguier, & au Comte de Rhodez, pour faire pour-

de Narbonne.

uoit son fils de l'Archeuesché de Narbonne, furent receus par le Comte de Rodez, & par le Vicomte de Narbonne: ce qui iustifie auſſi bien clairement que le Comte de Rodez eſtoit pour lors Comte & Seigneur de Narbonne. Cela eſtant ainſi, l'on doit conclurre que ce Comte de Rodez, Comte de Narbonne, dont le nom a eſté obmis dans la plainte du Vicomte Berenguier, & lequel eſtoit déja Comte enuiron l'an 1010. ou peu de temps apres, eſt cét Hugues Comte de Rodez nommé dans vn hommage ſans datte fait par Guillaume Comte, ſans dire de quel Comté, au Vicomte Berenguier de Narbonne, dans lequel entr'autres choſes il promet donner ayde & aſſiſtance au Vicomte enuers tous & contre tous, horſmis contre Hugues Comte de Rodez, Guillaume Comte de Toloſe, vn nommé Pierre Roger, Poncet fils dudit Comte de Toloſe, & Bernard Comte de Suſtantion. Guillaume Comte de Toloſe viuoit aux années 1010. & 1029. & i'eſtime que Hugues Comte de Rouergue viuoit, & auant, & apres.

Neantmoins il faut que Hugues Comte de Rodez & de Narbonne ſoit mort ſans laiſſer d'enfans maſles, à cauſe dequoy le Comté de Rodez, enſemble la dignité Comtale & Ducale de Narbonne fut reſtablie dans la maiſon de Toloſe, par Raymond de S. Gilles, comme il eſt probable, ainſi que nous examinerons; apres toutesfois que nous aurons parlé de Berenguier Vicomte de Narbonne, qui prit en ce temps le titre de Proconſul de Narbonne.

G g ij

Histoire des Ducs

Il pourroit estre que cet Hugues Aymon Comte, que quelques-vns disent auoir esté Comte de Tolose, & duquel ils presupposent que Raymond de sainct Gilles achepta le Comté de Tolose, est nostre Hugues Comte de Rodez & de Narbonne, à qui par mesgarde, ou pour n'auoir pas de bons Memoires, ils ont donné le titre de Comte de Tolose, au lieu de Comte de Rodez. Cecy est encore plus vray semblable, qu'il n'y a point dans toute la Genealogie des Comtes de Tolose aucun Comte qui s'appelle Hugues, ny Aymon. Ils veulent que ce Comte Hugues Aymon, apres auoir vendu son Comté à Raymond de sainct Gilles, soit passé en Orient, & qu'il y soit mort Duc d'Antioche, chargé de beaucoup d'années. Cela n'a pourtant pas nulle apparence, veu que la Conqueste de la Terre Saincte ne fut commencée qu'en l'an 1097. & que Raymond de saint Gilles estoit reconnu, & comme Comte de Tolose, & comme Comte de Narbonne, vingt ans auparauant, ainsi que nous verrons. Aussi verrons-nous de plus par plusieurs coniectures, que Hugues Comte de Rouergue & de Narbonne, ne peut auoir vescu que iusques enuiron l'an 1040.

Quand aux filles de ce Comte Hugues, elles se nommoient Ricarde & Berte. Clapiers en son Histoire des Comtes de Prouence, vne ancienne Chronique de la Chambre des Comtes d'Aix, citée par M. Catel, & apres eux M. Ruffi en son Histoire de Marseille, en nomment vne troisiesme, qu'ils appellent Tiburge, fille du Comte de Rodez, & de Geuaudan,

La Haye memoires & recherches d'Aquitaine. chap. 23. Catel, Comtes de Tolose, pag. 161. & 162.

de Narbonne. 237

laquelle fut mariée auec Gilbert Comte de Prouence, qui deceda l'an 1112. Quoy qu'ils ne nous apprennent pas le nom du pere, il y a neantmoins de l'apparence, que ce Comte de Rodez est le Comte Hugues de Rodez, soit que celuy-cy eust trois filles, ou plustost que l'vne des deux qu'on luy donne seulement, nommées Ricarde & Berte, soit cette Tiburge; puis que comme nous auons dit ailleurs, c'estoit l'vsage de ce temps-là, que les personnes portoient deux noms, tantost conjoinctement, & tantost separement. Du moins cette Tiburge fille du Comte de Rodez & de Geuaudan, pourroit estre petite fille de Hugues Comte de Rodez, & fille de l'vne de ses deux filles, nommées Ricarde & Berte: Car comme enuiron l'an 1035. viuoient deux Comtes, nommez Hugues & Guillaume, fils de Ricarde; & que dans l'hommage que le Comte Guillaume fit au Vicomte Berenguier de Narbonne, il excepte en termes expres Hugues Comte de Rodez; i'oserois croire que cette Comtesse Ricarde est la fille de Hugues Comte de Rodez, & que c'est la mesme qui fut depuis mariée en secondes nopces auecque Raymond Vicomte de Narbonne, duquel Mariage nasquirent trois enfans masles nommez Berenguier, Ermengaud, & Guillaume. Voicy qui confirme ma conjecture, que Hugues Comte de Rouergue & de Narbonne, que ie prends pour pere de Ricarde, femme en secondes nopces du Vicomte de Narbonne, vescut iusques enuiron l'an 1040. Tellement qu'à bastir sur ce fondement, l'on peut dire ou que le Ge-

Gg iij

uaudan, & que le Rouergue enſemble eſtoient entre les mains de cét Hugues Comte de Rodez, ou
que celuy qui eſpouſa la mere de Tiburge, eſtoit
Comte de Geuaudan, ſoit que ce fuſt Berte, ſoit que
ce fuſt Ricarde mere des Comtes Hugues & Guillaume, qui pouuoient eſtre auſſi fils du Comte de Geuaudan. Que ſi depuis le Geuaudan a eſté en contention entre les Comtes de Barcelonne & ceux de
Toloſe, ç'a eſté à cauſe des deux filles & heritieres
de Gilbert, & de Tiburge, qui furent mariées, l'vne
auec le Comte de Barcelonne, & l'autre auec celuy
de Toloſe, comme nous dirons plus bas.

Mais d'autant que quoy qu'on ne puiſſe pas mettre en doute, que par le decez ſans enfans maſles de
cét Hugues, le Comte de Toloſe n'ait recueilly la
ſucceſſion du Comte de Rodez, puis qu'apres cecy
Raymond de ſainct Gilles prit le titre de Comte de
Rodez; Il eſt pourtant mal-aiſé d'eſtablir, dés quel
temps les Comtes de Toloſe qui deſcendoient de
Pons II. & de N. fille de Raymond & de Girſende
ou Gerſinde, ont eſté Comtes de Rodez, d'autant
plus que Guillaume Taille-fer IV. du nom, Comte de Toloſe, fils du ſuſdit Pons, qui s'eſt nommé
Comte d'Alby, de Cahors, & de Toloſe, ne s'eſt pas
dit Comte de Rhodez. Il eſt vray que c'eſt de ce
Guillaume Taille-fer qu'on doit entendre ce qui eſt
dit dans les Vers vulgaires de Sainte-Foy de Conques, par M. Catel, en la vie de Guillaume III. que
Alfonſe ou Artous Delfonſe ſa premiere femme, par
les merites & interceſſion de la Vierge Sainte-Foy,

de Narbonne. 239

qui eſt honorée en l'Abbaye de Conques en Rouergue, obtint de Dieu deux enfans nommez Raymond & Henry. Delà l'on peut croire que ce Raymond Bertrand duquel eſt fait mention dans vne Epitaphe de ce Comte Guillaume, eſt ce Raymond fils des Miracles de Sainte-Foy, lequel pourroit par preciput & aduantage auoir eſté fait Comte de Rouergue par ſon pere. Mais ny luy, ny Henry ſon frere n'ayant point laiſſé de poſterité, & Guillaume ayant eu de ſa ſeconde femme, nommée Sanche fille de Ramire Roy d'Arragon, & d'Ermeſſinde fille du Comte d'Armagnac & de Bigorre, vn fils vnique nommé Pons III. du nom, celuy-cy ſucceda non ſeulement en tous les Eſtats & Titres du Pere, mais encore au Comté de Rodez, que ſon frere luy delaiſſa, par ſon decez aduenu probablement au temps du Pelerinage de Compoſtelle en Galice, qu'il fit auec ſon frere Pons, ainſi qu'il eſt rapporté dans vn Traité M.S. des Miracles de l'Apoſtre Sainct Iacques le Majeur. Ce Pons III. eſpouſa Almodis, qu'il rendit Mere, & de Guillaume V. auquel le pere donna le Comté de Toloſe, & de Raymond de ſainct Gilles, qui fut partagé du Comté de Rhodez & de Narbonne; & de la ſorte, Pons eſtant mort enuiron l'an 1061. Raymond de ſainct Gilles paroiſt en Comte de Rhodez & de Narbonne, cinq ans apres, comme nous allons voir. Où eſt à notter que dans vne Charte de l'an 1080. ſouſcrite par ce Raymond de ſainct Gilles, & Bertrand ſon fils, Guillaume ſon frere prend le titre de Comte &

Tableaux Genealogiques du Pere Labbe. page 457. & 58.

Duc de Tolose, Alby, Cahors, Rhodez, Perigueux, Carcassonne, Agen, & Astarac, & tout en mesme temps Raymond se qualifie Comte de Tolose, Marquis de Prouence, & enfin Duc de Narbonne.

CHAPITRE

CHAPITRE XXIV.

BERENGVIER, Vicomte de Narbonne, vingtiesme Duc, Marquis & Comte de Narbonne, sous le titre de Proconsul.

GVIFRED, Archeuesque, & quinziesme Conseigneur de Narbonne.

AIS ce que i'ay dit par conjecture de l'vsurpation que firent les Vicomtes de Narbonne de l'auctorité Comtale de cette Ville, & auec elle de celle de Duc de Septimanie & de Marquis de Gothie, se verifie auec euidence dans la plainte faite l'an 1043. par Berenguier prenant le titre de Proconsul de Narbonne, contre Guifred Archeuesque de Narbonne. Elle contient formellement qu'apres le decez de l'Archeuesque Ermengaud, qui viuoit encore en l'an 1010. dans M. Catel, Guifred Comte de Cerdaigne, parent de la femme de Berenguier, fut à Narbonne, & supplia le Pere de Berenguier, sa Mere, & luy, de faire en sorte, que son fils Guifred fut fait Archeuesque de Narbonne, encore qu'il n'eust pour lors que dix ans, moyennant la som-

M. Catel, en ses Vicomtes de Narbonne.

H h

me de cent mille fols, qu'ils promtetoit donner au Vicomte Raymond pere de Berenguier, & au Comté de Rodez; & quelques lignes apres, est dit, que le Comte de Rodez, & le Vicomte de Narbonne receurent l'argent. D'où, & de ce que par le titre de Proconful de Narbonne, Berenguier fait allufion à la dignité Comtale ou Ducale de cette ville, fuiuant le fondement que nous auons eftably au troifiéme Chapitre, que le Gouuerneur general de la Prouince de Narbonne a efté le mefme fous le titre de Duc & de Comte du temps des Vvifigoths & des François, que de Preteur, Proconful, & Prefident, du temps des Romains; il eft, dis-je, aifé d'inferer de là, & des guerres que ce Vicomte ou Proconful de Narbonne eut auec l'Archeuefque Guifred, que veritablement le Vicomte de Narbonne vfurpa peu apres l'auctorité Comtale; veu que Raymond Comte de Tolofe auoit de fon temps fait quelque efchange auecque le Vicomte Matfred, ayeul de Berenguier, qui viuoit encore en l'an 958. par vertu duquel ce Berenguier l'an 1044. donna au Monaftere de fainct Michel d'Italie, la Terre de Montlaurés fituée au terroir de Ligurie ou Luuiere, proche de Narbonne.

On tire vne preuue bien violante de cette vfurpation, des hommages qu'on trouue auoir efté faits à ce Vicomte Berenguier, par vn Comte nommé Hugues, qui fe dit fils de Ricarde, (peut eftre eft-ce l'vne des filles de Hugues Comte de Rodez) d'vn territoire appellé, *de fonte Pelaginæ;* de Bernard fils d'Eftiennette, qui luy promet tout fecours, horfmis contre Guifred Archeuefque de Narbonne, & Raymond Comte de Cerdaigne; Bernard fils de Garfinde luy fait hommage d'vne place appellée Vgern; Guillaume furnommé Hibrim pour les Places & Chafteaux d'Vrban ou de Durban, & faint Martin: l'autre hommage eft de ce Guillaume Comte dont i'ay déja parlé, qui fe dit auffi fils de Ricarde, comme le fus-nommé Hugues. De fon cofté nous ne lifons pas qu'auant l'an 1066. que Raymond de faint Gilles l'obligea de reconnoiftre l'Archeuefque de Narbonne, il ait fait qu'vn feul hommage, fçauoir au Comte Guillaume de Befalu fils de la Comteffe Tote ou Toda, pour les Chafteaux & Places de Pierre Pertufe & de Queribus, fituées fur la Frontiere du Roffillon. Enfin, on a vne preuue fort fenfible de l'auctorité que le Vicomte de Narbonne auoit vfurpée, dans la promeffe & ferment particulier qu'il fit à Raymond frere aifné de l'Archeuefque Guifred, apres leur Traité de Paix; de luy eftre fidelle amy, & de n'entreprendre chofe quelconque contre fa vie & contre fa perfonne, & fur tout de ne luy point ofter les Comtez, Terres, Chafteaux, Fortereffes, & autres biens, que pour lors le Comte Guifred pere de Raymond tenoit fous fa domination, ou autres que Raymond pourroit cy-apres acquerir; fi ce n'eft que Raymond eut forfait contre le Vicomte, auquel cas mefmes il garderoit & entretiendroit ce ferment, iufques à ce qu'il s'en fuft plaint à luy, ou par luy-mefme, ou par fes enuoyez: Et où Raymond dans le terme de foixante iours apres, luy feroit raison de sa forfaicture, promettoit le Vicomte de receuoir la satisfaction & reparation qui luy seroit faite, de pardonner la faute, & garder le serment; Enfin, s'il arriuoit que ledit Raymond apres la plainte à luy faite ne tint pas conte d'en faire la reparation dans ce terme de soixante iours, ou qu'il apportast de l'empeschement à ce qu'on ne luy en fist plainte, délors le Vicomte Berenguier demeureroit quitte & absous de son serment. Voila à la verité vn Vicomte qui tranche du Souuerain, puis qu'il sousmet vn Comte à des conditions de vassal.

On apprend de l'Histoire des Comtes de Barcelonne que le Comte de Cerdaigne possedoit le pays de Conflent & de Fenolhedes, qui estoient tous dans les bornes & dans les limites de la Prouince de Narbonne, suiuant Pline, lequel dans sa description de la Gaule Narbonnoise, dit des peuples de Cerdaigne, *in ora Sardonum, intusque Consuaranorum;* ces Cousuarans sont ceux du pays de Sault, & du Couserans. Dans le Conflent estoit le Chasteau d'Arrie, maison Seigneuriale du Marquis Vmfridus ou Vmfredus; & comme suiuant ce que nous auons establi, les Comtes de Carcassonne & de Barcelonne descendoient de luy, il semble aussi que de là soit venu les pretentions que Oliba Cabreta Comte de Cerdaigne, petit fils de Vvifrede le Velu, a euës sur le Comté de Carcassonne, pour raison desquelles il fit l'an neuf cens quatre-vingt-deux, ou 83. la guerre à Roger Comte de Carcassonne, comme ie monstre en mon Histoire de Carcassonne, & dont i'ay

de Narbonne. 245

touché quelque chose en passant au Chapitre vn-ziéme.

Au reste, quoy que tous ces Actes soient sans datte, ils precedent neantmoins l'année 1035. qui est celle du decez de Vvifred Comte de Cerdaigne, à qui Raymond, qui estoit l'aisné, succeda, & fut surnommé Raymond Vvifred. Quant à Bernard Taille-fer Comte de Besalu, pere de Guillaume Comte de Besalu, dont nous auons plus haut fait mention, il estoit decedé en l'année 1022. & Guillaume qui fut marié auec Lucie, sœur de la Comtesse Amodis, mourut l'an 1052. Et comme au temps de ces hommages, Berenguier ne portoit pas le titre de Proconsul de Narbonne qu'il prit depuis, il faut inferer de là qu'il ne se donna cette qualité, qu'apres la mort de Hugues Comte de Rodez, qui pouuoit estre pere de sa mere Ricarde ; & par consequent Hugues Comte de Rodez & de Narbonne aura vescu iusques enuiron l'an 1040. qui est le temps auquel le Vicomte de Narbonne prit le titre de Proconsul, comme nous verrons icy bas.

Pour toute conclusion, l'on void que ce Vicomte Berenguier posseda de grandes Terres & Seigneuries, car par l'acte de partage qu'en firent ses fils Bernard & Raymond, rapporté par M. Catel, il appert qu'il iouïssoit de l'entiere Seigneurie de la ville & Comté de Narbonne, puis que Bernard dit qu'il donne à Raymond & à son fils Bernard Pelet, la moitié de la Cité de Narbonne, ensemble des Places & Chasteaux, Tours, Murailles, & de toutes leurs de-

Fray Diago, hist. de los Condes de Barcel. l. 2. cap. 90. 97. Overs. y en los cap. 40. & 90.

pendances, comme font vfages, cenfiues, leudes, peages, Iuftices, & la moitié des Iuifs; comme auffi la moitié du Bourg, & des cenfiues, & autres droicts deubs en ce Bourg, & la moitié de tout ce que leur ayeul Raymond, & fa femme Ricarde, & leur pere Berenguier, & leur mere Garfinde auoient poffedé en ce lieu, ou autres; & de mefme la moitié de tous les vfages, rentes, & autres droits que leurs Anceftres auoient tant fur la Mer que fur les Eftangs, & entre autres le droict de Naufrage. La Donation que le Roy Pepin auoit faite à l'Archeuefque de Narbonne, & à fon Eglife de la moitié de la Cité de Narbonne, auec fes Tours & Fortereffes, & la moitié des droicts d'entrée & de fortie fur les denrées, & fur les vaiffeaux, enfemble fur les Salins, que le Comte de la Cité auoit de couftume de leuer ; & la confirmation de cét Octroy qu'en fit le Roy Charles le Chauue à l'Archeuefque Berarius, l'an 844. & le Roy Oddon l'an 888. auec cette extenfion qu'il donnoit à l'Archeuefque Theodard, la moitié des droicts que le Comte de Narbonne, ou fon Commiffaire exigeoit dans l'eftenduë du Comté ; tout cela, dis-je, fait qu'il ne peut pas eftre contredit, qu'il ne foit veritable ce que i'ay dit de l'vfurpation que firent les Vicomtes de Narbonne, & fur le Duc de Narbonne & Marquis de Gothie, & fur l'Archeuefque. De plus, cét Acte de partage porte que Bernard donne à fon frere, la moitié du droict qu'il auoit en l'Election des Archeuefques de Narbonne, qui eft auffi vne vfurpation faite fur l'auctorité Ducale, à laquelle le

de Narbonne. 247

Comté de Narbonne eftoit annexé, & à qui par confequent appartenoit le droict de fuffrage aux élections des Archeuefques. Tous les Canoniftes fçauent que ce droict eftant Royal, il n'y auoit que le feul Magiftrat Souuerain, tel qu'eftoit le Comte, à qui le Roy en euft tranfporté l'vfage. Apres cecy, Bernard ajoufte qu'il donne auffi à fon frere & à fes enfans la moitié de tous les fiefs, rentes, & Seigneuries, que leurs Anceftres ont poffedées, par eux, ou par autres, au Comté de Narbonne, excepté le Chafteau-Neuf, & fes dependances, & pareillement luy donne la moitié de tout ce qui auoit appartenu à leur ayeul, & ayeule, pere & mere, au Comté de Beficrs, de Lodeue, d'Alby, de Nifmes, de Roffillon, de Gironne, de Carcaffonne, de Rafez, de Rouergue, & de Geuaudan, & auffi en l'Euefché du pays; & de mefmes aux lieux de Beaucaire, & d'Argente, & en la Chaftellenie de Pierre-pertufe, qui a depuis porté titre de Vicomté, ainfi que nous verrons en fon lieu. Sur la fin eft dit que fi Bernard Pelet decede fans enfans, Bernard Berenguier donne à fon frere Raymond, & à fes autres enfans, tout ce qu'il luy auoit donné. On tient que ce Bernard Pelet fut marié auec Beatrix Comteffe de Melgueil, de laquelle il eut vne fille nommée Mathilde felon les vns, ou Ermeffinde felon les autres, qui fut mariée au Comte de Tolofe; & la mere luy conftitua en dot ce Comté de Melgueil l'an 1172.

A parler raifonnablement, ie defie hardiment les plus verfez en l'Hiftoire de me pouuoir faire voir, que de mesme que les Roys ont baillé en fief les quatres principaux Comtez du Languedoc, Tolose, Carcassonne, Maguelonne, & Rossillon, que les Vicomtes des autres Villes du Languedoc ayent esté aussi infeaudez par eux, en faueur de ceux qui du depuis les ont possedez. L'vsurpation des Vicomtes ne peut donc pas estre reuoquée en doute; & si les Comtes de Rouergue dans la maison desquels s'estoit fonduë la dignité Ducale & Comtale de Narbonne, n'eussent point eu vn Raymond de saint Gilles, il n'y auoit point d'apparence que la dignité de Duc de Narbonne eut esté iamais remise en lustre, comme nous allons voir qu'elle le fut, par le moyen de cét illustre Prince. De là vient que les Vicomtes de Narbonne successeurs de Berenguier, n'ont pas osé prendre comme luy la qualité de Proconsul, qui selon ce que nous auons estably pour vn fondement veritable, respond à celle de Duc. Comme aussi sans ce mesme Raymond de sainct Gilles l'Archeuesque de Narbonne n'eust pas esté restably en la Seigneurie de la moitié de la Cité & Comté de Narbonne, & les Vicomtes n'eussent pas esté reduits à estre, comme ils ont esté depuis, hommagers des Archeuesques, à raison de la moitié & Seigneurie de Narbonne, qui leur a de tout temps appartenu, & pour laquelle y ayant eu different entre ce Berenguier Proconsul de Narbonne & l'Archeuesque Guifredus, l'an 1066. ils nommerent pour leurs Arbitres Raymond de saint Gilles, Comte de Rodez, Raymond Comte de Besalu, Durand Euesque de Tolose, & Raymond Euesque

de Narbonne.

que d'Elne, & par l'accord qui fuiuit le Vicomte fit hommage & ferment de fidelité à l'Archeuefque, & tous deux s'entre-promirent refpectiuement de fe donner ayde & fecours contre tous ceux qui leur voudroient nuire, horfmis contre Raymond de S. Gilles, & Ermengaud de Cafouls. Apres quoy Bernard Berenguier, fils de noftre Proconful Berenguier, & de Garfinde Vicomteffe de Narbonne, fit hommage à Guifredus Archeuefque de Narbonne, dans lequel il excepte femblablement le Comte de Rodez, qui eft noftre Raymond de fainct Gilles, qui de fa part fit auffi ferment de fidelité au mefme Archeuefque Guifredus; ces deux Actes de fidelité font dans les Archiues de l'Archeuefché de Narbonne, où M. Catel les a veus, comme il tefmoigne dans fes Comtes de Tolofe, & quoy que fans datte ils fuiuent de bien pres le temps de la fufdite Tranfaction, puifque l'Archeuefque Guifred mourut en l'an cent feptante-neuf. *Comtes de Tolofe, page 27.*

Mais fi cela eft furprenant de voir tout à coup le Comté de Narbonne entre les mains des Comtes de Rouergue, & que ceux-cy foient reconnus par les Vicomtes de Narbonne comme leurs vrays & legitimes Seigneurs, il ne l'eft pas moins de voir prefque à vn mefme temps les Vicomtes de Narbonne fe porter en Comtes & Seigneurs de Narbonne fous le titre fpecieux de Proconful. Toutesfois, à dire les chofes comme elles paroiffent eftre d'elles-mefmes, & pour ne paffer fous filence ce qu'il y a de plus remarquable dans cette nouueauté, il faut fe fouuenir, que pendant que le Vicomte Raymond fils de Matfred, partageoit par maniere de dire l'auctorité Comtale de Narbonne auec le Comte de Rodez, son frere Ermengaud estoit Archeuesque de la mesme ville, lequel a vescu iusques enuiron l'an 1020. Et par les pressantes consequences qui se peuuent tirer de là, il faut se representer que toute l'auctorité temporelle & spirituelle de Narbonne se trouuant entre les mains de ces deux freres, qu'il fut aisé aux Vicomtes de s'vnir fortement auec les Comtes de Rouergue pour dépoüiller entierement du Comté de Narbonne & de la Principauté de Gothie, Guadaillo, posé que selon ma conjecture il fut de la race d'Ermengaud Prince de Gothie, & que comme tel le Comté de Narbonne & la Principauté de Gothie luy appartinssent par succession, apres le decez du Prince Ermengaud. Ainsi les vns & les autres s'estans constamment maintenus dans l'vsurpation qu'ils pouuoient auoir faite sur le Prince des Goths, les Vicomtes de Narbonne ne se contenterent pas d'en demeurer là, mais ils l'estendirent également, & sur les droicts du Comte, Duc ou Marquis, & sur ceux de l'Archeuesque Guifred successeur d'Ermengaud, comme nous verrons en son lieu. Il est vray que la Comtesse Ricarde, mere de nostre Proconsul de Narbonne, pouuant estre fille de Hugues Comte de Rodez, comme il y a de l'apparence, de là peut estre venu aussi, qu'entre celuy-cy, & les autres fils de Ricarde, de son premier mariage auec le Comte de Geuaudan, selon ma conjecture, il y eut cét accommodement, que le Comté de Narbonne demeureroit au Vicomte Berenguier, & le Comté de Rodez aux autres.

Nous auons dit que l'Archeuesque Guifred estoit fils d'autre Guifred Comte de Cerdaigne, & que n'ayant encore que dix ans il fut fait Archeuesque de Narbonne enuiron l'an 1020. & vn peu apres l'an 1017. qu'il estoit Abbé du Monastere de saint Iean de Las-Badesas; & cela moyennant la somme de cent mille sols, que Raymond Comte de Rouergue, & Raymond Vicomte de Narbonne se partagerent. Le Vicomte ayant eu de sa femme Ricarde trois enfans masles, Berenguier, Ermengaud & Guillaume, l'aisné luy succeda au Vicomté de Narbonne, & se maria auec Garsinde fille de Bernard surnommé Taille-fer Comte de Besalu, fils de Myr Comte de Barcelonne, & de la Comtesse Tolde ou Tode. On n'a pas remarqué le temps du decez de Raymond, mais ie puis asseurer qu'il deuance celuy de son frere Berenguier Archeuesque de Narbonne, puis que dans le Testament fait par cét Archeuesque, qui est sans datte, & contient Donation de plusieurs biens à l'Eglise de Narbonne, il laisse pour Executeurs testamentaires Bernard Comte, Ricarde Vicomtesse, & plusieurs autres; il ne parle pas de son frere Raymond, qui par consequent estoit pour lors decedé. La plainte que fit ce Vicomte Berenguier prenant le titre de Proconsul de Narbonne, au Synode Prouincial tenu à Narbonne l'an 1043. contient positiuement qu'il eut vne cruelle guerre contre Guifred Ar-

Ii ij

cheuefque de Narbonne, en laquelle de part & d'autre il y mourut mille personnes. L'Archeuefque depofa le premier les armes deuant Rambaud Archeuefque d'Arles, au Concile Prouincial tenu pour ce fubjet à Narbonne, mais il les reprit auffi-toft apres, ce qui obligea les Euefques de la Prouince de moyenner vne tréue, que l'Archeuefque viola par Pierre Raymond appellé Comte de Befiers, lequel profana l'Eglife d'Alet, & en ayant tiré par force deux gensd'armes du Vicomte, dont l'vn eftoit fon parent, il le fit pendre comme vn larron. Apres cecy les chofes fe broüillerent d'vne fi horrible maniere, & auec le Vicomte, & auec l'Archidiacre de Narbonne, que l'Archeuefque transporta fon fiege Epifcopal à vn village, qui n'eft pas nommé, & y fit translater les Corps de fainct Iuft & de fainct Pafteur, Patrons de l'Eglife Metropolitaine de Narbonne: mais la femme du Vicomte emportée de zele fut les enleuer, & les remit dans leur Eglife. Pour cette action, l'Archeuefque excommunia le Vicomte, fa femme, & fes enfans, & toute fa terre, en laquelle perfonne n'eftoit baptifé, communié, ou enfeuely au temps mefmes de cette plainte, ainfi qu'elle porte formellement. Et de toutes ces chofes, le Vicomte demande Iuftice au Synode, & que l'excommunication foit leuée.

Le temps de ce Synode Prouincial n'eft pas remarqué, mais pour moy ie tiens que ce fut en l'année 1043. Car vn Acte que ie donne en mon Hiftoire des Euefques de Carcaffonne, extraict des Archiues

de Narbonne.

du Chapitre de la mesme ville, fait foy qu'en cette année 1043. & le premier iour d'Aoust, l'an treiziéme du regne de Henry le tres-Bon, il fut tenu vn Concile Prouincial en la ville de Narbonne, auquel se presenta Vvillelmus Vgonis, qui supplia les Seigneurs Prelats qui composoient le Concile, de vouloir confirmer & auctoriser la Donation qu'il auoit faire de l'Eglise de Nostre-Dame d'Edra, & du fief de *Villa somniaco siue de Mayraco* &c. à l'Eglise de S. Nazaire de Carcassonne. Le nom des Prelats qui composoient ce Concile ou Synode est, Oliba, Arnaud, autre Arnaud, Vviscafredus de Carcassonne, Hugo, Bernard, Berenguier, Estienne d'Apt, Froterius de Nismes, Rambaldus Archeuesque d'Arles, Pierre Euesque de Cauaillon, Bernard de Couzerans, Pierre, Bernard de Besiers, Guifredus Archeuesque de Narbonne, & Vvillelnus Euesque d'Agde. Ie croy que Oliba estoit Euesque d'Ausone ou Vic en Catalogne, qui iouïssoit en ce temps-là du droict Metropolique de l'Eglise de Tarragone, par Bulle expresse du Pape Iean XIII. à cause que cette ville Metropolitaine de la Catalogne estoit entre les mains des Mores & Sarrasins; l'vn des deux Arnauds estoit à mon aduis l'Euesque de Maguelonne, & l'autre celuy de Tolose, Bernard de Comenge, Berenguier d'Elne, & Pierre de Rodez; pour Hugo ie n'ay peu reconnoistre d'où il estoit Euesque.

La contention entre l'Archeuesque & le Vicomte de Narbonne ayant esté appaisée en ce Concile Prouincial de Narbonne, le Vicomte Berenguier, &

Garsinde sa femme, & leurs enfans Raymond, Pierre, & Bernard, donnerent l'an 1048. aux Chanoines de l'Eglise Metropolitaine de Narbonne, le dixme du poisson qui se prenoit en la plage du Vicomté de Narbonne, tant en la Mer, qu'aux Estangs, & en la riuiere d'Aude, ensemble le dixme du sel. Depuis, & l'an 1056. le Pape Victor II. fit assembler vn autre Concile Prouincial à Tolose, de dixhuit Euesques, auquel presiderent Rambaldus Archeuesque d'Arles, & Pons Archeuesque d'Aix en Prouence, comme Legats du Pape, pour esteindre la simonie, & restablir la Discipline Ecclesiastique selon la disposition des Saincts Canons, particulierement concernant l'Election & Ordination des Euesques, que les Comtes & Vicomtes trauersoient par tout. Il est parlé de ce Concile ou Synode dans vne Bulle du Pape Gregoire VII. escrite au Clergé, Vicomte, & peuple de Narbonne, par laquelle il dit parlant de l'Archeuesque de Narbonne, que, *inimicus humanis generis Ecclesiam malis & simoniacis Pastoribus inuasam quasi ius proprium longo tempore possidebit*; ce qui monstre que l'Archeuesque Guifred fut tousiours regardé comme Simoniaque: Et de fait, il fut excommunié au Concile de Besalu celebré, le sixiéme de Decembre 1077. par Amatus ou Antatus Euesque d'Oloron en Bearn, Legat du Pape Gregoire VII. pour le mesme suiet que celuy de Tolose, & aussi pour reformer les Monasteres de saint Benoist. Cette excommunication fut confirmée & reaggrauée au Synode Romain tenu l'année suiuante 1078.

de Narbonne.

Car à sainement parler, c'est de cette action qu'il faut entendre ces paroles, *Narbonensis Archiepiscopus interim excommuuicetur & alij qui ab Amato Epicopo sunt excommunicati*; quoy qu'en pensent ceux qui ont dit que cét Archeuesque de Narbonne fut excommunié pour s'estre laissé seduire aux erreurs de Beranger. Fray Diago parle de ce Concile, & de l'excommunication de l'Archeuesque de Narbonne, dans son Histoire des Comtes de Barcelonne.

C'est entre le temps de ces deux Conciles de Tolose & de Besalu l'vn & l'autre tenus contre les simoniaques, & pour le restablissement des Sieges Episcopaux, suiuant la disposition des saints Canons, que cét Archeuesque de Narbonne eut de nouueau dispute auec le Vicomte, pour raison des Droicts que l'Archeuesque auoit sur la moitié de la Cité & Comté de Narbonne, que le Vicomte luy auoit vsurpez, à la faueur des guerres qu'ils eurent ensemble, & qu'ils remirent leurs differends à des arbitres, ainsi que nous auons dit. De tout cecy M. Catel en parle en ces termes. Raymond de sainct Gilles a esté, dit-il, comme Protecteur de Guifredus ou Geofroy, Pierre Berenguier, & Dalmas consecutiuement Archeuesques de Narbonne; car y ayant eu vn grand different en l'an 1066. entre Guifredus Archeuesque de Narbonne, & Raymond Berenguier Vicomte de Narbonne, pour raison de la proprieté de partie des Tours, Murailles, & des Peages de la ville, ils remirent leurs differents à Raymond de sainct Gilles, Raymond Comte de Besalu, & les autres cy-dessus nommez; & par l'accord qui suiuit la Transaction, le Vicomte fit hommage & serment de fidelité à l'Archeuesque, & tous deux respectiuement s'entrepromirent ayde & secours contre tous ceux qui leur voudroient nuire, &c. En suite dequoy il asseure auoir veu dans les Archiues de Narbonne, tant l'hommage fait par Bernard Berenguier fils de Garsinde Vicomtesse de Narbonne, que serment de fidelité fait par Raymond fils d'Almodis, qui n'est autre que Raymond de sainct Gilles, à Guifredus Archeuesque de Narbonne, &c. Comme il est sans datte, & qu'il y est nommément parlé de Pierre l'Euesque, fils du Vicomte Berenguier & de Garsinde, il s'ensuit qu'il est fait enuiron le temps du decez de Guifredus, qui mourut l'an 1079. l'année apres que le Pape Gregoire VII. au cinquiesme Concile tenu à Rome, le dix-neufiesme de Nouembre 1078. eut confirmé l'excommunication que son Legat Amatus ou Antarus auoit laxee contre luy, au Concile Prouincial de Besalu en Catalogne, l'année auparauant.

Il y a lieu de croire que puis que ces Actes sont faits depuis le temps du Concile de Besalu, & que Raymond Comte de Besalu estoit frere de la Vicomtesse Garsinde, que ce fut enuiron le temps de ce Concile de Besalu, qu'il y eut vne nouuelle rupture entre l'Archeuesque & le Vicomte de Narbonne, à l'occasion de laquelle, & pour se venger de l'Archeuesque, le Comte de Besalu fut bien aise de donner retraitte au Legat du Pape ; & cette conjecture ie la tire des paroles de Fray Diago : Voicy ce qu'il en dit,

tourné

de Narbonne. 257

tourné d'Espagnol en François. Au temps, dit-il, que mourut le Comte Dom Ramon Berenguier le Vieux, le tres-sainct & grand Pontife Gregoire VII. deliberoit d'enuoyer en Espagne vn Legat, auec plein pouuoir, pour oster la simonie qui s'estoit introduite, restablir les Sieges Episcopaux suiuant la disposition des Canons, & reformer les Monasteres des Moines de sainct Benoist: car comme ce Pape estoit Moine de profession, il auoit vn desir particulier de voir, que ses freres fussent exacts Obseruateurs de la Regle de son Pere sainct Benoist. Il nomma donc pour son Legat Amatus ou Antatus Euesque d'Oloron en France, lequel estant arriué en Espagne comença à s'employer aussi-tost aux affaires de sa Legation, & pour leur donner vn meilleur acheminement, il assembla vn Concile d'Euesques & d'Abbez en la Cité de Girone. Il y eut parmy ceux là vn Archeuesque de Narbonne nommé Vvifred, qui n'agreant pas les pretensions du Legat, troubla le Concile: de sorte que le Legat fut obligé de sortir de Girone contre son gré; & il pleut à Dieu d'émouuoir le cœur du bon Comte de Besalu Bernard (il faut lire Raymond) pour le receuoir, & le loger auec beaucoup d'affection dans son Chasteau de Besalu, afin qu'il peust de là en hors faire son deuoir en toute liberté, & excommunier ceux qui le meriteroient. Il celebra en ce lieu vn Concile, auquel assisterent l'Euesque d'Agde, l'Euesque d'Elne, celuy de Carcassonne, & plusieurs Abbez: ce qui causa beaucoup d'inimitiez au Comte, non seulement de la part des Eues-

KK

ques & Abbez, mais aussi de celle des Comtes, qui n'agreoient point ce procedé. On arresta plusieurs choses importantes en ce Concile, & l'Archeuesque de Narbonne fut excommunié, pour auoir esté causé d'vn si grand desordre, & tous les Abbez simoniaques qu'il y auoit dans les terres du Comte de Besalu furent semblablement priuez de leurs Abbayes, & autres pourueus de nouueau en leur place, qui eussent soin de faire exactement obseruer la Regle de sainct Benoist. Le Comte obligea le Chapitre de Besalu, & six Abbez qui estoient en sa terre, sçauoir de Aroles, de Campredon, de Besalu, de Baigneres, de sainct Laurent, & de sainct Pol, de contribuer annuellement quelque chose pour la Fabrique de Sainct Pierre, & enfin luy mesme se fit soldat ou vassal de l'Eglise Romaine, s'obligeant à luy bailler tous les ans deux cens Mancusses d'or, en reconnoissance de sa milice ou vasselage, commandant à son fils, & à ses successeurs de faire le mesme. Il fut dressé vn instrument public de tout ce dessus, en ce mesme Concile, le sixiéme de Decembre, de l'année 1077. qui est conserué dans les Archiues de Barcelonne, en l'armoire de Girone, au sac E. nombre 384. & au second grand Liure des Feudes, page 8. Iusques icy Fray Diago. On void dans ce recit que ce Concile de Besalu fut particulierement assemblé contre l'Archeuesque Guifred de Narbonne, & que le Comte de Besalu donna au Legat du Pape retraitte chez luy, à cause des troubles & des empeschemens que ce Prelat venoit de donner à la celebration du Concile, que le

de Narbonne. 259

Legat auoit conuoqué en la ville de Girone, que l'Archeuefque de Narbonne auoit interrompu, & afin que du lieu de Befalu en hors il peut auec toute affeurance faire tout ce à quoy fa Delegation l'obligeoit, & excommunier ceux qui par leur mauuais procedé auoient veritablement encouru les Cenfures Ecclefiaftiques; chofe que le Comte de Befalu n'euft pas fait fi le Vicomte de Narbonne fon beau-frere euft efté dans les interefts de l'Archeuefque de Narbonne. Auffi y a-t'il apparence qu'enfuite de cette excommunication l'Archeuefque Guifred renoüa auec le Vicomte, par l'entremife de Raymond de Sainct Gilles, qui moyenna pendant le temps de cette excommunication, que Pierre, vn des trois enfans du Proconful Berenguier, & de la Vicomteffe Garfinde, fut éleu Euefque, pour fucceder à Guifred, auquel, auffi toft apres la mort de Berenguier, fon fils Bernard qui luy fucceda, fit hommage & ferment de fidelité.

Quand au temps du decez de noftre Proconful Berenguier, il n'eft pas precifement marqué, & tout ce que l'en puis dire eft, qu'il vefcut quelques années apres la Tranfaction paffée entre luy & l'Archeuefque Guifredus, en fuite de la Sentence arbitrale de l'an 1066. Car deux ans apres, c'eft à dire l'an 1068. par Acte du cinquiefme Février, l'an huitiefme du Roy Philippe, il bailla en engagement à Raymond Berenguier Comte de Barcelonne, vn fief appellé Ofor, pour la fomme de cent cinquante onces d'Efcus d'Or de Barcelonne appellez Mancuffes, au poids

KK ij

de Narbonne, ensemble le Chasteau de Solterre, qui appartenoit en fief au Comte de Barcelonne, & suiuant l'Acte qui fait expressément mention de Pierre eleu Euesque, Il faut que ce Vicomte ou Proconsul soit decedé vn peu auant l'Archeuesque Guifredus, c'est à dire l'an 1078. Cecy seruira pour releuer la faute qui a esté faite sur l'impression des Memoires de l'Histoire de Languedoc, dressez par feu M. Catel, & publiez apres sa mort ; car c'est sous Bernard Berenguier, fils du Proconsul Berenguier & de Garsinde, qu'on a par erreur mis cét euenement considerable de l'Accord, & Transaction passée entre l'Archeuesque Guifred & ce Vicomte ou Proconsul Berenguier, qui prenoit aussi le nom de Raymond que portoit son pere, qui est en effet vne faute dans laquelle l'Autheur ne fust pas tombé, s'il eust peu reuoir & corriger son Ouurage, & y mettre la derniere main. Et pour oster toute sorte de doute là dessus, il ne faut que voir ce que contient l'Acte du serment de fidelité fait par Raymond de Sainct Gilles à l'Archeuesque Guifredus : apres auoir iuré luy-mesme, il promet de faire iurer aussi Raymond Berenguier Vicomte, & ses enfans Bernard & Pierre l'Euesque, & Garsinde Vicomtesse ; & dans vn autre subsequent il promet de rendre les Murailles, Tours & Forteresses de Narbonne, qui sont depuis la porte quarrée prés la porte du Roy, iusques à la Porte Mauresque, & s'oblige à faire que Berenguier Vicomte, sa femme Garsinde, & ses enfans, les luy quitteront, & le laisseront iouïr des peages & des rentes qui appartenoient à l'Archeuesque, *sicut sonat in præceptis regnum sine ingano*; Et en outre de le faire iouïr du Siege Archiepiscopal de Sainct Iust & de Sainct Pasteur, qui est dans les Murailles de Narbonne, & de tout ce qui appartenoit à l'Archeuesque hors des Murs, &c. Voila qui iustifie que tout cecy a esté fait auec le mesme Berenguier qui se disoit Proconsul de Narbonne, & non auec Bernard surnommé aussi Berenguier, qui quoy que le cadet luy succeda neantmoins au Vicomté de Narbonne, & espousa vne Vicomtesse nommée Foy, de laquelle il eut trois enfans masles, Aymeric qui fut Vicomte de Narbonne, Hugues, & Berenguier.

CHAPITRE XXV.

RAYMOND DE SAINT GILLES, Comte de Rouergue, vingt-vniéme Duc, Marquis & Comte de Narbonne, dont le titre est par luy releué & restably dans sa Maison.

GVIFRED, PIERRE, & DALMAS, Acheuesques, & quinziéme, seiziéme, & dix-septiéme Conseigneurs de Narbonne.

BERENGVIER, & BERNARD BE-RENGVIER, sixiéme & septiéme Vicomtes hereditaires de Narbonne.

ON void par la Sentence arbitrale, donnée par Raymond de sainct Gilles Comte de Rouergue, en l'année 1066. sur le different qui estoit entre Raymond Berenguier Vicomte de Narbonne, & l'Archeuesque Guifred, que ce Raymond estoit Comte de Narbonne; ce que le Vicomte dit formellement dans l'Acte du serment de fidelité par luy fait à l'Archeuesque, où il excepte

de Narbonne. 263

en termes exprés, Raymond Comte de S. Gilles son Seigneur. Celuy-cy estoit fils de Pons III. Comte de Tolose, & d'Almodis, que tous les Historiens Espagnols appellent Comtesse de Carcassonne. Elle n'estoit pas pourtant fille du Comte de Carcassonne, mais bien de Bernard premier Comte de la Marche, fils de Aldibert, premier fils de Boson le Vieux, & celuy-cy fils de Sulpice, & celuy-cy encore de Godefroy I. Comte de Charrous, & de la Marche, dans M. Catel en ses Comtes ; sa mere estoit la Comtesse Amelie. Le mesme de Catel verifie fort soigneusement que de ce mariage sortit Guillaume & Raymond ; Guillaume fut Comte de Tolose, & Raymond de sainct Gilles si renommé dans l'Histoire, ne prit au commencement que le titre de Comte de Rodez, *Comes Ruthenorum*; Neantmoins ce que i'ay remarqué monstre qu'il estoit Comte de Narbonne, déja en l'an 1066. & de fait, en l'an 1080. il prit outre ses autres titres, celuy de Comte de Barbonne, Besiers, Nismes, & Agde, & en l'année 1088. il prit absolument la qualité de Duc de Narbonne. Et de fait, quoy que Guillaume son frere ait en l'an 1080. pris le titre de Comte & Duc de Tolose, Alby, Carcassonne, & autres, il n'eut garde pourtant d'y comprendre Narbonne, comme il se void dans l'acte que Messieurs du Tillet, Pithou, & le P. Labbe ont publié, tiré du Thresor des Chartes de France, & du sac cotté, *Octauus saculus Tolosa.*

Plusieurs ont esté en peine de sçauoir la raison pourquoy Raymond de S. Gilles a pris la qualité de

> Diago Con-
> des de Bar-
> cel. l. 2. c. 50.

> III. Regist. des Chartes & Titres de M. Iean Du-Tillet, Greffier au Parlement de Paris.

Histoire des Ducs

Duc de Narbonne, attendu (dit M. Catel) que nul des Comtes de Tolose auant ce Raymond n'auoit eu des pretensions sur le Duché de Narbonne, & qu'auant & apres Raymond de sainct Gilles, le Vicomté de Narbonne estoit entre les mains de ses Vicomtes, lesquels reconoissoient plustost l'Archeuesque de Narbonne que le Comte de Tolose, ainsi qu'il a dit en son Histoire des Comtes de Tolose. Mais ce que ie viens de representer monstre bien clairement le iuste sujet, que Raymond de sainct Gilles a eu de reprendre sur les Vicomtes, ce qu'ils auoient vsurpé sur ses Autheurs; iusques là mesme qu'il ne peut pas souffrir, que son frere prit auec la qualité de Comte & Duc, celle de Comte de Carcassonne, qui pour estre vn ancien Comté de la Septimanie estoit distinct & separé du Comté, Duché, ou Marquisat de Tolose. Voila pourquoy dans la Donation faite par luy au Monastere de S. Pons de Thomieres en la susdite année 1080. il s'appelle Comte de Rodez, Carcassonne, Nismes, Agde, Besiers, & Narbonne.

Sous le titre de Comté de Carcassonne il comprend le Comté de Rasez, appellé *Reddas* ou *Reddes*, qui est tout le territoire des Dioceses d'Alet & Limoux, comprenant le pays de Saut, Fenolhedes, & la portion du Diocese de Mirepoix, qui auoisine la Riuiere de Lers. Ie verifie en mon Histoire des Euesques & Comtes de Carcassonne, que comme il ne peut pas estre contredit que ce ne soit vn ancien Comté, puis que le Concile de Narbonne tenu l'an 788. en fait expresse mention ; que ç'a esté aussi vn ancien

de Narbonne. 265

ancien Euesché erigé du temps que les Vvisigoths ayant fait de la Cité de Carcassonne leur principale Forteresse, pour y remettre leurs tresors, & tenir cette place sous le commandement d'vn Comte, & d'vne forte garnison, ils contraignirent l'Euesque Orthodoxe de Carcassonne à se retirer dans ces mesmes Montagnes, pour y continuer l'exercice de la Religion, loin de celle que les Vvisigoths professoient dans Carcassonne sous l'auctorité d'vn Euesque Arrien. L'exemple de cette nouuelle erection, faite pour y transporter le Siege de l'Euesque Orthodoxe de Carcassonne, se tire de ce que auant & apres, ce pays a dependu, & a esté attaché à l'ordre general de la police de Carcassonne, puis que par le departement des Eueschez du Royaume des Vvisigoths, fait du temps du Roy Goth Vamba, ce pays est compris dans celuy de l'Euesché de Carcassonne, en ce qu'il limite l'estenduë de son territoire d'vn costé auec celuy de Lodeue, & de l'autre auec celuy d'Elne. Il est vray que du temps de Charlemagne le pays de Rasez fut pour le spirituel adiugé à l'Archeuesque de Narbonne, à cause de la dignité & Principauté de son Siege, comme parlent les Actes du Concile dans de Catel, quoy qu'il fust soustenu par l'Euesque d'Hostie, & non pas d'Elne, (lequel estoit Abbé de Lagrasse, & comme voisin, s'estoit emparé de ce nouuel Euesché, qui auoit esté suprimé du temps de Vamba) que le Comté de Rasez estoit en droit d'auoir de soy des Euesques en particulier. En effet, l'Euesché de Rasez ayant esté adiugé à l'Archeues-

Concil. Toletan. Garsi. Loaysa.

Memoires de l'Hist. de Lang. aux Archeuesques de Narbonne.

L l

que de Narbonne à titre d'annexe, de là est venu que les Archeuesques de Narbonne ont pris le titre redoublé d'*Archiepiscopus Narbonensis & Redensis*. Le lieu Comtal de Reddez, que nous disons communement Rasez, duquel Roger III. Comte de Carcassonne, fait expresse mention dans l'Acte de Partage de ses biens de l'an 1042. ou 1062. *Castrum Redas cum suo Comitatu*, n'est plus aujourd'huy qu'vn village appellé Regnes, & dans les Actes Latins *Reddis*, situé à vne lieuë des Bains, dits de Montferrand, où l'on trouue cette inscription Romaine : *Cn. Pompeius quartus. I. A. M. suo.* qui est vne marque infaillible que ce pays a esté connu des Romains. Ce pourroit bien estre cette ancienne Cité de la Narbonnoise premiere, que M. Catel dit estre appellée *Ciuitas Reotelensium*, dans vn ancien exemplaire Manuscrit de la Notice des Gaules ; & le nom de *Reotelensium* a assez d'affinité auec celuy de *Redensium* : qui est vne Cité au reste qui a esté connuë par Theodulphe Euesque d'Orleans, qui viuoit au temps de Louis le Debonnaire.

Inde Rcuisentes te Carcassona, Redasque,
Mœnibus inferimus nos cito Narbo tuis.

Sous nos Comtes hereditaires de Carcassonne, ce Comté de Rasez qui n'est qu'à quatre petites lieuës de Carcassonne, seruoit d'appanage aux puisnez de la Maison de Carcassonne ; & nous lisons que Roger III. du nom Comte de Carcassonne, partagea

de Narbonne.

de ce Comté son frere Otton, tous deux fils de Arnaud Comte de Carcaſſonne, & de la Comteſſe Arcende : mais qu'apres la mort, tant de Otton que de Arnaud son fils, il fut reüny au Comté de Carcaſſonne, & y a ſubſiſté iuſques au temps de ſa reünion à la Couronne.

I'ay voulu expliquer cecy, par ce que le Comté de Carcaſſonne eſtant tombé en quenoüille entre les mains d'Ermengarde, ſœur & heritiere de Roger V. du nom, fils de Roger IV. & de la Vicomteſſe Rengarde, & ce Roger IV. fils vnique & ſucceſſeur de Raymond I. du nom, Comte de Carcaſſonne, eſtant decedé auant l'an 1068. le Comte Raymond de S. Gilles, pretendoit ſans doute que ce Comté luy appartenoit par droict de reuerſion, comme deſcendant des anciens Ducs de Septimanie ; & M. Catel croit qu'il s'eſtoit ſemblablement ſaiſi du Comté de Rodez, pendant le temps qu'il eſtoit en quenoüille, entre les mains de Ricarde & de Berte filles de Hugues Comte de Rodez. La raiſon de Raymond de S. Gilles pouuoit eſtre celle-cy ; que les Comtez pour eſtre dans leur inſtitution ſieges de Iuſtice, ne furent baillez qu'en honneur & dignité, auecque le Domaine vtile, mais non le directe, tranſmiſſible en faueur des maſles ſeulement, d'autant plus que c'eſtoit icy Charges & Offices, dont les femmes ſont incapables auſſi bien que du Sacerdoce, comme ont eſcrit vne infinité de Docteurs, ſur la loy 1. C. *de ſacro Sanct. Eccleſ.* Quelques vns de ces Docteurs deffendent de telle ſorte cette opinion, qu'ils ſouſtiennent mesmes, que les profits & emoluments d'vn Estat & Office, ne peuuent estre communiquez à la femme, & la raison qu'ils alleguent, c'est, que pour communiquer à iuste titre quelque chose à la femme, il faut qu'elle en soit capable ; & l'on ne peut pas dire qu'elle le puisse iamais estre d'vne Charge & Office de Iudicature. Cela posé pour fondement, & que les Comtez dont nous parlons sont de ces fiefs qui dans le Droict sont appellez *Benignitatis Beneficium*, desquels il falloit dans l'an & iour apres la mort du possesseur, que le successeur prit nouuelle inuestiture, & le fit de nouueau sien par la grace & liberalité du Prince ; il s'ensuit de là par vne consequence de droict incontestable, que ny les sœurs de S. Folcrand issu des Comtes de Melgueil, ne pouuoient pas donner les Terres du Comté de Sustantion à l'Euesque Ricuin ; ny Ermengarde, sœur & heritiere de Roger V. dernier Comte hereditaire de Carcassonne & de Rasez, relaxer ces deux Comtez, & autres Terres de la Iurisdiction Comtale de Carcassonne, au Comte Raymond Berenguier de Barcelonne, & à la Comtesse Almodis, sa femme, que les Espagnols appellent tousiours *la Condessa de Carcassona*, comme elle fit par Transaction de l'an 1068. selon Zurita Diago, & autres Autheurs Espagnols. C'est l'opinion de Balde, & autres Docteurs sur la loy *1. ff. de Senatorib.* que les descendans d'vne femme sont exclus du mesme droict, & du mesme degré, duquel la mere est priuée, n'estant pas raisonnable que le successeur soit de meilleure condition

Lib. 1. de feud.

Annal. de Arrag. Condes de Barcel. l. 2. cap. 61.

que son Autheur, quelque droict & cause qu'il ait de luy. Dans ce sentiment il faut entendre ce que dit Olhagaray, Ministre de Maseres en son Histoire de Foix, Bearn, & Nauarre, que le Comte Raymond de Carcassonne (il faut lire Roger V.) estant mort sans enfans, & Ermengarde luy ayant succedé, le Comte de Foix frere (il faut lire Cousin) de celuy de Carcassonne, pretendoit le Comte de Carcassonne, & autres Estats de feu Roger son pere (il faut lire son ayeul) luy appartenir par vertu de la loy Salique. Quoy que cét Historien n'aye pas entierement penetré dans la question, si est-ce pourtant qu'il y a en cette narration vne preuue conuaincante, que le Comte de Foix comme seul masle qu'il estoit pour lors de la Maison des Comtes de Carcassonne, disputoit la dignité Comtale de Carcassonne, dont le droict excluoit Ermengarde. C'est aussi à ce propos que Don Esteuan de Garibay, & Hieronimo Zurita, Historiens des plus celebres parmy les Espagnols, ont escrit que Raymond de S. Gilles, qui n'estoit que le cadet de la Maison de Tolose, auoit succedé à son frere Guillaume au Comté de Tolose, d'autant, disent-ils, que les filles ne succedoient point aux Comtez; & partant que Guillaume frere de Raymond estant mort sans enfans masles, le Comté appartenoit à son frere, comme plus proche. Et de fait, l'Abbé Fulbert, qui viuoit de son temps, escrit en son Histoire de Hierusalem, que Raymond de S. Gilles s'en allant à la guerre Sainte, quita le Comté de Tolose, à son fils Bertrand, sur lequel le Comte de

Ll iij

Poictiers, mary de la Comtesse Philippe, fille vnique de Guillaume Comte de Tolose l'vsurpa depuis; Voyez M. Catel en ses Comtes. Enfin les femmes ne succedoient point anciennement aux fiefs, nommement en ceux qui sont appellez *feuda regalia*, qui sont les Duchez, Comtez, & Marquisats, lesquels sont purement fiefs masculins, *feudum Masculinum*, comme parlent les Feudistes. La raison de cecy, c'est que la loy naturelle a voulu élire les plus forts & les plus puissans, pour tenir les grandes choses, qui ont besoin de garde & de deffence, ainsi qu'estoient tels fiefs, à la dignité desquels estoit attaché le Gouuernement & l'administration de la chose publique, & principalement la distribution de la Iustice generale & souueraine. Et pour vne preuue certaine que cela se pratiquoit autresfois en Languedoc, Roger III. du nom Comte de Carcassonne, partagea tous ses Fiefs & Dignitez à ses trois enfans masles, & fait mention que le Comté de Rasez qu'il auoit baillé à son frere Otton, deuoit reuenir à la Maison de Carcassonne, en cas qu'Otton & son fils Arnaud viendroient à deceder sans enfans masles. Encore falloit-il que tels partages se fissent auecque la permission du Prince Souuerain, ainsi qu'on apprend de ce lieu des Annales de *Regino* : *anno dominicæ incarnationis 490. Vto Comes obyt, qui permissu regis quicquid beneficij aut præfecturarum habuit quasi hæreditatem inter filios diuisit.* Tellement qu'en cette espece icy, où ces femmes n'estoient absolument pas de la qualité requise pour meriter du Prince la continuation du benefice fait à leurs Anceſtres, il eſt donc vray de dire, que le vice de l'Autheur demeure aux Deſcendans, & que par droict de reuerſion en deffaut de maſles, tels fiefs demeuroient reünis au Domaine. D'où le Lecteur curieux & intelligent doit tirer vn motif de nullité tant pour les pretenſions que les Roys d'Angleterre ont euës ſur le Comté de Toloſe, pour auoir épouſé des filles de cette Maiſon, que pour tous les Actes de foy & hommages extorquez par les Comtes de Barcelonne & Roys d'Arragon, des Comtes ou Vicomtes hereditaires de Carcaſſonne : & à plus forts termes pour la Tranſaction paſſée entre le Roy Iacques d'Arragon, & S. Louis. I'en dis autant pour la Donation faite par le Comte Pierre de Melgueil au Pape Gregoire, l'an 1085. de la directité du Comté de Suſtantion, & Eueſché de Maguelonne ; car à parler ſincerement & equitablement, le Comte ne pouuoit pas donner vn droict qu'il n'auoit pas, & qui d'ailleurs eſt inalienable de la Couronne, ainſi que i'en laiſſe à iuger aux plus capables. Cela meſme ſeruira pour monſtrer la nullité du Teſtament de Gerard Comte de Roſſillon, fait le quatriéme des nones de Iuillet 1172. produit tout entier par Caſeneuue à la fin de la Catalogne Françoiſe ; par lequel ce Comte venant à mourir ſans enfans, inſtitue le Roy d'Arragon ſon heritier au Comté de Roſſillon, & ſes Dependances, au preiudice du droict de la Couronne de France. Il eſtoit tel, que ce ſont des termes inſolens en la bouche du Docteur Louis Palau de Perpignan, quand voulant releuer l'auctorité des anciens

Chop. l. 1. dom. tit. 5.

Comtes de Rossillon, il dit, que *no reconocian superioridad en ningun principe, como los Reyes d'Arragon y Castilla.* Nous auons veu qu'ils estoient vassaux du Roy de France.

Tant y a que le Comté de Rouergue estant reuenu au Comte de Tolose par deffaut de masles, & Raymond de Sainct Gilles en ayant esté partagé, il releua la dignité Comtale de Narbonne, que ses predecesseurs auoient presque laissée esteindre. Et comme par les titres de Comte de Narbonne, Besiers, Agde, & Nismes, il s'attribuoit la qualité de Superieur & Seigneur des Vicomtes, de ces quatre Comtez, il s'ensuit aussi que lors que huit ans apres il prit celuy de Duc de Narbonne, Comte de Tolose, & Marquis de Prouence, comme appert d'vne Donation des Archiues de l'Abbaye de S. André les Auignon, en datte de l'an 1088. que pour lors il auoit esté reconnu par tous les Vicomtes de ces Villes, & s'estoit fait prester hommage & serment de fidelité. Quand à ce que dit M. Catel, qu'il ne peut point reconnoistre la raison pourquoy Raymond de Sainct Gilles se disoit aussi Marquis de Prouence, veu que le Comté de Prouence auoit des Comtes qui reconnoissoient l'Empereur, & non le Comte de Tolose, iusqu'à ce que le Comte Alphonse fils de Raymond de Sainct Gilles, espousa la fille & coheritiere de Gilbert Comte de Prouence ; il faut se souuenir de la conjecture que i'ay déja establie plus haut : sçauoir que par ce titre il fait allusion à la Prouince de Sainct Gilles, qu'il auoit aussi reünie au Duché de Narbonne.

Comtes de Tolose, de Catel, pag. 16. & 17. & en la vie de Raymond de S. Gilles.

ne. Pour mieux comprendre cecy, il faut prendre garde que nous voyons l'Aquitaine, le Languedoc, & la Prouence, entre les mains de sainct Guillaume, Fondateur du Monastere sainct Guillaume le Desert, & neantmoins à suite l'Histoire ne nous propose que des Ducs de Septimanie & des Marquis de Gothie, simplement, iusqu'à Guillaume le Deuot, que *Ioannes Italus*, appelle Prince de Gothie, & d'Aquitaine. Il ne dit rien de la Prouence, pour ce que, comme nous auons dit, ce qui a esté depuis appellé Marquisat de Prouence estoit sans doute possedé par Tierry ou Theodoric Chambellan du Roy Louis le Begue, qui fut partagé d'vne partie des dépoüilles de Bernard Marquis de Gothie, que i'estime estre tout ce qui a esté appellé Prouince de sainct Gilles. Quoy que l'on die que les Roys Louis & Carloman partagerent depuis les Estats de Boson Roy de Prouence, la Bourgongne à Richard son frere, & la Prouence à Bernard surnommé dans Nicolas Gilles Plante-pelose ou Plante-veluë, ie tiens neantmoins que Richard posseda aussi la Prouence, & que c'est pour cela qu'il est appellé Duc d'Aquitaine, dans la vie de Sainct Theodard ; & en cét estat, trois ans apres la mort de Boson, il restitua la Prouence à Louis son nepueu, & l'en fit couronner Roy. Ce Louis laissa vn fils vnique nommé Charles Constantin, sur lequel Hugues fils de Lothaire Roy de Lorraine, vsurpa vne partie de ses Estats, & contraignit Charles à se contenter de la Principauté de Vienne; mesmes les choses demeurerent en l'estat, iusques à Raoul ou

M m

Rodolphe Roy de Bourgongne, qui força Hugues à luy ceder la Prouence, qu'il reünit par ce moyen à la Bourgongne. Ainsi Conrad fils de Rodolphe, lequel Conrad espousa enuiron l'an 955. Mahaud, autrement appellé Mathilde, fille du Roy Louis d'Outremer, & sœur du Roy Lothaire, s'est dit Roy d'Allemagne, Bourgongne, & Prouence, & viuoit en l'an 978. auquel temps la ligne des Ducs de Bourgongne issus de Richard pere de Raoul ou Rodolphe Roy de France estoit finie, & la Prouence estoit possedée par ses Comtes particuliers. De sorte que si depuis nostre Raymond de S. Gilles (s'est nommé à la fin Duc de Narbonne, & Marquis de Prouence, c'est d'autant qu'il euinça probablement les marches de la Prouence à la posterité de Tierry, ou plustost aux Comtes de Prouence qui s'en estoient emparez depuis long-temps) sous l'auctorité des Roys de Bourgongne & de Prouence ; afin de reunir à vn mesme corps toutes ces pieces qui auoient esté détachées du Duché de Narbonne. Car apres Rodolphe de Bourgongne, petit fils de Tierry ou Theodoric, selon M. Besli, quoy que quelques-vns fassent Richard pere de Rodolphe, fils de Beuues, Beuuin ou Bouon, surnommé d'Ardene, qui n'estoit pas Comte d'Autun, comme ont esté successiuement, & Theodoric, & Richard ; il est certain que le Duché de Bourgongne vint entre les mains de Gilbert ou Gislebert Comte d'Autun, fils de Manassez aussi Comte d'Autun, qui mourut auant l'an 918. lequel Manassez estoit fils du susdit Tierry ou Theodoric Comte d'Autun,

Chambellan du Roy Louis le Begue, suiuant les conjectures de M. du Chesne en son Histoire de Vergy. Apres quoy il se pourroit faire que ce Comte Gilbert, qui mourut à Langres enuiron l'an 956. estant le dernier, & de la race de Tierry ou Theodoric, Comte d'Autun, & des Ducs de Bourgongne, qui ont possedé la Prouence; De là vint que Guillaume I. du nom, Prince, Comte & Marquis de Prouence, fils de Boson, premier Comte Proprietaire de Prouence, se voyant depuis appuyé de Conrad qui se disoit Roy d'Allemagne, Bourgongne & Prouence, reprit enfin sur les Ducs de Septimanie, ou Marquis de Gothie, le Marquisat de Prouence, que Raymond de Sainct Gilles tascha cent ans apres de reunir, comme il fit, au Duché de Narbonne. Pour la premiere preuue de cette conjecture, i'employe la Charte de l'Eglise du Puy en Vellay dans de Catel, dattée à Vsez le second iour apres que Raymond eut enuahy la Citadelle de S. Maximin en Prouence, auquel temps il ne se nommoit que Raymond de Sainct Gilles, Comte de Tolose & de Rouergue; & pourtant bien-tost apres l'on void qu'il prend outre le titre de Comte de Tolose, celuy de Duc de Narbonne, & de Marquis de Prouence, au lieu qu'auparauant nul Comte de Tolose n'auoit pas pris ces titres. Et l'autre c'est que *Guilielmus Malmesburiensis*, escrit, que le pere de Guillaume & de Raymond de S. Gilles laissa le Comté de Tolose à Guillaume qui estoit son aisné, & à Raymond le Comté de Cahors, auquel il adjousta, dit-il, les Prouinces

En la vie de Raymond de S. Gilles.

L. 5. Hist. Angl.

d'Arles, de Narbonne, de Prouence, & de Limosin. Sous le nom donc de Prouince de sainct Gilles, est compris tout le bas Languedoc, faisant frontiere auec la Prouence ; & sous celuy de Marquisat tout ce qui est & deça & delà le Rosne, faisant frontiere de la Prouence. Et comme de mesme la Prouince de Septimanie, selon son ancienne estenduë, comprenoit les Comtez de Geuaudan, & de Viuiez, il tascha aussi de les reunir, & dans M. Catel, l'on void qu'en l'an 1095. la ville & Comté de Viuiez estoit tenuë & possedee par Raymond de sainct Gilles, & apres luy par Bertrand son fils. Le Geuaudan estoit aussi, à mon aduis, compris sous le nom General de Comté de S. Gilles, comme nous deduirons plus au long icy bas.

Pour le pays de Foix qui semble au commencement auoir esté des Dependances de la Septimanie, il est certain qu'il n'a iamais releué des Comtes de Tolose, quoy que le bas pays de Foix depuis le pas de la Barre fust de leur hommage, qui est vne distinction que le tres-sçauant M. de Marca verifie par les Actes d'hommages des Comtes de Tolose, & par le Traité de Roger Comte de Foix auec le Roy sainct Louis, pour tenir en hommage de la Couronne les fiefs qui releuoient du Comte de Tolose ; lisez le Chapitre X. du liure VIII. de son Histoire de Bearn, Foix & Nauarre, où vous verrez que le Comté de Foix n'a iamais esté erigé par le Comte de Tolose, & que le nom de Comtes de Foix est venu de la demeure que les Seigneurs de ce pays faisoient au Chasteau de

de Narbonne. 277

Foix; en la mesme maniere que de la demeure ordinaire des Comtes de Maguelonne au Chasteau de Melgueil, est venu la denomination de Comté de Melgueil.

Et il faut noter apres tout ce que dessus, qu'il ne peut pas estre reuoqué en doute, que nostre Raymond de S. Gilles n'ait contraint les Vicomtes du Languedoc, à le reconnoistre pour leur Seigneur, puis que dans l'Acte du serment de fidelité qu'il presta à Guifred Archeuesque de Narbonne, qni viuoit l'an 1066. & mourut l'an 1079. il adjouste qu'il donne à l'Archeuesque, *tertiam partem de hoc quod acquisiuit in Comitatu Narbonæ perplacitum*; où par ce mot *placitum*, il apprend que ce fut en pleine assemblée du Parlement des Estats generaux du Languedoc, qu'il fut reconnu pour Seigneur Superieur de la Prouince. Delà pourroit estre venu que quelques-vns ont appellé Raymond de S. Gilles, *Comes Prouincialis*, Comte Prouincial, & non pas Comte de Prouence, comme l'on a tourné; & cela pour la mesme raison, que parmy les Romains les Gouuerneurs des Prouinces estoient appellez *Præfectus Prouincialis*, & ceux des Villes *Præfectus Vrbis*. En effet l'on void tant dans Pline, & les autres Autheurs Romains du temps du grand Empire, que dans les anciens Historiens François, qui ont escrit en Latin, & dans les Capitulaires de Charlemagne & ses enfans, que la diction *Placitum* a esté employée pour signifier des Assemblées d'Estats generaux, & c'est ce que la Constitution de l'Empereur Honorius appelle *Conuentus*,

Mm iij

dont l'vsage estoit en Languedoc du temps de Cesar, puis que dans ses Commentaires est expressement dit, que pendant le sejour qu'il fit à Narbonne, il visita tous les lieux d'Assemblée de la Prouince, qui estoient appellez *Conuentus*, & y connut publiquement des causes & des differends des particuliers. A cela nous pouuons encore rapporter l'ordre des Assemblées Prouinciales, prescrit par les Loix du Code Theodosien, dont nostre Prouince se seruoit, où l'on void chaque Prouince en particulier dans la faculté de tenir ses Estats generaux : *Conuentus in vna opulentiore totius Prouinciæ vrbe absque vllius iniuriis :* ce qui s'appelle autrement *Prouinciale concilium* dans les mesmes Loix, & ce qu'enfin nos anciens François ont appellé Parlement. De cette sorte nous pouuons dire que Raymond de sainct Gilles, restablit par sa sagesse, par sa valeur, & par sa prudence, l'ancienne Police du Languedoc touchant les Assemblées de ses Estats generaux, que l'vsurpation de l'auctorité Comtale que firent les Vicomtes, auoit peruertie, & que ce fut en pleine Assemblée Estats generaux du Languedoc qu'il fut reconnu pour Seigneur Superieur des Comtes & Vicomtes, & que par vn Iugement, Arrest, & decret solemnel, il fut maintenu en la possession des biens & reuenus qui auoient appartenu à ses predecesseurs, & dont les Vicomtes s'estoient emparez; & ainsi l'on trouue que dés l'an 1080. il se nomma Comte de Narbonne. Plus bas nous verrons comment c'est qu'il prit huict ans apres le titre de Duc de Narbonne.

L'auctorité du Comte Raymond de sainct Gilles estant plainement reconnuë dans toute la Prouince, ce fut aussi à luy le premier que les Papes Gregoire VII. & Vrbain II. adresserent leurs Lettres, pour que l'Archeuesque Dalmas fut reconnu dans Narbonne, où le Vicomte auoit fait élire Pierre Berenguier son fils, auquel fut peu apres baillé l'Euesché de Rodez. L'Archeuesque mesme de Narbonne reconnoissant son pouuoir & son auctorité sur la Prouince, passa Accord & Transaction auec luy, qui porte entre autres choses, que Raymond promet à l'Archeuesque Guifred, de luy donner ses assistances contre les Euesques de sa Prouince, qui s'estoient faits consacrer sans sa volonté, & contre ceux qui à l'aduenir l'entreprendroient ; qu'il luy rendra les Murailles, Tours, & Forts de la Ville de Narbonne, qui sont depuis la Tour quarrée proche de la porte du Roy, iusqu'à la porte Mauresque, & fera que Raymond Berenguier Vicomte, sa femme Garsinde, & ses enfans Bernard & Berenguier les luy quitteront, & le laisseront ioüir des peages & rentes qui appartenoient à l'Archeuesque ; & aussi qu'il le fera ioüir du Siege Archiepiscopal de sainct Iust & de sainct Pasteur, qui est dans les Murailles de Narbonne, & de tout ce qui appartient à l'Archeuesque, hors des Murs, &c.

Voicy à peu pres l'Acte sur lequel on a fondé cette friuolle conjecture, que l'Archeuesque de Narbonne auoit appellé Raymond de sainct Gilles, au pareage de la ville de Narbonne : d'où il auoit depuis

emprunté le titre de Duc ; au lieu que l'on void par la Sentence arbitrale qui fut donnée l'an 1066. sur le different d'entre l'Archeuesque & le Vicomte de Narbonne, que le Comte de sainct Gilles, comme Seigneur de Narbonne, auec l'assistance de Raymond Comte de Besalu (a esté obmis par Fray Diago en ses Comtes de Besalu) Durand Euesque de Tolose, & Raymond Euesque d'Elne, ordonna que le costé de la ville de Narbonne vers le vent de Cers, depuis la porte Royale iusqu'à la porte Acaire, auec les Tours qui y estoient, & les Tours & Murailles de ce costé de Ville, ensemble le Capitole, appartiendroient à l'Archeuesque, auec la faculté de pouuoir faire vne porte du costé de ladite Muraille, en tel endroit que bon luy sembleroit, pour pouuoir sortir de la Ville. M. Catel croit que c'est la porte qui fut depuis appellée *Porte Bisbale*, qui est proche de l'Eglise sainct Iust, c'est à dire la porte de l'Euesque, suiuant le langage de ce temps-là, auquel le Languedoc & la Catalogne, ou le mot *Bisbe*, veut dire *Obispo* en Espagnol, & Euesque en François, auoient l'idiome semblable. Pareillement il fut adiugé à l'Archeuesque la moitié de la leude, tant sur la terre que sur la Mer, & autres choses, moyennant certaines sommes qu'il estoit tenu de payer au Vicomte : dans ce mesme Acte est inceré le serment de fidelité fait par le Vicomte à l'Archeuesque, où il excepte expressément Raymond Comte de sainct Gilles son Seigneur. Ce qui iustifie que le Vicomte Berenguier de Narbonne reconnoissoit Raymond de sainct
Gilles

Gilles pour son legitime Seigneur, & non par aucun droict de Pareage où l'Archeuesque l'eust associé ; lequel Archeuesque mesme il refusoit de vouloir reconnoistre pour la portion de la Cité, & des droicts qui luy appartenoient par concession expresse du Roy Pepin, confirmée par ses Descendans. Ce ne fut aussi que par l'entremise & auctorité de Raymond de Sainct Gilles, que le Vicomte fut remis à la raison. Enfin toutes choses monstrent que Raymond de S. Gilles estoit Seigneur Superieur dans Narbonne long-temps deuant qu'il ne prit la qualité de Duc. Il est vray qu'il faut reconnoistre que les Vicomtes retindrent toûjours deuers eux la proprieté & vtilité du Comté, pour la portion qui appartenoit au Comte, moyennant l'hommage & serment de fidelité qu'ils s'obligerent de prester aux Comtes de Tolose, lesquels pour cette raison ne prirent plus depuis que celuy de Ducs de Narbonne. Et ie m'estonne fort que M. Catel, vn homme qui a eu de si belles lumieres de l'Histoire de ses Comtes, ait escrit que Raymond de Sainct Gilles auoit vsurpé Narbonne.

Il est veritable que pour bien comprendre ce qui donna lieu à ce nouueau titre de Duc de Narbonne, il faut remarquer que lors de la Sentence arbitrale de l'an 1066. qui restablit l'Archeuesque de Narbonne en possession de ses droicts, Raymond de sainct Gilles ne portoit que le simple titre de Seigneur de Narbonne, quoy qu'il en fust Comte ; & qu'il prit ce dernier seulement depuis le temps qu'il dit auoir acquis des nouueaux droicts dans le Comté de Narbonne, *per placitum*, mot qui nous signifie comme i'ay dit plus haut, que ce fut en pleine Assemblée des Estats generaux du Languedoc, appellée Parlement, qu'il fut reconnu comme Comte de Narbonne, & restably en la pleine & entiere possession du Comté de cette Ville, & de l'auctorité qui y estoit attachée: ce qui deuance l'année 1079. puis que l'Archeuesque Guifredus viuoit du temps de cét euenement. Et comme nonobstant l'accord fait entre cét Archeuesque & le Vicomte Berenguier en la susdite année 1066. hommages & sermens de fidelité prestez en suite à l'Archeuesque par le Vicomte, & depuis par Bernard Berenguier, fils du Vicomte & de la Vicomtesse Garsinde, il y a eu vne seconde vsurpation faite par les Vicomtes sur les Archeuesques; il importe auant d'aller plus auant de dire en ce lieu, qu'apres la mort de l'Archeuesque Guifredus, Pierre Berenguier fils du Vicomte de Narbonne, qui desia auparauant auoit esté éleu Euesque, & s'estoit en suite emparé de l'Archeuesché de cette Ville, à la faueur de Raymond de sainct Gilles, voulut se faire promouuoir à la dignité d'Archeuesque, non seulement sans titre legitime, mais encore au preiudice de l'election qui auoit esté faite de Dalmas, suiuant les dispositions Canoniques. Le Pape Gregoire s'en plaignit enuiron l'an 1081. au Clergé, Vicomte, & peuple de Narbonne par sa Bulle, qui est aux Archiues de Narbonne, & depuis Vrbain II. successeur de Gregoire, en escriuit à Raymond de sainct Gilles, &

à Aymeric pour lors Vicomte de Narbonne, lesquels de peur d'encourir l'excommunication dont le Pape les menaçoit, laisserent Dalmas paisible, & Raymond de sainct Gilles fit faire Pierre Berenguier Euesque de Rodez, ainsi que i'ay dit autre part. Et la preuue de cette seconde vsurpation des Vicomtes de Narbonne sur l'Archeuesque, se void dans la Donation que le Vicomte Aymeric fils de Bernard Berenguier, fit l'an 1078. à sa femme Mahalde, Mahault, ou Mathilde, de la Cité & Ville de Narbonne, auec tous ses edifices, Leudes & autres droicts exprimez dans l'Acte, & generalement tout ce qui auoit appartenu à Berenguier Vicomte son ayeul, & autres terres, principalement le Chasteau-Neuf de sainct Martin, & de Durban, auec toutes leurs Iurisdictions & Seigneuries; voulant que les nobles vassaux de ladite Terre la reconnoissent pour Dame & Seigneuresse, & luy rendent toute sorte de deuoirs, à condition toutesfois que tous ces biens demeurent communs entre elle & son fils Aymeric. Ainsi le Pape Vrbain qui paruint à la Papauté l'an 1088. ayant fait expedier à l'Archeuesque Dalmas la Iussion contenuë dans l'Epistre produite dans M. Catel, il fut en suite restably dans toute son auctorité, tant temporelle que spirituelle; & deux ans apres, c'est à dire le vingtiesme d'Auril 1090. il tint vn Synode à Narbonne, auquel furent presens les Euesques de Carcassonne & de Barcelonne, & plusieurs autres; & pour lors fut introduit la Regle Canonique de S. Augustin, dans l'Eglise de Narbonne, & en suite dans toutes les autres Eglises de la Prouince. Or comme auparauant & depuis Raymond de sainct Gilles, les Vicomtes de Narbonne ont reconnu pluſtoſt les Archeueſques de Narbonne que les Comtes de Tolose, ainſi que M. Catel l'aduoüe dans ſes Comtes; il a eſté auſſi de neceſſité à celuy-cy d'eſtablir ſon auctorité dans la ville de Narbonne par la protection qu'il donna dés l'an 1066. à l'Archeueſque contre le Vicomte, qui auoit eſtendu ſon vſurpation & ſur l'vn & ſur l'autre, & de l'affermir ſur celle qu'il continua aux ſucceſſeurs de Guifredus : Car dés le moment qu'en conſequence de la Bulle du Pape Vrbain II. il eut remis dans le Siege Archiepiſcopal Dalmas, il prit ſans plus heſiter le titre de Duc de Narbonne, au lieu de celuy de Comte, qu'on auoit conſenty qu'il prit quelque temps auant. L'Archeueſque n'eut garde de le luy diſputer en conſideration du ſecours & aſſiſtance qu'il venoit de receuoir de luy en vne ſi importante conjoncture comme celle de ſon eſtabliſſement dans ſon Siege, & moins encore le Vicomte Aymeric, qui receut auſſi ce bien-fait de la main de Raymond de ſainct Gilles, que Pierre ſon oncle eſtant contraint de quitter l'Archeueſché de Narbonne à Dalmas, il luy fit donner l'Eueſché de Rodez dont Raymond eſtoit Comte. Voila comment noſtre Raymond de ſainct Gilles, ne ſe voulant pas contenter du ſimple titre de Seigneur de Narbonne, comme ſes predeceſſeurs eut l'adreſſe de ſe faire reconnoiſtre, non ſeulement pour Comte, mais de plus pour Duc de Narbonne, ſous lequel titre, tant luy que ses Descendans ont depuis generalement compris ceux de Prince des Goths, de Duc de Septimanie, de Marquis de Gothie, & de Comte de Narbonne, que les anciens Comtes de cette Ville ont indifferemment portez; soit à raison de ce qu'ils estoient Comtes de la ville Metropolitaine, & qu'ils auoient par consequent la préeminence & le pas deuant tous les autres Comtes, que parce d'ailleurs que la Principauté de Septimanie ou Gothie estoit attachée à la ville Metropolitaine de Narbonne, & qu'en cette qualité le Gouuernement general de la Prouince, & le commandement des gens de guerre, que les Comtes des autres Villes de son Departement estoient tenus de mener sous eux pour la deffense des Frontieres, leur estoit deub. Et pour tout dire, enfin i'oserois croire que l'Archeuesque Dalmas a esté le premier qui a donné le titre de Duc de Narbonne à Raymond de sainct Gilles, soit pour vne marque éclatante de la reconnoissance qu'il auoit pour la protection qu'il auoit donnée, & à luy, & à ses predecesseurs contre les Vicomtes, que pour l'estime particuliere de la personne de cét homme également illustre, & par sa naissance, & par les belles actions de sa vie, qui a seriousement parler l'auoient fait Duc & Prince deuant que de l'estre.

Au reste, soit vray ou faux ce que les Historiens de Foix ont escrit de la guerre que fit le Comte Raymond de Tolose, contre celuy de Carcassonne, l'an 1071. touchant l'hommage du Chasteau de Laurac, Chef du Lauraguois, qui a esté depuis érigé en Comté : Ie monſtre en mon Hiſtoire de Carcaſſonne, que l'agreſſeur doit eſtre pris pour Raymond de S. Gilles, & le Comte Deffenſeur pour Raymond Berenguier, mary de la Comteſſe Almodis, qui deceda l'an 1076.

Ie finis icy ce Chapitre, & aduertis le Lecteur que s'il veut voir les Exploits memorables que fit noſtre Raymond de ſainct Gilles, tant en France, en Eſpagne, qu'à la conqueſte de la Terre-Saincte, qu'il liſe M. Catel. Le Liure des Hiſtoriens François que M. Ducheſne a publié ſous le titre de *Geſta Dei per Francos*, luy apprendra auſſi tout ce qu'il y a de memorable à la guerre de la Terre-Saincte ; & dans Guillaume Archeueſque de Tyr, il verra que ſans quelque bruit que les Ennemis de noſtre Raymond firent courir, les ſuffrages de pluſieurs l'alloient élire Roy de Hieruſalem. Voyez auſſi M. de Marca, depuis la page 360. iuſqu'à 371. de ſon Hiſtoire de Bearn. Il ſuffira pour ce qui me regarde que ie die, qu'il alla à cette expedition auec vne armée qu'il leua dans le Languedoc, & qu'il arriua au Siege de la Ville de Nicée, qui fut priſe le vingtieſme de Iuin 1097. l'année apres le Concile de Clermont, où l'entrepriſe de la Conqueſte de la Terre-Saincte, fut reſoluë ; & qu'enfin il mourut en Syrie l'an 1105. Le ſieur Beſſi en ſon Hiſtoire des Comtes de Poictou & Ducs de Guyenne, appelle ce Seigneur, Raymond le Grand, Comte de ſainct Gilles, & remarque fort curieuſement qu'vne ſœur de ce Raymond fut mariée à Hugues III. Sire de Lezignem, lequel pour cette occaſion l'Histoire de la guerre saincte appelle par tout frere de Raymond de sainct Gilles.

Enfin ie n'ay plus rien à dire, sinon qu'il eut deux femmes legitimes, quoy qu'on ait osé escrire qu'il n'en eut qu'vne, & plusieurs concubines; la premiere estoit nommée Mahauld fille de Roger Comte de Sicile, & d'Adelcïde autrement Eremburge, sa premiere femme, & de celle-cy nasquit Bertrand qui fut aussi Comte de Tolose, & Duc de Narbonne, comme son pere; & la deuxiesme femme estoit fille d'Alphonse VI. Roy de Castille, & d'Agnes fille de Guillaume Comte de Poictou, laquelle est appellée Gesloire par les Historiens François, & par plusieurs Espagnols Eluire, qui fut mere d'Alphonse Comte de Tolose, & Duc de Narbonne apres Bertrand son frere, duquel il est temps de parler.

J'adjouste seulement à ce que dessus, que nostre Raymond de S. Gilles fit Donation de la ville de S. Gilles à Odillon Abbé de Cluny, en plein Concile celebré par le Pape Vrbain II. le quatriesme des Ides de Iuillet, indiction 4. l'an 1096. iour de Samedy; ce qui fut confirmé par le Pape en Auignon le 22. de Iuillet suiuant, & par le Roy Louis le Ieune à Estampes, l'an 1113. Et le Roy Philippe Auguste à Paris l'an 1210. les Actes en sont dans le Tresor des Chartes de France.

Inuent. des Titres du Tresor des Chartes de France, M.' S. Volume s. Tolose, 8. sac, pages 179. & 180. num. 9.

CHAPITRE XXVI.

BERTRAND, fils de Raymond de S. Gilles, vingt-deuxiéme Duc, Marquis & Comte de Narbonne.

BERTRAND, Archeuesque, & dix-huitiesme Conseigneur de Narbonne.

AYMERIC, premier du nom, huitiéme Vicomte de Narbonne.

Onsievr Catel écrit qu'apres le decez de Raymond de Saint Gilles, Alphonse son fils, & les trois Comtes du nom de Raymond qui ont esté consecutiuement apres Alphonse, ont pris aussi dans tous les Actes qu'ils ont faits, le titre de Ducs de Narbonne, Comtes de Tolose, & Marquis de Prouence. Il ne dit rien de Bertrand fils de Ray-

<small>Ordericus Vitalis, hist. Eccl. l. 13.</small> mond, lequel fut marié auec Hela ou Electa, autrement appellée Helene fille de Oddon ou Eudes Duc de Bourgongne, petit fils de Robert de France, & d'vne fille de Guillaume, Teste-hardie Comte Palatin de Bourgongne, & sœur du Pape Caliste II.

pendant

pendant la vie mesme de son pere, qui confirma la Donation ou Dotation qu'il fit à sa nouuelle Espouse au mois de Iuin de l'an 1095. des Comtez de Rodez, Cahors, Viuiers, Auignon, & d'Yne.

Telles Donations ou Dotations se faisoient anciennement par les maris à leurs femmes, lors qu'ils les espousoient; & la coustume en fut introduite par les Loix Vvisigothiques, dont la Prouince de Languedoc a eu long-temps l'vsage, & en auoit encore retenu beaucoup de choses, depuis que les Loix Romaines que Chindasuinde Roy des Vvisigoths auoit rejettées, y furent restablies, en suite des plaintes que fit Sigebodus Archeuesque de Narbonne au Concile de Troyes en Champagne, tenu du temps de Louis le Begue, & du Pape Iean VIII. dequoy ces Loix des Vvisigoths ne contenoient aucune peine contre les sacrileges, & de ce qu'elles deffendoient aux Iuges de connoistre des causes qu'elles n'auoient pas decidées. Les Loix du Code Theodosien, qui sont celles dont le Languedoc auoit pour lors l'vsage, permettoient aussi ces Donations pour cause de nopces; & Bertrand le dit luy-mesme en ses mots: *sicut lex nostra Romana est.*

Codex leg. Vvisigoth l. 3. tit. 1 c. 4.

Il semble que Bertrand ait eu vne autre femme que Hela ou Electe, veu que dans l'Acte de Donation fait par son pere en faueur de l'Abbé de sainct Gilles, au Concile tenu à Nismes par le Pape Vrbain II. l'an 1096. Bertrand fils de Raymond de sainct Gilles, & Adhelaïde femme de ce Bertrand, y sont nommez comme tesmoins; & pour moy ie croy que

O o

cette Adhelaïde estoit fille de Raymond Bernard Trincauel Vicomte de Besiers, & de la Comtesse Ermengarde heritiere du Comté de Carcassonne; puis que par l'accord que le Comte Bertrand fit auec Ermengarde en l'année 1083. est fait mention que Bertrand doit espouser la fille d'Ermengarde, que la Transaction passée entre le Vicomte Raymond Bernard Trincauel & Ermengarde sa femme, & le Comte de Barcelonne, l'an 1068. dit auoir nom Adalaïde, qui est le mesme que Adhelaïde.

Inuent. des Titres du Tresor des Chartes de France, M. S. volume 5. Tolose, 3. sac, page 77 n. 52.

Quoy qu'on soustienne au contraire, ie suis de l'opinion de ceux qui tiennent que ce Bertrand est fils legitime de Raymond de sainct Gilles, Comte de Tolose, & Duc de Narbonne, & depuis Comte de Tripoly, & qu'il est issu du mariage de Raymond auec Mahaud sa premiere femme, fille de Roger Comte de Sicile, & d'Adeleïde, autrement nommée Eremburge. C'est en effet vne imposture de croire que Raymond de sainct Gilles n'a eu d'autre femme legitime que Gesloire ou Eluire, autrement appellée Geruilla fille d'Alphonse Roy de Castille, mere d'Alphonse Comte de Tolose apres Bertrand, puis que le Roy Philippes I. rechercha l'Alliance de Mahaud, & demanda en mariage sa sœur appellée Emme. Mais Raymond son beau-frere la donna pour femme à Robert, d'autres disent à Guillaume quatriesme Comte d'Auuergne. Vn Roy de France n'eust pas voulu rechercher vne semblable Alliance, si Mahaud eust porté sur le front le charactere honteux de concubine de Raymond de sainct Gilles. Aussi M. Iu-

L. 2. chap. 19.

de Narbonne.

ftel en fon Hiftoire des Ducs d'Auuergne, reconnoift Mahaud, qu'il appelle Mathilde, pour legitime Efpoufe de noftre Raymond de fainct Gilles, lors qu'il dit que Robert III. du nom Comte d'Auuergne & de Geuaudan, efpoufa l'an 1086. Emme fille de Roger I. Comte de Sicile, & fœur de Mathilde femme de Raymond Comte de fainct Gilles; adjouftant que cette Princeffe Emme auoit efté accordée à Philippes I. Roy de France, mais que le Comte de fainct Gilles ayant diuerty ce mariage, la maria auec le fufdit Comte Robert. Voyez le Moyne Geofroy Malaterra en fon Hiftoire de Robert Guifchard Duc de Calabre, & de Roger fon frere Comte de Sicile; il remarque que le Roy Philippes enuoya demander par des Deputez exprés cette Princeffe en Mariage au Comte Robert en Sicile, & qu'elle luy fut accordée, & enuoyée à cét effet en France, entre les mains du Comte de fainct Gilles, ne fçachant pas ce qui eftoit de la repudiation de la Reyne Berthe, dont la caufe ne fut iugée qu'apres l'enleuement de Bertrade de Montfort, qui va fur l'an 1090. fuiuant les plus exacts; De là il faut inferer que le Comte de fainct Gilles fon beau-frere, ialoux de l'honneur de fa belle-fœur, que le Roy ne pouuoit pas legitimement efpoufer, diuertit à deffein ce mariage, & la donna à femme au Comte Robert. Et voila qui iuftifie clairement que Raymond de fainct Gilles a eu pour premiere femme Mahaud ou Mathilde fœur d'Emme, mere de noftre Bertrand; & que Gefloire ou Eluire a efté fa feconde femme.

L. 3. chap. 12. & l. 4. chap. 8.

Befli, au Traité qu'il a fait fur ce fujet, pag. 94.

O o ij

Comme qu'il en soit, on ne trouue pas le temps auquel nasquit Bertrand, mais on est asseuré qu'il portoit le titre de Comte pendant la vie de son pere, ainsi qu'on voit dans l'acte fait par son oncle Guillaume Comte de Tolose, l'an 1080. *Bertrandus Comes nepos Guillelmi, & filius Raimundi:* l'on doute mesme qu'auant qu'il épousat Hela ou Helene de Bourgongne, il auoit esté marié, quelques-vns disent accordé, auec Mahaud niepce de Maruse, qui estoit née en Lombardie, selon Guillaume de Malmesburi Historien Anglois. Enfin Raymond de sainct Gilles ayant le premier pris la Croix au Concile de Clermont, il laissa le Comté de Tolose à son fils Bertrand, qui le posseda iusqu'en l'année 1109. que le desir de marcher sur les glorieuses traces de son valeureux pere, & pour suiure ses Conquestes, le fit partir du Languedoc; il mourut depuis à Tripoli, dont il a esté dit Comte, enuiron l'an 1112. Il laissa ce Comté de Tripoly à Pons son fils, qui se maria auec Cecile de France, fille naturelle du Roy Philippes I. veufue du vaillant Tancrede Prince de Tabarie.

<small>L. 4. hist. Angl.</small>

<small>Guill. Tyr. l. 11. cap. 28.</small>

Mais pour monstrer vne fois pour toutes, que Bertrand ayant esté laissé par son pere Comte de Tolose, il luy bailla aussi le Duché & Comté de Narbonne, & generalement toutes les Terres & Seigneuries qu'il possedoit, c'est que quand le Comte Raymond partit du Languedoc pour aller à la Terre-Saincte, il fit dessein de ne retourner plus en son pays, & de combattre les Infideles iusques à la mort, comme asseurent plusieurs Autheurs dignes de foy; Dans

de Narbonne. 293

ce dessein il amena auec luy sa femme Gesloire, Eluire, ou Geruille, & les enfans qu'il auoit desia de cette Princesse ; & tant elle que son second fils nommé Alphonse ou Adefonce, ont souscrit son Testament fait en Syrie au Chasteau Pelerin, le dernier iour de Ianuier 1105. indiction 13. Or il est constant que pendant ce temps-là Bertrand a pris la qualité de Comte, & s'il ne s'est pas donné celle de Duc, c'est qu'il ne la prit pas durant la vie de son pere ; mais apres sa mort, i'estime qu'il prit tous les titres que son pere portoit. A ce propos faut considerer que l'Histoire dit que Guillaume Comte de Poictiers, comme mary de Philippes, fille vnique de Guillaume Comte de Tolose, frere de Raymond de sainct Gilles, se saisit de Tolose ; elle ne dit rien de Narbonne, & autres Seigneuries de Raymond de sainct Gilles, au contraire tous les Historiens sont d'accord que Bertrand reprit Tolose, & que son frere Alphonse né au Chasteau Pelerin auant la mort de son pere, enuiron l'an 1103. luy succeda. On void du moins vne preuue certaine de la Souueraineté que pretendoit ce Comte Bertrand, sur le Languedoc, dans le Zurita, lors qu'il remarque que ce Comte pour estre assisté du secours du Roy d'Arragon, luy fit hommage, non seulement du Comté de Tolose, mais encore de ceux de Rodez, de Narbonne, d'Agde, de Cahors, d'Alby, de Carcassonne, & de ce qu'il tenoit dans le Comté de Foix.

Annales de Arag. l. 1. cap. 4. 3. t. 3.

Il est vray que Bertrand estant party pour aller en Orient l'an 1109. Guillaume Comte de Poictiers re-

O o iij

prit Tolose, & la tenoit en l'année 1115. que Bernard Otton Vicomte de Carcassonne, à cause des guerres qu'il auoit auecque les peuples de Carcassonne, luy fit hommage du Comté de Carcassonne, & autres Terres qu'il possedoit, afin d'estre assisté par le Comte Guillaume en cette guerre. Et nous pouuons croire que pendant que le Comte Bertrand estoit reduit à l'extremité qu'on le represente, au temps qu'il alla demander du secours au Roy d'Arragon, le Vicomte Aymeric de Narbonne refusa semblablement de le reconnoistre, & en cét estat il parloit en Souuerain, ainsi qu'on peut inferer des termes de la Donation qu'il fit au Monastere de sainct Pons de Thomieres, le premier iour de May 1103. *Nous donnons*, dit-il, *pouuoir & faculté à l'Abbé & Religieux du Monastere de Sainct Pons de Thomieres, & à leurs successeurs presentement & à l'aduenir, d'acquerir à perpetuité des biens dans toutes les Terres & Eueschez qui sont dans nostre Seigneurie, & qu'ils les tiennent francs de tout cens & de toute sorte de Redeuance*; il donne aussi par le mesme Acte vne terre franche & allodiale appellée de Bisout auec toute Iustice, & ce qui en dépend: & plus bas il dit, qu'il donne la malediction à celuy qui contreuiendra à cette Donation: sa femme & enfans qui y estoient presens, signerent auec Bertrand Archeuesque de Narbonne, Pierre Archidiacre de cette Eglise, Bernard Vicomte de Minerue, Pierre son fils, & plusieurs autres. On void dans cét Acte des termes d'vn homme qui possede toute l'auctorité de Comte, ou de Duc dans le pays. De plus,

Le mesme l. 1.6.14.40.

de Narbonne. 295

cét Aymeric empefcha que Bertrand Euefque de Nifmes, qui fut fait Archeuefque de Narbonne apres Dalmas, ne ioüit de fon Euefché, & continua le trouble en la perfonne de Richard fucceffeur de Bertrand, qui fut Archeuefque depuis l'an 1106. iufqu'à l'an 1120. ou 21. Toutes lefquelles chofes font, que nous allons placer, tant cét Aymeric qui eft le premier Vicomte de Narbonne de ce nom, que fon fils nommé auffi Aymeric, tous deux fucceffiuement Vicomtes de Narbonne, au rang de nos Ducs, bien qu'ils n'en ayent iamais pris la qualité, comme nous allons voir.

CHAPITRE XXVII.

AYMERIC I. & AYMERIC II. du nom, Vicomtes de Narbonne, vingt-troisièmes Ducs, Marquis & Comtes de Narbonne, sous le titre de Princes, & de par la grace de Dieu Vicomtes de Narbonne.

BERTRAND, RICHARD, & ARNAVD DE LEVES, Archeuesques, dix-huitiéme, dix-neufiéme, & vingtiéme Conseigneurs de Narbonne.

E titre de Prince qu'Aymeric I. du nom, & non pas II. Vicomte de Narbonne, eut la vanité de prendre dans vn Acte de l'an 1098. auquel temps Raymond de sainct Gilles n'estoit plus en Languedoc, est vn témoignage asseuré, que comme Raymond par sa presence & par son auctorité auoit releué la dignité de Duc & Comte de Narbonne, & contraint les Vicomtes de cette ville à le reconnoistre pour leur Seigneur, qu'aussi se preualant de son absence, ils vouloient par là restablir dans leur maison la

souuerai-

Souueraineté qu'ils auoient vsurpée auant ce Raymond de sainct Gilles. Ainsi cét Aymeric I. Vicomte de Narbonne, sous le nom de Prince, & son fils apres luy prenant par tout le titre de *Par la grace de Dieu, Vicomte*, qui sont des termes de Souueraineté, firent voir que Raymond de sainct Gilles n'estant plus dans le Royaume, & que Bertrand, & puis Alphonse, se trouuant l'vn & l'autre trop foibles pour pouuoir s'opposer à leur ambition, il n'y auoit plus rien qui peust faire obstacle aux Vicomtes de Narbonne pour trancher, comme ils firent depuis, des Princes & des Souuerains dans le Comté de Narbonne. En effet, on ne void seulement pas dans les Archiues de Narbonne deux Bails à fief de la Monnoye de Narbonne, qui est vn droict Royal, faits par Aymeric III. selon M. Catel, & II. selon mon ordre, & la Comtesse Mahault ou Mahalte sa mere, aux années 1104. & 1111. Mais de plus on lit que le mesme Vicomte faisant hommage à l'Archeuesque Arnaud de Leues l'an 1122. il excepte Raymond Berenguier Comte de Barcelonne, Vdalguier Abbé de sainct Paul, le Seigneur de Casouls, & le Sieur de Peyrepertuse, & ne dit rien du Comte de Tolose, pour monstrer que pour lors les Vicomtes de Narbonne ne le reconnoissoient plus.

Nous auons veu que Bertrand passa en Orient en l'année 1109. & y mourut enuiron l'an 1112. & en parlant d'Alphonse nous verrons qu'il fut ramené en France par le soin de Guillaume de Montpellier, & qu'ayant depuis espousé Faydide fille de Gilbert

P p

Comte de Prouence, & de la Comtesse Tiburge, il se tint vn long-temps en Prouence en la Ville d'Orange, attendant du secours du Roy Alphonse de Castille, son oncle maternel, pour le recouurement de ses Seigneuries du Languedoc. Semblablement nous y verrons qu'il ne commença de iouïr du Comté de Tolose que depuis l'an 1122. que les Tolosains se faschans du Gouuernement du Duc Guillaume de Poictiers, se reuolterent contre luy, appellerent Alphonse, & le reconnurent pour leur vray Seigneur; & enfin par la mort du Duc qui deceda l'an 1126. il demeura paisible possesseur du Comté de Tolose. Surquoy il faut se representer que Mahalte ou Mahault mere de cét Aymeric II. Vicomte de Narbonne, duquel nous parlons en ce Chapitre, fut femme en premieres nopces de Raymond Berenguier Teste d'Estoupes, Comte de Barcelonne, decedé l'an 1082. & en secondes d'Aymeric I. du nom Vicomte de Narbonne; par ce moyen Raymond Berenguier Comte de Barcelonne, fils de cét autre surnommé Teste d'Estoupes, qui espousa l'autre fille de Gilbert & de Tiburge, nommée Douce de Prouence, & nostre Vicomte Aymeric, estoient freres vterins. Ainsi ils estoient si proches, que pendant toutes les guerres qui furent entre le Comte de Barcelonne, & le Comte Alphonse pour raison du partage de la Prouence, le Vicomte de Narbonne demeura vny & ligué auec le Comte de Barcelonne contre Alphonse leur ennemy commun. Enfin cette Alliance, & ces guerres, fauoriserent si fort l'ambition des Vicomtes de Narbonne, qu'il leur fut aisé à se maintenir sans trouble dans la ioüissance de l'auctorité Ducale de Narbonne, iusqu'à ce que le Vicomté fust en quenoüille, par la mort du Vicomte Aymeric III. & non IV. qui fut tué à la Bataille de Fraga en Espagne, où mourut le Roy d'Arragon & de Nauarre, dit l'Empereur l'an 1134.

Aymeric le Vieux fut à la guerre de la Terre-Saincte, & y mourut, comme se void par le Testament qu'il fit en ce pays-là, & apres luy son fils Aymeric I. fut Vicomte, lequel estant mort apres l'an 1126. c'est depuis ce temps-là qu'Alphonse Comte de Tolose, a esté reconnu pour Duc de Narbonne. Ainsi il est vray de dire que si Aymeric II. auoit succedé à l'ambition de son pere, touchant la Soueraineté de Narbonne; que tout fut esteint & assoupy en la personne d'Aymeric III. & non IV. son fils, qui tint fort peu de temps le Vicomté, & par sa mort sans enfans le laissa à ses sœurs Ermengarde & Ermessinde, qui le partagerent depuis. Voyez M. Catel en ses Vicomtes de Narbonne, où vous apprendrez, qu'icy commença la ligue des Vicomtes de Narbonne, de qui sont descendus les Vicomtes de sainct Girons, les Marquis de Phimarcon, & autres Maisons qui portent le surnom de Narbonne. Et dans la suite nous verrons qu'apres la confiscation du Duché de Narbonne sur les Comtes de Tolose, les Vicomtes de Narbonne ont pris la qualité de Vicomtes & Seigneurs de Narbonne; d'autant que des-lors ils ne se trouuerent plus releuer des Comtes de

Tolose, comme Ducs de Narbonne, ainsi qu'ils faisoient auparauant, mais bien de la Couronne de France; cela sera representé par ordre.

Et parce que c'est contre ce Vicomte Aymeric II. de ce nom, fils de cét autre Aymeric le premier de ce nom des Vicomtes de Narbonne, que Richard Archeuesque de Narbonne dressa cette plainte qu'on void encore dans les Archiues de Narbonne ; il importe de dire sur la fin de ce Chapitre, que l'Archeuesque Dalmas estant decedé le vingt-septiéme de Ianuier 1096. Bertrand Euesque de Nismes fut éleu à sa place, & que son élection fut confirmée par Bulle du Pape Vrbain II. l'an 1097. & par mesme moyen l'Archeuesque de Narbonne fut confirmé au droict de Primatie sur l'Archeuesque d'Aix, & autant en fut fait par le Pape Pascal successeur d'Vrbain. Le Vicomte de Narbonne ne voulut pourtant pas reconnoistre cét Archeuesque Bertrand, & tant Aymeric le Vieux, que Mahault ou Mathilde sa femme & ses enfans iouïrent du bien de l'Archeuesché, iusqu'en l'année 1106. qu'au lieu & place de Bertrand fut éleu Richard de Carlac Abbé de sainct Victor de Marseille, depuis Cardinal, & son élection fut confirmée par le Pape Pascal l'an 1107. Ce qui se passa de particulier entre le Vicomte de Narbonne & l'Archeuesque Richard est specifié par le menu dans cette plainte, qui contient, que Dalmas Archeuesque de Narbonne estant venu à deceder, le Vicomte Aymeric se saisit aussi-tost de tous les biens & Maisons de l'Archeuesque, & depuis le Vicomte s'estant presenté au Concile Prouincial tenu à Narbonne, il fit hommage generalement de tout ce qu'il tenoit en fief de l'Eglise; Mais lors qu'il fut requis de vouloir specifiquement dire & declarer ce qu'il tenoit, il y eut de grandes contestations entre l'Archeuesque & le Vicomte, & celuy-cy fit tant qu'il contraignit enfin Richard à luy quitter le droict de peage qui luy appartenoit. Neantmoins l'Archeuesque ayant esté peu apres aduerty que ses predecesseurs en auoient tousiours ioüy, il en auroit aussi-tost fait demande; ce qui choqua si fortement le Vicomte, que deslors il se comporta enuers l'Archeuesque plus rudement encore qu'il n'auoit fait auparauant; par où l'Archeuesque fut contraint d'excommunier le Vicomte, & mettre toutes ses Terres en interdit. Cela fait, il se retira, crainte que le Vicomte n'entreprit sur sa vie, mais celuy-cy le fit saisir & arrester prisonnier, & luy fit faire par force vne quittance de toutes ses pretensions. Mais afin que cette quittance ainsi extorquée par force & violence ne fust prejudiciable à ses successeurs, cét Archeuesque Richard en dressa expres cette plainte, qu'il laissa dans les Archiues de Narbonne, afin qu'vn iour ils vissent par là comme il auoit esté forcé à la faire, & qu'ils pussent recouurer & demander en Iustice les biens qui apartenoient à l'Eglise, & qu'il auoit esté contraint de quitter & abandonner au Vicomte par violence & mauuais traittement. Pour tesmoins de tout ce que dessus, il allegue Athon Archeuesque d'Arles, Iean Euesque de Nismes, les Archidiacres de Narbonne,

Hugues Abbé de l'Eglise de sainct Pol, & plusieurs autres, tant Clercs, que Laïcs. Cét Acte est sans datte, mais il est constant que cecy s'est passé auec le Vicomte Aymeric deuxiesme du nom, fils d'Aymeric I. & de Mahault ou Mathilde, qui laisserent outre Aymeric qui estoit l'aisné, quatre autres enfans mâles nommez, Bernard, Raymond, Guischard, & Berenguier qui fut Abbé de Lagrasse, & Archeuesque de Narbonne dés l'an 1156. Il y a aussi dans les mesmes Archiues vne Transaction passée entre cét Archeuesque Richard, & le Vicomte Aymeric II. fils de Mahault ou Mathilde, touchant le droict de naufrage qu'ils quitterent respectiuement aux Chrestiens; & à l'esgard des Sarrasins, il est dit que les biens & Marchandises égarées par naufrage seront partagées entre l'Archeuesque & le Vicomte.

Cette communauté de droicts qui estoit generale entre l'Archeuesque, comme Seigneur de la moitié de la Cité & Comté de Narbonne, & le Vicomte, comme possedant l'autre moitié en arriere-fief des Comtes de Tolose, Ducs de Narbonne, & mesmes de l'Archeuesque, m'oblige à ne pas obmettre en ce lieu, qu'il est fait vne expresse mention dans la plainte de Richard, des droicts & vsages appellez *Compares*, que l'Archeuesque Guifred auoit acquis, & playdé pour iceux. Ils deuoient estre communs entre l'Archeuesque & le Vicomte, lesquels pour cette raison pouuoient estre proprement appellez Comtes Pairs, Comtes Egaux, attendu qu'ils possedoient conjoinctement & par égales parts & portions la ville & Comté de Narbonne, auec l'vſage de tous les droicts qui y appartenoient, & que neantmoins le Vicomte pretendoit luy appartenir en ſeul ſur fondement que ſes Anceſtres en auoient ioüy. Comme cette poſſeſſion n'auoit point d'autre titre que l'vſurpation, & que par conſequent elle ne pouuoit point eſtablir aucune legitime preſcription, ſuiuant cette maxime vulgaire dans le Droict, que la preſcription n'a point de lieu contre vne poſſeſſion de ſoy-meſme vicieuſe; il s'enſuit donc que le Vicomte extorqua contre toute ſorte de droict & d'équité, & par pure tyrannie & opreſſion, la ceſſion qu'il ſe fit faire à l'Archeueſque de ces droicts appellez *Compares*. Voila pourquoy celuy-cy reconnoiſſant depuis l'injuſtice de ce procedé du Vicomte, en voulut expreſſement inſtruire ſes ſucceſſeurs par la plainte qu'il en dreſſa, afin qu'ils euſſent vn iour à s'en faire valoir par les voyes de la Iuſtice. Mais Arnaud de Leues ayant ſuccedé à Richard enuiron l'an 1120. Le Vicomte Aymeric luy fit hommage & ſerment de fidelité au mois d'Aouſt de l'an 1122. & l'Acte porte ces meſmes mots, *ſicut homo debet eſſe ad ſuum ſeniorem cuius manibus ſe commendauit*. Et comme par là le Vicomte de Narbonne reconnoiſt l'Archeueſque pour ſon Seigneur, & ſe declare ſon vaſſal: auſſi voyons-nous que l'année auparauant, Bernard Atton Vicomte de Carcaſſonne, & Raymond de Termes, auoient fait hommage au meſme Archeueſque, pour les Terres & Seigneuries qu'ils poſſedoient dans le Comté de Narbonne; en quoy ceux-cy auoient monstré qu'ils reconnoissoient l'Archeuesque pour Duc & Comte de Narbonne. A parler sincerement, le Vicomte pourroit auoir fait cét hommage de la sorte à l'Archeuesque, plus par des maximes de Politique que de Iustice, ny de religion, afin de s'appuyer de l'Archeuesque contre le Comte Alphonse de Tolose, fils de Raymond de sainct Gilles, qui auoit esté receu en cette année dans Tolose par les Habitans, & ne pretendoit pas moins que d'estre en suite reconnu dans la ville de Narbonne de la maniere que son pere l'auoit esté, & comme il le fut enfin dés enuiron l'an 1126. ainsi que nous verrons en parlant de luy.

Comme qu'il en soit, depuis ce temps les Archeuesques de Narbonne ont ioüy paisiblement de la moitié de la Cité & Comté de Narbonne, suiuant & conformément à l'Accord & Transaction passée par l'Archeuesque Guifredus auec le Vicomte Raymond Berenguier, hommage & serment de fidelité que luy presta le Comte Raymond de sainct Gilles, & Acte passé en suite, qui porte en termes formels, que l'Archeuesque doit iouïr de tout ce que luy appartenoit, *sicut sonat in Præceptis regnum, sine ingano*, comme nous auons dit plus haut. Par ainsi voila l'Archeuesque Arnaud de Leues restably en la pleine possession de la moitié de la Cité & Comté de Narbonne, qui auoit esté donnée à ses Ancestres par les Roys Pepin, Charles le Chauue, Charles le Simple, Odon, ou Eudes, &c. & auec elle de la moitié des Leudes, Tributs, Monnoyes, Iuifs, cens, rentes, ports, salins;

falins, & generalement tous autres droicts exprimez dans les Conceſſions des Roys Charles le Chauue & Eudes, que le Comte de Narbonne auoit accouſtumé d'exiger, ſoit dans la ville de Narbonne, que dans tout le Comté. L'autre moitié eſt depuis demeurée paiſiblement aux Vicomtes à titre de Vicomté, & en arriere-fief tant des Comtes de Toloſe, comme Succeſſeurs des anciens Comtes Metropolitains de Narbonne, que des Archeueſques de la meſme Ville, comme Seigneurs directs, tant de la moitié de la Cité & Comté de Narbonne, qu'ils poſſedoient par Conceſſion des Roys, que de la troiſieſme partie de l'autre moitié que Raymond de ſainct Gilles auoit donné à l'Archeueſque Guifredus, comme nous dirons plus au long icy bas.

En quoy nous apprenons clairement & deciſiuement, que de tout temps les Archeueſques de Narbonne & les Comtes de Toloſe, ont eſté Seigneurs en pareage de la ville & Comté de Narbonne, & que les Vicomtes ont poſſedé en arriere-fief des vns & des autres, la part & portion du Comté qui eſtoit demeurée au Comte; & qu'apres l'vſurpation que les Vicomtes auoient faite ſur les Comtes de Rouergue, ſucceſſeurs des Comtes de Toloſe au Comté de Narbonne, auec leſquels ils partageoient l'auctorité Comtale de cette Ville, dont les Vicomtes s'eſtoient entierement emparez; comme nous auons veu; Raymond de ſainct Gilles reſtablit les Archeueſques en la portion de cette Seigneurie qui leur appartenoit legitimement, & confirma aux Vicomtes le Bail en

Qq

arriere-fief que les anciens Comtes de Tolose en pouuoient auoir fait aux premiers Vicomtes hereditaires, & mesmes se departit en leur faueur de tout ce qu'il pouuoit encore pretendre sur la proprieté & Domaine vtile de la portion du Comté, moyennant le titre de Comte de Narbonne, qu'il se reserua pour luy & pour ses Descendans, & qu'il changea enfin en celuy de Duc, à cause de la Dignité de Comte Metropolitain, & l'affermit dans sa famille, en reconnoissant, comme il fit, la Superiorité de l'Archeuesque de Narbonne. De là se void que c'est contre toute sorte de verité que le Moine de Valsernay a escrit dans son Histoire des Albigeois, que de toute ancienneté le Duché de Narbonne appartenoit aux Comtes de Tolose, & que les Archeuesques l'auoient vsurpé sur eux; & que ceux là enfin ne se sont gueres moins trompez qui ont escrit, les vns que Raymond de S. Gilles auoit vsurpé la ville de Narbonne, & auoit contraint le Vicomte & les Habitans à le reconnoistre pour Duc, & les autres que les Archeuesques ne pouuant tirer raison des Vicomtes tant pour les droicts qu'ils auoient vsurpez sur eux, que pour ceux qu'ils leur deuoient, à raison de la part & portion qu'ils auoient en la Seigneurie & Comté de Narbonne, ils auoient appellé en pareage les Comtes de Tolose, & que de là ceux-cy auoient emprunté la qualité de Duc qu'ils se sont donnée depuis.

de Narbonne. 307

CHAPITRE XXVIII.

ALPHONCE, fils de Raymond de S. Gilles, Comte de Tolose, vingt-&-quatriéme Duc, Marquis & Comte de Narbonne.

ARNAVD, & PIERRE, Archeuesques, & vingtiesme & vingt-vniéme Conseigneurs de Narbonne.

AYMERIC II. & AYMERIC III. du nom, neufiéme & dixiéme Vicomtes hereditaires de Narbonne.

LPHONSE, autrement appellé Adelfonse, Aldefonse, Andefonse, Adefonse, Anfosse, Anfons, Alfonse, Ildefonse, Hildefons, & Anfort, qui est tout vn, fut fils de Raymond de sainct Gilles, & de sa seconde femme, appellée indifferemment Eluire, Geluire, Gesloire, & Adelphonse, & par Carbonnel Vrraque, fille d'Alphonse VI. Roy de Castille, & d'Agnes fille de Guillaume Comte de Poictou; il nasquit en Orient au Chasteau Pelerin l'an 1103. & fut baptisé au Fleuue du Iourdain: Cronica d'Espanya fol. 38. & 39.

Q q ij

& pour cette cause porta le nom d'Alfonse Iourdain. Apres la mort de son pere decedé l'an 1105. il fut ramené en France par Guillaume de Montpellier; il espousa Faydide, l'vne des filles heritieres de Gilbert Comte de Prouence; l'autre fille nommée Douce fut mariée à Raymond Berenguier Comte de Barcelonne : Ainsi la Prouence escheut à ces deux Seigneurs, qui apres de longues guerres en vindrent au partage, l'an 1125. Voyez M. Catel en la vie de cét Alphonse, dans ses Comtes de Tolose.

M. Besli en son Histoire des Comtes de Poictou & Ducs de Guyenne, remarque que pendant qu'Alfonse fit son sejour en Prouence en la ville d'Orange, Guillaume IX. Comte de Poictou, & Duc de Guyenne, qui auoit espousé Philippes, fille vnique de Guillaume V. Comte de Tolose, frere de Raymond de sainct Gilles, tenoit la ville de Tolose, dont il s'estoit emparé sur Alphonse; & que les Tolosains se reuolterent contre le Duc, chasserent la garnison qu'il tenoit dans le Chasteau de Narbonne, qui estoit la forteresse de Tolose, laquelle estoit commandée par vn Gentilhomme Angoulmois, appellé Geofroy de Mommoreau, & en suite allerent en la ville d'Orange, & ramenerent le Comte Alphonse en la ville de Tolose, dont il fut reconnu Seigneur. Le Duc de Guyenne vint aussi-tost en Languedoc auec vne armée, & le Roy Alfonse de Castille accourut au secours du Comte Alphonse son nepueu, & enfin moyenna vn accord entre les deux cousins, le Duc Guillaume & le Comte Alphonse, sans que les Histo-

de Narbonne.

ciens l'expliquent d'auantage. Cecy arriua l'an 1122. & Alphonse demeura paisible par le decez du Duc Guillaume aduenu l'an 1126. On void plusieurs Actes depuis l'an 1122. iusques en 1147. Lesquels ont esté faits *Ludouico Regnante, Ildefonso Comitante, & Amelio, siue Raymundo Episcopante :* Et dans Miquel Carbonnel l'on void qu'il fut éleu Roy de Castille, & qu'il s'en accommoda apres auec le Roy Alfonse d'Arragon, qu'il appelle son frere vterin, l'an 1134.

Dans l'Acte de diuision & partage de la Prouence fait l'an 1125. au mois de Septembre, il ne prend que le titre de Comte de Tolose, & de sainct Gilles ; Mais depuis il a tousiours pris celuy de Comte de Tolose, Duc de Narbonne, & Marquis de Prouence ; & comme les Comtez de Rodez & de Geuaudan appartenoient au Duc Alphonse du costé de Raymond de Sainct Gilles, on void aussi qu'il n'en fut pas fait mention dans le partage fait entre les filles & heritieres de Gilbert & de Tiburge, quoy que l'on fasse cette Tiburge fille du Comte de Rodez & de Geuaudan. Il est vray que depuis, Raymond Berenguier mary de Douce, par son Testament du huitiesme Iuillet 1130. donne à Raymond Berenguier l'vn de leurs enfans le Comté de Barcelonne, & ses Dependances, & outre ce les Comtez de Vic, Besalu, Maurese, Girone, Cerdaigne, Carcassonne, & Rodez, ou plustost Rasez, auec leurs Eueschez ; & à Berenguier leur second fils, il donne le Comté de Prouence, *y todos los honores que en aquella tierra possyea, y en Gaualdan, y en Carlades.* Soit que dans la premiere Donation fust com-

^{Fray Diago,} Condes de Barcelona, l. 2. cap. 117.

Qq iij

Histoire des Ducs

pris le Comte de Rodez, ou que ce fust celuy de Rafez, tant y a qu'il semble que le procedé du Comte de Barcelonne ait offensé Alphonse, & que depuis Raymond son fils l'en ait querellé, & obligé à passer l'an 1177. accord sur les pretensions que le Comte de Barcelonne pour lors Roy d'Arragon auoit sur les Comtez de Millau, Geuaudan, & Carlades ; Nous en parlerons plus au long au Chapitre suiuant.

Zurita, l. 1. de los Anales de Aragon.

Nostre Duc de Narbonne alla à la guerre d'Outremer, l'an 1147. & pour subuenir aux frais de ce voyage, il vendit le Comté de Rodez à Richard, & Hugues pere & fils, qui ont eu pour successeurs, sçauoir en l'année 1190. Eudes Comte de Rodez, qui auoit vn frere nommé Richard ; apres quoy l'on trouue Guillaume Comte de Rodez en l'année 1207. Hugues Comte de Rodez & son frere Bertrand en l'année 1237. & Henry fils d'autre Henry en l'année 1268. j'obmets les autres, parce que cela ne fait pas à mon sujet. Et pour reuenir à nostre Duc de Narbonne, i'adjouste qu'on a remarqué qu'à cause de la reputation de son pere, il ne prit que le titre de Raymond de sainct Gilles : mais il mourut de poison l'année apres. De sorte qu'il n'est pas estrange que pendant ce temps-là, Conrad II. du nom, Empereur, ait fait Donation à Guillaume Euesque de Viuiers de la ville de Viuiers ; d'autant que le veritable Proprietaire de cette Ville Comtale n'estoit pas pour lors en estat de s'opposer à vne si visible vsurpation. Nous auons veu plus haut que Conrad I. se disoit Roy d'Allemagne, Bourgongne & Prouence ; & ce-

M. Catel, en la vie de ce Comte.

la estant, ie crois que l'Empereur fondoit toutes ses pretensions sur ce que le Royaume de Bourgongne comprenoit entre autres choses la Prouince de Vienne : & en cét estat il pouuoit estre que les Roys de Bourgongne qui se sont long-temps tenus à Arles, auoient tousiours pretendu que la Cité de Viuiers comme subjecte de Vienne, en l'Ordre Ecclesiastique leur appartenoit. Ils n'y ont eu pourtant iamais aucun droict, & s'ils l'ont possedée quelque temps, ç'a esté depuis la conqueste qui en fut faite sur les Vvisigoths du temps de la ruine du Royaume de Tolose; estant certain, comme dit Roderic, Archeuesque de Tolede, que Viuiers estoit de la Gothie, qui n'a iamais dependu de la Bourgongne : lors que descriuant les bornes de la Gaule Gothique, il parle en ces termes : *Gallia Gotica, id est, Narbonensis Prouincia cum Ruthena, alba, & Viuario Ciuitatibus quæ Gothorum tempore ad Narbonensem Prouinciam pertinebat.* Depuis Seuerinus Euesque de Viuiers se trouua auec les autres Euesques du Languedoc à la consecration du Monastere d'Aniane au Diocese de Maguelonne, faite du temps de Charlemagne.

<small>Hist. Ispal. cap. 20. lib. 3.</small>

Puis que ie suis tombé sur le discours du Geuaudan & du Viuarez, la curiosité ne sera pas impertinente, de dire qu'il y a grande apparence que les Comtez de Geuaudan, & de Viuiers ayant esté des Dependances de la Prouince de sainct Gilles, que peut estre est-ce de là aussi qu'ils emprunterent cette forme de Gouuernement Aristocratique qu'ils conseruent encore. Le Viuarez à douze Barons Pairs,

& le Geuaudan sept, qui entrent par tour aux Estats Generaux de Languedoc ; & sans doute qu'anciennement ils auoient leur auctorité, & leur administration proportionnée à celle des autres Barons Pairs, instituez dans les Prouinces, & particulierement dans les autres Comtez de la Septimanie, pour le regime & Gouuernement de l'Estat, conjoinctement auec les Ducs & Comtes : & comme tels ils auoient sous l'auctorité du Duc de Septimanie ou Comte de sainct Gilles, duquel ils semblent auoir dependu, le maniment de la Iustice, de la Police, & des Finances de tout le pays qui dependoit de leurs Comtez. Ie me confirme dans ce sentiment que les Comtez de Geuaudan & de Viuiers estoient compris sous le nom General de Comté de sainct Gilles, considerant que l'on ne trouue pas ny aucun acte qui fasse foy que S. Gilles ait iamais esté erigé en Comté, ny aucun hommage rendu par le Comte de sainct Gilles : & ce que M. Catel dit par conjecture, que Raymond prit le nom de sainct Gilles, à cause de l'honneur qu'il portoit à ce Sainct, nous le deuons tenir pour constant ; & mesmes sur ce qu'il ordonna que la Feste de ce Sainct seroit chommée dans l'Eglise Dupuy, & dans tout son Diocese, il faut faire fondement qu'il donna aussi le nom de Sainct Gilles à tout ce qu'il possedoit dans les Montaignes des Ceuennes. Car comme la Donation que fit son fils Bertrand à sa femme Electe ou Helene, des Comtez de Viuiers, Auignon, & Dyne, auecque leurs Eueschez, nous empesche de douter que Raymond de sainct Gilles ne fut ne fut veritablement Seigneur du Viuarez, il faut de mesme conclurre que ce fut en qualité de Comte de sainct Gilles qu'il possedoit ce Comté, qu'il comprit à la fin auec tous les autres de la Septimanie ou Go-thie, sous le nom de Duché de Narbonne. Dans ce sentiment il faut croire que les sept Gentilshommes qui ont souscrit l'Acte de cette Donation en ces mots, *firmat in æternum*, sont les Barons Pairs du Comte de Sainct Gilles, obligez d'assister à la Cour du Seigneur lors qu'il l'assembloit. Ils sont nom-mez Gilibert de Lauriac, Do. de Samatan, Hugo. G. G. de Sabran, Raymond Pol de Gardia, Pons Ray-nard de Mesens, & Pons Guillaume de Bragiac ; Et i'infere qu'ils estoient Barons Pairs du Comté de S. Gilles, d'autant que G. de Sabran estoit vn grand Seigneur du Languedoc, selon la remarque de M. Catel, & au iourd'huy la Terre de Sabran est vn Vi-comté proche de la Ville de Baignols. Et à moins que ceux cy n'eussent esté les Barons Pairs du Com-té de S. Gilles, ie ne vois pas qu'il fust necessaire de leur faire affirmer l'Acte auec tant de solemnité, puis qu'à prendre ces mots, *firmat in æternum*, qui sont les mesmes qu'employe Raymond de sainct Gilles, il conste que c'est vn consentement & vne approba-tion tirée d'eux auec serment, pour la validité de la Donation, laquelle à bien dire ne pouuoit pas estre ferme & stable que par le concours de leur auctorité. Où il faut remarquer que comme le serment consiste aux parolles, & qu'il fait l'vne des parties de la Reli-gion, d'autant que Dieu y est appellé comme Iuge &

Mem. de Lang. pag. 343.

comme Tesmoin, celuy-cy est aussi vn des sermens corporels qui se font auec solemnité & ceremonie, soit en touchant les Saincts Euangiles, ou leuant simplement la main, & il est quelque chose de plus sainct & de plus inuiolable que ce que la loy signifie par ces mots, *instrumento iurare*; estant veritable qu'à considerer auec soin les termes de ce serment *firmat in aeternum*, c'est vn serment corporel tres exprez.

<small>Registr. cur. Franc. M. S. fol. 55 & 56</small> Au reste on apprend d'vn Acte des Archiues du Roy de la Cité de Carcassonne, que pendant la vie d'Alphonce, le Roy Louis le Gros, prit sous sa protection l'Eglise de Maguelonne, & ordonna qu'elle iouiroit & possederoit, franc & libre, ce qui luy sera donné par Roys, Princes, &c. & nommement il exprime l'Isle de Maguelonne & ses Dependances, l'Isle d'Escliön, & tout le droict de la Pesche en la Mer, & aux Estangs, dans le Comté de Maguelonne, & dans le port *siué grau*, estant dans ledit Euesché &c. Ce qui a esté confirmé par Louis le Ieune, & apres par Philippes Auguste, l'an 1208. l'an 29. de son regne, *apud Musterolium bellaij*. Il est à noter que par cét Acte le Roy donne plusieurs lieux à l'Eglise de Maguelonne, entre lesquels est nommé le fief du Seigneur de Montpellier, auec sa Parroisse, le Chasteau de Palude, vulgairement appellé Lates, auec son territoire, &c. & le Roy se reserue seulement sur ces terres données l'auctorité Royale. Plus bas nous verrons que les Seigneurs de Montpelier ont fait hommage & presté serment de fidelité à l'Euesque de Maguelonne pour la ville de Montpellier, & le

Chasteau de Lates, & que les Euesques de Maguelonne ont tousiours reconnu tenir le tout en fief de la Couronne de France.

Si diray-ie encore en ce lieu, que c'est sous cét Alphonse Comte de Tolose & Duc de Narbonne, que le Vicomté de Narbonne vit finir la ligne masculine des Vicomtes hereditaires de Narbonne, qui auoit commencé à Majol ; Car par le decez d'Aymeric Vicomte de Narbonne, (que M. Catel appelle IV. du nom, & qui selon moy n'est que le III. puis qu'il faut oster du rang des Vicomtes, Aymeric ou Theodoric pere de sainct Guillaume, Duc, Marquis, & Comte de Narbonne ;) Ermengarde sœur de cét Aymeric luy succeda en seul au Vicomté de Narbonne. Comme elle se maria en secondes nopces auec Pierre d'Anduse, fils de Sibille, ie croy que de celuy-cy estoit frere ce Pierre fils de Sibille, qui fut éleu Archeuesque de Narbonne apres Arnaud de Leues, decedé le 30. de Septembre, 1149. & auquel Pierre Archeuesque de Narbonne, la Vicomtesse Ermengarde fit hommage & serment de fidelité l'an 1155. aux Calendes de Fevrier, des biens qu'elle tenoit en fief de l'Eglise de Narbonne ; & par autre Acte du mesme iour & an, elle declara que les dépoüilles des des Archeuesques ne luy appartenoient pas.

CHAPITRE XXIX.

RAYMOND, fils de FAYDIDE, Comte de Tolose, vingt-cinquiéme Duc, Marquis & Comte de Narbonne.

PIERRE, BERENGVIER, PONS, autre *PIERRE, IEAN, BERTRAND* ou *BERNARD, GAVSCELIN, &* autre *BERENGVIER, Archeuesques, &* 21. 22. 23. 24. 25. 26. *&* 27. *Conseigneurs de Narbonne.*

ERMENGARDE, Vicomtesse de Narbonne, & AYMERIC son nepueu IV. du nom, & PIERRE DE LARA Comte de Molina, 11. *&* 12. *Vicomtes de Narbonne.*

RAYMOND succeda à son pere Alphonse, l'an 1148. & auant la mort de son pere il se nommoit Comte de sainct Gilles; mais apres il prit semblablement le titre de Comte de Tolose, Duc de Narbonne, & Marquis de Prouence, ainsi qu'on void dans tous les Actes qu'il a faits. Il se maria auec la Reyne Constance sœur du Roy

de Narbonne.

Louis le Ieune, qui l'honora de la dignité de Pair de France, que ſes ſucceſſeurs ont portée depuis; auec lequel titre il faut croire qu'il luy confirma tout ce qui eſtoit de la dignité de Duc de Narbonne, de Comte de Toloſe, & de Marquis de Prouence. Si bien que ſi cette poſſeſſion eſtoit vicieuſe auparauant, elle deuint par là legitime.

Auant que ce Raymond euſt ſuccedé à ſon pere en ſes Eſtats & Seigneuries, Ermengarde eſtoit Vicomteſſe de Narbonne, & veſcut iuſques apres Raymond, qui deceda l'an 1194. ainſi que nous dirons icy bas; & Ermengarde deceda ſeulement le quatorzieſme Octobre 1197. dans Perpignan, ſans laiſſer aucuns enfans. Et comme Aymeric de Lara ſon nepueu, fils de Dom Almaric de Lara & d'Ermeſſinde ſœur d'Ermengarde, eſt qualifié Vicomte deſia du viuant de ſa tante, ainſi qu'il ſe void dans vn hommage de l'an 1169. & dans vn inſtrument de l'an 1176. nous deuons de là inferer que Ermengarde voyant n'auoir point d'enfans, adopta ſon nepueu Aymeric, & l'aſſocia au Vicomté de Narbonne. Toutesfois il faut que cét Aymeric IV. du nom, Vicomte de Narbonne ſous ſa tante Ermengarde, ſoit decedé ieune & ſans laiſſer aucuns enfans, puis que Pierre de Lara ſon frere Comte de Molina, eſt nomé dans vn Acte fait par la Vicomteſſe Ermengarde ſa tante l'an 1188. & que dans d'autres Actes de l'an 1192. & 1193. il ſe dit Vicomte de Narbonne; & de plus, qu'en l'annee 1194. il donna ce Vicomté à Aymeric ſon fils, & de Sance de Nauarre ſa femme, fille

R r iij

de D. Garcia Ramirez, & D. Vrraca Reyne de Nauarre. En consequence de cette Donation cét Aymeric prit possession du Vicomté de Narbonne, & s'estant tousiours tenu à Narbonne, de luy & de Marguerite de Maily ou Merly sa deuxiéme femme, sœur de Bouschard & Mathieu de Maily ou Merly, Cheualiers François, qui vinrent en Languedoc auecque le Comte Simon de Montfort, sont descendus les autres Vicomtes de Narbonne qui ont esté depuis, & plusieurs autres familles illustres.

Nous auons veu que Pierre fils de Sibille succeda à Arnaud de Leues en l'Archeuesché de Narbonne l'an 1149. & qu'il fut reconnu par la Vicomtesse Ermengarde, qui luy fit hommage l'an 1155. & par autre acte luy ceda le bien de Creissanel: il obtint du Pape Eugene la confirmation de tous les priuileges de son Eglise, l'an 1153. & mourut l'an 1156. Berenguier fils du Vicomte Aymeric de Narbonne & de la Vicomtesse Mahauld ou Mathilde, qui estoit Abbé de Lagrasse, luy succeda enuiron le mois d'Aoust 1156. & estant decedé le septiesme Avril 1162. Pons fut puis apres Archeuesque, & aux années 1166. & 1176. il achepta le terrail *cum consilio & assensu Dominæ Ermengardæ Narbonensis Vicecomtissæ & Aymerici nepotis eius*; de plus il achepta certain peage ou leude sur les salins. Pierre luy succeda en cette année 1176. & assista au Concile d'Alby tenu contre les Heretiques, qui furent appellez d'vn nom general Albigeois, comme nous dirons tantost; Et ce Pierre eut pour successeur Iean Euesque de Poictiers, qui fut éleu

Archeuefque de Narbonne l'an 1181. & de là ayant esté fait Archeuefque de Lyon, & Legat en France, Bertrand ou Gaufcelin fut fubftitué à fa place, en la mefme année 1181. & par fon decez arriué l'an 1191. Berenguier fut Archeuefque de Narbonne. Celuy-cy eut de fi grandes difputes auec Gaufceraud de Capeftain, qu'ils en vinrent aux armes, mais tout cela fut auffi-toft affoupy par Sentence arbitralle de l'an 1193. Il vefcut en fi grande intelligence auec Aymeric Vicomte de Narbonne, cinquiefme de ce nom, qu'ils maintinrent cette ville en paix, & dans la veritable religion. Nous ne trouuons pas pourtant qu'aucun hommage ait efté fait à cét Archeuefque par le Vicomte, non plus qu'aux autres; bien loin de là M. Catel a remarqué qu'Ermengarde s'attribuoit vne fi grande auctorité fur l'Eglife Collegiale, & Abbatiale de fainct Paul de Narbonne, que le fufdit Archeuefque Pons s'en plaignit au Pape Alexandre III. qui declara par fa Bulle donnée à Anaigne le 12. des Calendes d'Octobre, confirmée par celle d'Honorius III. l'an premir de fon Pontificat, que l'auctorité & adminiftration de cette Abbaye appartenoit à l'Archeuefque. Cette Ermengarde a fondé l'Abbaye de Fortfroide, dans le Diocefe de Narbonne, Ordre des Cifteaux.

Selon vne ancienne Chronique publiée par M. Catel, Raymond Trincauel, fils de Bernard Atton, lequel auoit fuccedé à Roger fon frere en tous fes Eftats, eut en l'annee 1153. vne grande guerre auec noftre Raymond Comte de Tolofe, & Duc de Narbonne, qui fit prisonnier Trincauel, & selon Guillaume de Neubringe Historien Anglois, & l'Abbé Robert en sa Cronique, qui parlent aussi de cette prison, & nomment mal à propos ce Raymond Trincauel, Guillaume Trinthenel, il fut contraint d'achepter sa liberté par le demembrement de ses Estats. Ny les vns, ny les autres, ne disent pas pourtant qu'est-ce que le Vicomte bailla au Comte de Tolose, pour sa rançon : Mais pour moy i'estime que le suiet de toute cette guerre entre ses deux Seigneurs, estoit la vieille contention du Chasteau de Laurac, & pays de Lauragois, que le Vicomte Trincauel fut obligé de luy laisser, pour sortir de prison. Mais depuis se preualant des guerres qui furent entre le Roy d'Angleterre & le Comte de Tolose, il le reprit sur le Comte de Tolose; de sorte que comme dans l'hommage fait l'an 1150. par Trincauel au Comte de Barcelonne, le Lauragois y est expressément compris, il l'est de mesme dans l'hommage, que Roger son fils fit aussi au Roy d'Arragon l'an 1181.

Le commencement des longues guerres entre le Comte de Tolose, & le Roy d'Arragon, doit estre rapporté à cette prison du Vicomte de Carcassonne, & au demembrement de ses Estats ; car en ce que le Vicomte de Carcassonne tenoit toutes ses terres en fief, ou plustost en arriere-fief du Comte de Barcelonne, celuy-cy se trouuoit trop interessé en la cession que le Comte de Tolose auoit par force extorquée du Vicomte R. Trincauel, pour en dissimuler son ressentiment. Ainsi il se peut faire que le voyage qu'il

de Narbonne. 321

ge qu'il fit à Narbonne, l'an 1156. fut pour ce seul dessein, & que ce qui fut alors projetté fut executé l'année suiuante, que l'on trouue de mesme que le Comte de Barcelonne estoit en Languedoc. C'est en sa presence que Raymond Trincauel presta serment de fidelité à Berenguier Archeuesque de Narbonne fils d'Ermessinde, à mon aduis pour la terre d'Auriac au pays de Termenez, pour laquelle B. Otton son pere fit pareil serment de fidelité à l'Archeuesque Ricard l'an 1121. Ce soubçon est d'autant mieux fondé, que Diago, apres Zurita, dit qu'il donna beaucoup d'assistance à la Vicomtesse Ermengarde de Narbonne sa cousine, contre ceux qui vouloient la troubler dans ses Estats; c'est à dire contre sa sœur Ermessinde, mariée au Comte Don Almaric de Lara, dit vulgairement en Espagnol D. Maurice : car ie tiens pour constant que le secours que la Vicomtesse Ermengarde emprunta du Comte de Barcelonne, fut pour raison du partage entre sœurs des Estats de leur commun pere Aymeric II. Vicomte de Narbonne. Et de là ie tire cette consequence, que puis que le Comte de Barcelonne vint en Languedoc deux diuerses fois pour les affaires de la Vicomtesse de Narbonne sa cousine, qu'il fit aussi pour ceux du Vicomte de Carcassonne son vassal, ce qu'il estoit obligé d'y faire par la consideration de ses propres interests, qui l'engageoient d'honneur dans la deffense du Vicomte. Mesme que quelque qualité de Duc de Narbonne que portast le Comte de Tolose, nous ne le voyons pas pourtant paroistre, pendant tous les dé-

Condes de Barcelona l. 2. c. 167.

S f

meslez qui furent pour raison du partage des Estats du Vicomte de Narbonne, où le rang qu'il tenoit dans la Prouince meritoit bien qu'il fust appellé, s'il n'eust eu rien à demesler auecque le Comte de Barcelonne, qui s'en estoit rendu arbitre. De là vint aussi que le Comte de Barcelonne, fondé sans doute sur les pretensions imaginaires de ses Ancestres sur le Duché de Septimanie & Marquisat de Gothie, extorqua de la Vicomtesse Ermengarde de Narbonne la sousmission & hommage qu'elle luy fit de tous les Estats du Vicomte Aymeric II. son pere, desquels elle auoit herité ; l'acte en fut fait à Perpignan au mois de Feurier de l'an 1157. & la Vicomtesse bailla pour ostages deux des Principaux Barons de sa Terre, appellez Guillaume de Pitcus, & Armengol de Leucate, auec les Chasteaux qu'ils tenoient de la Vicomtesse. D'icy vint que par le Testament de ce Comte de Barcelonne de l'an 1162. il disposa du droit qu'il auoit sur la Cité de Narbonne.

Par toutes ces raisons le Comte de Barcelonne se ligua en suite auec le Roy Henry d'Angleterre qui auoit de grandes pretensions sur le Comté de Tolose, & ayant joint leurs Trouppes, ils assiegerent Tolose l'an 1159. au mois d'Aoust, suiuant Zurita, & Diago, & apres eux M. Catel. Mathieu Paris, Thomas Valsinghan, Roger de Houeden, & Guillaume de Neubringe, Historiens Anglois, l'Abbé Robert, & plusieurs autres, parlent de cette guerre : & ce dernier remarque particulierement que ce fut à Blaye quelque temps deuant, que le Roy d'Angleterre & le

Zurita, l. 2. c. 17. annal. de Arrag. Diago Condes de Barcel. l. 2. c. 169. Guill. Neubring hist. Angl. l. 2. c. 10. Paris, Valsingh. houed. & al. apud Catell.

de Narbonne. 323

Comte de Barcelonne se virent, & firent dessein pour rendre leur Alliance d'autant plus durable, de marier Richard, fils du Roy d'Angleterre, auecque la fille du Comte de Barcelonne, qui estoient encore enfans; le Roy promit de donner à son fils Richard le Duché de Guyenne, ainsi qu'escrit Zurita & Diago, qui pretend mal à propos que ce Traicté fut fait l'année suiuante. Au reste, ils sont d'accord auec Guillaume de Neubringe, que le Vicomte Trincauel estoit à ce Siege, & remarquent que lors que le Roy d'Angleterre se retira, il laissa le commandement de l'Armée au Comte de Barcelonne, au Vicomte Trincauel, & à Guillaume Seigneur de Montpellier. *in vit. Raymond V.*

Le Siege de Tolose n'ayant pas pour lors reüssi au Roy d'Angleterre, il fut renouuellé en l'année 1167. Guillaume de Neubringe est le seul Historien qui fait mention de ce second Siege de Tolose, lors que faisant le recit de la mort du Vicomte Trincauel massacré par les Habitans de Besiers dans l'Eglise de la Magdeleine, il dit que le sujet de cét assassinat vint de l'affront que les Habitans de Besiers pretendoient auoir receu en la personne d'vn de leurs Citoyens. Celuy-cy ayant offencé vn Gentilhomme qui estoit à la suite du Vicomte, lors qu'il reuenoit du Siege de Tolose, le Vicomte luy en fit faire vne telle reparation, que l'honneur du Citoyen en demeura blessé: Les Habitans de Besiers releuant l'interest de leur Concitoyen, requirent le Vicomte aussi-tost apres son retour de la guerre, de vouloir reparer l'infamie qu'il auoit faite à ce Citoyen, ce que le Vicomte leur *Hist. Angl. l. 2. cap. 11.*

Robert Dumont, Croniq. apud Catell.

S s ij

accorda, & prirent iour pour s'assembler dans l'Eglise de la Magdeleine de Besiers, où il fut assassiné auec
tous les grands de son Conseil, & vn sien ieune fils.
Quoy que le temps de ce massacre n'ait pas esté precisement remarqué, si est-ce qu'il tombe sur l'an 1167.
suiuant Pierre Moine de Valsernay, lequel parlant
de la prise de la ville de Besiers par l'Armée de la Croi-
sade, l'an 1209. dit que sept mille Citoyens de Besiers
furent tuez dans l'Eglise de la Magdeleine, où ils s'e-
stoient retirez pour garentir leur vie, & que cela arriua par vn iuste iugement de Dieu, d'autant (dit-il)
que tout ainsi que la ville de Hierusalem fut ruinée
par Vespasian & Tite, quarante-deux ans apres que
les Iuifs eurent crucifié Nostre Sauueur, de mesme
Besiers fut desolée quarante-deux ans apres que les
Citoyens de cette ville eurent fait mourir leur Seigneur, & cassé les dents à leur Euesque, qui l'auoit
voulu deffendre dans la mesme Eglise de la Magde-
laine. Voila donc qui iustifie qu'en l'an 1167. la ville
de Tolose fut reassiegée, quoy que les Histoires ne
facent pas vne particuliere mention de ce Siege.

J'essaye en mon Histoire des Euesques de Carcassonne, de monstrer que cét assassinat eut vn plus
grand motif, qui est que le Vicomte Trincauel qui
estoit vn tres vaillant hõme, & fort bon Catholique,
se trouuant en ce temps là auoir les armes à la main,
il ruina ces nouueaux Heretiques, qui eurent l'impu-
dence de s'assembler en corps de Conciliabule, où
ils creerent vn Antipape de leur secte, nommé Niquinta, & ce Pseudo-Pape crea des Euesques; Robert

de Spernon ou Esperon fut fait Euesque de la Nation de France, & Sicard Cellerier fut fait Euesque d'Alby, & plusieurs autres; & au Conciliabule que cét Antipape Niquinta tint au Chasteau de sainct Felix en Lauraguois, au mois de May de cette année 1167. il crea encore de nouueaux Euesques ; sçauoir Bernard Raymond fut éleu Euesque de Tolose, Geraud Mercier de Carcassonne, & Raymond de Casals du pays d'Aran, territoire de Comenge. L'Acte que ie dois donner tout entier, & dont i'employe vn extraict au fond de cette Histoire, dit que ces Euesques receurent en suite de la main de ce faux Pape, *consolamentum & ordinem Episcopi* : ces Euesques estoient appellez Consolateurs. Ils furent imitez par leurs Descendans en l'an 1223. lesquels creerent de nouueau vn Antipape, & celuy-cy fit pour son Legat en France vn nommé Barthelemy de Carcassonne, qui s'appelloit dans ses Titres, *Seruus seruorum Sanctæ Fidei*, & depuis estant passé en Bulgarie, Croacie, Dalmatie, & Hongrie, il y ordonna des Euesques, & y establit des Eglises de sa secte, suiuant Mathieu Paris, & plusieurs autres. Voila, à mon aduis, le subjet de la mort du Vicomte Trincauel; Et de fait, il ne resta de toute cette grande Assemblée d'Heretiques faite à sainct Felix, que ceux qui se refugierent & se fortifierent au Chasteau de Lombers, & au Chasteau de Lauaur. I'ose dire de là que ce Vicomte est le premier Martyr dont les Heretiques surnommez du pays d'Albigeois ayent répandu le sang. En ma dissertation sur la difference de ces He-

Spond. Annal. Eccl.
ann. 1183.
num. 8.
Math. Parisi.
hist. Angl.
an. 1223.
Perrin hist.
des Vaud. l.
1. c. 2. & 9.
c. 2. l. 17.

retiques, que ie dedie à Monseigneur l'Illustrissime Archeuesque de Tolose, ie fais voir quels estoient ces Heretiques, & quelle leur croyance, & particulierement ie monstre qu'en Languedoc ils estoient diuisez en quatre branches, appellez Arriens, Manicheens, Vaudois, & Bonshommes, & que ces deux derniers estoient entre eux absolument differens, quoy qu'ils ayent esté iusques icy confondus ensemble.

Ancien Inuent. de Foix dans M. de Marca pag. 722. de l'hist. de Bearn.

Apres ce que dessus, nous trouuons que nostre Raymond Comte de Tolose & Duc de Narbonne, bailla en fief à Roger Bernard Comte de Foix mary de Cecille, fille du feu Vicomte Trincauel, & à cette Cecille, & ses enfans, toute cette terre que possedoit Roger frere de Trincauel, c'est à dire, Carcassonne, & Carcassez, le pays de Rasez, & ce qu'il auoit en Albigeois, horsmis Castelvieil, & le Bourg d'Alby, & le fief qu'il auoit au pays Tolosain; & en outre il luy promit de ne faire ny paix ny tréue auec Roger fils de Trincauel, ny auec ses autres enfans, sans l'aduis & le consentement de Roger Bernard, de Cecille, & de leurs enfans, & qu'il l'assisteroit fidellement. Cét Acte contient plusieurs autres choses que i'obmets, & est datté du troisiesme des Nones de Decembre 1167. auquel temps Raymond Trincauel estoit decedé, comme cét acte iustifie. D'où vint que Roger fils de Trincauel, prit en cette mesme année 1167. inuestiture du Comté de Carcassonne &

Zurita, Indic. rer. Arag. l. 2.

autres Estats de son pere, du Roy Alphonse d'Arragon, pour tenir le tout en la mesme maniere, & sous les mesmes obligations que Trincauel les tenoit du Comte de Barcelonne. Depuis ce temps le Vicomte prit dans ses Titres celuy de Proconsul de Besiers, soit, ou pour marque qu'il ne reconnoissoit plus le Comte de Tolose pour Duc de Narbonne, & comme tel Superieur des Vicomtes du Languedoc, ou enfin pour faire allusion au Titre de Marquis de Gothie, & le restablir insensiblement en sa personne par celuy de Proconsul de Besiers, qui estoit vne piece qui ne releuoit pas du Comté de Barcelonne, comme Carcassonne; & peut estre mesme que le respect du Roy d'Arragon qui auoit les mesmes pretensions que ses Ancestres sur le Languedoc, empescha le Vicomte Roger de prendre vn titre plus auguste que celuy de Proconsul.

Mais ce qui me donne le plus de peine, est l'hommage fait par le mesme Vicomte Roger fils de Trincauel, à la Vicomtesse Ermengarde de Narbonne, l'an 1171. dans lequel il excepte en termes expres le Comte de Tolose; Car tous les Memoires que nous auons des Affaires de ce temps-là, nous font voir iusques où alloit l'inimitié du Comte de Tolose contre le Vicomte de Carcassonne Raymond Trincauel, qu'il querelloit encore apres sa mort, puis qu'il bailla en fief au Comte de Foix, & à Cecille de Besiers, Carcassonne, & autres terres, au preiudice de Roger, fils & legitime successeur de Trincauel. Quoy qu'il en soit, il est du moins certain que ceux-là se trompent, qui escriuent que dés le decez de R. Trincauel, vn sien frere nommé Roger se saisit de Car-

Catel, en ses Vicomtes de Narbonne.

caſſonne au preiudice de ſes Nepueus, & qu'il en fut depoſſedé par Raymond Comte de Toloſe, en cette année 1167. Car outre que Raymond Trincauel n'auoit qu'vn ſeul frere nommé Roger, qui eſtoit ſon aiſné, auquel il ſucceda par le deffaut d'enfans, il eſt auſſi fort veritable que la ville de Carcaſſonne ne fut point oſtée aux enfans de Raymond Trincauel. L'Acte dont i'ay cy-deuant parlé de l'hommage fait en cette année 1167. par Roger, fils & heritier de R. Trincauel, au Roy Alfonſe d'Arragon, qui luy bailla en fief la ville de Carcaſſonne, pour la tenir en la meſme forme & maniere que ſon pere la tenoit du Comte de Barcelonne; & la Conceſſion que ce Vicomte de Carcaſſonne, prenant le titre de Proconſul de Beſiers, accorda en l'année 1170. au Chapitre de l'Egliſe N. D. de S. Sauueur de Carcaſſonne, concernant la conſtruction de quelques Fours dans le Bourg de Carcaſſonne, laquelle i'employe en mon Hiſtoire des Eueſques de Carcaſſonne; font voir que le Vicomte Roger fils de Trincauel, eſtoit Maiſtre de Carcaſſonne, & en l'année 1167. & en 1170.

I'entends quelqu'vn qui me dit que l'accord allegué par les Hiſtoriens de Foix, entre le Comte de Toloſe, & celuy de Carcaſſonne, touchant l'hommage du Chaſteau de Laurac, doit eſtre rapporté à Raymond Comte de Toloſe & Duc de Narbonne, & à Raymond ou Roger de Beſiers Vicomte de Carcaſſonne, & Proconſul de Beſiers, que quelques-vns appellent Raymond Roger; & par ainſi qu'il eſt de l'année 1171. en laquelle il y eut paix entre le Comte
de

de Tolose & le Vicomte de Carcassonne. Mais outre ce que i'ay dit plus haut sur ce subjet, & qui monstre clairement que c'est vn Traicté fait auec Raymond Berenguier mary de la Comtesse Almodis, Comte de Barcelonne & de Carcassonne, & Raymond de sainct Gilles; ie responds de plus à ce que dessus, que pour plusieurs raisons il n'y peut point auoir eu de paix entre le Comte de Tolose & le Vicomte de Carcassonne, en cette année 1171. soit si l'on le prend du costé du Comte de Tolose, qui n'eust pas demandé au Vicomte Roger de Carcassonne qu'il luy fit hommage du Chasteau de Laurac, apres mesme qu'il venoit de le dépoüiller de tout ce que son pere auoit possedé dans les Comtez de Carcassonne, Rasez, & autres terres, par le moyen de l'inuestiture qu'il en auoit donnée au Comte de Foix; soit si l'on le prend de celuy du Vicomte, qui n'eust pas voulu traiter de paix auecque l'ennemy iuré, non seulement de sa famille, mais aussi du Roy d'Arragon, de qui Roger venoit de prendre nouuelle inuestiture du Comté de Carcassonne, & de tout ce qui en dependoit. Mais qu'il soit ou qu'il ne soit pas, qu'il y ait eu quelque Traicté de paix en cette année 1171. entre les Comtes de Tolose & de Foix, & le Vicomte de Carcassonne, il est certain que la guerre du Roy d'Arragon remit toutes choses au premier estat.

Ces guerres sont au long dans les Comtes de Tolose de M. Catel, qui a obserué fort curieusement que ce qui ayda beaucoup au Roy d'Arragon, pour empefcher le deſſein que le Comte de Toloſe auoit de ſe rendre Maiſtre de toute la Prouence, fut l'hommage que fit Bertrand Comte de Melgueil ou de Maguelonne au Roy d'Arragon, l'an 1172. & qui obligea à la fin le Comte de s'accorder auec le Roy, en l'année 1177. Cét hommage fut fait, à cauſe du mariage que la Comteſſe Ermeſſinde ou Mathilde Comteſſe de Melgueil, contracta en cette année 1172. auec le Comte de Toloſe ; elle eſtoit fille de Bernard Pelet, iſſu des Vicomtes de Narbonne, & de Beatrix Comteſſe de Melgueil ; la mere donna en dot à ſa fille le Comté de Melgueil, & le Comte dota ſa femme du Comté d'Vſez. Entre autres choſes de l'accommodement du Roy d'Arragon auecque le Comte de Toloſe, il fut dit, que le Roy d'Arragon marieroit ſon fils auecque la fille du Comte de Toloſe, & qu'en faueur de ce mariage le Comte ſe deuoit departir des pretentions qu'il auoit ſur la Prouence ; ce qui ne s'accomplit pas.

L. 1. c. 28. Annal. de Arag. Zurita écrit à ce propos que Roger, qu'il appelle Roger Trincauel, ſe rallia auec le Comte de Toloſe, auquel il ſouſmit Carcaſſonne, ce qui offenſa ſenſiblement le Roy d'Arragon ; & M. Catel dit que le Traicté de paix fut rompu entre le Roy d'Arragon & le Comte de Toloſe, par cette nouuelle Alliance, cimentée par deux mariages : Le premier fut de Roger Vicomte de Carcaſſonne, & Proconſul de Beſiers auec Adalaïſſe fille d'Alphonſe Comte de Toloſe, & de Faydide, & ſœur de Raymond V. Comte de Toloſe & Duc de Narbonne ; & le deuxieſme de

de Narbonne. 531

Raymond VI. du nom, fils de cét autre Raymond, & de la Reyne Constance, auec Beatrix fille du feu Vicomte Trincauel, & sœur de nostre Roger, qui fut consommé vn an ou deux apres le Traicté de paix dont nous venons de faire mention. Les choses estant en cét estat, le Roy d'Arragon pour se venger de l'infidelité du Vicomte de Carcassonne, qui sans sa participation auoit fait paix & contracté Alliance auecque le Comte de Tolose, vint auec vne Armée à Carcassonne, où les Habitans le receurent fort honnorablement, dit l'Histoire; si bien que le Vicomte, ne voulant point auoir guerre auec son Seigneur, il s'humilia, & moyenna sa paix auec le Roy d'Arragon, qui par Accord & Transaction du deuxiesme de Nouembre 1181. bailla en fief & hommage au Vicomte Roger, Carcassonne auec ses Forteresses, le Chasteau de Laurac, Limoux, & Rasez, la terre de Sault, auec les Chasteaux & Forteresses, Termes, & le Chasteau de Minerue.

Le Comte de Tolose indigné de ce procedé, maltraicta depuis Beatrix de Besiers, sœur de nostre Vicomte Roger, qui fut enfin contrainte de se retirer, & faire diuorce auec son mary, lequel espousa la fille du Roy de Chypre, apres auoir reduit la pauure Beatrix à confiner sa vie dans vn Monastere, selon Pierre de Valsernay dans son Histoire des Albigeois, quoy que Guillaume de Puy-Laurens, & le Pere Guido, ayent escrit que son frere la remaria auec Pierre Bernard de Salino. Ie crois que cecy arriua enuiron l'an 1185. que ie trouue qu'il y eut de nouueau guerre

Tt ij

entre le Comte de Tolose, & le Vicomte de Carcaſſonne, bien que quelques-vns dans vn ſentiment contraire ayent dit, que Beatrix ne fut repudiée qu'apres le deceds de Raymond V. aduenu l'an 1194. en la ville de Niſmes.

Les anciens Martyrologes de l'Egliſe de ſaint Nazaire de Carcaſſonne, ont conſerué la memoire du Siege qui fut mis deuant Carcaſſonne, en cette année 1185. ſans toutesfois qu'il ſoit dit par qui, mais ſeulement que l'Armée qui auoit aſſiegé la place fut défaite le quatrieſme des Nones de Février. Ce qu'il faut par mon ſens rapporter à la ſuite des guerres entre le Comte de Tolose, & le Vicomte de Carcaſſonne, renouuellées par la repudiation de Beatrix, de laquelle Raymond VI. auoit eu vne fille qui fut nommée Clemence, & qui a eſté mariée à Sanches VIII. Roy de Nauarre, qui la repudia auſſi ; elle fut rematiée du viuant de ſon pere, à Pierre Bernard de Sauue, & c'eſt ce que mal à propos on attribuë à ſa mere Beatrix. De moy ie ne fais point de difficulté, de croire que c'eſt le Roy d'Arragon qui fit leuer le Siege de Carcaſſonne, & defit l'Armée du Comte de Tolose, en cette année 1185. Car dans la Chronique de Miquel Carbonel, il eſt dit qu'en ce temps-là le Roy d'Arragon paſſa auec toute ſon Armée dans les Terres du Comte de Tolose, & qu'il aſſiegea la ville de Tolose : mais voyant qu'il n'aduançoit rien il leua le ſiege, & fut viſiter le Roy d'Angleterre en la ville de Bourdeaux, & à ſon retour reuint deuant Tolose, rauageant par le fer & le feu le pays.

Cét Auteur Catalan a aucunement deguifé ce recit, & pour que ce Siege de Tolofe duquel le Roy d'Arragon ne remporta autre aduantage que la ruïne du plat pays, ne tournaft à deshonneur à fon Roy, il dit, que la premiere fois il fe tint deuant la ville de Tolofe quelques iours, pour voir fi le Comte auroit le courage de fortir & donner bataille, & que la feconde il y retourna expres pour luy faire plus de honte. Que fi cela n'eft affez fuffifant pour iuftification de cette guerre entre le Roy d'Arragon & le Comte de Tolofe, pour la querelle du Vicomte de Carcaffonne, en voicy vne preuue bien claire, & qui ofte toute forte de doubte; c'eft l'Acte fait par noftre Vicomte Roger en cette mefme année 1185. dans lequel il declare qu'Alphonfe Roy d'Arragon & Comte de Barcelonne, la fecouru & affifté en toutes fes guerres, & que fans fon affiftance il euft efté dépoüillé de toutes fes terres; en reconnoiffance dequoy il fait fon heritier vniuerfel & general, le fils du Roy d'Arragon, qu'il nomme pour fon fils adoptif, à la charge toutesfois que le Roy baillera à fon fils le Comté de Carcaffonne, & toutes les autres Seigneuries qui luy appartiennent en la Terre de Geuaudan & de Roüergue: Cét Acte eft cotté lettre H. en l'Inuentaire des Titres du Diocefe de Befiers eftans dans les Archiues du Roy de la Cité de Carcaffonne.

Quoy qu'il en puiffe eftre, cecy conuainc du moins euidemment ce que i'ay eftably par conjecture, que cette Armée qui venoit d'eftre défaite deuant Carcaffonne, eftoit celle du Comte de Tolofe, puis que l'on void que pendant la defection de ses terres par le Roy d'Arragon, il n'auoit point de Trouppes sur pied suffisantes pour faire teste à son ennemy. On ne peut attribuer cela à autre subjet, qu'à l'impuissance où se trouue reduit vn Chef d'Armée qui vient d'estre battu de deuant vne Place qu'il tenoit assiegée, & qui est enfin relancé de la Campagne dans les Villes, sans autre esperance de se pouuoir deffendre qu'à la faueur de ses Forteresses. Ainsi la paix qui fut faite & affermie entre ces deux Princes, par cette miraculeuse aduenture que Pierre Rigord raconte en la vie du Roy Robert, doit estre rapportée apres la journée de l'an 1185, bien que plusieurs la marquent sur l'an 1183.

Ie ne m'estends pas dauantage sur nostre Raymond Comte de Tolose, Duc de Narbonne, & Marquis de Prouence, qui fut aussi Dauphin de Viennois, selon Paradin en ses Alliances Genealogiques, & apres luy M. Catel: Ie ne m'estends pas non plus sur les guerres & differends qu'il eut auecque le Roy d'Angleterre, à raison des pretensions qu'il auoit sur le Comté de Tolose, lesquelles estoient souuent assoupies par diuers Accords, & renouuellées peu aprés par des nouueaux subjets de dissension; ie m'estends encore moins sur les guerres de Prouence, & sur celle de Richard Cœur de Lyon Comte de Poictiers, qui surprit Moyssac l'an 1188. & autres incidens remarquables de la vie de ce Comte. Monsieur Catel en a si amplement traicté, que le Lecteur trouuera dans sa laborieuse Histoire des Comtes de Tolose, dequoy satisfaire sa curiosité.

Que si i'ay rien à adjouster icy, c'est seulement qu'entre autres choses de l'accord passé entre le Roy d'Arragon & le Comte de Tolose, l'an 1177. en l'Isle de Gernica entre Beaucaire & Tarascon, le Comte se reserua le droict qu'il auoit sur le Geuaudan, pour en demeurer, à ce qui seroit iugé par la Iustice; & semblablement le Roy se reserua le droict & pretension qu'il auoit sur le Comté de Melgueil, promettant aussi d'en demeurer à ce qui en seroit dit par la Iustice. On ne trouue point quel Iugement fut rendu sur ce subjet, bien loin de là l'on void dans le Liure Manuscrit des Archiues Royaux de la Cité de Carcassonne, qui porte pour titre, *hoc est Regiſtrum curiæ Franciæ*, qu'en l'année 1204. au mois d'Auril, au lieu d'Amilhau, le Roy d'Arragon bailla en engagement à Raymond Duc de Narbonne, Comte de Tolose, & Marquis de Prouence, tout ce qu'il possedoit aux Comtez d'Amilhau, & de Geuaudan, pour la somme de cent cinquante mille sols Melgoirois, les cinquante sols faisant le Marc d'argent fin au poids de Montpellier; & outre ce il bailla pour caution son frere Ildefons, Comte & Marquis de Prouence. Depuis le Geuaudan estant entre les mains du Roy de France, il se trouue qu'il y a eu procez entre le Roy Philippes le Bel, & l'Euesque & Comte de Geuaudan, concernant la Iustice, Officiers, & autres Droicts que l'Euesque & Comte de Geuaudan pretendoit luy appartenir, & à raison dequoy il prenoit la qualité de Comte; constat du pareage, fait en

<small>Regist. cur. Franc. fol. 78.</small>

<small>Inuent. des Titres du Tresor des Chartes de France, M. S. volume 5. page 358. n. 3. & 6.</small>

l'année 1316. estant dans le Tresor des Chartes de France, à la Layete de Mande & Geuaudan.

Pour le regard du Comté de Melgueil, l'Epistre du Pape Clement IV. escrite au Roy sainct Louis, nous apprend que les Descendans de Bernard Pelet Seigneur d'Alez, que nous auons dit plus haut estre issu des Vicomtes de Narbonne, ont pretendu ce Comté leur appartenir, à ce poinct que Raymond Pelet le disputa du temps du Pape Innocent III. qui le bailla à infeodation à l'Euesque de Montpellier, & Pierre Pelet fils de Raymond, le disputoit encore du temps du Pape Clement IV. & de S. Louis. Neantmoins M. Catel a remarqué qu'en l'an 1184. Guillaume de Montpellier fit hommage, & presta serment de fidelité au Comte de Tolose les genoux à terre & les mains iointes, pour la Ville de Montpellier, Chasteau de Lates, Chasteau-neuf, & autres lieux qu'il tenoit de luy en fief lige, à cause de Mathilde sa femme, fille du Comte de Melgueil, & en 1189. Il y eut autre hommage du mesme Guillaume de Montpellier, qui reconneust tenir du Comte de Tolose, comme Comte de Melgueil, la ville de Montpellier, & les Baronnies d'Omelas, de Puget, & autres lieux, depuis la riuiere de Bidourle iusqu'à celle de Leraut lez-Pesenas. On trouue que cette Comtesse de Melgueil, femme de Raymond VI. du nom, fils de la Reyne Constance, qui est appellée Ermessinde ou Hermanzinde, par son Testament fait à Malancene, en Septembre de l'an 1176. donna tous ses biens à son beau-pere, & à son mary; & c'est par

de Narbonne. 337

par où ils deuinrent Comtes de Melgueil, & en cette qualité receurent les hommages des Seigneurs de Montpellier.

D'autre part on void dans le Tresor des Chartes de France plusieurs autres hommages des Seigneurs de Montpellier, aux Euesques de Maguelonne, ou Montpellier ; sçauoir par Guillaume Seigneur de Lunel & de Montpellier, fils de Sibille, à Iean Euesque de Maguelonne, l'an 1161. Deux de Guillaume fils de Mathilde aux années 1193. & 98. Plus deux Actes de Foy & hommage de Iacques Roy de Majorque, Comte de Rossillon, & Seigneur de Montpellier, fils de Iacques Roy d'Arragon, petit fils de Marie de Montpellier, à l'Euesque de Maguelonne, l'an 1276. Où est à noter que dés l'an 1255. Pierre de Montpellier auroit declaré que toute la Ville de Montpellier & ses Dependances, estoit, & auoit esté de tout temps, tenuë en fief de la Couronne & des Roys de France ; & c'est la cause pourquoy il y eut en l'année 1260. Sentence arbitralle donnée par l'Archeuesque de Narbonne, entre le Roy de France, & Iacques Roy d'Arragon, fils de Marie de Montpellier, touchant le droict de Iustice ; & vne autre en l'année 1278. auec Iacques Roy de Majorque : en suite dequoy celuy-cy en l'année 1301. & Sance Roy de Majorque en 1311. firent hommage & serment de fidelité au Roy Philippes le Bel pour la ville de Montpellier, & Chasteau de Lattes, contre toutes personnes, horsmis contre le Roy d'Arragon. *Inuent. des Titres du Tresor des Chartes de France, M. S. volume 5 au Chapitre de Maguelonne & Montpellier, page 352*

Enfin, ce Comte Raymond V. du nom Comte de

V u

Tolose, Duc de Narbonne, & Marquis de Prouence, apres auoir de tout son pouuoir persecuté les Heretiques du temps, qui furent particulierement condamnez au Concile d'Alby, tenu l'an 1176. finit ses iours en la ville de Nismes l'an 1194. & fut enterré au Cloistre de l'Eglise Cathedrale de ladite Ville. Quoy qu'il fust viuant du temps du Concile d'Alby, il ne fut pourtant pas à ce Concile, mais à sa place y assista la Reyne Constance, Trincauel Vicomte de Besiers, Sicard Vicomte de Lautrec, & plusieurs autres.

Pendant la vie de ce Duc Raymond, Bernard Atton Vicomte d'Agde, fils de Guillemette, fit Donation à l'Eglise de sainct Estienne d'Agde, du Vicomté d'Agde, comme appert de la Donation publiée par M. Catel en ses Euesques d'Agde, en datte de l'an 1187. au mois de Iuin ; & au mois de Iuillet apres, le Comte Raymond de Tolose, Duc de Narbonne, en bailla l'inuestiture à l'Euesque d'Agde ; Voyez M. Catel. Ce Vicomte Bernard Atton descendoit de Bernard Atton Vicomte de Carcassonne, Besiers, Alby, Nismes, & Agde, qui par son Testament fait à Nismes l'an 1129. laissa le Vicomté de Nismes à son Cadet, appellé Bernard Atton comme luy ; & par le decez de Roger l'aisné, sans enfans, Raymond Trincauel puisné, ayant recueilly sa succession, il faut que sur fondement de la substitution reciproque, Bernard ait eu Agde, & que Raymond Trincauel, à qui le pere auoit laissé les Vicomtez de Besiers & & d'Agde, ait par accommodement quitté ce dernier à son frere.

Le Lecteur aura agreable que ie luy fasse prendre garde en cét endroict, que ce Bernard Atton est fils d'autre Bernard Atton Vicomte de Nismes, fils d'autre Bernard Atton Vicomte de Carcassonne & Besiers, & de la Vicomtesse Cecille ; & quoy que par le Testament de Bernard Atton le Vieux, de l'an 1129. Bernard Atton deuxiesme fils de Cecille, qui estoit le cadet, n'eust esté partagé que du Vicomté de Nismes, & du fief de Sustantion, & que Raymond Trincauel puisné eust eu les Vicomtez de Besiers & d'Agde, ce neantmoins on voit que contre cette disposition Bernard Atton, troisiesme fils de Bernard Atton deuxiesme, & de la Vicomtesse Guillemette, dispose du Vicomté d'Agde en l'an 1187. surquoy, & selon ce que i'en dis dans mon Histoire des Euesques, & Comtes de Carcassonne, ie desire qu'on remarque icy, que Roger fils aisné de Bernard Atton le Vieux, auquel le pere laissa les Vicomtez de Carcassonne, Rasez, & Alby, estant decedé enuiron l'an 1150. sans laisser aucuns enfans, Bernard Atton son cadet, offensé peut estre de ce qu'il n'auoit fait nulle mention de luy dans son Testament, par lequel il institua son frere Raymond Trincauel son heritier, recherca en suite les Cessions que luy firent Mantiline & Payenne ses sœurs, en l'an 1152. de toute leur part & portion de l'heredité de leur pere commun. Et c'est sans doute pour ces Droicts que Raymond Trincauel ceda depuis au Vicomte Bernard Atton son cadet le Vicomté d'Agde : ie l'imagine du moins ainsi, n'ayant point veu

Vu ij

d'Acte qui parle, ny prés ny loin, par quel moyen le Vicomté d'Agde, qui auoit esté donné à Trincauel, passa depuis entre les mains de Bernard Atton III. qui laissa de sa femme Ermengarde vn fils nommé aussi Bernard Atton IV. du nom.

CHAPITRE XXX.

RAYMOND, fils de CONSTANCE, Comte de Tolose, vingt-sixiéme Duc, Marquis & Comte de Narbonne.

BERENGUIER, & ARNAUD AMALRIC, Archeuesques, & vingt-septiéme & vingt-huitiésme Conseigneurs de Narbonne.

AYMERY V. du nom, treiziesme Vicomte de Narbonne.

AYMOND fils de la Reyne Constance, succeda à son pere en l'an 1194. & M. Catel a remarqué qu'il eut cinq diuerses femmes, trois desquelles estoient encore en vie au temps que Pierre de Valsernay estoit en Languedoc, comme il tesmoigne luy-mesme dans son Histoire des guerres des Albigeois. Guillaume de Puy-Laurens, dit que l'vne de ces cinq femmes du Comte Raymond VI. du nom, Comte de Tolose, Duc de Narbonne, & Marquis de Prouence, c'est à dire, Ieanne fille du Roy Henry d'Angleterre, sœur du Roy Richard, &

Cronic. cap.
5.

Vu iij

veufue de Guillaume Roy de Cicile, voulant comme femme de grand courage qu'elle estoit, venger les injures qui auoient esté faites à son mary par les Puissans de ses Tertes, elle fit assieger le Chasteau des Seigneurs de sainct Felix appellé Caser ou les Cassez en Lauraguois, enuiron l'an 1199. Mais ayant esté trahie par les siens en cette guerre, elle se retira en Normandie, où elle mourut.

Et afin qu'on ne doute plus que les Vicomtes de Narbonne ne reconneussent effectiuement les Comtes de Tolose, comme leurs Superieurs, on void dans le Tresor des Chartes de France, l'Acte de foy & hommage fait par Aymery Vicomte de Narbonne, à nostre Raymond Comte de Tolose, fils de la Reyne Constance, par lequel il aduoüe tenir du Comte de Tolose tout ce qu'il a & possede dans le Vicomté de Narbonne, excepté ce qu'il tient au Vicomté de sainct Iust : C'est icy ce qui releuoit de l'Archeuesque. Comme aussi il reconnoist tenir à mesme titre du Comte de Tolose, la Terre de sainct Geruais, celle de Neiran, de Nemboazon, & autres, & les Terres & Seigneuries qui auoient esté baillées en gage au Comte de Tolose par le Comte Pierre pere dudit Vicomte, datté à Capestaing, l'an 1203. au mois de May, en presence de B. Archeuesque de Narbonne, P. de Castelnau, G. de Durfort, & autres. Et en l'année 1240. & 42. le Vicomte de Narbonne ayant fait hommage au Roy de France, auec promesse d'abatre les Fortifications de la ville de Narbonne, & l'en ressaisir, il declara deuant tout le peuple de Nar-

Inuent. des Titres du Tresor des Chartes de France, M. S. vol. 5. Tolose, 7. sac, pag. 250. n. 10.

de Narbonne.

bonne, qu'il eſtoit quitte & abſous de toute fidelité & hommage enuers le Comte de Toloſe, & qu'il reconnoiſſoit eſtre hommager du Roy de France, & non d'autre, & que la Cité & le Bourg de Narbonne ſont de ſa Domination.

<small>Regiſtr. eur. Franc. M.S. fol. 64.77. 78.</small>

Pendant la vie de ce Raymond ſe paſſerent pluſieurs choſes en Languedoc, qui ſont amplement deſcrites par M. Catel, tant en ſes Comtes de Toloſe, qu'en ſes Memoires de Languedoc, ſur leſquelles ie paſſeray auſſi ſuccintement qu'il ſe peut, puis que le Lecteur pourra voir le reſte aux lieux que ie luy marque. La premiere eſt, que le Vicomte Roger de Beſiers, beau-frere de Raymond fils de Faydide, & par conſequent oncle de noſtre Raymond fils de la Reyne Conſtance, ayant tiré vn puiſſant ſecours du Roy d'Arragon, pour ſe venger contre les Habitans de Beſiers, du maſſacre de ſon pere & de ſon frere; Raymond Roger ſon fils, ceda depuis le Vicomté de Beſiers au Roy d'Arragon, l'an 1194. comme M. Catel dit auoir appris dans vn ancien Acte des Archiues de l'Eueſché de Beſiers. D'icy vint que les Roys d'Arragon ont pretendu depuis auoir droict ſur le Vicomté de Beſiers, qui pour cette raiſon eſt compris dans la Tranſaction de Sainct Loüis auecque le Roy Iacques d'Arragon, dont nous parlerons en ſon lieu.

<small>Catel, Mem. de Lang. aux Vicomtes de Beſiers, & aux Seign. de Montpellier.</small>

La ſeconde eſt, que le Roy d'Arragon eut dés ce moment paſſion d'eſtendre ſa Domination ſur tout le Languedoc, & dés que le mariage de Marie de Montpellier, fille de Guillaume de Montpellier, &

<small>Cronic. G. de Pod. Laur. cap. 11.</small>

de Grecque niepce d'Emanuel, Empereur de Conſtantinople, auec Bernard Comte de Comenge fut diſſous, il rechercha d'auoir à femme cette Dame, & enfin l'épouſa, comme a remarqué Guillaume de Puy-Laurens; les Articles de leur Mariage dattés du quinziéme de Iuillet de l'an 1204. ſont produits par M. Catel. La ville de Montpellier & le lieu de Palude, vulgairement appellé Lattes, ont eſté de tout temps tenus en arriere-fief de l'Eueſque de Maguelonne, depuis que les ſœurs de ſainct Folcrand Eueſque de Lodeve, lequel viuoit enuiron l'an 975. & eſtoit iſſu des Comtes de Suſtantion, donnerent Montpellier & Montpellieret à Ricuin Eueſque de Maguelonne; à ſuite dequoy celuy-cy bailla les meſmes Terres en arriere-fief à Guy ou Guillaume Gentilhomme du Comté de Melgueil, de qui ſont deſcendus les Seigneurs de Montpellier. Auſſi verrons-nous en ſon lieu que l'an 1136. Iacques Roy d'Arragon & de Majorque, fils de Marie de Montpellier, en fit hommage & ſerment de fidelité à l'Eueſque de Maguelonne; & que depuis l'Eueſque de Maguelonne aduoüa que le tout a eſté de tout temps tenu par les Eueſques de Maguelonne en fief de la Couronne de France. Et comme l'auctorité de l'Eueſque de Maguelonne a eſté touſiours reconnuë dans la ville de Montpellier, il ſe trouue que l'an 1216. en Février, l'Eueſque de Maguelonne comme Seigneur temporel de la ville de Montpellier, fit accord auec les douze Conſuls de Montpellier, ſur la forme & maniere de proceder à l'eſlection des Conſuls, & à ſuite

le

M. Catel, en ſes Mem. de Lang. pag. 657. & 69.

le tout fut enuoyé au Prince Loüis, auec des Articles & des remonstrances contre le Roy d'Arragon.

Et la troisiesme & la plus considerable, est la guerre qui fut entreprise contre les Heretiques, surnommez Albigeois, sous l'auctorité du Pape Innocent III. & du Roy Philippes Auguste de France; de laquelle il est tant parlé, non seulement par les Historiens François, mais encore par ceux d'Espagne, d'Allemagne, d'Italie, & plus particulierement par ceux d'Angleterre; Apres lesquels M. Catel en a amplement escrit en son Histoire des Comtes de Tolose, & M. de Marca en son Histoire de Bearn, Foix, & Nauarre. Ie monstre en ma dissertation sur la difference de ces Albigeois, par des recherches assez curieuses, ce que i'ay desia dit, qu'ils estoient diuisez en quatre branches, Arriens, Manicheens, Vaudois, & Bons-hommes, quoy qu'en pensent ceux qui confondent les Vaudois auecque les Bonshommes, pour n'auoir pas pris garde que les vns rejettoient le vieux Testament, & les autres non, & mille autres differences que i'y examine auec assez de soin & d'exactitude. Icy ie me contente de dire que cette heresie fut si funeste à la maison de Tolose, qu'elle cousta la perte de tous les Estats du Comte de Tolose, lequel apres diuerses excommunications, fut enfin priué de son Comté de Tolose, Duché de Narbonne, & autres terres, au Concile de Latran tenu l'an 1215. auquel il fut ordonné que tant la ville de Tolose, que les autres Villes & Terres occupées par

X x

le Comté de Montfort en Languedoc, appartiendroient au Comte de Montfort; la Prouence fut seule reseruée à Raymond fils de nostre Raymond, au cas qu'il se rendist tel enuers l'Eglise, qu'il meritast cette reconnoissance. Du Tillet en son Histoire des Albigeois adjouste, que le Pape ordonna qu'il seroit baillé au Comte de Tolose, qui auoit esté priué de son Comté, la pension annuelle de quatre cens marcs d'argent pendant sa vie, & que le dot seroit rendu à sa femme, comme estant Catholique; Et Guillaume de Puy-Laurens a obserué qu'apres cette Sentence le Chasteau Narbonnois fut baillé au Comte de Montfort, lequel receut le serment des Bourgeois & Cytoyens de Tolose. D'ailleurs Raymond Roger Vicomte de Carcassonne & Besiers, estant mort de dissenterie, ou de poison selon quelques-vns, dans la Cité de Carcassonne, au mois d'Octobre de l'an 1209. son fils Raymond Trincauel relaxa au Comte de Montfort, l'an 1211. au Camp deuant le Chasteau de Minerue, tout le droit qu'il auoit aux Vicomtez de Besiers, Carcassonne, Alby, Rasez, & Agde, soit par succession paternelle que maternelle.

Quoy que mon dessein ne soit pas de m'estendre en cette Histoire des Ducs de Narbonne, sur les guerres qui ont eu cours en Languedoc, pendant le temps que cette Prouince a reconnu les Ducs de Narbonne; ie suis neantmoins obligé de passer succinctemét sur celle contre les Heretiques surnommez Albigeois, afin de faire mieux connoistre les causes pourquoy Raymond Comte de Tolose, Duc de Narbonne, &

de Narbonne. 347

Marquis de Prouence, fut priué de ſes Eſtats. Et pour commencer, ie diray que ſelon Pierre Moine de Valſernay qui a eſté ſur les lieux, & a eſcrit l'Hiſtoire des Guerres des Albigeois, il ſe void que le Comte Raymond faiſoit ouuertement profeſſion des erreurs des Bons-hommes, & ce qui eſt de ſes mauuais deportemens, eſt au long expliqué dans la Lettre que le Concile de Lauaur, tenu l'an 1212. écriuit au Pape. Le Comte ayant eſté excommunié par Bulle du Pape Innocent III. dans laquelle il eſt accuſé d'auoir fait tuer Frere Pierre de Chaſteau-neuf, ſes biens furent declarez eſtre acquis à celuy qui les conqueſteroit par les Armes, à la charge de reconnoiſtre releuer du Roy de France les Terres qu'il auroit occuppées. Apres cecy la Croiſade fut preſchée en France, & le Regiſtre intitulé, *Regiſt. curiæ Franciæ*, qui eſt dans les Archiues du Roy de la Cité de Carcaſſonne, fait foy qu'il y eut dix-neuf diuerſes Indulgences plenieres, concedées par ſa Saincteté, en faueur de ceux qui prirent la Croix contre les Albigeois. Le gros de l'Armée ſe fit à Lyon le iour de ſainct Iean Baptiſte l'an 1209. & en ſuite Beſiers & Carcaſſonne furent pris ſur les Heretiques, & peu apres pluſieurs Villes furent auſſi priſes; Caſtres, Pamiers, Sauerdun, Alby, Lombers, Limoux, & autres, ſe rendirent volontairement, & ſe mirent ſous l'auctorité & commandement du Comte Simon de Montfort, Chef des Croiſez.

Le Comte de Toloſe à l'arriuée de cette grande Armée, ſe ſouſmit au Legat du Pape, & obeït à tout

Xx ij

ce que le Legat defira de luy, plus par crainte qu'autrement, & en cét eftat fut abfous de l'excommunication, & receu au giron de l'Eglife, ainfi que defcrit bien au long M. Catel. Il fe Croifa & affifta au Siege de Carcaffonne, quoy que le Vicomte de Carcaffonne fuft fon coufin germain, & ce fut à la tente de ce Seigneur que le Roy d'Arragon alla defcendre lors qu'il fe rendit en ce Siege pour y traitter quelque accommodement. L'année apres, le Roy d'Arragon, le Comte de Tolofe, & le Comte de Foix, eurent vne Conference proche de la Ville de Pamiers, pour pacifier les chofes; mais le Traicté ayant rompu, le Roy & le Comte de Tolofe, fe retirerent en la ville de Tolofe. Il y eut encore depuis vne autre Conference à Narbonne auec les Legats du Pape, en laquelle le Roy d'Arragon & les Comtes de Tolofe & de Foix affifterent; elle fut de mefme fans effet. Enuiron la Fefte de Pafques de l'année 1211. le Comte de Montfort, ayant affiegé la ville de Lauaur, le Comte d'Auxerre coufin du Comte de Tolofe, renouuella le Traicté ; mais non plus le Comte de Tolofe n'en ayant point retiré de fatisfaction, il fe retira du Siege où il s'eftoit rendu exprez, & reuint à Tolofe, pour y faire des eftroites deffenfes, que l'on ne portaft rien à l'Armée. De forte qu'apres la prife & le fac de la Ville de Lauaur, il y eut guerre ouuerte contre le Comte de Tolofe; & le Comte de Montfort ayant receu vn nouueau renfort, il affiegea la ville de Tolofe, l'an 1211. au mois de Iuillet: mais il falut qu'il leuaft le Sige. Apres il fit vn tour au pays de Foix qu'il rauagea, & dés là passa en Quercy. Cependant les Comtes de Tolose, de Foix, de Comenge, & Gaston de Bearn auec vne armée de cent mille hommes assiegerent Castelnaudarry, dont en fin ils furent contraints de se retirer. D'autre part le Comte de Montfort estant passé dans l'Agenois la Campagne suiuante de l'an 1212. il y receut les hommages de la Noblesse du Comté d'Agen ; & en suite entreprit les Sieges de Moyssac & de Montauban. Le voyage qu'il fit apres au pays de Foix, où il reprit Sauerdun, que les Comtes de Tolose & de Foix tenoient pour lors, fut suiuy de la reduction du pays de Comenge & de Coserans.

Enfin le Comte de Tolose se voyant apres plus à l'estroit que iamais, il fut contraint d'auoir recours au Roy Pierre d'Arragon son beau-frere, qui venoit de gaigner vne fameuse Bataille contre les Sarrasins; & quoy qu'il eust desia escrit au Pape Innocent III. pour se plaindre des violences que le Comte Simon exerçoit contre le Comte de Tolose son beau-frere, & contre les Comtes de Foix, de Comenge & de Bearn ses vassaux, & pour demander le restablissement des Terres qui leur auoient esté vsurpées, si est-ce que sans attendre la réponse du Pape il se rendit à Tolose, & alla faire les mesmes demandes au Concile que l'Archeuesque de Narbonne Legat du Pape assembla en ce mesme temps à Lauaur. La réponse que le Concile fit à la demande du Roy d'Arragon touchant le Comte de Tolose, est conceuë aux termes suiuans, tournez de Latin en François ; &.

Petr. Valsern. cap. 108. & seq.

sur ce que vous demandez, & priez si instamment pour le Comte de Tolose & pour son fils, il nous a semblé bon de répondre à vostre Royale serenité, que tant l'affaire du Comte que celle de son fils qui depend du faict paternel, nous est ostée, comme euoquée sous certaine forme prescrite, à Maistre Thedise ou Theodose, par l'auctorité du Pape. Nous croyons que vous n'auez pas mis en oubly, mais bien que vous auez encore la memoire fraische, des graces que sa Saincteté a élargies au Comte de Tolose, apres auoir commis beaucoup d'excez; & d'ailleurs vous n'ignorez pas ce que à nos prieres & intercessions le Venerable Pere Archeuesque de Narbonne, Legat pour lors du sainct Siege, vouloit faire pour luy, s'il se fust voulu renger à son deuoir. Vous sçauez que le Legat vouloit que toutes ses Seigneuries, Terres, & dignitez luy fussent conseruées, & que mesmes les droicts qu'il auoit sur les Forteresses des Heretiques qu'il deffendoit, & sur lesquelles il n'auoit pas pourtant aucun droict de fief, luy demeurassent sans en payer aucun droict de queste ny de caualcade; & de plus, que des Chasteaux & Forteresses qui estoient aux autres Heretiques, & hors de son fief aussi, que le Comte disoit estre en nombre de cinquante ou enuiron, le Legat vouloit que la quatriesme, voire la troisiesme partie luy demeurast. Mais ayant mesprisé vne si grande grace de l'Eglise de Dieu, de sa Saincteté & de ses Legats, &, par mille procedures differentes, estant venu directement contre tous les sermens qu'il auoit faits entre les mains des Legats, & adiousté iniquité sur iniquité, crime sur crime, mal sur mal, faisant la guerre à la Chrestienté, & auec les Heretiques & Routiers auec lesquels il s'est ligué, ayant fait tous ses efforts de destruire la foy & la paix, il s'est par tant de mauuaises actions rendu entierement indigne de toute faueur & grace. Donné à Lauaur, le 5. des Calendes de Février l'an 1212.

Le Roy d'Arragon voyant que ses demandes estoient rejettées, pressa de faire accorder vne tréue, ou iusques à la Pentecoste, ou iusques à Pasques; ce que les Prelats luy refuserent, d'autant qu'il y auoit de la tromperie en cette demande, qui tendoit à faire refroidir la deuotion des Croisez. Le Roy appella de ce refus au sainct Siege, & prit les Comtes & leurs Terres en sa protection. Le Concile enuoya au Pape sa Relation, & le Roy ses Lettres auec ses Ambassadeurs: Mais comme celles du Concile contenoient tout ce qui s'estoit passé, non seulement à Lauaur, mais aussi à sainct Gilles, & disoient que le Comte de Tolose s'estoit absolument rendu indigne de pardon, & qu'en cét estat sa Saincteté ne pouuoit point luy faire rendre les Terres que l'Armée Chrestienne auoit gagnées sur luy, sans perdre entierement tout le pays, cela obligea le Pape à faire réponse au Roy d'Arragon, conformement à la supplication des Legats, & desir des Prelats du Concile de Lauaur, & par expres pour luy deffendre la protection des Comtes, ainsi qu'on peut voir plus au long dans la Lettre de sa Saincteté, produite par le Moine de Valsernay,

& M. Catel, & publiée en dernier lieu auecque toutes les autres Epiſtres du Pape Innocent III. par M. du Bouſquet, maintenant Eueſque de Montpellier, aſſorties de tres-belles & tres-doctes Annotations. Le Roy d'Arragon irrité de la deffenſe du Pape, reſolut dés l'heure meſme de s'en venger par la voye des Armes, quelques iniuſtes quelles peuſſent eſtre; & apres auoir en vain eſſayé de faire prendre le Comte de Montfort à vn rendez-vous qu'il luy auoit demandé, proche de Narbonne, il luy enuoya ce Cartel de deſi par deux Trompettes. *Le Roy d'Arragon à Simon de Montfort. Mettez peine ſans delay d'executer la volonté du Pape, ou de luitter auec voſtre Seigneur & voſtre Maiſtre, & ſi vous tombez en mes mains, ſoyez aſſeuré que vous le payerez bien cherement; c'eſt voſtre deuoir, ie le veux, & le deſire, deuant que de me mettre à la teſte d'vne grande Armée pour voſtre ruine.* Le Comte luy reſcriuit, qu'il ne ſçauoit pas de l'auoir iamais offencé contre le deuoir de la fidelité qu'il luy auoit promiſe; Mais neantmoins que s'il perſeueroit en ſon deſi, il le defioit auſſi, & que dés là en auant il ne luy ſeroit tenu à ſeruice aucun, & qu'enfin il eſperoit, moyennant l'aide de Dieu, de ſe deffendre à luy & à ſes complices.

Le Roy d'Arragon vint donc en Languedoc auec vne Armée de cent mille hommes, ramaſſée de tous coſtez; & s'il en faut croire Guillaume le Breton, ils eſtoient deux cens mille, auecque les Trouppes que les Comtes de Toloſe, de Foix, & de Comenge, Gaſton de Bearn, & le Vicomte Raymond Trincauel

Hiſt. des Albig. par Perrin. l. 1. c. 10.

de Narbonne.

uel y ioignirent. Auec cette Armée il affiegea Muret fur la Garonne; le Comte de Montfort accourut aufli-toft au fecours auec fept ou huit cens hommes, felon le tefmoignage de Pierre de Valfernay, ou bien mille felon Guillaume de Puy-Laurens: Et le Roy d'Arragon ne voulant accorder ny paix ny tréue, le Comte de Montfort attaqua fi brufquement cette grande & formidable Armée qu'elle fuft mife en déroutte le treiziefme de Septembre de l'an 1213. & le Roy mefme y demeura mort fur la place auec dix-huit ou vingt mille hommes des ennemis, qui y finirent aufli leur vie, ou par le glaiue, ou au paffage de la Garonne, en fuyant, fans que le Comte fift perte que d'vn gend'arme, & de quelques foldats.

Cap. 124. & *feq.*
Cronic. cap. 21. & 22.

L'année apres, Pierre Cardinal Diacre du Titre de S. Marie *in Aquiro*, fut enuoyé du Pape en Languedoc pour y pacifier toutes chofes; il reconcilia à l'Eglife les Comtes de Foix, & de Comenge; & tant le Comte de Tolofe que les Habitans de cette ville fe foufmirent à luy. Ce Cardinal eftant de retour du Royaume d'Arragon, où il amena le Prince Iacques d'Arragon, comme les curieux de l'Hiftoire fçauent, il tint vn Concile à Montpellier, où affifterent cinq Archeuefques & vingt-huict Euefques, enfemble plufieurs Barons du pays; & là le Comte Simon de Montfort fut eftably Seigneur de la Terre conqueftée fur les Albigeois, en attendant que ce Decret fuft confirmé au Concile general de Rome, comme il fut fait l'année fuiuante 1215. Le Roy de France bailla pour lors l'inueftiture au Comte, en

Y y

qualité de Seigneur Dominant de la Terre. Et de cette sorte le Comte Simon prit le Titre de Duc de Narbonne, Comte de Tolose, & Vicomte des autres villes, ainsi que nous dirons au Chapitre suiuant.

Le Comte Raymond & le Comte de Foix furent en personne au Concile general de Latran, pour obtenir d'estre restablis en leurs biens ; & quand au Comte de Tolose, se voyant frustré de ses esperances, il se retira en Espagne, & son fils alla en Prouence. Depuis le Comte Raymond estant reuenu pour assister les Tolosains qui s'estoient sousleuez contre Simon de Montfort, il mourut à Tolose de mort soudaine, l'an 1222. auec pourtant beaucoup de signes de contrition & de repentance, ainsi que verifie M. Catel, auecque l'auctorité de l'enqueste qui en fut faite, l'an 1247. Son Epitaphe fut faite en Vers Gascons :

Noun hya hom sur la terra
Per gran senhor que fous,
Quem gettes de ma terra
Si la gleysa nou fous.

de Narbonne. 355

CHAPITRE XXXI.

SIMON DE MONTFORT, vingt-septiesme Duc, & Comte de Narbonne.

ARNAVD AMALRIC, Archeuesque, vingt-huitiesme Conseigneur de Narbonne, & le premier qui a pris le titre de Duc de Narbonne.

AYMERIC V. du nom, treiziesme Vicomte de Narbonne.

IMON Comte de Montfort, comme nous venons de dire, fut apres la prise de la ville de Carcassonne, éleu pour auoir le Gouuernement du pays conquis sur les Heretiques; ce qui luy fut depuis confirmé par le Concile de Montpellier, & à suite par le sainct Siege, qui luy en fit titre. Le Roy de France luy en bailla apres l'inuestiture, & depuis il prit dans tous les Actes qu'il fit le titre de Duc de Narbonne, Comte de Tolose, & Vicomte de Carcassonne, Besiers, & autres. Ainsi en l'an 1216. au Pont de l'Arche, le Roy Philippes re- Registr. cur. Franc. M.S. fol. 58.

Y y ij

ceut Simon de Montfort pour son hommager pour toutes les susdites Terres, en qualité de Duc de Narbonne, Comte de Tolose, & Vicomte des autres Villes.

Sa qualité de Duc de Narbonne luy fut pourtant contestée par Arnaud Amalric Archeuesque de Narbonne, comme il en appert de la Lettre que l'Archeuesque en escriuit au College des Cardinaux de Rome, & par l'Epistre que le Pape Innocent III. en écriuit au Comte Simon, lesquelles sont rapportées par M. Catel en ses Comtes de Tolose, & par moy à la fin de cette Histoire. Nonobstant quoy le Comte de Montfort se rendit Maistre de la ville de Narbonne, & receut par force l'hommage du Vicomte Aymeric, ainsi qu'il conste de l'Acte qu'en produit M. Catel. Et depuis le Comte receuant l'inuestiture du Duché de Narbonne & autres Terres, le Roy Philippes Auguste luy en confirma la Donation, tant pour luy que pour ses heritiers; *confirmauit Ducatu Narbonæ, & hæredibus suis*, dit Pierre Moine de Valsernay. D'où vint que les Habitans de Narbonne ayant obtenu permission du Comte Simon de Montfort, de clorre leur Ville de Murailles, ils declarent par deux diuers Actes de l'an 1218. dans lesquels ils reconnoissent Simon pour Duc de Narbonne, qu'ils offrent de démolir lesdites Murailles & Fortifications, au premier Mandement du Comte; ce sont deux Lettres, l'vne au Pape, & l'autre au Roy Philippes Auguste, qui sont dans le Tresor des Chartres de France.

Apud hist. Com. Tolos. l.1.c.3.

Inuent. des Titres du Tresor des Chartres de France, M.S. volume 5. pages 116. & 146.

Ce que i'ay promis dans le premier Chapitre de cette Histoire, d'esclaircir la verité des pretensions des Archeuesques de Narbonne sur ce Duché, exige en cét endroit par vne espece de dissertation necessaire au suiet present, de remarquer que la Lettre escrite par Arnaud Amalric, Archeuesque de Narbonne, au College des Cardinaux, contre le Comte Simon de Montfort estably Duc de Narbonne, Comte de Tolose, & Vicomte des autres Villes, contient positiuement, que, Arnaud ayant esté éleu Archeuesque de Narbonne, il auoit en suite receu l'hommage & serment de fidelité d'Aymeric Vicomte de Narbonne, pour le Duché de Narbonne, à la presence & assistance de l'Euesque d'Vsez alors Legat du sainct Siege, & presens aussi comme tesmoins les Euesques de Besiers, Agde, Maguelonne, Lodeve, Elne, & Tolose, suffragans de l'Eglise de Narbonne, & plusieurs autres. Il soustenoit à ce propos qu'il estoit en possession du Duché depuis trente ans, & au delà, & que luy & ses predecesseurs en auoient tousiours paisiblement iouy, & sans trouble aucun : que neantmoins contre vne si longue possession Louis fils du Roy de France, & le Comte de Montfort, auoient voulu entreprendre de faire démolir les Murailles de Narbonne, & l'eussent executé s'il ne s'y fust opposé, en haine dequoy le Comte de Montfort auoit entrepris de contraindre le Vicomte de Narbonne à luy faire hommage, au preiudice de celuy qu'il auoit desia fait à l'Archeuesque, & auoit exigé la mesme chose par force & violence de plusieurs Habitans de Narbonne, qu'il tenoit à cét effet prisonniers dans Carcassonne, &c. Le fondement & le titre originaire & primordial sur lequel l'Archeuesque batissoit ses pretensions, estoit les Transactions passées entre les Archeuesques & les Vicomtes de Narbonne, desquelles il appert que la moitié des Tours & Murailles de la ville appartenoit à l'Archeuesque, & la iuste possession de cecy se iustifie par les Octroys & Concessions qu'en ont esté faites par les Roys Pepin, Charles le Chauue, Charles le Simple, & autres Roys de la deuxiesme race, aux Archeuesques predecesseurs d'Arnaud Amalric, & particulierement celle du Roy Odon ou Eudes à l'Archeuesque sainct Theodard l'an 888. qui ne confirme seulement pas toutes les susdites Donations, mais de plus qui y comprend en termes expres la moitié des droicts que le Comte de Narbonne, ou son Commissaire auoient accoustumé de prendre & leuer dans l'estenduë du Comté de Narbonne. Ainsi les Vicomtes, & principalement Berenguier, soy disant Proconsul de Narbonne, ayant vsurpé ces droicts sur les Archeuesques, Raymond de sainct Gilles, Comte de Roüergue & de Narbonne, fut le premier qui les restablit dans leur auctorité, en la personne de l'Archeuesque Guifredus, à qui il fit rendre & restituer au Vicomte de Narbonne, & ses enfans, ce qu'ils luy auoient vsurpé, & contraignit le Vicomte à luy faire hommage & prester serment de fidelité pour le restant de ce que le Vicomte de Narbonne possedoit, releuant du fief de l'Archeuesque,

que ie trouue auoir esté depuis compris sous le nom General de Vicomté de sainct Iust; constat de l'hommage fait par Aymeric Vicomte de Narbonne à Raymond Comte de Tolose fils de Constance l'an 1203. estant dans le Tresor des Chartes de France. En effet cette distinction de Vicomté de Narbonne, pour lequel le Vicomte fait hommage & preste serment de fidelité au Comte de Tolose, & de Vicomté de sainct Iust, qu'il excepte formellement dans son hommage, & qui comprend le fief de l'Eglise Metropolitaine de Narbonne, font voir que de tout temps l'Archeuesque ayant possedé la moitié de la Ville & Comté de Narbonne & ce qui en dependoit, cette moitié appellée le Vicomté de sainct Iust luy auoit esté conseruée, & que de l'autre moitié Raymond de sainct Gilles comme Comte & Duc de Narbonne ayant donné la troisiesme partie à l'Archeuesque Guifredus, les deux tiers restans, faisant de six parties les deux de l'entiere Seigneurie, estoient demeurez aux Vicomtes. Pour ces deux parties les six faisant le tout de l'entiere Seigneurie de la Ville & Comté de Narbonne, les Vicomtes faisoient hommage aux Comtes de Tolose, comme Ducs de Narbonne, sous lequel titre est compris celuy de Comte de la mesme Ville; & pareillement ils en faisoient aux Archeuesques de Narbonne pour le surplus de ce qu'ils possedoient, tant dans l'ancien fief de l'Eglise appellé Vicomté de sainct Iust, que dans la troisiesme partie de l'autre moitié appellée Vicomté de Narbonne, que Raymond de sainct Gilles leur auoit donnée : & pour le Comté ou Duché en general, Raymond de sainct Gilles auoit reconnu la Superiorité de l'Archeuesque, & luy auoit fait hommage & serment de fidelité. Tellement que le Vicomte de Narbonne se trouuant par ce moyen posseder en arriere-fief, le Vicomté de Narbonne, & estre esgalement hommager, & du Comte de Tolose comme Duc & Comte de Narbonne, & de l'Archeuesque comme Seigneur de trois parties les deux de la ville & Comté de Narbonne ; il est vray de dire qu'en cét estat l'auctorité Ducale & Comtale de Narbonne estoit partagée entre l'Archeuesque de Narbonne & le Comte de Tolose, & mesmes que celuy-cy reconnoissoit l'Archeuesque pour Seigneur Superieur, puis qu'il luy auoit fait serment de fidelité. Et cela estant, que si bien le Comte de Tolose se trouuoit priué du Duché de Narbonne pour crime d'heresie, que la dignité de Duc & Comte de Narbonne n'estoit pourtant pas esteinte en la personne de l'Archeuesque, en qui elle deuoit subsister toute entiere, puisque la plus grande partie du Duché & Comté de Narbonne luy appartenoit en propriété & directité, & les droicts honorifiques de l'autre partie par droict de Commis, comme s'estant Raymond de sainct Gilles rendu hommager de l'Archeuesque Guifredus, à raison de sa qualité de Seigneur de Narbonne Superieur, & du Comte, & du Vicomte, auant mesme qu'il n'eust pris le titre de Duc de Narbonne. C'est, à mon aduis, ce que disputoit Arnaud Amalric au Comte de Montfort, & que l'on

de Narbonne. 361

l'on ne pouuoit pas à son preiudice faire demolir les Murailles de la ville de Narbonne, dont la plus grande partie luy appartenoit de tout temps en proprieté, & par Concession des Roys. Quoy qu'il en soit, on void de ce que dessus, que depuis plus de cinq cens ans la moitié de la ville & Comté de Narbonne appartient aux Archeuesques, & qu'au contraire ce n'est que depuis Raymond de sainct Gilles, que les Comtes de Tolose ont pris le titre de Ducs de Narbonne, que Raymond auoit le premier receu de la seule grace & liberalité de l'Archeuesque Dalmas dés l'an 1088. temps auquel Raymond ne pouuoit pas mesme pretendre legitimement celuy de Comte, pour n'auoir de Superiorité dans Narbonne que sur le Vicomte, pour la moitié de la Cité & Comté de Narbonne, qu'ils auoient vsurpée sur l'auctorité Royale. Mais quoy que sçeust insister l'Archeuesque Arnaud Amalric, & nonobstant mesme la Lettre escrite par le Pape Innocent III. au Comte de Montfort sur les pretensions dudit Archeuesque, & excommunication laxée par l'Archeuesque contre le Comte, le Duché fust deffinitiuement adiugé à Simon de Montfort, & la confirmation & inuestiture luy en fut baillée par le Roy de France, comme nous auons veu. D'icy, Miquel Carbonel, Auteur Catalan, a fort mal à propos pris subjet d'escrire dans sa Chronique d'Espagne, que Arnaud Amalric Archeuesque de Narbonne auoit esté priué du Duché de Narbonne, pour crime d'heresie; qui est vne fausseté si grande qu'elle est dementie par toute l'Histoi-

Zz

re, qui nous apprend que ce digne Prelat, d'Abbé des Cisteaux, & de Chef des Predicateurs contre les Heretiques Albigeois, fut pour son zele & pour son merite fait Legat du S. Siege contre ces Heretiques, & de là Archeuesque de Narbonne, qu'il tint vn Concile à Lauaur, assista à celuy qui fut tenu à Rome l'an 1215. & s'estant tousiours porté auec vne constance miraculeuse à l'exaltation de la Foy & à l'extirpation de l'Heresie, mourut au Siege d'Auignon l'an 1226. dans la mesme reputation qu'il auoit vescu. Voila ce que i'auois à dire en cét endroit concernant nostre Archeuesque de Narbonne, qui osa disputer le premier le titre de Duc de Narbonne, que la confirmation & inuestiture, tant du sainct Siege que du Roy de France, en faueur de Simon de Montfort & de ses descendans rendit legitime en la personne de celuy cy, & corrigea le vice qui pouuoit estre en la possession de plus de cent ans des Comtes de Tolose. Enfin comme cecy n'osta pas à l'Archeuesque de Narbonne le droict qu'il auoit depuis tant de temps, & par tant d'Actes geminez, en la Seigneurie & Comté de Narbonne, & que le Comte de Tolose ayant esté priué de tous ses Estats, & le Roy de France substitué au droict d'Amaury de Montfort, fils & heritier du Comte Simon, le Vicomte de Narbonne fut en suite confirmé en son Vicomté, sous l'auctorité & le vasselage du Roy de France, sans preiudice toutesfois de l'hommage qu'il deuoit à l'Archeuesque : Nous verrons en son lieu en quoy c'est que les Archeuesques de Narbonne qui ont vescu depuis ce temps-là, & principalement depuis l'efchange fait du Vicomté de Narbonne, auec le Comté de Beaufort, ont eu raifon de pretendre que deflors le titre de Duc de Narbonne leur a efte deub, & à meilleur titre qu'à leurs predeceffeurs.

Mais comme M. Catel dans fes Memoires de Languedoc s'eft beaucoup eftendu fur les particularitez de ce qui fe paffa fur cette difpute du Duché de Narbonne, entre l'Archeuefque Arnaud Amalric, & le Comte Simon de Montfort, ie rapporteray icy ce qu'il en dit. Le douziefme de Mars 1212. Arnaud Amalric Abbé de Cifteaux & Legat du Pape, (dit-il) fut efleu Archeuefque de Narbonne, & l'élection fut confirmée par Raymond Euefque d'Vfez, en la prefence duquel, & des Euefques de Befiers, Maguelonne, Agde, Lodeve, Comenge, Couferans, & des Abbez de fainct Pol de Narbonne, & de fainct Aphrodife de Befiers, & du Clergé & peuple de Narbonne, Aymeric Vicomte fit hommage & ferment de fidelité audit Archeuefque, touchant ce qu'il tenoit à fief de luy. Et le lendemain de l'aduis des Euefques fuffragans de fa Prouince, ledit Archeuefque fe declara Duc de Narbonne, comme appartenant la Duché aux Archeuefques de Narbonne: tellement que ledit Aymeric Vicomte le reconnut comme Duc, & aduoüa tenir de l'Archeuefque ce qu'il tenoit comme mouuant de la Duché, & luy en fit hommage & ferment de fidelité. Depuis l'Archeuefque ayant fait entendre au Vicomte qu'il fe vouloit faire facrer le fecond de May audit an 1212. il

Fol. 599.

dit au Vicomte qu'il se preparast pour luy payer le Festin qu'il luy deuoit d'Albergue au iour de son Sacre, qu'il desiroit receuoir de luy comme Duc de Narbonne, & à cause de sa Duché: ce que le Vicomte offrit de faire en son Palais, & l'accomplist fort honnorablement: A ce Banquet & Albergue, assista grand nombre d'Euesques & autres Seigneurs, tant Ecclesiastiques que seculiers. De cét hommage fait par le Vicomte à l'Archeuesque en qualité de Duc de Narbonne, sortirent quelque temps apres de grands differents entre le Comte de Montfort, & l'Archeuesque de Narbonne: Car le Comte de Montfort ayant esté fait par le Concile de Latran Comte de Tolose, pretendist que la Duché de Narbonne luy appartenoit en qualité de Comte de Tolose, d'autant que ses predecesseurs depuis Raymond de sainct Gilles se sont nommez Ducs de Narbonne, ce qui fut cause de grands desordres dans ladite ville, que nous auons en partie rapportez au Chapitre troisiesme du Liure premier de nostre Histoire des Comtes de Tolose. Apres cecy il adiouste ce que nous apprenons dans l'Histoire des Albigeois, sçauoir qu'apres la Bataille de Muret le Comte de Montfort estant passé par Narbonne pour aller en Prouence, le Vicomte Aymeric luy refusa l'entrée de la ville, craignant que le Comte ne voulust s'en saisir; par où le Comte fut contraint de loger dans les iardins qui sont ioignant la ville, qu'il assiegea quelques iours apres, auec les Trouppes que le Comte Guillaume de Bar luy amena: Mais la premiere attaque luy ayant mal reüssi, &

de Narbonne. 365

luy-mesme y ayant esté blessé de la main du Vicomte, il leua le Siege, & se retira. Pierre Moine de Valsernay parle de cette iournée, & aussi vn Poëme composé à la loüange du Vicomte Aymeric en langage du pays, par vn Poëte appellé Albuson natif de la Ville de Gordon en Quercy. Et moy i'adiouste à ce que dessus, que pendant ce demeslé du Comte de Montfort auec le Vicomte, qui regardoit l'auctorité que le Comte vouloit vsurper dans la ville de Narbonne, les Arragonnois & les Catalans vinrent par deux fois en armes dans le Languedoc, tant pour venger la mort du Roy Pierre qui fut tué à la Bataille de Muret, obtenir la liberté de son fils que le Comte de Montfort tenoit prisonnier dans la Cité de Carcassonne, que pour donner secours au Vicomte de Narbonne. La premiere fois le Comte Simon estoit au pays de Foix, dont il partit en dilligence; mais le Comte de Foix luy ayant dressé des embusches, il luy tailla en pieces vne grande partie de ses Trouppes. Estant pourtant arriué à Carcassonne auec peu de gens, il trouua que les Arragonnois & les Catalans s'estoient retirez; & Olhagaray Ministre de Maseres en son Histoire de Foix, dit que si ces peuples eussent attendu le Comte de Montfort, que sans difficulté ils l'auroient defait, veu le peu de monde qu'il amenoit. Apres cecy le Comte passa en Prouence, & pendant ce temps-là il receut nouuelles que les Arragonnois & les Catalans estoient derechef aux enuirons de Carcassonne, où il accourut aussi-tost, & y fut bien battu, dit le susdit Olhagaray, & Perrin dans

Z z iij

son Histoire des Albigeois; tellement qu'il fut contraint de se tenir reserré dans Carcassonne pour ne pouuoir plus tenir la Campagne iusqu'à vn nouueau secours de Pelerins. Voila ce que Olhagaray & Perrin rapportent, qui ne se trouue pas dans les autres Historiens; Il est vray que soit que le Moine de Valsernay ait esciennement deguisé ces deux actions, dont l'euenement tombe au temps du demeslé du Comte de Montfort auec le Vicomte de Narbonne, ou qu'il n'ait peu les escrire auec assez d'exactitude, à cause qu'il estoit pour lors en France auec l'Euesque de Carcassonne son oncle, dont ils ne furent de retour qu'aux Octaues de la resurrection, de l'an 1214. tant y a que ces irruptions des Arragonnois & des Catalans sont veritables, comme l'on void dans le mesme Moine de Valsernay, qui dans vn Chapitre bien éloigné de celuy où il parle du Siege de Narbonne par le Comte de Montfort, tesmoigne que lors que le Cardinal Pierre de Benneuent Legat du Pape vint en Languedoc, ils estoient encore en corps d'armée dans le pays de Narbonne, & que le Comte Simon n'osoit pas abandonner ces quartiers, de peur qu'apres cela les ennemis ne rauageassent toutes ses Terres. Et à ce propos M. Catel a remarqué que le Cardinal de Benneuent Legat, ayant à son arriuée eu aduis du combat depuis peu aduenu deuant la ville de Narbonne, où il s'acheminoit, il manda au Vicomte & Habitans de Narbonne, & leur enioignit de faire trêues & cessation d'armes auec le Comte de Montfort iusques à sa venuë; & semblablement il

de Narbonne. 367

manda au Comte de ne plus rien entreprendre contre la ville de Narbonne, & d'attendre son arriuée; à quoy il fut satisfait de part & d'autre. Peu de temps apres le Legat estant arriué à Narbonne, il y fut receu par l'Archeuesque, le Vicomte, & les Habitans autant honnorablement qu'il se pouuoit, & en suite ils luy presterent le serment de fidelité & obeïssance au nom de l'Eglise, & comme Legat du Pape; il est dans le mesme Catel, en ses Memoires de Languedoc. Aussi le Moine de Valsernay aduoüe vn peu apres ce qu'il a dit plus haut des Arragonnois & des Catalans, que si les ennemis, dans lesquels il comprend ceux de Narbonne, n'eussent craint les Pelerins qui vinrent pour lors de France, ils n'eussent pas obey au Legat; & de mesme que si le Legat ne fust venu, les Pelerins ou Croisez eussent fort peu auancé. Le temps de cette reconciliation, qui n'a pas esté precisement remarqué, tombe enuiron les Festes de Pentecoste, de l'année 1214. veu que l'armée des Croisez qui se tint durant tout ce temps-là aux enuirons de Carcassonne, en partit au mois de May de cette année, & prit sa marche vers le Rouergue, comme l'on peut voir dans l'Histoire des Albigeois.

Et quoy que depuis l'Archeuesque, Vicomte, & Habitans de Narbonne se fussent soufmis au Prince Loüis, fils du Roy Philippes Auguste, qui prit la Croix & vint en Languedoc l'année apres 1215. le Comte de Montfort pour se venger de l'action passée, persuada neantmoins au Prince Louis, que la ville & Vicomte de Narbonne fauorisoient entierement au Comte de Tolose, & estoient refractaires & desobeïssans aux commandemens de l'Eglise; & sur vn pretexte si specieux, & qui estoit pourtant tres-faux, il obtint le rasement des Murailles de la ville de Narbonne. L'Archeuesque s'y opposa comme Duc & Seigneur de ladite ville, soustenant qu'en cette qualité les Murailles luy appartenoient, sans lesquelles il ne pouuoit (disoit-il) proteger ny deffendre le Vicomte, & autres Habitans de la ville de Narbonne, ausquels comme leur Seigneur il deuoit toute protection; adjoustant que si le Vicomte ou les Habitans auoient en quelque chose failly, que l'Eglise n'en deuoit pourtant pas souffrir. Nonobstant ces raisons, qui furent debattues deuant le Prince Loüis, il fut ordonné que les Murailles de Narbonne seroient demolies, à quoy il faut enfin obeïr; & le pis est, que le Prince estant à Carcassonne manda venir le Vicomte de Narbonne, & le contraignit de faire hommage du Vicomté au Comte de Montfort, en qualité de Duc de Narbonne, quoy que le Vicomte insistat qu'il auoit desia fait hommage à l'Archeuesque de Narbonne, qui pretendoit le Duché luy appartenir. Cét hommage rendu de la maniere par le Vicomte de Narbonne au Comte Simon de Montfort, du mandement mesme du Cardinal Legat, offensa de telle sorte l'Archeuesque, qu'il en appella au sainct Siege, & fut en suite à Rome au Concile qui y fut tenu au mois d'Octobre de cette année mil deux cens quinze, qui estoit la dix-huitiesme du Pontificat d'Innocent III. bien qu'on n'ait pas remarqué

ce

ce que l'Archeuefque fit en ce Concile pour fe conferuer dans le titre de Duc de Narbonne, qu'il auoit pris, & que l'Epiftre de ce Pape au Comte de Montfort nous faſſe voir que le Pape doit auoir pris vne entiere connoiſſance de cette affaire, fi eſt-ce pourtant que la Donation de tout le Languedoc faite au Comte Simon luy fut confirmée en ce Concile, & qu'en fuite l'inueſtiture & confirmation luy en fut baillée par le Roy de France, fous le titre de Duc de Narbonne, Comte de Toloſe, & Vicomte de Carcaſſonne, Befiers, &c. ainfi que nous auons veu.

Apres quoy le Vicomte Aymeric, émeu de pitié & de compaſſion de voir l'Archeuefque ſon veritable Seigneur fi mal traicté, qu'il n'auoit plus dans la ville de Narbonne l'auctorité qu'il y auoit euë, voulut en quelque façon reparer l'iniuſtice que les autres venoient de luy faire, & par Acte de cette meſme année 1215. il donna au fufdit Arnaud Archeuefque *intuitu pietatis*, comme il eſt dit dans l'Acte, & pour reparation des torts qu'il luy auoit faits, & en reconnoiſſance de ce que ledit Archeuefque l'auoit remis en ſa grace, la moitié du Droict de battre Monnoye, à la charge qu'elle feroit battuë & fabriquée au nom de tous deux, & que le profit feroit partagé; comme auſſi il luy accorda que les criées publiques fe feroient au nom de tous deux, & que le nom de l'Archeuefque feroit le premier; & outre ce il luy donna pluſieurs biens mentionnez dans ladite Donation. Depuis, comme auparauant, l'vn & l'autre, ont eu chacun leur Cour & Siege de Iuſtice diftribu-

A a a

tiue, ainsi qu'il se peut inferer de ce qui est dit du P. François Ferrier, Prieur du Conuent des Freres Prescheurs de Narbonne, qui defera vn Heretique nommé Massot aux Cours de l'Archeuesque & du Vicomte : cecy fut apres l'Institution de la Confrairie des Prud-hommes, dite de l'Amistance du Bourg de Narbonne, dont M. Catel rapporte les Articles, sous la datte du quatriesme Octobre mil deux cens dix-neuf, & durant la vie de Pierre Amelin Archeuesque qui succeda à Arnaud Amalric, dés l'an mil deux cens vingt-six. Ie ne m'estends pas plus auant sur cette matiere, parce que cela est reserué pour la conclusion de cette Histoire.

Petr. Valsern. hist. Alb. cap.

Au reste, quoy que suiuant ce que i'ay plus haut representé, le Comte de Barcelonne eust vsurpé la dignité & auctorité Comtale de Carcassonne, si est-ce neantmoins que Simon Comte de Montfort, fit hommage pour le Vicomté de Carcassonne, au Roy d'Arragon dans la ville de Narbonne, l'an mil deux cens dix. I'ay dit plus haut qu'en l'an mil deux cens

Registr. cur. Franc. fol. 1.

onze, en Iuin au Camp deuant Minerue, Raymond Trincauel fils d'autre Raymond donna, ceda, & quita par Donation entre-vifs audit de Montfort, tout ce que luy pouuoit appartenir par succession paternelle ou maternelle aux Vicomtez de Besiers, Carcassonne, Alby, Rodez, ou Rasez, & Agde.

Ibidem.

L'an mil deux cens quatorze, au mois de May dans la ville de Besiers, & dans le Palais du Comte de Montfort, Bernard Atton fils d'autre Bernard Atton, & de Guillemette mariez, fait aussi delaissement

& Donation pure & simple audit de Montfort des Villes & Vicomtez de Nismes, & Agde, & de tout ce qui en dépend, scitué dans lesdits Eueschez, nonobstant que lesdits biens soient affectez aux Vicomtes de Besiers par substitution fideicommissaire, au cas que le Donateur viendroit à deceder sans enfans, dequoy il promet porter euiction & garentie aux frais & despens du Comte Simon.

La mesme année mil deux cens quatorze en Mars, Fol. 13. à Carcassonne, Simon de Montfort disant auoir en commande la Terre & droicts qui appartenoient au Comte de Tolose, baille à l'Euesque d'Vsez, pour recompense des dommages faits à l'Eglise d'Vsez par ledit Comte de Tolose, tout ce qui appartenoit au Tolosain au lieu de Moriac, sainct Benoist, Rocqueciuiere, Areroles, Nouuelles, S. Ferriol, &c. & baille le tout à titre de Seigneurie, sauf à en passer plus amples instrumens, & en meilleure forme, lors que ladite Terre & droicts luy auront esté donnez par le Pape; il donne aussi la neufiesme partie des peages, & la decime pour droict de dixme par tout le Diocese d'Vsez, & le reste desdits peages seront tenus par ledit de Montfort de l'Euesque d'Vsez & de son Eglise. Donne de plus au Preuost & Chapitre de ladite Eglise le lieu de Castillon, sauf le droict de sang, pour raison duquel en cas de confiscation les meubles seront partagez, ce qui aura lieu aussi en la Donation faite à l'Euesque, sauf aux lieux de Moriac, & de saincte Anastase, qui appartiendront entierement audit Euesque, & à son Eglise : & au lieu de

Aaa ij

Valle Aqueria, le Comte de Montfort prendra la part qui souloit appartenir au Comte Raymond. Les Iustices qui estoient autresfois audit Raymond aux autres fiefs, seront tenuës par ledit de Montfort en fiefs de l'Eglise d'Vsez ; Comme aussi la quatriesme partie du Compoix de tout le Diocese d'Vsez ausquels fiefs tenus par de Montfort, il ne pourra mettre aucuns Officiers, sans le conseil dudit sieur Euesque & de son Eglise, ny bastir aucuns Forts, sans les tenir en fief de l'Euesque.

Fol. 14. & 58.

Dans le mesme Registre des Archiues de la Cité de Carcassonne, est vn autre Acte fait en Ianuier audit an mil deux cens quatorze, en la ville de Beaucaire, par lequel l'Archeuesque & le Chapitre d'Arles baillent la ville de Beaucaire à Simon de Montfort, & les lieux en dependans, sous l'hommage & serment de fidelité, & cent marcs d'argent fin annuellement, & vn denier pour liure quand il fera battre de la Monnoye : seront l'Archeuesque, Chapitre, & Chanoines exempts du peage, port & passage de la Riuiere; & à tout changement de Seigneur l'Archeuesque doit aller à Beaucaire prendre les clefs, & étre desfrayé; il peut leuer sa banniere sur les Tours de Beaucaire, & le lendemain rendre les clefs au Seigneur.

Euesq. de Montpell. d'Arnaud de Verdale dans de Catel, pag. 990. des Memoires de Languedoc.

L'année auparauant le Prince Loüis bailla à l'Euesque de Maguelonne ou Montpellier, la confirmation du fief de Maguelonne, & des autres lieux appartenans à son Eglise ; & l'an mil deux cens quinze, l'Euesque de Montpellier accorda aux Consuls de Montpellier deux deniers des douze que l'Euesque de Maguelonne auoit accoustumé de prendre sur la Monnoye de Melgueil ; & aussi en cette année il bailla aux mesmes Consuls en arriere-fief la Forest de Valence, se reseruant la Iurisdiction & les Albergues que luy faisoient les Gentilshommes, & vingt sols de la Monnoye de Melgueil, à prendre sur lesdits Consuls. I'ay dit plus haut que l'année apres au mois de Feurier, l'Euesque de Montpellier passa accord auec les douze Consuls, touchant la forme de proceder aux Elections consulaires.

Ie ne parle pas icy ny des guerres du Comte de Montfort, ny des autres euenemens considerables, qui sont au long dans les Chroniques de Pierre Moine de Valsernay, & de Guillaume de Puy-Laurens Autheurs du temps, & apres eux dans l'Histoire des Comtes de Tolose, par M. Catel, & dans celle de Bearn, Foix, & Nauarre par M. de Marca ; Le Lecteur trouuera dans l'vne & dans l'autre dequoy contenter sa curiosité. Le Liure des Archiues du Roy tenus dans le Chasteau de la Cité de Carcassonne, contient tous les hommages faits au Comte de Montfort, & les Donations par luy faites aux Gentilshommes François qui l'auoient bien seruy dans ces Guerres ; à Guy de Leuis Mareschal de l'Armée des Croisez, il donna la ville de Mirepoix, & plusieurs grands biens dont la Maison de Mirepoix iouït ; A Amalric de Voisins Chef des Maisons d'Arques, de Montault, d'Ambres, de la Graue, de Blaignac, & de Cornebarrieu, proche de Tolose, les Baronies de Reddis, autresfois Comté sous le nom de Reddez, autrement Rasez, Coffolent, Arques, & plusieurs autres Terres de notable valeur; à Lambert de Latour ou de Tureyo, les Baronies de Pechairic, Villelongue, & plusieurs autres Places; à Bouschard de Marly ou Merly, les Places de Saissac, & de sainct Martin, & autres Terres au Diocese de Carcassonne; à Desfontaïnes les Places de Belflour & de Fendeilhe auec leurs appartenances, & à plusieurs autres que i'obmets. Toutes ces terres dont les Proprietaires furent dépoüillez à cause de l'Heresie, furent par le Comte de Montfort assuieties aux Coustumes du Vicomté de Paris; ce qui est encore plus veritable que les Seigneurs Originaires du Languedoc sont notoirement distinguez des autres, dans les hommages qu'ils ont depuis prestez des Terres qu'ils possedoient dans le mesme pays; en ce que les fiefs de ceux-cy sont dits estre tenus sous le Droict escrit, & ceux des autres au contraire sous les vs & Coustumes du Vicomté de Paris. Les fiefs donc qui sont tenus sous les Coustumes de Paris, sont tous ceux qui furent confisquez aux Heretiques ou leurs fauteurs, & donnez par le Comte de Montfort aux Gentilshommes François; & les autres sont les fiefs des Nobles du Pays qui ne se separerent iamais de l'Eglise, ou qui s'y reünirent.

En mon Histoire des Euesques de Carcassonne, ie touche quelques particularitez qui ont esté obmises par les autres, nommément la supercherie faite au Vicomte de Carcassonne, pour luy auoir ses Terres, quoy qu'il fuſt bon Catholique, & ſa mort qu'on croit auoir eſté aduancée par le poiſon ; la guerre qu'on dit auoir eſté en Languedoc l'année 1234. qu'on pretend auoir eſté ſi funeſte aux Albigeois, que plus de cent mille perſonnes Heretiques y moururent, auec pluſieurs de leurs Eueſques, & autres euenemens conſiderables, tres importans à l'Hiſtoire des Albigeois, & dont nous auons touché quelque choſe en paſſant dans la diſſertation ſur la difference de ces Heretiques.

Tous ceux qui ont manié l'Hiſtoire ſçauent que le Comte Simon de Montfort fut tué au Camp deuant la ville de Toloſe, le lendemain de la Natiuité de ſainct Iean Baptiſte l'an 1218. Son corps fut porté à Carcaſſonne, & dés là en France, & fut enterré dans l'Egliſe du Monaſtere des Religieuſes de l'Ordre de Fonte-Vraud, appellé de Noſtre-Dame de Hautebryeres, qui eſt à huit lieuës de Paris, à vne lieuë de Montfort, ville Seigneuriale du Comté; & à trois petites lieuës de l'Abbaye de Valſernay. Son Epitaphe en deux Vers en Lettres Gothiques, compare ce Heros aux plus grands hommes de la Terre.

CHAPITRE XXXII.

AMAVRY DE MONTFORT, vingt-huitiesme Duc, & Comte de Narbonne.

ARNAVD AMALRIC, Archeuesque, & vingt-huitiesme Conseigneur de Narbonne, & le premier qui s'est dit Duc de Narbonne.

AYMERIC, cinquiéme du nom, Vicomte de Narbonne.

Registr. cur. Franc.

AMAVRY de Montfort, fils & heritier du Comte Simon, se porta apres la mort de son pere, pour Duc de Narbonne, Comte de Tolose, & Vicomte de Carcassonne, Besiers, Alby, & le reste ; & en cette qualité estant à Alby, au mois de Septembre 1218. il bailla pour trois ans à l'Euesque d'Alby, tout ce que luy appartenoit audit Alby, moyennant cent trente liures Melgorois ; dans cette afferme est compris le droict d'armes & de Caualcade, tant de la ville d'Alby, que des enuirons.

L'an 1219. en Septembre, le mesme assisté de la
Comtesse

de Narbonne.

Comtesse sa mere, fait homage à l'Euesque & Chapitre d'Agde du lieu de Florensac, & de Pomeirols, sous la redeuance à chaque auenement d'Euesque d'vn anneau d'or de valeur d'vn marc d'argent ; Declare l'Euesque tenir du Comte tout ce qu'il possede dans l'Euesché d'Agde dependant du Vicomté d'Agde, & particulierement tout ce que le Sieur d'Anduse possede au delà de la Riuiere de l'Eraut dans ledit Euesché, & dont il doit hommage, sous l'obligation d'estre Conseiller du Comte lors qu'il se trouuera present & qu'il en sera requis, & de luy dôner ayde & secours dans les Eueschez d'Agde & de Besiers, contre toute personne, reserué le Pape, & le Roy de France ; la redeuance de tous les susdits fiefs est *vnum saurum austurem*, ou vn marc d'argent, payable annuellement par l'Euesque au Comte. Quitte l'Euesque tant pour luy que ses successeuts la Chancellerie du Comte de Tolose, & tout le droict qu'il a en icelle, & casse & reuoque tous instrumens par lesquels il pretendoit que le Vicomte de Besiers luy estoit tenu à hommage, & serment de fidelité, *Pro honorabili feudo*.

Mais enfin, les affaires succederent si mal au Comte Amaury de Montfort, que l'an 1223. Carcassonne fut assiegée sur luy par les Comtes de Tolose, & de Foix, & fut renduë à ce dernier apres dix mois de Siege, comme ie dis au long en mon Histoire des Euesques de Carcassonne, contenant celle des Comtes & Vicomtes de la mesme Ville. On void

Bbb

Hiſtoire des Ducs

dans le Regiſtre des Archiues du Chaſteau de la Cité de Carcaſſonne, deux Lettres écrites au Roy Philippes Auguſte, l'vne par l'Archeueſque de Narbonne, & les Eueſques de Niſmes, Vſez, Beſiers, & Agde, aſſemblez à Montpellier, luy donnant auis du Siege de Carcaſſonne, & de la neceſſité où eſtoit reduit le Comte de Montfort, par deffaut de viures & d'argent: Et l'autre dattée du mois de Decembre ſuiuant en la ville de Beſiers, par le Legat du ſainct Siege, & les Eueſques de Lodeve, Maguelonne, Beſiers & Agde, à ce qu'il pleuſt au Roy d'accepter la Terre d'Albigeois, & autres Seigneuries à luy offertes par Amaury Comte de Montfort.

On y void en outre l'Acte fait par le Comte Amaury de Montfort en Février mil deux cens vingt-trois, en la ville de Paris, par lequel il quitte & donne au Roy de France tout le droict que le ſaint Siege auoit donné au Comte Simon ſon pere ſur le Comté de Toloſe, & toute la Terre d'Albigeois, & pour recompenſe il fut fait entre autres choſes Conneſtable de France. Apres quoy, & dés l'an 1226. le Roy Loüis VIII. Pere de ſainct Loüis, ſoûmit tout le Languedoc à ſon obeïſſance, comme il en appert des hommages & ſermens de fidelité que luy preſterent les Villes & les Gentils-hommes du Languedoc; ils ſont dans le Regiſtre dont nous auons ſi ſouuent fait mention. Pour lors le Roy de France eſtablit pour le Gouuernement du pays vn Viceroy, qui auoit nom Mathieu Rachin, & deux

de Narbonne.

Seneschaux, l'vn à Carcassonne, & l'autre à Beaucaire; & nous trouuons qu'Adam de Milhac ou de Milleriaco, a porté le titre de Viceroy, conjoinctement auec celuy de Seneschal de Carcassonne peu de temps apres.

Histoire des Ducs

CHAPITRE XXXIII.

RAYMOND dernier du nom, fils de la Reyne Ieanne, Comte de Tolose, & dernier Duc, & Comte de Narbonne.

ARNAVD, PIERRE AMELIN, & GVILLAVME DE BROA, Archeuesques, & 28. 29. & 30. Conseigneurs de Narbonne.

AYMERIC V. & AYMERIC VI. Vicomtes de Narbonne.

AYMOND le Ieune, fils de Raymond le Vieux, Comte de Tolose, & de la Reyne Ieanne, sœur de Richard Roy d'Angleterre, succeda à son pere au mois d'Aoust 1222. & quoy que tous les Estats de son pere eussent esté confisquez au profit du Comte de Montfort, il ne laissa pourtant pas de prendre aussi le titre de Duc de Narbonne, Comte de Tolose, & Marquis de Prouence. Il continua la guerre contre Amaury de Montfort, & nous auons veu au Chapitre precedent

qu'il affiegea la ville de Carcaffonne, l'an mil deux cens vingt-trois, apres qu'ils eurent en vain fait vne conference enfemble dans Carcaffonne pour traitter vn accord. Neantmoins apres la ceffion que le Comte de Montfort fit au Roy de France, de tout le pays donné par le fainct Siege au Comte Simon, le Comte de Tolofe & fes confederez, commencerent à defefperer de leurs affaires ; & au mois de Iuin de l'an mil deux cens vingt-quatre, le Comte de Tolofe, le Comte de Foix, & le Vicomte de Beſiers, furent trouuer l'Archeuefque de Narbonne, Legat du Pape, à Montpellier, pour traicter de paix, & fe foufmettre abfolument à l'Eglife. Voyez Monfieur Catel, tant en fes Comtes de Tolofe, qu'en la vie d'Arnaud Amalric, Archeuefque de Narbonne. Vn Concile fut affemblé dans la ville de Narbonne, aux Octaues de l'Affumption de Noftre-Dame, pour le fujet de la Paix, & là le Comte de Tolofe & autres Seigneurs promirent auec ferment qu'ils rendroient leur Terre obeïffante à l'Eglife Romaine, & autres conditions remarquées par l'Autheur de la vie du Roy Loüis, tirée de la Bibliotheque du Sieur Pithou.

Ce n'eftoit pas auffi fans raifon qu'ils recherchoient par tous moyens de faire leur paix, veu que fuiuant Guillaume de Puy-Laurens, & la Cronique intitulée *Præclara Francorum facinora*, le Roy de France à la perfuafion du Cardinal Romain, Legat du Pape pour les affaires de Tolofe, & d'Albigeois, refolut d'extirper les Heretiques de Languedoc, & en ce deffein accompagné du Cardinal Legat, il partit au Printemps de l'année mil deux cens vingt-six, auec vne grande Armée, & prit à ces fins la Croix des mains du Cardinal. En vn mot tout ceda en Languedoc au Roy de France, & pendant mesme qu'il estoit occupé au Siege d'Auignon, toutes les Villes & tous les Seigneurs du Languedoc s'allerent soubmettre à luy, & luy iurerent fidelité. Le Registre des Archiues de la Cité de Carcassonne est tout remply de ces hommages & sermens de fidelité : mais ie n'en veux point icy faire le denombrement, pour ne pas charger ce Chapitre de tant de choses.

Le Comte de Tolose fut le seul qui osa faire teste au Roy, n'ayant peu faire sa paix ; & le Comte de Foix se ligua apres auecque luy, à cause qu'il n'auoit non plus peu faire sa paix telle qu'il le desiroit ; & pour cét effet ils passerent des Articles ensemble, le dernier de Septembre de cette année mil deux cens vingt-six. Le Roy Louis se retira du Languedoc, & laissa le commandement de l'Armée à Imbert de Beaujeu, qui continua la guerre contre les Comtes de Tolose & de Foix ; lesquels furent de nouueau excommuniez, par les Euesques assemblez à Narbonne. Le Roy estant mort à Montpensier en Auuergne, au mois de Nouembre de la mesme année mil deux cens vingt-six, le Roy Louis IX. son fils, qui a esté depuis canonisé, & mis au Catalogue des SS. luy succeda, & enuoya de nouueaux Ordres, & de nouuelles Trouppes à Imbert de Beaujeu, pour continuer la guerre. Apres le dégast qui fut fait aux enuirons de Tolose l'an 1227. Garin Abbé de Grand-selue traicta de paix auec les Tolosains, & pour arrester les conditions du Traicté, le Comte de Tolose se rendit en la ville de Meaux; apres quoy la paix fut concluë à Paris, & auctorisée par le Roy. Les Articles dattés du mois d'Auril 1228. sont produits par Monsieur Catel; & Guillaume de Puy-Laurens remarque que ce Traité estoit si aduantageux au Roy, qu'vne seule des conditions qui y furent accordées, eust esté (dit-il) suffisante de payer au Roy la rançon du Comte de Tolose, s'il eust esté son prisonnier de guerre. On luy laissa la ville & l'Euesché de Tolose, les Eueschez d'Agen & de Cahors, & vne partie de celuy d'Alby, à la charge de les tenir à hommage lige, suiuant la Coustume des Barons du Royaume de France. Au surplus il fut accordé que Ieanne, fille vnique du Comte Raymond, & de Sanches fille du Roy d'Arragon, & sœur de Pierre, aussi Roy d'Arragon, qui fut tué à Muret, seroit mariée à Alphonse frere du Roy sainct Louis, & que les enfans qui n'aistroient de ce mariage succederoient au Comté de Tolose; & où il n'y auroit point d'enfans, que la succession viendroit au Roy & à ses successeurs. Promit aussi le Comte de faire la guerre au Comte de Foix, & à tous les autres qui seroient residents dans l'estenduë des Comtez qui luy furent baillez, s'ils ne se sousmetoient à l'Eglise & au Roy, à la charge de demeurer Maistre des Terres qu'il pourroit par ce moyen occuper. A suite de ce Traitté le Comte de Tolose écriuit au Comte de Foix, pour l'exhorter à traitter sa paix auec le Legat; & à l'assemblée tenuë à sainct Iean de Verges, le seiziéme des Calendes de Iuillet, l'an mil deux cens vingt-neuf, le Comte de Foix se reconcilia à l'Eglise, & se sousmit au Roy de France.

En consequence de ce Traitté, le Comte de Tolose fut absous des excommunications qui auoient esté fulminées contre luy, le Vendredy Sainct, sur la fin de la susdite année 1228. & à la Feste de la Pentecoste suiuante 1229. le Roy luy donna l'Ordre de Cheualerie. Quelque temps apres il reuint à Tolose pour faire executer le traitté de paix, & abbattre les Murailles de la Ville. Il s'y fit vne notable assemblée des Archeuesques de Narbonne, de Bourdeaux, d'Auch, & de plusieurs Euesques; les Vicomtes & Barons du pays y assisterent aussi, horsmis le Comte de Foix, & auec eux le Seneschal de Carcassonne, & deux Capitouls de la ville de Tolose, l'vn de la Cité, & l'autre du Bourg : tous iurerent, ou approuuerent les Articles de la paix, & s'obligerent à la faire entretenir. En cette assemblée furent semblablement faits plusieurs beaux Reglemens pour l'entiere extirpation des Heretiques ; Le tout se void dans Monsieur Catel.

On lit dans les Archiues de Carcassonne, qu'en cette année mil deux cens vingt-neuf, il suruint quelque difficulté sur l'execution du traitté de paix, entre le Roy & le Comte de Tolose, laquelle fut terminée par la Sentence arbitralle qui fut sur ce renduë par le Cardinal Romain de S. Ange, Legat du Pape,

Reg. cur. Franc. M. S.

& le

de Narbonne. 385

& le Comte de Champagne Executeur du Traitté; & la Ville de Cahors, & les fiefs en dependans, ensemble la ville de sainct Antonin, furent adiugez au Roy, & le Comte de Tolose relaxé des quinze cens liures qu'il deuoit payer annuellement, pendant le temps de cinq ans, pour les garnisons des Places baillées au Roy pour son asseurance, & de l'Eglise, suiuant les Articles de paix. On lit aussi dans le mesme Regiftre la declaration faite par le Comte Raymond eftant à Muret, audit an mil deux cens vingt-neuf, comme le Roy luy auoit rendu Milhau, & ce qui en depend dans l'Euesché de Rodez, sans preiudice du droict du tiers, pour raison dequoy le Comte promet d'en demeurer à la Iuftice. Dauantage on y void l'hommage fait en Avril audit an mil deux cens vingt-neuf, par Philippe de Montfort fils de Simon de Montfort, de dix Cheualiers qu'il eftoit tenu de faire au Roy pour le don à luy fait de la Terre d'Albigeois de deça l'eau vers Carcassonne, à la reserue de la ville d'Alby: de luy descendent les Comtes de Caftres, desquels Monsieur Catel, & apres luy Borel Medecin de Caftres ont traicté. On lit aussi dans le mesme Regiftre des Archiues de Carcassonne qu'en la susdite année mil deux cens vingt-neuf, en Decembre, *apud Ataficam*, le Legat du Pape ordonna que suiuant l'Accord fait l'an mil deux cens dix-neuf, entre l'Euesque d'Agde & le Comte de Montfort, dont il a efté plus haut fait mention, les lieux de Florensac, Pomeirols, & autres, feront au Roy; & quant aux fiefs de Montagnac, & de Mese,

Fol. 76.
Fol. 44. & 96.
Memoires de l'Hift. de Languedoc, Comtes de Caftres.
Antiquitez de la ville de Caftres, l. 1. c. 6.
Fol. 40.

Ccc

& autres choses contenuës en la susdite Transaction, qu'elles appartiendroient à l'Euesque d'Agde, sous le serment de fidelité : & en cas le Roy ou l'Eglise & Euesque d'Agde n'agreeroient pas la presente Ordonnance, est reservé à chaque partie son droict, & ordōné que la composition auec Amaury de Montfort demeureroit en son entier, à quoy l'Euesque d'Agde & A. de Milleriaco, commandant pour le Roy en la Prouince de Narbonne acquiescerent. Depuis par Acte fait au Bois de Vincennes l'an mil deux cens trente-quatre, au mois de Iuin, l'Euesque d'Agde quitte au Roy ce que luy appartient par vertu de l'accord susdit de l'an mil deux cens dix-neuf, & nommément & par expres il quitte au Roy la Chancellerie du Comte de Tolose, & approuue & ratifie tout le surplus de l'accord; le Chapitre d'Agde ratifia le tout au mois d'Aoust audit an. De plus on lit dans le susdit Registre, qu'en la mesme année mil deux cens vingt-neuf, le iour & feste de sainct Luc, par Acte fait à Besiers, Guy de Leuis, Mareschal de sa Maiesté au pays d'Albigeois, assigne à l'Archeuesque de Narbonne la somme de quarante liures de rente annuelle sur les lieux de Pepieux, Pieussan, & autres, suiuant & conformement à l'Acte passé l'an 1226. en Octobre, au lieu de Monestiez, par lequel l'Archeuesque de Narbonne declare que le droict de commis appartient au Roy, dans les Terres du Chapitre de Narbonne, pour raison du crime d'Heresie, & le Roy donne audit Chapitre quarante liures de rente annuelle sur les lieux de Pepieux, & Pieus-

Fol. 22. 23. 24. & 87.

fan, fous l'obligation d'vn anniuerfaire. Il eft dit par cét Acte que lors & quand il plairoit à fa Majefté de priuer le Vicomte Aymeric du fief qu'il tient de l'Eglife, en la Cité & Bourg de Narbonne, qu'en ce cas ledit fief demeureroit la moitié au Roy, & l'autre au Chapitre, enfemble le four de Belbefe, & tout le droict que ledit Aymeric auoit audit Bourg, pour raifon dequoy l'Eglife de Narbonne prefteroit ferment de fidelité auec droict d'armée, comme ledit Aymeric auoit. L'an 1260. en Auril à Paris, Guy Archeuefque de Narbonne confirme ce que deffus, & declare que les quarante liures de rente annuelle ont efté affignées fur les lieux fufdits; ce qui de mefme eft approuué & ratifié par le Chapitre de Narbonne, l'an 1261. au mois de Iuin. Semblablement on voit dans le fufdit Regiftre, qu'audit an 1229. & le troifiefme des Calendes de Ianuier, à Valaifon, le Legat du fainct Siege termine le different qui eftoit entre l'Euefque de Befiers & fon Eglife, auec le Roy, touchant le droict de Commis fur les biens des Heretiques, leurs fauteurs & adherans, dans les terres dudit Euefché; Ordonne que ce droict appartiendra au Roy, à la charge que fi les chofes tombées en commis font du fief de l'Eglife, le Roy baillera homme pour faire hommage, & s'il les veut retenir, il donnera recompenfe à l'Euefque & à l'Eglife de Befiers: que fi les biens font cenfuels, le Roy les pourra donner pour vne fois à qui bon luy femblera, en payant la cenfiue & autres droicts à l'Euefque, ou à l'Eglife. Le mefme fut ordonné pour les terres de l'Eglife &

Fol. 33. & 115.

Ccc ij

Euefché d'Agde. De plus, ie trouue dans le fufdit Regiftre, que l'année fuiuante 1230. par Sentence arbitralle de l'Archeuefque de Narbonne, & de l'Euefque de Carcaffonne, le Roy & l'Euefque de Befiers mirent fin à tous les differends qu'ils auoient enfemble, pour raifon des droicts qui luy appartenoient dans les Villes de Befiers, & ailleurs.

Apres toutes ces chofes le Comte de Tolofe s'eftant fouuent monftré froid en l'execution du traitté de paix, l'Euefque de Narbonne, & autres Euefques le firent appeller de la part du Roy pardeuant eux; & en fuite le Comte deferant à ce qu'ils auoient arrefté, dreffa luy-mefme des Ordonnances au mois d'Avril 1233. pour l'extirpation entiere des Heretiques; Ces Ordonnances furent publiées en vne affemblée qui fe tint dans le Cloiftre de l'Eglife de S. Eftienne, elles font dans Monfieur Catel. Neantmoins depuis il fe monftra du tout contraire à l'Inquifition qui auoit efté eftablie contre les Heretiques, & mefmes apres auoir fouuent menacé les Inquifiteurs qui fe tenoient dans la ville de Tolofe, il fit publier vne Ordonnance, portant que perfonne de la ville n'euft aucun commerce auec les Freres Prefcheurs, & qu'on ne leur donnaft ny vendift rien; & plufieurs autres mauuais traictemens remarquez par Monfieur Catel. Pour toute conclufion, les Inquifiteurs furent chaffez de la Ville de Tolofe, le cinquiefme de Nouembre 1235. & de mefmes à Narbonne les Freres Prefcheurs furent perfecutez; Enfin par toute la Prouince il y eut à l'exemple de la ville de

Tolose de grands desordres, à cause de la susdite Inquisition, qui à la verité estoit vn peu trop seuere au commencement.

 A quelque temps de là mourut Aymeric V. du nom, Vicomte de Narbonne, qui fut toûjours tres-bon Catholique, ce fut le douziesme Février 1239. il laissa deux enfans masles, & trois filles, l'aisné appellé Aymeric comme luy, succeda au Vicomté de Narbonne, & il est le sixiesme Vicomte de ce nom, quoy que Monsieur Catel l'appelle Amalric II. le puisné fut Aymeric Seigneur de Vernueil, & autres biens que sa mere auoit dans le Diocese de Chartres, où il fut Chanoine; les filles furent Margueritte de Narbonne, Ermengarde mariée auec Roger Bernard Comte de Foix, & Alix qui fut Religieuse : ce Comte Aymeric VI. du nom, épousa Philippes d'Anduse, fille de Pierre Bernard ou Bermond d'Anduse, & de Constance de Tolose, sœur de Raymond dernier Comte de Tolose. Aymery, Aymeric, Amalric, & Amalaric, est la mesme chose.

 Enfin comme le Comte de Tolose tesmoignoit en toute sorte de rencontres, qu'il estoit bien marry d'auoir perdu tant de belles Terres qu'il possedoit, & mesmes qu'il en estoit blasmé par quelques-vns, il fut bien aise de la guerre que le Roy d'Angleterre & le Comte de la Marche entreprindrent contre le Roy S. Louis, & il se mit aussi-tost de leur party, à la persuasion de Roger Comte de Foix, qui fut de la ligue du Comte de Tolose, auec Bernard Comte de

Comenge, Bernard Comte d'Armagnac, Iordain de l'Isle, Otton Vicomte de Lomagne, Amalric Vicomte de Narbonne, Bertrand Vicomte de Lautrec, Bernard Gaufcelin Seigneur de Lunel, Pons d'Olargues, & plusieurs autres Seigneurs, tant du Diocese de Besiers, que d'Alby, & autres lieux. Enquoy le Comte de Tolose tesmoigna d'autant plus de legereté, qu'on lit dans le Regiftre des Archiues du Roy de la Cité de Carcaffonne, qu'en l'année mil deux cens quarante, au mois de Mars, à Montargis il auoit iuré fidelité au Roy, & promis d'abattre les Fortifications faites apres la paix concluë à Paris, demolir le Chafteau de Montfegur, au iugement des deleguez de fa Maiefté. Chaffer les Faidits de fa terre, & faire iurer aux Villes & Communautez dudit pays fidelité au Roy; le Vicomte de Narbonne en fit autant au mefme iour & lieu. Et de fait, pendant la guerre que le Vicomte Trincauel, fils du feu Vicomte de Carcaffonne & Besiers, fit en cette année 1240. dans les Comtez de Besiers & de Carcaffonne, ayant affiegé Carcaffonne, le Comte de Tolose ne parent iamai; & toutesfois lors qu'il paffa au lieu de Pechnautier proche de Carcaffonne, reuenant de Prouence, en ce mefme temps, le Senefchal de Carcaffonne l'alla voir exprès, & le requift de leur vouloir ayder auec fes Trouppes pour chaffer les ennemis du Roy, à quoy il refpondit qu'il en prendroit fon aduis à Tolofe. D'où l'on pourroit inferer qu'il faifoit agir fous main le Vicomte Trincauel, refolu de fe declarer auffi-toft qu'il en verroit l'occafion. Il fut trom-

Fol. 76.

Fol. 64.

Guill. de Pod. Laurentij. Præci. Franc. facin. an. 1240.

pé par le peu de succez de cette guerre pour le Vicomte, qui fut enfin assiegé dans la ville de Mont-
real, & forcé de faire sa paix : Mais vne paix de necessité & de contrainte que ce Vicomte essaya de
rompre aussi-tost, estant allé expres pour ce subjet
à Barcelonne, ou par Acte du mois de Nouembre
mil deux cens quarante-vn, qu'on void dans le Tresor des Chartes de France, il sousmit tant sa personne, que toutes ses terres & subjets, au iugement &
volonté de Iacques Roy d'Arragon, de Maiorque,
& de Valence, Comte de Barcelonne & d'Vrgel, &
Seigneur de Montpellier, & encores de Raymond
Comte de Tolose, & promit de faire les foy & hommages entre les mains du Roy d'Arragon, selon la
coustume de ce Royaume.

<small>Inuent. des Titres du Tresor des Chartes de France, M. S. vol. 5. Tolo- se 7. sac. page 175. num. 106.</small>

Depuis & en l'an mil deux cens quarante-sept, en
Octobre à Paris, le mesme quitta au Roy tout ce que
luy appartenoit aux Villes & Vicomtez de Besiers,
Carcassonne, Tolose, Alby, Agde, Lodeve, Nismes,
& Maguelonne, & autres Estats de feu son pere, Vicomte de Carcassonne & Besiers, decedé en prison
dans la Cité de Carcassonne l'an 1209. Enfin il deschargea les Gentils-hommes & Barons des susdites
terres, des hommages & sermens de fidelité qu'ils
luy faisoient, & à ses predecesseurs, & apres auoir
seelé l'Acte du sceau duquel il se seruoit lors qu'il
estoit Vicomte, il le rompit en signe qu'il ne pretendoit plus à l'aduenir s'en seruir.

<small>Registr. curi. Franc. M. S. fol. 39.</small>

Mais enfin l'an mil deux cens quarante-deux, le
massacre des Inquisiteurs estant arriué à Auignonet,

<small>Guill. de Po- dio Laurent.</small>

dans la sale du Comte de Tolose, cette action fut trouuée si mauuaise de ceux mesmes qui estoient du party du Comte, que plusieurs le quitterent. Le premier qui l'abandonna fut le Comte de Foix, lequel traicta auec le Roy, qui le deschargea & ses successeurs de l'hommage qu'ils auoient accoustumé de faire aux Comtes de Tolose; apres quoy le Comte de Foix deffia celuy de Tolose: les Lettres de deffi dattées à Pamiers, le troisiesme des Nones d'Octobre mil deux cens quarante-deux, sont rapportées par M. de Marca. Cecy obligea le Comte de Tolose à presser la paix qu'il faisoit demander par l'Euesque de Tolose; & à cét effet estant au lieu de la Pene d'Albigeois, en ce mesme mois d'Octobre mil deux cens quarante-deux, il escriuit à la Reyne Blanche, Mere du Roy sainct Loüis, pour luy representer l'alliance qui estoit entre eux du costé de la mere du Comte; de plus il la remercie de l'affection qu'elle luy porte, & luy proteste que tant pour maintenir cette alliance, que pour la consideration d'vne fille que ledit Comte a, il desire de rentrer en la bonne grace du Roy son fils, enuers lequel il la supplie de vouloir faire sa paix, & que s'il le veut receuoir, ensemble tous ses vassaux & gens d'armes qui l'ont assisté en cette derniere guerre, sans comprendre à ce aucun Heretique, il sousmettra sa personne & tous ses biens à la misericorde du Roy, purgera sa terre d'Heretiques, & fera faire d'autre-part vne punition exemplaire de ceux qui ont tué les Inquisiteurs & Predicateurs. Que si c'est la volonté du Roy il ira

Hist. de Bearn, Foix, & Nauarre l. 8. c. 13.

Regist. cur. Franc. M. S. fol. 74.

le

de Narbonne. 393

le trouuer, en luy donnant sauf conduit par Lettres Patentes, en honorable & seure conduite, en la ville de Cahors. Au mois de Nouembre apres le Comte Raymond promet aux Deleguez du Roy, d'obseruer tout ce qu'il a promis à sa Maiesté par ses Lettres: & depuis l'Euesque de Clermont, & Imbert de Beaujeu, Deputez du Roy pour traicter cette paix, s'estans assemblez auec le Comte de Tolose au lieu de Villepinte, proche de Carcassonne, ils accorderent vne tréue, & prindrent iour pour se trouuer à Loriac en Gastinois ; pour asseurance le Comte bailla les Chasteaux de Sauerdun & Bram. De mesme au mois de Decembre, ledit Comte declara par Acte, qu'il tenoit quittes & absous les Consuls & Communautez d'Alby, des obligations & sermens qu'ils luy auoient faits. Ie trouue aussi qu'au mesme mois & an, Aymeric Vicomte de Narbonne estant à Villepinte, auec le Comte de Tolose, pour y traitter sa paix, il promit qu'il feroit faire aux Habitans de Narbonne pareil serment qu'ils auoient fait au Roy Loüis son pere, & qu'auant que d'aller trouuer le Roy, il le raissaisiroit de la Cité & du Bourg de Narbonne, & feroit serment de fidelité en la mesme forme qu'auant la guerre faite par le Comte de Tolose, & ledit Vicomte contre le Roy ; Cecy s'entend du serment presté par ces deux Seigneurs à Montargis, au mois de Mars de l'an 1240.

Fol. 75. 76.

Fol. 78.

Apres cecy le Comte de Tolose, accompagné d'Aymeric Vicomte de Narbonne, & quelques autres, se rendit à Loriac, au mois de Ianuier de la sus-

Ddd

dite année mil deux cens quarante-deux; (on commençoit pour lors l'année à l'Incarnation du Verbe) & là le Comte se sousmit au Roy, & luy bailla Pechselsi, Laurac, Lapene d'Agenois, & promit de faire son possible pour recouurer Lapene d'Albigeois, afin de la bailler semblablement au Roy pour cinq ans: Par autre Acte il promit de deliurer le tout à demy mois de Mars lors prochain, autrement toutes lesdites places seroient au Roy. Le Vicomte de Narbonne fit aussi pareille sousmission au Roy, auec promesse de faire abbattre & démolir toutes les Fortifications faites en sa Terre. Et de mesme Gauscelin, de Lunel & Bringuier de Puysserguier, qui auoient accompagné le Comte de Tolose à Loriac, se sousmirent au Roy, & promirent d'abattre & démolir toutes les Fortifications faites en leurs Terres, à cause de cette derniere guerre du Comte de Tolose.

 Guillaume de Puy-Laurens remarque qu'apres la conclusion de la paix arrestée à Loriac, le Comte de Tolose s'en retourna à la ville de Tolose, où suiuant sa promesse il fit prendre & punir par la Iustice ceux qui auoient meurtry à Auignonet les Inquisiteurs. Et dans le susdit Registre des Archiues du Chasteau de la Cité de Carcassonne, on void la declaration faite, audit mois de Ianuier mil deux cens quarante-deux, par le Vicomte Aymeric de Narbonne, deuant le peuple de Narbonne, par laquelle il declare qu'il est quite & absous de toute fidelité & hommage enuers le Comte de Tolose, & qu'il n'est plus hommager que du Roy de France, auquel effet la Cité & le

de Narbonne.

Bourg de Narbonne, sont sous l'auctorité & Seigneurie dudit Seigneur Roy, & non d'autre; & declarent le Vicomte & peuple de Narbonne qu'ils raissaississent le Roy de la ville de Narbonne, & qu'ils luy font pareil serment de fidelité & hommage qu'ils auoient fait deuant la derniere guerre faite par le Comte de Tolose, & ledit Vicomte, contre le Roy.

Et voila comment il ne se parle plus depuis dans toute l'Histoire, des Ducs ny Comtes de Narbonne, lesquels, suiuant cette Histoire, ont regné depuis Charlemagne iusqu'au temps de sainct Loüis, sous lequel nostre Raymond dernier Comte de Tolose & Duc de Narbonne, mourut dans la ville de Milhau en Roüergue, le vingt-septiesme de Septembre 1249. & son corps fut porté à Agen, & laissé en depost au Monastere des Religieuses de Fonte-Vraud, que l'on nomme Paradis, où il demeura iusqu'au printemps suiuant, qu'il fut transporté au Monastere de Fonte-Vraud, où il auoit éleu sa sepulture.

Il est vray qu'on doit remarquer que depuis le Traitté de paix de l'an 1228. le Comte de Tolose n'a plus pris le titre de Duc de Narbonne dans les Actes qu'il a faits, quoy qu'on apprenne d'vn Acte du Tresor des Chartes de France, que lors du Traitté de mariage d'entre Alphonse frere de sainct Louis, & la fille vnique du Comte de Tolose, le Roy promit à son frere de luy rendre le Duché de Narbonne, pour le ioüir & posseder conjoinctement auec le Comté de Tolose, de la maniere que les Comtes de Tolose

Inuent. des Titres du Tresor des Chartes de France, M S. vol. 5. Tolose 8. sac, page 193. num. 64.

Ddd ij

auoient fait ; ce qui pourtant ne fut pas executé.

 Mais d'autant que la Declaration faite par Aymeric Vicomte de Narbonne, contenant en termes expres, qu'il n'eſt plus hommager que du Roy de France, & que la Cité & le Bourg de Narbonne ſont ſous ſon auctorité & Seigneurie, & non d'autre, bleſſe le droict de redeuance & de vaſſelage, dont le Vicomte eſtoit tenu enuers l'Archeueſque ; il importe de dire en cét endroit, que pour lors l'Archeueſque & le Vicomte eſtoient mal enſemble, & aſſez pour conclurre delà que ce fut par vn eſprit de vengeance que le Vicomte ſe porta à faire cette Declaration en fraude de l'Archeueſque, auquel, par les termes preiudiciables dont il ſe ſert, il vouloit obliquement oſter l'entiere directité qu'il auoit ſur la moitié de la ville & Comté de Narbonne. Le ſubjet de la querelle qui eſtoit en ce temps-là entre l'Archeueſque & le Vicomte de Narbonne, venoit, de ce qu'en cette meſme année 1242. vn peu deuant le traitté de paix fait à Loriac en Gaſtinois, Aymery VI. du nom, Vicomte de Narbonne, qui auoit épouſé Philippes d'Anduſe, fille de Conſtance de Toloſe, receut dans la ville de Narbonne ce Raymond dernier Comte de Toloſe & Duc de Narbonne, oncle de ſa femme ; à l'occaſion dequoy le Chapitre de Narbonne auec quelques Chanoines de l'Egliſe de ſainct Paul, & pluſieurs Bourgeois ſortirent de la Ville, & ſuiuirent Pierre Amelin Archeueſque de Narbonne, ſucceſſeur d'Arnaud Amalric. Cét Archeueſque eſtoit deſia mal voulu dans Narbonne, & du Vicomte, &

des Habitans; du Vicomte, puis que selon la remarque de M. Catel, celuy-cy fit venir dans Narbonne l'an douze cens trente-deux, les Catalans qui estoient ennemis de l'Archeuesque, lequel de peur s'enfuit de la ville de Narbonne; & des Habitans, d'autant que par Sentence du vingt-quatriesme de Mars de l'an 1234. il auoit excommunié tous les Habitans du Bourg de Narbonne en general, & quelques vns en particulier, dont il s'en ensuiuit vne reuolte generale contre l'Archeuesque, qui fut contraint s'en aller de la Ville. D'où il appert que par trois diuerses fois Pierre Amelin Archeuesque de Narbonne auoit esté forcé de sortir de Narbonne, où il retourna en l'année 1244. & y fit son entrée à cheual, en cette maniere; il fut conduit depuis le Conuent des F. Mineurs de Narbonne iusqu'au Palais Archiepiscopal, tant par le Comte de Tolose que par le Vicomte de Narbonne, lesquels à pied & en pourpoint tenoient le frain de son cheual, & le menoient *ac sic esset sponsus*, comme dit vne ancienne Chronique extraite de l'Eglise de S. Paul de Narbonne, & publiée par Monsieur Catel; & lors qu'ils furent arriuez au Palais, l'Archeuesque leur donna l'absolution de tout ce qu'ils luy auoient fait. Auec cela pourtant le Vicomte ne perdit pas le dessein qu'il pouuoit auoir formé de priuer l'Archeuesque du droict qu'il auoit sur le Duché de Narbonne, car Pierre Amelin estant decedé l'année apres 1245. Guillaume de Broa qui luy succeda, eut de grands differents auec le Vicomte, qui se porta à cette violence que d'outrager l'Archeuesque, exceder ses domestiques, & luy faire piller par les Habitans de Narbonne vn lieu qui luy appartenoit : ce qui obligea l'Archeuesque de l'excommunier, & mettre en interdit son Palais, & tous autres lieux où il resideroit. La chose fut terminée par Sentence arbitralle de l'an 1251. donnée par Hugues Euesque de Besiers, & Guy de Fulcodis ou Foulqueys Clerc, qui fut depuis Archeuesque de Narbonne, Cardinal, & enfin Pape sous le nom de Clement IV. Ie ne fais plus mention des Archeuesques de Narbonne qui ont esté depuis ce Guillaume de Broa, d'autant que ie me reserue d'en traitter dans la seconde Partie de cette Histoire, qui doit composer en particulier celle des Archeuesques, Ducs de Narbonne, que la confiscation de ce Duché sur le Comte de Tolose, ny moins la Declaration du Vicomte que la Ville de Narbonne ne releuoit plus que du Roy de France, & non d'autre, ne peut auoir priués du droict qu'ils y ont eu de tout temps, & qu'ils y ont conserué, comme nous verrons par vn million de preuues.

Regist. cur. Franc. fol. 136.

Enfin le Roy de France se voyant Maistre de tout le Languedoc, & se trouuant menacé de guerre par le Roy d'Arragon, pour les pretensions qu'il auoit sur ce pays, ils vindrent en accord l'an 1258. & par l'Acte sur ce passé en la ville de Barcelonne au mois de Iuillet, qui est au long dans le Regiftre des Archiues du Chasteau de la Cité de Carcassonne, le Roy Loüis de France quitte au Roy d'Arragon tout le droict qu'il pretendoit luy appartenir aux Comtez

de Narbonne.

de Barcelonne, d'Vrgel, de Befalu, de Roſſillon, d'Ampuries, de Cerdaigne, de Confluens, de Gironne, & d'Elne, auec tous les Fiefs y compris, quoy qu'ils dependent de la Terre de Fenolhedes. Pareillement le Roy Iacques d'Arragon, qui eſtoit auſſi Roy de Majorque & de Valence, Comte de Barcelonne & d'Vrgel, & Seigneur de Montpellier, quitte & donne au Roy de France tout le droict qui pouuoit luy appartenir en Carcaſſonne & Carcaſſez, Reddes & Reddez ou Raſez, Laurac & Lauraguez, Terme & Termenés, Beſiers & Bederrés, Minerue & Minerués, Agde & Agadez, Alby & Albigez, Rodez & Ruthenés, au Comté de Foix, en Cahors & Cahourez, Narbonne & Duché de Narbonne, Peich-Laurens, Queribus, Caſtelfiſel, & la terre de Fenolhedes, Peirepertuſe, le Comté d'Auignon, Geuaudan, Credonne, ou Bredonne, Niſmes, Toloſe, & Toloſez, & toute la terre qu'appartenoit au Comte de Toloſe, enſemble la terre d'Agenés & de Veneſſin.

Sur le ſubiet de laquelle tranſaction, ie deſire que le Lecteur faſſe reflexion, que le Roy d'Arragon y prend le titre de Seigneur de Montpellier, & pourtant il n'eſt pas fait aucune mention que cette Seigneurie releuaſt, comme elle faiſoit, du Roy de France. Outre les Actes cy-deſſus employez, tirez du Regiſtre ſuſdit, on lit auſſi la Declaration faite l'an 1255. au mois d'Auril, *apud ſinidrium*, par l'Eueſque de Montpellier, contenant en termes expres que la ville de Montpellier auec ſes dependances, a

Fol. 54. 56. 57.

esté de tout temps du fief de la Couronne de France, & que luy & ses predecesseurs l'ont tousiours reconnuë tenir des Roys de France, en telle façon que l'Euesque tient la partie de la Ville, vulgairement appellée Montpellieret, auec ce qui en dépend, tant dedans que dehors la ville, en son Domaine, & à sa main, & le reste de ladite ville auec le Chasteau de Lattes, le Roy d'Arragon le tient en fief, ou plustost en arriere-fief des Euesques de Maguelonne, à hommage & serment de fidelité ; Pour laquelle ville & fief, l'Euesque preste serment de fidelité à la Reyne Blanche au nom du Roy son fils, reconnoissant en outre tenir sous mesme serment tous les lieux mentionnez dans le priuilege du Roy Philippes. Cét hommage fut ratifié par le Chapitre de Montpellier, sans preiudice des droicts, priuileges, & libertez de leur Eglise. Et la preuue que le Roy d'Arragon tenoit en arriere-fief, Montpellier se void dans l'hommage qu'il fit l'an 1236. en Decembre, en la ville de Montpellier : Par iceluy Iacques Roy d'Arragon & de Majorque, Comte de Barcelonne & d'Vrgel, Seigneur de Montpellier, fils de Madame Marie Reyne d'Arragon, & Dame dudit Montpellier, aduoüe tenir de l'Euesque de Maguelonne la ville de Montpellier, & le lieu de Palude, vulgairement appellé Lattes, sous hommage & serment de fidelité, qu'il preste à l'Euesque, en forme & en termes bien anciens.

On trouue aussi dans le mesme Registre, que l'an 1259. en Octobre à Paris, le Roy auec le Procureur

de

de Narbonne. 401

de l'Archeuesque d'Arles, accordent que nonobstant l'infeodation plus haut rapportée, sa Maiesté ayant acquis la ville de Beaucaire sur le Comte de Tolose, & attendu sa longue possession, & de feu son pere, que luy & tous les Roys de France qui seront possesseurs de ladite ville, seront exempts de l'hommage & serment de fidelité, sauf au cas qu'elle viendroit à passer entre les mains d'vn de leurs successeurs qui ne fut point Roy, que l'hommage seroit pour lors deu. Cét Accord est ratifié par l'Archeuesque & Chapitre d'Arles l'an susdit, au mois de Nouembre; & en recompense le Seneschal de Beaucaire baille cent liures de rente sur le peage de Beaucaire.

On y trouue de plus, que l'an 1264. au mois de Decembre à Paris, le Roy, & Bernard Euesque d'Alby, accordent, que la haute Iustice & droict de sang, le serment de fidelité des Habitans de la ville d'Alby, la charge des clefs des Portes de ladite ville, les criées & proclamations, & le droict de Commis concernant lesdits Habitans, seront & appartiendront à l'Euesque, & que la Iustice des moindres Clameurs sera commune, comme elle estoit iadis entre l'Euesque & les Fiuatiers, &c. Le Pape Vrbain IV. l'an 2. de son Pontificat, au mois de Decembre, auoit mandé à l'Archeuesque de Bourges, Metropolitain de l'Euesque d'Alby, & duquel ledit Euesque tient en fief la Iustice temporelle de la ville d'Alby, d'auctoriser l'Euesque s'il estoit expedient pour son Eglise, sur l'accord & composition susdit. Laquelle licence & au-

Fol. 25. 26.

Eee

ctorité l'Archeuesque accorda le Ieudy apres la Feste de Pentecoste de l'année 1264.

Fol. 51.

Et de mesme on trouue dans le susdit Registre que l'an 1266. au mois de Iuin, l'Euesque & Chapitre de Nismes quittent au Roy le lieu & Vicomté de Bredonne, & autres terres, & le Roy quitte audit Euesque & ses successeurs le fief de Durbas, &c. & leur assigne 20. liures de rente annuelle, sur la moitié du peage de Nismes, & 35. liures sur le Mas de Brel, & autres lieux, qu'il quitte auec leurs Iurisdictions; où est à noter qu'il est dit dans cét Acte, sans empescher le cours de la Monnoye de l'Euesque de Nismes, laquelle luy appartient, ainsi que le Roy a verifié par enqueste. Ce que dessus est confirmé par le Chappitre de Nismes.

Apres tout cecy, Alfonse frere du Roy S. Louis, & sa femme Ieanne, fille & heritiere de Raymond, dernier Comte de Tolose, estans venus à mourir sans enfans, le Comté de Tolose demeura acquis au Roy, suiuant le Traicté fait à Paris l'an 1228. & par Commission du Roy Philippes le Hardy, le Seneschal de Carcassonne & Besiers, assisté du Iuge Mage de la mesme Seneschaussée, l'an 1271. se mirent en possession du Comté de Tolose, lequel fut reüny à la Couronne par Lettres Patentes du Roy Iean du mois de Nouembre 1361. Et afin de reünir tout le Languedoc à la Couronne, l'an 1292. en Mars, il fut fait eschange entre le Roy Philippes le Bel, & le Chapitre & Euesque de Maguelonne, concernant la ville & fief de Montpellier, & Chasteau de Lattes; l'Acte

de Narbonne.

en est produit à la fin de cette Histoire ; & depuis le Roy Philippes de Valois traicta en l'année 1349. auec Iacques Roy de Majorque, Seigneur de Montpellier, & luy achepta la Seigneurie de Montpellier, pour le prix de six-vingts mil escus, ce qui fut confirmé par Pierre Roy d'Arragon, successeur du Roy de Majorque l'an 1350. Et ie trouue dans le Registre des Archiues de la Cité de Carcassonne, que pour esteindre toutes les disputes qui pouuoient naistre entre le Roy de France, & le Roy d'Arragon, pour raison de la Seigneurie de Montpellier, dont la fille & heritiere de Iacques Roy de Majorque auoit cedé le droict à Loüis d'Anjou, les Deputez de Iean Roy de France, & de Pierre Roy d'Arragon, s'assemblerent en la ville de Perpignan en l'année 1351. & par les articles entre eux arrestez, fut accordé que le Roy d'Arragon donneroit en mariage sa premiere ou seconde fille au second fils du Roy de France, auec cinquante mille Florins d'or pour doüaire, & que le Roy de France donneroit ausdits Mariez & à leurs enfans la ville & Baronnie de Montpellier, & le Vicomté d'Omelhades, & Frontignan, & le fief de Carladés, la ville de Lattes, & tout ce qui auoit esté acquis de feu Iacques Roy d'Arragon : Comme aussi que le Roy d'Arragon quitteroit en faueur de ce mariage tout le droict qu'il pouuoit pretendre aux susdits biens, & autres situez dans le Royaume de France ; & au cas que de ce mariage il n'y eust point d'enfans, il fut accordé par exprez que tous ces biens demeureroient au Roy de France, moyennant la som-

M. Catel, en ses Seigneurs de Montpellier.

Eee ij

me de cent cinquante mille florins d'or, qu'il seroit tenu de payer dans deux ou trois ans au Roy d'Arragon, & pour asseurance du payement, que le Roy de France bailleroit cautions & ostages dans la ville de Perpignan. Les Articles sont à la fin du susdit Regiftre, où il y a aussi certains autres articles pour memoire au Deputé du Roy de France, afin qu'il rapportast fidellement au Roy la volonté du Roy d'Arragon sur le subjet de ce mariage, desirant le Roy d'Arragon de tout son cœur l'Alliance de la Couronne de France, ou des Princes du Sang, & il remet le tout à la volonté & bon plaisir du Roy de France. Le Deputé mourut à Perpignan, & le Seneschal de Carcassonne y enuoya aussi-tost vn homme de qualité pour retirer les papiers, & les rapporter au Roy, comme il fut fait, apres en auoir retenu les Extraits qui sont couchez à la fin du susdit Regiftre. A raison dequoy ce Traicté n'ayant pas esté executé, le Duc d'Anjou mit depuis en possession le Roy de Nauarre de la ville de Montpellier, l'an 1365. Mais deux ans apres le Seneschal de Beaucaire par Commission du Roy la remit entre les mains du Roy de France; Toutesfois cinq ans apres, c'est à dire l'an 1371. Charles Roy de Nauarre en fut ressaisi, & il la tint iusqu'en l'année 1379. que le Roy de France la ressaisit de nouueau, & en fit chasser les Officiers du Roy de Nauarre; & peut estre que delà vint cette grande rebellion de la Ville de Montpellier, qui enuiron ce temps-là combla les puys de la Ville, des Corps des Officiers du Roy & du Duc d'Anjou qui y furent tuez.

Nicolle Gildes en la vie de Charles V. sur l'an 1378.

de Narbonne. 405

Et pour ce qui regarde le Comté de Rossillon, & tout ce qui en depend, la cession que le Roy sainct Loüis en fit au Roy Iacques d'Arragon, par la Transaction de l'an 1258. estant nulle par les raisons de Droict & d'Estat que i'en ay touchées plus haut; le Roy Philippes contesta cette piece, & son droict se trouuoit fortifié par l'infraction à cette Transaction que le Roy d'Arragon fit tout le premier, comme apprend Miquel Carbonnel. Il dit que le Roy Pierre d'Arragon apres la desliurance du Comte de Foix, qu'il auoit fait prisonnier, enuiron l'an 1280. voyant toutes ses terres dans vne profonde paix, fit resolution de faire vn voyage en France, pour visiter le Roy Philippes le Hardy son beau-frere ; & apres (dit-il) qu'ils eurent parlé ensemble de beaucoup d'affaires, le Roy d'Arragon demanda au Roy de France auec instance, qu'il luy rendist le Vicomté de Fenolhedes, & le Comté de Carcassonne, ensemble celuy de Geuaudan, de Milhau, & de Besiers, & autres terres ; & qu'en outre il renonçast à toutes les demandes qu'il faisoit à Iacques Roy de Majorque son frere, à raison de la Seigneurie de Montpellier, & autres terres qu'il possedoit dependant du Comté de Barcelonne. Le Roy de France se moqua (adiouste-t'il) de toutes ces foles demandes, d'autant plus que les pretensions respectiues auoient esté iugées par la Transaction de l'an 1258. Ce qui offença si sensiblement le Roy d'Arragon, que n'osant pas declarer ouuertement la guerre au Roy de France, il se porta à la perfidie des Vespres Cicilien-

Cronica E paña.

nes contre les François, & auec cette insigne lascheté il s'empara du Royaume de Cicile sur le Roy Charles oncle du Roy de France. Pour vne action si noire, le Pape excommunia le Roy Pierre d'Arragon, & le declara descheu du Royaume par voye de felonnie; & en suite Charles second, fils du Roy de France, fut inuesty du Royaume d'Arragon, & son pere mit sur pied vne belle Armée, pour en aller prendre possession pour son fils. Ie laisse à part ce qui se passa en cette guerre, qui cousta la vie, & au Roy Pierre d'Arragon qui fut tué en Bataille dans son propre pays, & au Roy Philippes de France qui mourut d'ennuy & de fascherie à Perpignan, le Vendredy apres la feste de sainct Michel de Septembre de l'an 1285. d'où son corps fut porté à Narbonne, & le Lundy apres fut enterré en l'Eglise Metropolitaine, au deuant du grand Autel. Apres quoy le Roy Philippes son fils vint en la Cité de Carcassonne le Samedy deuant la feste de sainct Luc l'Euangeliste, & y receut l'hommage & serment de fidelité de toute la Noblesse du pays; il en partit le Ieudy apres pour aller à Besiers, delà à Nismes, & enfin en France, pour se faire couronner Roy. Il suffira que ie die que le Roy de Majorque, apprehendant la perte de ses Terres de Rossillon & de Montpellier, s'il ne se declaroit absolument contre son frere, se ligua auec le Roy de France; & dans les Archiues du Roy de la Cité de Carcassonne, se void encore la Lettre qu'il escriuit au Seneschal de Carcassonne l'an 1289. par laquelle il luy mande de venir promptement à Perpignan auec-

de Narbonne. 407

que deux cens cheuaux pour sa deffense, & de ses terres, & conseruation des Chasteaux nouuellement conquis en Catalogne, lesquels il tenoit au nom du Roy, afin qu'il se trouuast armé lors de l'entreueuë & abouchement du Roy de Cicile & du Roy d'Arragon. On void aussi dans Miquel Carbonnel, que le Roy d'Arragon, à cause de cette guerre du Roy de France, dépoüilla son frere du Royaume de Majorque qu'il conquit par son fils, & du Comté de Rossillon qu'il luy enleua luy-mesme, & fit prisonnier Iacques dans Perpignan, aussi tost apres que l'Armée de France se fut retirée; mais il euada par vne *Clauaguera o alballo.* du Chasteau de Perpignan, c'est à dire, par vne cloaque ou égoust. Ce qui fit resoudre le Roy d'Arragon d'amener la Reyne, femme du Roy de Majorque, & ses enfans à Barcelonne; Il est vray que par la valeur & adresse d'vn Gentilhomme des quartiers de Carcassonne, nommé Villar Exellat, les enfans furent enleués & rendus au Roy leur pere. Depuis Ferrand troisiesme fils du Roy Iacques de Majorque, & d'Esclarmonde, sœur de Roger Bernard Comte de Foix, qu'il espousa en l'année 1270. prenant auantage des troubles que les Heretiques exciterent dans la ville de Carcassonne aux années. 1288. 95. & suiuantes, iusqu'en l'année 1307. dont ie parle amplement en mon Histoire des Euesques de Carcassonne, fit vne entreprise sur la Cité de Carcassonne, fauorisé de tous les Heretiques, qui oserent dans le Bourg ou ville de Carcassonne proclamer Roy le Prince Ferrand. Les principaux moteurs de

Miquel Carbonel. Cron. d'Esp. fol. 73. vers.

Zurita, ind. rer. Aragon.

cette reuolte furent Iean Pinçon Vidame d'Amiens, que le Roy de France auoit enuoyé à Carcaſſonne pour y pacifier toutes choſes; Helie Patrice, qui trenchoit du petit Roy, & pluſieurs autres; leſquels voulant ſe ſaiſir de la Cité de Carcaſſonne, en chaſſer les Catholiques, & rallumer le feu des erreurs Albigeoiſes, qui n'eſtoit couuert que de la cendre, eurent recours à cét artifice, ſçauoir de monter en la Cité de Carcaſſonne en proceſſion, apportans tous leurs eſpées couuertes en forme de flambeaux, pour ſe ſaiſir de la place auſſi-toſt qu'ils y ſeroient entrez, couper la gorge aux Catholiques, & crier viue le Roy Ferrand. Leur entrepriſe ayant eſté deſcouuerte, vn faux Religieux, Helie Patrice, & quatre autres, furent pendus par Sentence de condemnation à mort, donnée le Lundy auant la feſte de ſainct Michel de Septembre 1305. par Iean Dalnet Seneſchal de Carcaſſonne, aſſiſté du Vicomte Aymeric de Narbonne, des douze Barons terriers de Carcaſſonne, & des Iuges de Sault, de Mineruois, & de Beſiers ; elle eſt produite à la fin de cette Hiſtoire. Le Pere Guidonis Inquiſiteur de la Foy en la ville de Carcaſſonne, teſmoin oculaire, a laiſſé écrit tout ce qui ſe paſſa en ces mouuemens, & adjouſte que pour marque de la Iuſtice de Dieu ſur ces coupables, ſi toſt qu'on les eut executez, on vit pluſieurs corbeaux croaſſans effroyablement, qui vinrent fondre ſur les teſtes de ces pendus, & les bequetoient furieuſement: Le Pere de Saincte Marie, Religieux de l'Ordre des Freres Preſcheurs, rapporte dans ſon Liure du Triomphe

des

de Narbonne. 409

des Martyrs de son Ordre, toutes ces choses, qu'il a extraictes dés Liures Manuscrits, tant des Conuents des Freres Prescheurs de Tolose & de Carcassonne, que d'autres parts. Il faut noter que l'an 1303. le Roy de France vint à Tolose, & apres il fut à Carcassonne, & dés-là, à Besiers, Montpellier, & Nismes; Et quoy que l'Histoire ne remarque pas ce qu'il fit apres contre le Roy de Majorque, pour le punir de sa felonnie, nous pouuons croire qu'il fit saisir le Comté de Rossillon par le Seneschal de Carcassonne, puis que nous trouuons qu'il fut vn bien long-temps du ressort de la Seneschauffée de Carcassóne. L'hommage que fit depuis Sance, fils & successeur du Roy Iacques de Majorque, au Roy Iacques d'Arragon, en son Parlement ou Estats Generaux de Girone, enuiron l'an 1320. tant des Comtez de Rossillon & Cerdaigne, & Seigneurie de Montpellier, que du Royaume de Majorque, & de ses Isles, attira sur ce Prince l'indignation du Roy de France, à qui seul il deuoit hommage pour les Comtez de Rossillon & Cerdaigne, & Seigneurie de Montpellier, & sur le refus qu'il fit de reconnoistre releuer de la Couronne de France, ces terres furent declarées estre tombées en commis. Il estoit si attaché à la Maison d'Arragon, que Miquel Carbonel confesse, que *tam con visque volgue obeir al manament de la casa de Arago*, & qu'il laissa son Royaume à Iacques fils de son frere Ferrand, sous l'obligation de ne se separer iamais du Roy d'Arragon : *A Dom Iamme fill de son germa Don Ferrando qui mori en Grecia, sots aquesta conditioli lexa lo-*

Miquel Carbonel. fol. 92.

Fol. 93.

Fff

dit regne; & par ce qu'il estoit ieune, Dom Philip. son Oncle luy fut donné pour tuteur. Lors qu'il fut en âge de gouuerner son Royaume, il voulut aussi estre reconnu dans les Seigneuries que son predecesseur auoit en Languedoc; Mais il y trouua de la resistance, & il luy fut respondu, que tant la Seigneurie de Montpellier, que les Comtez de Rossillon & d'Omeladés, & Carladés appartenoient au Roy, qui par droict de commis en auoit dépoüillé son predecesseur. Ainsi le Roy mit des garnisons dans les meilleures places, pour les asseurer contre les surprises que le Roy Iacques en eust peu faire; Zurita marque cét euenement sur l'an 1341. & il veut que le Majorqiun ait eu recours au Roy d'Arragon pour tirer raison de cette action contre le Roy de France. Pierre IV. du nom Roy d'Arragon, bien loin de luy accorder le secours qu'il demandoit, luy fit de sa part plusieurs demandes, & pour y respondre, il le fit appeller à l'Assemblée qui se tenoit de son mandement à Barcelonne; ce qui fut cause d'vne grande guerre entre le Roy d'Arragon & celuy de Majorque, descrite au long par Zurita. La Cronique que ce Pierre d'Arragon a luy-mesme composée, & laquelle a esté inserée dans celle de Miquel Carbonel, qui estoit garde des Archiues du Roy en Barcelonne, l'an 1495. auquel temps il commença de composer son Histoire en langage Catalan; nous apprend plus particulierement toutes les circonstances de cette guerre: Car en premier lieu apres auoir representé comme le Roy Iacques de Majorque, fut cité par le

Indices rerum Aragon.

Croniq. d'Espag. fol. 93.

Cronica del Rey en Pere d'Arago, cognomenat del punyaler, libro 1. cap. 21. 23. 25.

Roy d'Arragon pour venir rendre hommage pour toutes ses terres, & les remises dont le Roy de Majorque vsa, on y void enfin celuy-cy contraint de rendre cét hommage à genoux comme vn simple Gentil-homme, nonobstant sa qualité de Roy, & celle de beau-frere du Roy d'Arragon, quelques insistances qu'il fit, que les Princes ne doiuent rendre hommage que debout. Cette procedure ayant sensiblement offencé le Roy de Majorque, il se retira aussi-tost de Barcelonne ; Et neantmoins lors que le Roy d'Arragon passa en Languedoc, pour aller en Auignon rendre hommage au Pape Benoist, il luy alla au deuant, & le regala à Perpignan ; & dés-là il l'accompagna en Auignon, amenant auec luy Robert de Foix Euesque de Lauaur, Gaston de Leuis, frere du Mareschal de Mirepoix, & plusieurs Seigneurs & Barons du Languedoc. Le Roy d'Arragon marchoit tousiours deuant le Roy de Majorque, ce que Gaston de Leuis qui estoit vn des principaux domestiques du Roy de Majorque ne pouuant souffrir, il donna du baston au cheual du Roy d'Arragon, lequel voyant que le Roy de Majorque approuuoit tacitement cette action, s'emporta iusques là que de vouloir mettre l'espée à la main contre le Roy de Majorque : mais il aduouë luy-mesme qu'il ne peut l'arracher du fourreau, à cause que c'estoit l'espée de son Couronnement, qu'il ne portoit que fort rarement, ce qui donna moyen à ceux qui estoient presens d'empescher ce desordre. A son retour le Roy de Majorque le vint ioindre, & quelque suiet qu'il eut d'estre mal content du Roy d'Arragon, il fut neantmoins receu dans Montpellier auec beaucoup de pompe & de magnificence, & deuant luy allerent tousiours dançant plusieurs Gentils hommes & Dames, depuis la porte de la Ville iusqu'au Palais. Le Roy de Majorque le regala, & à Montpellier, & à Perpignan, & l'accompagna iusqu'à Ionquieres, en Catalogne; & pourtant le Roy d'Arragon qui ne cherchoit qu'vn pretexte pour dépoüiller le Roy Iacques de ses Estats, le fit depuis declarer descheu de toutes ses Terres & Seigneuries. Les raisons du Roy Pierre sont dans le troisiesme Liure de sa Cronique, & nous y apprenons que par deux diuerses fois le Roy de Maiorque demanda du secours au Roy d'Arragon, pour faire la guerre au Roy de France, afin de recouurer ses Terres, & qu'il vouloit à ces fins se liguer auec le Roy d'Angleterre, comme il luy fit la seconde fois asseurer par Pierre Ramond de Condolet, qu'il enuoya exprés au Roy d'Arragon, qui estoit pour lors à Valence, enuiron l'an 1342. Le Roy d'Arragon vsa de cette desfaite de le citer aux Estats Generaux qu'il resolut pour lors de tenir à Barcelonne; & le Roy de Maiorque ayant vsé de remises, il ne comparut qu'apres qu'il eust eu des Lettres du Pape, pour obtenir saufconduit. Ainsi s'estant rendu à Barcelonne, auec sa femme, & quatre galeres bien equipées, il auoit resolu, selon la natration de nostre Cronique du Roy Pierre, de se saisir du Roy d'Arragon, & de ses enfans, si la mine n'eust venté, par le moyen d'vn des douze Gentilshommes de la conspiration, qui reuela le secret à vn Religieux de l'Ordre des Freres Prescheurs. La Reyne de Majorque fut arrestée, & le Roy son mary, à cause de la liberté du sauf conduit s'en retourna aussi-tost ; en suite le Roy d'Arragon fit acheuer le procez commencé contre le Majorquin, & le priua par les voyes ordinaires de la Iustice, de son Royaume, Comtez, & Seigneuries l'an 1343. en Auril. Au mois de May suiuant il partit, & subjugua bien-tost le Royaume de Majorque, où il fut volontairement reconnu Roy. Au mois de Iuillet qu'il estoit desia de retour de Majorque, le Cardinal Bernard du titre de sainct Cyriac *in Thermis*, Legat du Pape, pour traicter la Paix entre ces deux Princes, n'ayant peu rien profiter, le Roy d'Arragon fit faire le degast dans le Rossillon le reste de cette Campagne. Il y eut apres cecy tréues iusqu'au mois d'Auril de l'année prochaine ; apres, la guerre se renouuella plus fort qu'auparauant, & le Roy de Majorque fut enfin contraint de se sousmettre au Roy d'Arragon, auquel il liura la ville de Perpignan, & auec elle tout le Comté de Rossillon, & celuy de Cerdaigne, où il establit Ramond de Totzo pour son Lieutenant general. Les conditions qui furent offertes au Roy de Majorque, sont, qu'il auroit dix mil liures de rente ; que le droict de commis & de confiscation qui luy appartenoit dans les Vicomtés d'Omeladés & de Carladés, & de la Seigneurie de Montpellier luy demeureroit auec la directe & Seigneurie allodiale desdites Terres, &c. Il refusa ces rudes conditions, & se sauua dans le pays de Foix, d'où apres il s'en alla à Montpellier ; & en l'année 1345. au mois de Février, le Roy de France Philippes de Valois, enuoya vers le Roy d'Arragon Elus de la Prunyera son Conseiller pour traitter la paix ; le Pape Clement VI. qui tenoit le Siege en Auignon, y enuoya aussi ses Legats pour le mesme sujet ; mais l'on ne peut rien aduancer, horsmis qu'on obtint la déliurance de la Reyne de Majorque, laquelle fut renduë au Roy son mary.

Enfin cette guerre du Roy d'Arragon contre le Roy de Majorque continua, & épuisa à ce poinct les Finances du Roy Iacques, qui ne pouuant plus soustenir vne si grosse dépense, il traicta auec le Roy de France, & luy vendit en l'année mil trois cens quarante-sept, ou quarante-neuf, le Comté de Rossillon, lequel fut compris dans la vente de Montpellier, & autres Terres dont nous auons plus haut fait mention. Il fut tué la mesme année, & son fils Iacques fait prisonnier, & depuis ayant euadé des prisons, il fut l'an mil trois cens soixante-deux en Castille, pour demander au Roy de Castille du secours pour recouurer ses Terres ; mais il mourut de maladie, laissant vne sœur nommée Ieanne, qui fut mariée auec le Marquis de Montferrat, laquelle donna tout le droict qu'elle auoit sur le Rossillon, & autres Terres & Seigneuries du Roy Iacques son frere, à Louis Duc d'Anjou, frere du Roy Charles le Sage qui en fit depuis cession au Roy de France. Quoy que la Ville de Perpignan fust demeurée au Roy d'Arragon par l'Accord fait auec le Roy de France

Mart. tur. hist. d'Esp. l. 14 n. 16.

l'an 1350. contenant la ratification de la vente de Montpellier, & autres Terres, & quitance de ce qui restoit à payer au Roy Iacques du prix de cette vente, si est-ce toutesfois que l'an mil trois cens soixante-cinq, le Duc d'Aniou qui estoit pour lors Gouuerneur du Languedoc pour le Roy son frere, s'en saisit, à la faueur des Troupes que Bertrand du Guesclin conduisoit en Espagne contre les Sarrasins, & aussi pour faire couronner Henry d'Espagne Comte de Triste-mare, Roy de Castille, & chasser, comme il fit, Pierre son frere, qui luy auoit vsurpé la Couronne. Il y eut depuis guerre entre le Duc d'Anjou & le Roy d'Arragon, car d'vn costé nous apprenons d'vn Acte en langage Espagnol, que M. de Vyon Seigneur d'Herouual m'a communiqué, & *qui est produit aux preuues*, que pendant la vie du Roy Charles V. Henry Roy de Castille, se ligua auec le Roy de France, & le Duc d'Anjou pour faire la guerre au Roy d'Arragon, à l'effet du recouurement du Rossillon, & autres terres de la succession de la Marquise de Montferrat; & de l'autre les Historiens Espagnols veulent que les François ayent esté chassez du Rossillon iusqu'au lieu de Durban l'an 1385. & semblablement que Bernard frere du Comte d'Armaignac en ait esté aussi chassé l'an 1389. & apres luy le Comte d'Empuries, qui auoit aussi attaqué le Rossillon auec vne Armée de François. Si ces guerres faites par le Roy de France & le Duc d'Anjou pour la conqueste du Rossillon, auoient esté particulierement descrites par les Historiens François, nous y

Proclamation de Cataluña, 5. & 6.

verrions que Perpignan fut repris par le Roy d'Arragon, & que la reuolte du Languedoc contre le Duc d'Anjou, l'an 1378. vint des grandes foules & exactions que le Duc fit dans cette Prouince, à cause de cette guerre, pour laquelle i'ay veu des montres & des reueuës faites aux années 1368. 1372. 1374. & 1377. au nom du Roy de France & du Duc d'Anjou. Tout le monde sçait que le Gouuernement du Languedoc fut osté au Duc d'Anjou, à l'occasion de ces foules & exactions, & que le Roy Charles V. son frere le donna au Comte de Foix; mais que le Roy estant mort au Chasteau de Beauté sur Marne, proche du Bois de Vincennes, le Dimanche seiziesme iour de Septembre de l'an 1380. le Duc d'Aniou fut fait Regent de la Personne du Roy Charles VI. son Nepueu, & à suite il fit pouruoir du Gouuernement de Languedoc le Duc de Berry son frere, qui fut le motif d'vne seconde reuolte en Languedoc, qui ne vouloit point reconnoistre d'autre Gouuerneur que le Comte de Foix. Les pieces que ie produits en mon Recueil des pieces seruant à l'Histoire du Roy Charles VI. iustifient que cette reuolte fut esteinte par le moyen de l'Abolition generale que le Roy accorda aux Villes & Peuples du Languedoc, par ses Lettres Patentes du huictiéme de Mars, de l'année mil trois cens quatre-vingt trois; Apres quoy le Languedoc se trouuant pacifié, on recommença les guerres de Rossillon. Peut estre qu'vn iour nous donnerons l'Histoire de toutes ces guerres.

Tant y a qu'en l'année 1394. le Roy Charles VI. estoit

estoit à Perpignan, comme apprennent Zurita & Genebrard, lors qu'ils disent que Dioscore, ou plutost Simon de Cremaud Patriarche d'Alexandrie, Euesque de Carcassonne, fut delegué cette année auec plusieurs Docteurs, par Messieurs de la Sorbonne de Paris, vers le Roy Charles VI. qui estoit alors en la ville de Perpignan, pour le supplier d'appaiser le Schisme qui estoit entre Pierre de la Lune qui se faisoit nommer Benoist XIII. & le Pape Boniface IX. La suite de l'Histoire nous fait voir le Roy Iean d'Arragon, l'année apres, mil trois cens nonantecinq, dans le Rossillon, car Simon de Cremaud Patrianche d'Alexandrie, & Euesque de Carcassonne, fut deputé vers le Roy Iean d'Arragon à son retour d'Angleterre, pour luy faire aggreer le dessein que les Prelats de France auoient iugé le plus expedient pour le repos de la Chrestienté, sçauoir que les deux Papes se demissent du Pontificat: surquoy il est dit que le Patriarche Simon de Cremaud ne remporta aucun aduantage de son Ambassade, à cause du decez de ce Prince, qui mourut soudainement à son retour de Rossillon, en courant vn loup aux plaines d'Ampurdan, le dixseptiéme ou dixhuitiéme de May de l'an 1395. suiuant Miquel Carbonnel. Ceux qui ont manié l'Histoire sçauent les troubles que cette mort causa dans l'Arragon, dont la Couronne fut en contention entre Mathieu Comte de Foix mary de Ieanne, fille aisnée du Roy Iean, qui ne laissoit point d'enfans masles, & le Prince Martin frere du defunct Roy, Duc de Montblanc, & Roy de Ci-

Ind. ter. Arag.

Hist. de Charles VI. page 146.

Page 206. vers.

Ggg

cile ; lequel fut couronné & demeura Roy d'Arragon. Apres son decez sans enfans, les Estats d'Arragon, de Valence, & de Catalogne, eleurent pour Roy d'Arragon l'Infant Don Ferrand, fils du Roy Iean de Castille, & de la Reyne Eleonor, fille de Pierre III. Roy d'Arragon, & sœur germaine des Roys Iean & Martin, l'an mil quatre cens treize. D'icy vint que Louis II. Duc d'Anjou, Roy de Naples, ayant épousé en l'année 1400. Ioland, fille puisnée de Iean premier du nom, Roy d'Arragon, il prit depuis le titre de Roy d'Arragon. Au reste, ce fut en l'année 1406. qu'il y eut tréues pour trente ans entre le Roy de France & le Roy d'Arragon, comme i'ay appris des Lettres Patentes du Roy Charles VI. en datte à Paris le vingt-septiesme de Nouembre mil quatre cens seize, portant injonction aux Seneschaux de Carcassonne & Beaucaire, de faire obseruer la tréue faite entre les Couronnes de France & d'Arragon, & à cét effet, faire restituer les choses qui auoient esté prises par droict de represailles : En suite dequoy le Sieur Pierre de Foncesio fut député par le Roy de France en Arragon, pour acheuer le Traité de paix entre les deux Roys, ainsi que i'ay appris des Lettres de sauf conduit que luy furent expediées par Iean Ion Lieutenant de Raymond de Palacio, Alias de Tagariga, Gouuerneur du Comté de Rossillon & Cerdaigne pour le Roy d'Arragon, qui sont de la datte à Perpignan, le treiziesme de Nouembre mil quatre cens dix-sept ; elles sont produites dans le Recueil que i'ay fait de plusieurs pieces seruant à l'Histoire de Charles VI. non encore imprimées. D'où, & de ce que quelque temps deuant, l'Antipape Benoist XIII. l'Empereur & le Roy d'Arragon s'assemblerent à Perpignan pour y conferer de la reünion de l'Eglise, & que Miquel Carbonnel dit que le Roy d'Arragon logea l'Antipape dans le Chasteau de Perpignan, & que pour luy il logea à la ville en la maison d'vn Gentilhomme nommé Bernard de Vila de Corba; nous pouuons inferer que depuis la maladie du Roy Charles VI. qui mit tout le Royaume de France en troubles, le Roy d'Arragon auoit repris Perpignan, que nous auons veu entre les mains du Roy de France en l'année mil trois cens nonante-quatre, & que nous trouuons en celles du Roy d'Arragon aux années 1406. & 1417. Aussi les Espagnols aduoüent qu'aux années mil quatre cens trente-huict & trente-neuf, le Duc de Bourbon, Petro de Cotrella, & Rodrigo de Vilandranda ou Villandras Arragonois, qui auoit esté exilé de son pays par le Roy d'Arragon, entrerent dans le Rossillon & dans la Catalogne; mais leur entreprise ne fut pas heureuse. Miquel Carbonnel rapporte vne Lettre escrite en ce mesme temps par le Baillif general de la Catalogne au Secretaire d'Estat du Roy Alfonse fils du Roy Ferrand, dans laquelle entre autres choses, il luy dit faussement que tout le Languedoc appartient au Roy d'Arragon, & que le Roy de France tient ce pays injustement, & sur ce subjet fait vn grand discours, la conclusion duquel est que le Roy Pierre d'Arragon, qui fut tué à la Bataille de

Ggg ij

Muret, ne fut priué de ce pays par Decret du Pape, que iusques à la quatriesme generation du Roy d'Arragon, & il y en auoit desia dix que le Roy de France possedoit cette belle Prouince, dont il supplie le Secretaire de faire en sorte que le Roy en demande la restitution au Pape, d'autant plus, dit-il, *que tots los pobles d'Aquella terra donarien la mitat de llurs infants que fossen del Rey d'Arago; Car dien que tots quants Priuilegio han los foren donats per Rey de Arago, & lo Rey de França dien que tost temps los ha desfets, e destruits: e axi auisats lo Senyor Rey que si pactos fa alguns, que cobre totes lesdites terres &c. En Barcelona à XII. de Octubre del Any* 1439. Iamais plus belle reuerie que celle de ce Baillif de Catalogne, de dire que le Pape Innocent III. ne confisca le Languedoc au Roy Pierre d'Arragon que iusqu'à la quatriesme generation, elle ne merite pas de réponce, & nous deuons mettre ces choses au rang de celles dont le mesme Carbonnel dit, que, *tot son Badomies y ynepties de Escritors ignorans que alarguen la pluma a Escriuir cosas de ninguna importancia.* Quoy qu'il en soit, cecy pourroit bien auoir donné lieu aux articles passez entre les Estats du Languedoc & le Roy Charles VII. lors que le Parlement fut fait sedentaire à Tolose; sçauoir que suiuant la Loy fondamentale de la Prouince de Languedoc, qui a tousiours eu ses Assemblées d'Estats, soit du temps des Tectosages, ainsi qu'on voit dans Strabon & Titeliue, soit du temps des Romains, comme l'on apprend de Cesar, des Loix du Code Theodosien, & de la **Constitution de l'Empereur**

Honorius, soit du temps des Vvisigots, ainsi qu'il se iustifie par les loix Vvisigothiques, que du temps des Roys de la seconde race, comme il demeure constant auec les Capitulaires de Charlemagne & ses enfans; telles Assemblées seroient tous les ans continuées, pour y traicter de toutes les affaires concernant la police generalle de la Prouince, que de celle des Villes en particulier, & de l'assiette & imposition des deniers que le peuple deuroit donner au Roy pour le secours & assistance qu'ils luy doiuent. Qu'à cét effet, telles Assemblées seroient d'ores-en-auant composées des trois Seneschaussées de Tolose, Carcassonne & Beaucaire, & pays adjacens, & non Seneschaussée par Seneschaussée, comme l'on auoit accoustumé de faire, ainsi qu'il en appert de plusieurs Actes que i'ay veus. Que ces Assemblées seroient composées de l'Archeuesque Metropolitain de Narbonne, qui seroit President né, & des Euesques des anciens Eueschez de Tolose, Montpellier, Carcassonne, Nismes, Besiers, Vsez, Alby, Viuiers, Mende, Lodeve, Agde, Comenge, & le Puy en Vellay, au lieu & place d'Elne; & des nouueaux Eueschez de Castres, S. Pons de Thomieres, Mirepoix, Lauaur, Sainct Papoul, Alet & Limoux, Rieux, & Montauban, lesquels tiendroient en ces Assemblées le rang qui tenoient anciennement les Abbez, lesquels en seroient d'oresenauant excluds: qu'apres les Euesques il y auroit vingt-deux Barons Pairs, afin que le nombre répondit aux vingt-deux Dioceses: c'est à dire vn Comte, vn Vicomte, & vingt Barons; &

Ggg iij

les Confuls & Deputez des vingt-deux Dioceses; & que pour éuiter confufion les Euefques y auroient leur feance par ordre de reception, immediatement apres les deux Archeuefques de Narbonne, & de Tolofe; Que le Comte feroit le premier, le Vicomte le fecond, & apres, l'vn des douze Barons de Tour du Viuarez, & l'vn des sept Barons de Tour du Geuaudan, & qu'apres ces quatre dont les rangs feroient toufiours fixes quand ils y feroient en perfonne, & non autrement, les autres Barons rouleroient iour par iour. Ceux qui poffedent cette Dignité qui est reelle & attachée aux Baronies, font le Comte d'Alez, le Vicomte de Polignac, & les Barons apres les deux du Viuarez, & du Geuaudan, font, Mirepoix, Florenfac, Clermont, fainct Felix de Caramaing, Ambres, Lagardiole, Campendu, Coffolent, Beauuert, Arques, Cauuiffon, Caftres, Caftelnau d'Eftretefons, Rieux, Ganges, Caftelnau de Bonafoux, Villeneuue, Lanta. Par expres il fut arrefté que ces Terres ne pourroient eftre poffedées que par des Gentils-hommes, ny ceux-cy enuoyer en cas de difpenfe que des Gentils-hommes pour leurs Procureurs aufdites Affemblées : que les Dioceses auroient leur rang & feance eftably en cét ordre : que Tolofe tiendroit le premier rang, Montpellier le fecond, Carcaffonne le troifiefme, Nifmes le quatriefme, & en fuitte Narbonne le Puy, Befiers, Vfez, Alby, Viuiers, Mende Caftres, fainct Pons, Agde, Mirepoix, Lodeve, Lauaur, S. Papoul, Alet & Limoux, & Rieux ; & que les Deputez Diocefains

de Narbonne.

iroient en cét ordre, Tolose, Montpellier, Carcassonne, Nismes, Narbonne, Gigniac, Vsez, Alby, Viuiers, Maruejols, Castres, Pezenas, sainct Pons, Mirepoix ou Fanjaux, Clermont, Lauaur, sainct Papoul, Alet & Limoux, Montauban, Rieux, & Comenge; & qu'au lieu de l'ancien Duc de Narbonne, Comte de Tolose, & Pair de France, la Prouince ne pourroit auoir iamais d'autre Gouuerneur & Lieutenant general du Roy, qu'vn Prince du Sang Royal, lequel suiuant l'ordre & le mandement du Roy conuoqueroit tous les ans l'Assemblée des trois Estats, soit ou en May selon qu'il est prescrit par les Capitulaires, ou en Septembre, suiuant la Constitution de l'Empereur Honorius, pour tenir pendant quinze iours, ou pour le plus vn mois si la necessité des affaires le requeroit. Que les Aydes & subuentions que les peuples donneroient gratuitement au Roy pour le secours de l'Estat, & manutention de la Dignité Royale, quelques qu'elles fussent, ne tireroient iamais à consequence, & que l'assiette & imposition s'en feroit par les Deputez des Estats, & assiettes des Dioceses, sans l'interuention d'aucuns Commissaires de la part du Roy, & qu'elle seroit establie sur les terres, & non sur les personnes, comme il se faisoit auparauant, lors que les Tailles s'exigeoient par feux. Qu'à ces fins il ny auroit plus en Languedoc des Commissaires pour les Aydes & subuentions, mais seulement que pour le soulagement des peuples de ladite Prouince, il y auroit deux Cours Souueraines: L'vne du Parlement qui seroit seant à Tolose, pour iuger en dernier ressort toutes les causes qui estoient auparauant euoquées ou portées par appel des Seneschaux de Tolose, Carcassonne & Beaucaire, au Parlement de Paris; & l'autre des Aydes, qui seroit seant à Montpellier, pour connoistre diffinitiuement de toutes sortes d'affaires qui regarderoient les deniers des impositions. Que suiuant le priuilege ancien de cette Prouince, les Conseillers & Magistrats de telles Cours seroient esleus & pris du nombre des naturels Habitans, & qu'on y auroit à perpetuité l'vsage du Droict Escrit, suiuant lequel tous procez & differents seroient iugez, sauf les Coustumes peculieres ou municipales de quelques villes, ausquelles il ne seroit rien alteré; Qu'il ne seroit fait aucun nouuel establissement d'Officiers dans la Prouince, ny aucuns subsides mis sur les denrées, Marchandises, sel, chair, vin, poisson, & autres choses, que du consentement de l'Assemblée desdits Estats. Il y a plusieurs autres choses que ie passe sous silence; & il suffit que tout le monde sçait, que moyennant ce Traité, & la confirmation de tous les priuileges, Loix, Libertez, vz, & Coustumes que la Prouince de Languedoc a euës de toute ancienneté, les peuples de cette Prouince se donnerent de nouueau à la Couronne de France. Les Articles en furent premierement presentées à Carcassonne en Mars mil quatre cens dix-neuf, mais ils ne furent arrestez qu'enuiron le temps que le Parlement de Tolose fut fait sedentaire, quoy qu'en pensent ceux qui ont escrit que ce fut dés la reünion du Comté de Tolose à la Couronne.

G. Benedicti, in cap. Raynetius, au. 459. Papon, not. l. 6. Chop. l. 1. tit. 6. Dom. Cazeneuue, Francalleu, chap. 6. Ph. Edit.

ronne. Cecy se verra par les Actes que ie produiray, aux preuues pour iustifier que deuant l'an mil quatre cens dix-neuf, & mil quatre cens quarante-trois, les Tailles se payoient en Languedoc par feux, au lieu que depuis elles y sont reelles, & qu'aussi auparauant les Lieutenans generaux du Roy en Languedoc y auoient vn pouuoir beaucoup plus grand que celuy qu'ils y ont eu du depuis, car ils pouruoyoient aux Offices de Iudicature, faisoient faire les impositions & exactions des Aydes, & y establissoient comme bon leur sembloit des Commissaires pour le faict de la Iustice, de la Police, & des Finances. Et de fait, l'an 1442. les Estats qui furent tenus à Besiers, pardeuant l'Archeuesque de Reims Chancelier du Roy, l'Archeuesque de Vienne, Tanguy du Chastel Chambellan du Roy, & Iacques le Crieur Argentier du Roy, ayant fait vne grande deputation à sa Majesté pour l'vtilité publique du Languedoc, les Lettres que le Roy leur fit expedier, en datte à Tolose le troisiesme de Ianuier audit an 1442. sont adressées au premier Huissier du Parlement de la Cour des Generaux, ordonnez sur le faict de la Iustice au pays de Languedoc. Enfin le Roy ayant incliné à la iuste supplication des Estats, & ordonné que le Parlement qui se tenoit pour lors à Besiers seroit fait sedentaire à Tolose, & qu'il commenceroit de seoir le lendemain de la sainct Martin, l'ouuerture en fut prorrogée iusqu'au deuxiéme de May, par Lettres dattées à Angiers, le quatriesme Février mil quatre cens quarante-trois. Trois ans apres fu-

Hhh

rent faites des Ordonnances touchant les élections des Officiers au Parlement de Tolose, & de mesme pour lors furent faites les Ordonnances sur le faict des Tailles de Languedoc, pour estre à l'aduenir reelles, & payées par chacun aux lieux où les biens sont assis, & pour raison d'iceux, nonobstant que son domicille soit ailleurs: Elles sont dattées au Montils lés Tours, le 30. de Ianuier de l'an 1446. & furent publiées en la nouuelle Cour des Aydes de Montpellier, le 20. Avril 1447. apres Pasques. La premiere Ordonnance de l'Institution de la Cour des Aydes au pays de Languedoc & Guyenne pour seoir à Montpellier, fut faite en l'an 1436. ou 47. & celle de sa confirmation fut faite à Paris, le douziesme de Septembre 1467. & fut verifiée & registrée en ladite Cour à Montpellier, le 8. d'Auril suiuant. Depuis il y eut Edict, contenant Reglement de la Iustice au pays de Languedoc & Officiers d'icelle; il contient 106. Articles, & est datté à Molins, le huitiesme de Decembre 1490.

de Narbonne. 427

CHAPITRE DERNIER.

CONCLVSION DE CETTE Histoire, où il est montré que le titre de Duc de Narbonne appartient legitimement aux Archeuesques de Narbonne.

E ce que dessus, on apprend que le Languedoc qui est proprement tout le pays des Volcques Tectosages, Arecomiques, & autres, a eu depuis les Romains iusques au temps de S. Louis vn Gouuerneur, qui a eu son Siege dans la ville de Narbonne, & a porté, premierement le nom de Preteur, puis de Proconsul, & enfin de President de Narbonne sous les Romains, de Duc ou de Comte sous les Vvisigoths, & indifferemment celuy de Prince, Duc, Marquis, & Comte de Narbonne, de Duc de Septimanie, de Marquis de Gothie, & de Prince des Goths & de Gothie sous les François; à cause que depuis les Goths cette Prouince a esté appellée & Septimanie & Gothie, comme nous auons veu au Chapitre deuxiesme. Ces derniers, dont l'establissement est rapporté à Pepin & Charlemagne, ayant failly en la personne de Ray-

Hhh ij

mond dernier Comte de Tolose, il se void de là que durant les quatre cens quatre-vingts & tant d'années que ceux-cy ont regné, le Gouuernement du Duché de Septimanie & Marquisat de Gothie, que Raymond de sainct Gilles comprit enfin sous le titre general de Duc de Narbonne, n'a esté fixé dans la maison de Tolose qu'en la personne de celuy-cy seul; & encore faut-il noter que ce n'a pas esté comme Comte de Tolose, mais plustost comme Comte de Roüergue, dans la maison desquels Comtes de Roüergue la Dignité Ducale & Comtale de Narbonne s'estoit fonduë.

Quant à ce qui regarde les Archeuesques & les Vicomtes de Narbonne, il faut remarquer; 1. Que la moitié de la Cité & du Comté de Narbonne, a de tout temps appartenu aux Archeuesques, par Concession expresse de nos Roys. 2. Que l'autre moitié a esté possedée par les Comtes, au commencement à simple titre de Gouuernement, & en suite en fief, & que les Vicomtes l'ont depuis tenuë en arriere-fief de ceux-cy. 3. Que la troisiesme partie des droicts honorifiques de cette seconde moitié de la Seigneurie de Narbonne a esté donnée par Raymond de S. Gilles Comte de Narbonne à l'Archeuesque, de la grace & liberalité duquel le Comte Raymond receut le titre de Duc de Narbonne qu'il a porté depuis, & sous lequel il a compris tous les autres que ses predecesseurs auoient porté, de Marquis & Comtes de Narbonne, de Princes des Goths & de Gothie, de Ducs de Septimanie, & de Marquis de Gothie, qu'ils se sont attribuez, à cause que le Comte de Narbonne comme Comte Metropolitain possedoit conjointement le Gouuernement general de la Prouince, auecque la superiorité sur les Comtes des autres villes. 4. Que deuant & apres ce Raymond de sainct Gilles les Vicomtes de Narbonne ont reconnu les Archeuesques de Narbonne, & Raymond de sainct Gilles mesme leur a fait hommage & serment de fidelité en qualité de Comte de Narbonne. 5. Que ce que les Vicomtes possedoient qui releuoit du Duc ou Comte Metropolitain de Narbonne estoit appellé le Vicomté de Narbonne, & ce qui releuoit de l'Archeuesque le Vicomté de sainct Iust. 6. Que comme Raymond de sainct Gilles est le premier Comte de Narbonne qui a pris le titre de Duc de la mesme ville, Arnaud Amalric Archeuesque, & aussi Seigneur de Narbonne, a pris semblablement celuy de Duc de Narbonne, auecque l'aduis & conseil de ses suffragans. 7. Que le Vicomte la reconnu comme Duc de Narbonne, luy a fait hommage & presté serment de fidelité, presant & assistant le Legat du Pape, & payé le festin ou Albergue deuë au Duc. 8. Que Simon de Montfort s'est rendu Maistre par force de la ville de Narbonne, & a contraint le Vicomte à luy faire hommage, dont l'Archeuesque auroit appellé au sainct Siege. 9. Que quoy que la moitié des Tours & Murailles de la ville de Narbonne appartinssent à l'Archeuesque, elles furent neantmoins demolies, nonobstant les insistances de l'Archeuesque, qui excommunia le Comte de Montfort, & depuis elles ont esté rebasties par les Euesques suffragans de l'Archeuesque de Narbonne, ainsi que font foy les inscriptions qui sont grauées sur des pierres qui sont à cette Muraille; à vn endroit on lit, *Ab hinc vsque huc Episcopus vticensis ædificauit hanc Ciuitatem.* Et en vn autre, *Ab hinc vsque huc Episcopus Nemanseusis treis Muros, & Turreis construxit.*

<small>Inuent. des Titres du Thresor des Chartes de France, M. S.</small>

Ie sçay bien que les Vicomtes de Narbonne apres la reünion du Duché de Narbonne à la Couronne, se sont donnés la qualité de Seigneurs de Narbonne; qu'il y a eu pareage entre le Roy & eux, & qu'en l'année 1309. s'estant meu different entre le Roy & Amaury Vicomte de Narbonne pour raison des biens des Iuifs de Narbonne, que le Roy pretendoit absolument luy appartenir *iure regio*, par tout le Royaume, il fut conuenu, que le Roy bailleroit au Vicomte la somme de 5000. liures, & quelques maisons specifiées dans l'Acte, qui fut ratifié par sa M. en cette mesme année. Mais aussi ie n'ignore pas quil n'y ait eu depuis procez entre le Roy, & l'Archeuesque de Narbonne concernant les droicts que l'vn & l'autre pretendoient sur la ville de Narbonne, comme il en appert de l'Arrest donné par la Cour du Parlement de l'an 1295. portant qu'il sera informé à la diligence du Procureur General des Droicts que le Roy a en la ville de Narbonne, & que respectiuement l'Archeuesque feroit informer de ses droicts;

<small>Aud. Inuent. Narbonne, page 348. n. 12.</small>

il est dans le Thresor des Chartes de France. Et comme le Vicomte de Narbonne à la faueur de la reünion du Duché de Narbonne à la Couronne, & du pareage fait auecque le Roy, auoit de nouueau entrepris sur l'auctorité temporelle des Archeuesques, cela ne fut pas pluſtoſt venu à la connoiſſance du Pape Boniface VIII. qu'il auroit par Bulle expreſſe donnée à Anagnie, l'an ſixiéſme de ſon Pontificat, qui eſt l'an   deffendu à E. Archeueſque de Narbonne, ſous peine d'excommunication ou depoſition de ne poinct traicter auecque le Roy Philippes le Bel, ou auec Amaury Vicomte de Narbonne touchant la Iuriſdiction & Droicts appartenans au Vicomté de Narbonne, tant en la Cité qu'au bourg de Narbonne, qui releuoient (dit-il) depuis cent ans de l'Egliſe de Narbonne, & neantmois depuis quelque temps Amaury auoit aduoüé pour Seigneur feodal le Roy Philippes le Bel. D'où, & de ce qu'il eſt formellement dit, que l'Archeueſque de Narbonne auoit accouſtumé, comme Seigneur de Narbonne, de faire à chaque nouuel auenement d'Archeueſque, le ſerment de fidelité au Roy de France, il s'enſuit que le droict de fief que pretendoit l'Archeueſque ſur le Vicomte, regardoit directement cette portion de la Seigneurie & Comté de Narbonne que les Roys Pepin & Odon donnerent aux Archeueſques; en laquelle les ſucceſſeurs Archeueſques ont eſté maintenus & conſeruez iuſques à preſent; pour laquelle les Ducs & Vicomtrs de Narbonne ont autresfois fait hommage aux Archeueſques; & en veuë de laquelle l'Archeueſque Arnaud Amalric prit le titre de Duc de Narbonne, & fut reconnu pour tel par le Vicomte. Ioint que de quelque façon que l'on prenne

Audit Inuentaire, Toloſe, 19. ſac, page 299. n. 5.

la confirmation faite par le sainct Siege au Comté Simon de Montfort, & l'inuestiture que le Roy Philippe Auguste luy donna de tout le pays conquis sur les Albigeois, le titre de Duc de Narbonne que prit le Comte de Montfort n'a rien osté aux Archeuesques du droict temporel qu'ils ont tousiours eu sur le Comté de Narbonne, comme nous auons fait voir, & tout au plus ce titre ne luy peut auoir esté donné, qu'à l'esgard seulement de la superiorité que les anciens Ducs de Narbonne auoient par là sur les Comtes & Vicomtes des autres Villes du Languedoc. Moins encore la cession que fit Amaury de Montfort au Roy Louis VIII. à t'elle peu rien oster aux Archeuesques, puis que c'est vne maxime vulgaire dans le Droict, que le cessionnaire n'a pas plus de droict que son cedant; & quelque reünion qui ait esté faite du Languedoc à la Couronne de France, cela n'a pas non plus affranchy les Vicomtes de Narbonne de l'hommage & serment de fidelité qu'ils deuoient de toute ancienneté aux Archeuesques, quoy qu'ils se soient dispensez de cette redeuance par des considerations que l'Histoire n'explique pas, mais que nous examinerons au long dans la suitte de cette Histoire, qui comprendra celle de tous les Archeuesques Ducs de Narbonne, depuis l'Archeuesque Arnaud Amalric iusques à present. Aussi Gaston Roy de Nauarre, fils de Iean Comte de Foix & Vicomte de Narbonne, ayant depuis fait eschange auecque le Roy Louis XII. de ce Vicomté de Narbonne & Baronnies en dependans, auec le Comté de Beaufort

Beaufort, & autres terres mentionnées dans l'Acte que i'en produits à la fin de cette Histoire, en datte du vingt-neufiéme de Nouembre 1507. & cela pour estre le Vicomté de Narbonne, Domaine perpetuel de la Couronne de France; il est vray de dire que la reünion tant du Duché que du Vicomté de Narbonne, qui a esté faite à la Couronne par le moyen, & de la cession faite par Amaury de Montfort, & de l'eschange fait par Gaston de Foix Roy de Nauarre, ne regarde que cette portion du Duché & Comté ou Vicomté de Narbonne, pour laquelle les Ducs & Vicomtes ont autresfois rendu hommage & presté serment de fidelité aux Archeuesques de Narbonne. Enfin ceux-cy n'ont pas moins de raison de pretendre le titre de Ducs de Narbonne, qu'outre que ceux d'aujourd'huy ioüissent & possedent la mesme portion de la Cité, Ville, & Comté de Narbonne, pour laquelle leurs predecesseurs ont esté nommez Ducs; il y a encore parmy les Prelats du Languedoc des Comtes, tels que sont les Euesques & Comtes du Puy, de Geuaudan, de Maguelonne, & d'Agde, & les Euesques de Lodeve, Comtes de Montbrun, sur lesquels l'Archeuesque de Narbonne a la mesme prééminence & superiorité temporelle que les anciens Ducs de Narbonne ont pretendu sur tous les autres Comtes & Vicomtes du Languedoc. Et pour finir par où i'ay commencé, il se void dans l'ordre des Assemblées des Estats Generaux de la Prouince de Languedoc, dont les Archeuesques de Narbonne sont Presidens nez, qu'ils y ont toute l'auctorité que

Iii

nous auons representé que les Preteurs, Proconsuls, & Presidens de Narbonne sous les Romains auoient dans telles Assemblées, & que tant pour auoir succedé à la dignité de ces anciens Magistrats des Romains, que nous auons dit auoir esté appellez *Prɇsules*, comme nous appellons encore les Prelats, que pour auoir depuis possedé en fief la plus grande partie du Comté de Narbonne, & auoir partagé auecque le Duc & Comte Metropolitain de Narbonne, la dignité Ducale & Comtale de cette ville, le titre de Duc est aujourd'huy legitimement deub aux Archeuesques de Narbonne, qui doiuent estre desormais appellez Archeuesques Ducs de Narbonne : c'est aussi le titre que ie leur donneray dans la suite de cette Histoire.

Fin de l'Histoire des Ducs, Marquis, & Comtes de Narbonne.

ACTES RENVOYEZ A la fin de l'Histoire des Ducs, Marquis & Comtes de Narbonne, auec plusieurs autres Pieces seruant à l'Histoire.

Contract de Bail, de la Construction des Murailles de la Ville d'Alet, ruinée par les Sarrasins, passé du temps de Tercin ou Torsin, Prince de Narbonne & de Tolose.

N nomine Domini Amen, Anno sepcentesimo nonagesimo sexto, & decimo Calendarum Februarii in domo cænobiacharum Electi, Comitatu Redensi, Dei gratia regnante Potentissimo atque Christianissimo Principe Carolo magno rege Francorum, sub illo regnante in ista Prouincia Tercino Principe Tolosensis & Narbonensis, palam me & testibus infra scriptis, constituti fuerunt Nobiles & inlustri Domini Dominus Ludouicus Gairaudus secundus Abbas Electi, & Nobilis Dom. Ioannis Petrus frater eius & Dominus eiusdem Ciuitatis, qui oculos

Iii ij

conijscientes in eminenti periculo belli & inuasiones Sarrascenorum voluerunt suos vassallos esse in securitate ; qua propter prima Die Kalendarum Ianuarij iusserunt publicare & proclamare per vicos, vrbis, & loca viscina, vt si aliqui essent qui onus voluissent sumere muros istius Ciuitatis construere qui propter temporis & belli injurias & ex eo quod terra constructi deuastati fuerant, se obtulerunt Stephanus Fraichet, & Claudius Odet, Elias Graupier, & Leo Denay Cementarij, qui minori pretio construere voluerunt & vtilimi se obtulerunt, non inducti, neque subornati, sed mera voluntate promiserunt eos muros ædificare sub conditionib. istis. Primo se obstricti sunt veterum murorum reliquias demoliri & facere nouum fundamentum septem cubilis latum & profundum vsque ad firmum suo sumptu: præterea Dom. de Gairaud promisit dare currum ad terram veteris muri & fundamenti trahendam qui muri debent contineri ex loco dicta turris terracæ vsque ad eundem locum vrbe cinta. Item promiserunt Cœmentarij æmere materias & eas portare suo sumptu: Item debent quatuor portas ædificare cum suis pontibus versatillibus & turribus quatuor accutis & deffensionibus necessarijs in locis à Domino notatis : Item debent quatuor turres quadratas ædificare in loco à Domino designato: Item debent esse muri lati quatuor cubilis Alti & Domino placebit & debent hæc omnia ex calce & lapidibus construere & etiam scalas ad in illos gradum faciendum: Item debent capreolos ferreos adligare in summa turrium, portarum & murorum vt etiam cardinis januæ. Qua propter Domini promiserunt dare Assem aureum pro mensura quę mensurę continere debet quinque cubitos & nunc Dominus Ioannes Petrus dat ijs præ manu

des Ducs de Narbonne. 437

duo mille Aſſes Aureos ſub fidei iuſſorib. infra ſcriptis, qui ſunt Nobiles Daniel de Ouſt, & Dom. Sancti Saluatoris, & Dioniſius de Montſarrat Dominus Caſtri caſatis incolæ iſtius Ciuitatis qui mero beneficio fidei iuſſores Architectorum voluerunt eſſe & ſic iurauerunt ſuper Pſalterio Dei palam d'Auide Ator, Elia Graupier, Iacobo Romano ciues ciuſdem Ciuitatis infra ſcriptis eorum partibus exegito Claudio Odet & Leone Denay quæ tantum ſunt notati in cedula Originalis, & Ego iſtius Ciuitatis Tabellio Ioannes de Claueria, &c.

Cét Extraict a eſté tiré d'autre Extraict des Archiues du Roy du Chaſteau de la Cité de Carcaſſonnne, contenant que ledit Acte eſt dans l'Armoire des Titres d'Alet & Limoux, ledit Extraict ſigné de Moret Procureur du Roy en la Seneſchauſſée de Carcaſſonne, & de Burgas, Greffier & Garde deſdits Archifs, duquel moy Antoine Lauziere Notaire Royal ſous-ſigné, ay tiré le preſent à la requiſition de Me Guillaume Beſſe Aduocat en Parlement ; Et apres deuë collation faite ſur l'Extraict qui eſt en mon pouuoir, ie me ſuis icy ſous-ſigné. A la Cité de Carcaſſonne, ce premier iour de Iuin 1654. Signé, LAVZIERE, Notaire Royal.

Depuis auoir recouuré le ſuſdit Extraict, Monſieur de Gairaud Seigneur de Cuchoux au Dioceſe d'Alet, m'a enuoyé autre Extraict du meſme Acte, & il m'a eſté déliuré de ſa part par le Sieur de Gairaud de Carcaſſonne.

Iii iij

CONFIRMATION ACCORDEE

par Pepin Roy d'Aquitaine, des Priuileges & Octroys faits par Charlemagne à l'Abbé & Monastere de Sainct Hilaire, dans le Comté de Carcassonne.

PIPINVS Dei gratia Aquitanorum Rex &c. In nomine Sanctæ & indiuiduæ Trinitatis, Carolus Dei gratia Rex Francorum & Longobardorum, & Patritium Romanorum, Omnibus Episcopis, Abbatibus, Ducibus, Comitibus, Vicarijs, Centenarijs, sed & cunctis fidelibus Sanctæque Ecclesiæ & nostris præsentibus & futuris: Notum sit fidelitate nostra, quod vir venerabilis Nampius Abbas ex Monasterio quod est constructum in pago Carcasensi in loco nuncupato Leuco super riuum qui vocatur Leucus in quo Sanctus Saturninus vbi est; veniens ante præsentiam nostram petierit dari sibi & Monachos his suis terras heremas quæ sunt contiguæ ad dictum Monasterium ad Agros nouandos omni integritate vnde in seruicio Dei & Sanctæ Saturnine sustentari viuere possint. Qua propter placuit serenitati nostræ vt aliquid de causa nostra fiscali prædicto Monasterio daremus. Damus igitur quod & iam dicto Monasterio & præsentia Venerabili Nampij & successorib. suis & omnibus Monachis eiusdem loci præsentibus & futuris

ipsas terras heremas, quę sunt contiguæ dicti Monasterij
cum omnibus suis terminis vel pertinentijs suis, & siluis,
Arbis fructiferis & infructiferis, Aquis, Aquarumque de
cursibus, fontibus, riuis, & cum omnibus viis, & quantum ille vel de heremo traxerit, vel occupauerit, ad extri-
candos Agros laborandosque, vineas plantandas, & Domos Edificandas, omni integritate hęc omnia concedimus
& per nostram clementiam vt habeat ille Abbas & successoribus suis & Monachus dicti Monasterij presentis & futuris absque vllo censu aut inquietudine,.................
....

Nos autem omnia & singula in præinsertis litteris contenta
&c. Actum apud vode vogilo die X. Calend. August.
Anno XVI. Imperij Ludouici piissimi Augusti, & XV.
regni nostri in totam Aquitaniam.

    Extraict d'autre Extraict escrit en parchemin à
rouleaux en lettre fort ancienne, contenant plusieurs autres Priuileges accordez par Louis le Debonnaire, & Charles le Chauue au susdit Monastere,
estans dans les Archiues dudit Sainct Hilaire.

ACTE D'ESCHANGE ENTRE l'Euesque & Chapitre de Carcassonne, & l'Abbé de Montolion, extraict des Archiues du Monastere dudit Montolion.

IN nomine Domini, Ego Guimerra & omnis congregatio Sancti Nazarij sedis Carcassone, tibi Erisonio Abbat. & cunctæ congregationi Sancti Ioannis Monasterij Castri Malasti in Vall. Sigarij, procambiamus vobis Ecclesias nostras quæ sunt in Comitatu Carcassens. sub vrbia Ausonenso, Ecclesiam Sancti Romani quæ est in villa Vnitzianis cum suis decimis sine aliquo censu, & Ecclesiam Sancti Saturnini quæ est in Monte Cuniculo cum suis decimis sine aliquo censu, propter Aulodem vestrum qui est in Comitatu Carcassonense in villa quæ dicitur Orensiano qui vos venit tam de donatione quam ex compensatione &c. Facta Carta Procambiationis Idus Iunij, anno XXIX. regnante Carolo Rege post obitum Oddonis regis. † Guimerra Episcopus, amen facta. Florsidus presbiter. Digarius Diaconus. Amelius Archidiaconus, & alij. Sentalcicus Præsb. qui hoc scripsit die & anno quibus supra.

IVGEMENT

IVGEMENT RENDV DANS la Ville de Narbonne, par les Commiſſaires de l'Empereur Charlemagne, en faueur de Daniel Archeueſque de Narbonne, contre Milon Comte, concernant les lieux vſurpez par le Comte ſur l'Archeueſque. Extraict des Archiues de l'Egliſe Metropolitaine de Narbonne.

DANIELE Epiſcopo Hieroſolymam Profecto, remanſit Gauſidicus Arluinus: igitur nunc in Dei nomine hęc eſt notitia traditionis iudicis. Cumque reſiderent Miſſi a glorioſiſſimo, atque excellentiſſimo Domino noſtro Carolo Rege Francorum in Narbona Ciuitate, die Martis propter multorum Altercationes audiendas, & rectis negotijs terminandas, ordinatione eorundem Miſſorum id eſt Galterij, Adalberti, Fulconis, & Gibonij Vaſſorum, & Dominicorum, id eſt Rodeſtagni, & Abundantij, & judices qui miſſi ſunt cauſas dirimere & legibus definire, id eſt Guntarius, Diſcolius, Leodericus, Petrus Bona Vita, & Sigfredas, & alij boni homines, qui ibidem aderant id eſt Garibertus, Vuidalus, & Galbertus, Aruimus, Vicar, Vuiſulfus, Arila, Samuel, Donadeus, Agemundus, Vrſio, Igimirus, Anſelmus, Vuarnarius eo in iudicio, vel prę

KKK

sentia, quos causa fecit esse presentes. Cum inquam inde præscripti Missi, & Iudices, vel plures boni homines in Narbona Ciuitate residerent ad causas dirimendas, ad eorum judicium veniens Arluinus assertor, & Causidius, & mandatarius Danielis Archiepiscopi, ordinatione Regis nostri Caroli dixit. Iubete me audire cum isto presente Milone Comite, quia multas villas ceu possessiones Sanctorum Iusti, & Pastoris, & Sancti Pauli, & Stephani quæ sunt in Pago Narbonensi iste retinet injustè : quorum hec sunt nomina Quintianus, & Muianus singulæ ex medietate, villa Puteus, Valerij, Baxanius, Malianus, quæ villæ duæ sunt ultra Pontem septimium, Sanctorum justi, & Pastoris ab integro : villa Antonianus, Trapalianicus, Paredina, Agellus, Medullanus, Buconianus ; Fallopianus, Amoianus ex medietate, Magrinianus, Leaulæ, Centucupinus, Christinianicus, Petrurio ab integro, Canato, Troilo, Laureolis, Curta oliua media, Prexanus media, Caunæ, Niuianus, insula Caucoa, Gorgoeianus, Cauniæ & Casulæ, Bayæ, Vrsaricæ, Quilianus ab integro, Labedati, quarta pars Colonicæ, Mercuriani quarta pars, Magliacum, Fontedicto, Buconianus, Callarus, Cauna longa, Abinuanus media, Leorianum medium, suburbiæ salæ super Pontem septimium in valle, Gabinianus ex medietate, Crota, Caquanus, Sancti Marcelli, Totonis, Sancti Georgij, Celianus, S. Crisanthi, Sanctæ Mariæ, Segelma ex medietate, Graquanus, Aquauiua ex medietate ; Massimianus ex medietate. Has omnes villas, quicquid scilicet in eis debet habere Archiepiscopus Milonem totum tenere iniustè certis approuabit conditionibus. Tunc interrogauerunt Missi, & Iudices prædictum Milonem an ita esset & super huiusmodi respondere iusserunt. Ad hoc Milo respondit ipsas Villas Rex Carolus mihi dedit in Beneficium. Missi igitur, & Iudices Dominici & Vassi quæsiuerunt à Milone vtrum posset habere iudicium, vel testes quibus hoc suis partibus vendicaret. Milo ad hæc. Nec iudicium veritatis, nec testimonia hinc habeo, sed nec vllo tempore habere potero, vel habere spero. Interrogatus Ergo Arluinus an haberet assertionis suæ testimonia. Habeo, inquit, plurima, & illico protulit. Procedunt igitur, testes Veraces, & legitimi, Vndila, Aurilianus, Cairato, Narbonellus, Dodenirus, Lunares, Silentius, Bonus æneas, Gumerinus, Vuinteringus, Theodesingus, & Seruandus dicentes: Vidimus Danielem Archiepiscopum has villas supradictas cum omnibus suis finibus, & terminiis habentem ab integro. Et hoc iurauerunt in præsentia prædictorium judicum in Ecclesia beatę Marię quæ sita est infra muros Ciuitatis Narbonę. Cognita igitur veritate, & probata, reddita sunt Arluino Causidico villæ, quas calumniabatur, & Miloni exemptæ, vnde Gauisus est Arluinus plenariam se excepisse institiam. Data iudicio notitia traditionis, tertia Nonas Iunij, Anno Decimo quarto Caroli Regis Francorum. Sig † num Milonis qui hanc notitiam traditionis iudicij, & euacuationis feci, & firmari rogaui. Sig † num Gariberti, Vuidaldi, Ingoberti, Aruini, & aliorum. Ego Vualtarius Notarius Bosonis, hanc notitiam traditionis iudicij scripsi, die & anno quo supra.

CONFIRMATION FAITE

par le Roy Charles le Chauue, à l'Archeuesque de Narbonne, du Don de la moitié de la Cité & Comté de Narbonne, faite par le Roy Pepin à l'Archeuesque : Extraicte des Archiues de l'Eglise Metropolitaine de Narbonne.

IN nomine Domini &c. Carolus &c. Donanus vir venerabil. Berarius Narbonensis Archiepiscopus & Matrem Ecclesiæ ipsius Ciuitatis, quæ est in honore Sanctor. Iusti & Pastoris, vel sanctæ Mariæ semper virginis, cum Monasterio sancti Pauli Confessoris, vbi ipse sanctus corpore requiescit, quod est constructum haud procul ab eadem vrbe, id est cum illo atrio toto, cum omni integritate infra Narbonam, cum Turribus, atque earum extrinsecis adjacentijs, quam Abbatiis, Villulis, & territoriis ad Ecclesiam pertinentibus. Similiter concedimus eidem Ecclesiæ, sicuti hactenus à prædecessoribus nostris, Pipino videlicet Rege, & deinceps concessum est, illi medietatem totius Ciuitatis cum Turribus, & adjacentiis earum intrinsecus, & extrinsecus, cum omni integritate, & de quocumque commercio ex quo Telloncus exigitur, vel portaticus, ac de Nauibus circa littora maris discurrentibus, nec non salinis, quicquid & Comes Ciuitatis ipsius exigit pro opportunitate eiusdem Ecclesiæ in omnibus medietatem. Per quod decernimus, atque iubemus, vt nemo ex iudiciaria potestate, nec vllus ex fidelibus nostris in Ecclesias, aut loca, vel agros, oeu reliquas possessiones ad causas audiendas, vel freda, aut tributa exigenda, vel mansiones, vel paradas faciendas, aut fideiussores tollendos, aut homines ipsius Ecclesię tam ingenuos, quàm seruos distringendos, aut vllas redhibitiones, aut illicitas occasiones requirendas, nostris vel futuris temporibus ingredi audeat, & quicquid jus fisci inde exigere poterat, totum nos pro æterna remuneratione eidem concedimus Ecclesiæ, vt perpetuis temporibus Clericis ibidem Deo seruientibus proficiat in augmentum: Quatenus Rectores ipsius Eccl. cum omnibus ad se pertinentibus cum Clero & Populo sibi subjecto pro nobis, & coniuge, proléque nostra, ac totius regni à Deo nobis per immensam Domini misericordiam concessi alacriter exorare delectentur. Et vt hæc nostrę præceptionis authoritas à fidelibus Sanctæ Dei Ecclesię & nostris veriùs credatur, & diligentiùs conseruetur, eam manu propria subscripsimus, & annuli nostri impressione signari iussimus. Sig † num Caroli glorisissimi Regis, Ioannes Diaconus ad vicem Ludouici recognouit. Data duodecimo Calendas Iulij, jndictione sexta, Anno quarto regni præstantissimi Regis Caroli: Actum in cœnobio S. Saturnini Martyris iuxta Tolosam, in Dei nomine feliciter. Amen.

Kkk iij

SOMMAIRE D'AVTRES
Donations du mesme Roy Charles le Chauue, & des Roys Carloman, Odon ou Eudes, & Charles le Simple.

Charles le Chauue, An. 17. à Fredold Archeuesque.

QVASDAM *res suæ proprietatis, Sanctæ Matr. Eccl. Narbonensi &c. quę res sunt sitæ infra Narbonensem pagum, hoc est prope Narbonam Ciuitatem, Villares duos qui nuncupantur vnus Casales, alter Alautianus, & jnsulam quæ vocatur Mandriacus, & infra jnsulam licij villarem qui vocatur Sancta Agatha, & alium villarem qui dicitur Curenciacus &c.*

Autre du mesme jour & an.

QVICQVID *fiscus habeat in vicis de ventenaco & in diuo Saturnino in jnsula Licij sito.*

Carloman, à Sigebod, Archeuesque.

ABBATIAM Sancti Laurentij cum omnibus suis agris & cellulis, & villis, & præterea medictatem salinarum & Telonei portatici & rasici, atque pascuarij &c. Limosum vicum in Comitatu Reddendi, &c. Dat. pridie Nonas Iunij, anno tertio regni Carolomeni glorissimi Regis jndictione decima quarta, Actum apud Pauliacum vicum &c.

Odon à S. Theodard Archeuesque.

ABBATIAM Sancti Laurentij cum omnibus suis cellulis, & villis, atque terminis, cum summa integritate locorum, veluti in præceptis Monachorum ab omnibus Antecessoribus nostris piissimis Regibus & Imperatoribus factis, eo videlicet tenore vt stipendia Monachorum ibidem dignè degentium iuxta vires Præsulis non deficiant. Concedimus medietatem salinarum, Telonei, portatici & rasicæ atque pascuarij, ceu classes naufragiorum ad eandem Eccl. tam in Narbonensi, quàm in Reddensi Comitatu, vndecumque Comes vel eius missus receperit vel recipere debuerit aliquid exactionis. Donanus etiam fiscos iuxta Bascianam villam quæ vocatur Cesareum, & villam Arsegis. & in Reddensi Comitatu villam quæ dicitur Captiuarias quæ alio nomine nuncupatur Trapas, cum sua Ecclesia quę est extructa in honorem S. Martinij. Si verò infra istam villam vel carrerias ejus hostellenses vel bispani fuerint, quicquid jus fisci inde exigere debet hoc totum ad opus sancti Matris Eccl. Narbonensis concedimus &c. Signum Odonis gloriosissimi Regis. Trocacenus Notarius ad vicem Ebolonis recognoui. Datum quinto Calendas Iunij, Anno Incarnationis Domini nostri Iesu Christi, Octingentesimo octuagesimo octauo, indictione octaua, anno tertio, regnante Domino Odone gloriosissimo Rege: Actum Aureliani Ciuitate: Asquerius Parisiensis Episcopus ambasiauit hoc.

CHARLES LE SIMPLE, A Arnuste Archeuesque, contenant confirmation des precedentes Donations, & augmentation de ce qui suit.

ABBATIAM sancti Stephani in Comitatu Bisalduensi, quæ nuncupatur Baluiolas, & in Comitatu Narbonensi Montilium fiscum cum terris, & salinis, & omnibus adjacentijs suis, nec non & Colonicas fiscum in eodem Comitatu situm, similiter & fiscum Iuniacum cum Ecclesia in Comitatu Nemausensi, atque in suburbij Castrum Salanense, in valle Orilianensi Eccl. sancti Saturnini cum villa tota atque omnibus appendencijs suis &c. Si verò infra istas vel alias villas eiusdem Ecclesiæ homines hostolenses vel hispani fuerint, quicquid ius fisci inde exigere debet totum ad opus sancti Matris Ecclesiæ Narbonensis iure perpetuo concedimus

des Ducs de Narbonne. 449

cedimus obtinendum, *&c. Sig* † *num Karoli gloriosissimi Regis. Henricus Notarius ad vicem folionis Archiepiscopi recognouit. Dat. Octauo idus Iunij indictione* II. *Anno septimo regnante Karolo serenissimo, & in successione Odonis secundo pleniter regnante. Actum apud Turinum in Dei nomine feliciter, Amen.*

BVLLE DV PAPE ESTIENNE VII.
Portant confirmation des Priuileges de l'Eglise de Narbonne, Et deffenses à toutes personnes de troubler les Archeuesques de Narbonne en la possession & iouïssance des biens sus nommez.

TEPHANVS *Episcopus seruus seruorum Dei. Reuerentissimo, & sanctissimo Confratri nostro Arnusto Episcopo primæ sedis sanctæ Narbonensis Ecclesiæ, & per te in eadem venerabili Ecclesia in perpetuum. Conuenit Apostolico moderamini pia religione pollentibus, &c. Vnde salubribus petitionibus vestris inclinati decreuimus vt à præsenti die, decima quarta indictione per huius nostræ Apostolicæ confirmationis priuilegium roboramus, stabilimus, & in perpetuum nostra Apostolica authoritate confirmamus, id est omnes Domos, Cel-*

LII

las, Ecclesias, villas, Curtes, Parochias, terras, vineas, prata, syluas, atque medietatem syluarum & Telonei, seu rasiam, atque naufragij Monasterio sancti Laurentij, & cellas vel cum adjacentijs, & pertinentijs earum, vnà cum famulis vtriusque sexus, & alia omnia quæ à pijs Imperatoribus, & Regibus, vel ab alijs Deum timentibus in eadem Ecclesia collata sunt vel conferenda, tam in ipso Comitatu Narbonensi, quam & Reddensi, ceu Nemausensi, atque Ausonensi. Hæc verò omnia ita iure firmissimo à te possideri ac dominari volumus, ceu olim possessum est à sanctę memorię decessore tuo Daniele Episcopo, ceu & Reuerendo Sigebodo eiusdem primæ sedis Narbonensis præsule sub tua, tuorúmque successorum ditione, potestate, ac vtilitate: omnimodis confirmantes, statuentes, Apostolica censura sub diuini judicij obtestatione & anathematis interdicto, vt nulli vnquam paruo aut magno homini liceat quamlibet forciam, vel apprisionem in omnibus rebus eius facere, aut potestatem aliquam habere, vel aliquem distringere, aut qualecumque Teloneum ab eis exigere, siue ad placitum eos vbicumque pro quibuscumqne casibus prouocare presumat, nisi in presentia Archiepiscopi causa illorum audiatur & regulariter firmetur. Illud quoque nostra Apostolica authoritate iuxta Canonicam sanctionem nobis addere placuit, vt si quando diuina vocatione vos, vestrisque successores ex hac luce migrauerint, quandiu in ipsa Ecclesia Narbonensi repertus fuerit qui dignus sit officio Pontificatus ipsius fungi, nulli liceat ex alio loco inibi ingredi, nec iamdictam sibi præditus quacunque dignitate, aut regia authoritate vsurpare sedem. sed Conuentu vicinorum Coëpiscopum occurrere valentium facto alicuius potestatis...... benedictionis Cleri, vel plebis precipiat dignitatem. Si verò aliquem de suffraganeis Coëpiscopis contigerit mori perquirens Metropolitanus electionem plebis ipsius eam visitare studeat, vt pote viduatam Ecclesiam. Quòd si fortè ibi talis non repertus fuerit, qui onus sacerdotale ferre queat, per Canonicam authoritatem, & nostram Apostolicam permissionem licentia sit illi absque vlla retractatione de sua Ecclesia talem inthronisare qui suffraganee suæ Ecclesiæ dignus presse valeat Pastor &c. Scriptum per manum Nicolai Scriniarij sanctæ Romanæ Ecclesiæ in mense Augusto, jndictione decima quarta, bene valete. Datum decimo tertio Kalend. Septembris per manum Stephani Episcopi sanctę Ecclesiæ Nephesinæ in Arrario sanctæ sedis Apostolicæ, Imperante Domino piissimo Augusto Arnulpho à Deo coronato magno Imperatore, anno primo.

DIVERS ACTES SERVANT
à justifier le Droict que les Archeuesques de Narbonne ont pretendu sur le Duché de Narbonne; Extraict des Archiues de l'Archeuesché de Narbonne.

SANCTISSIMO Patri & Domino suo Ho. diuina dispositione sacrosanctæ Romanæ Ecclesiæ summo Pontifici, frater A. Narbonensis Ecclesiæ minister humilis, salutem & debitæ subjectionis deuotissimum famulatum. Ne per alicujus maliciam de facto meo & Ecclesiæ Narbonensis vestra possit circumueniri religio, Puram veritatem totius facti sanctitati vestræ dignum duxi præsentibus explanare. Pateat igitur Celsitudini vestræ, quòd anno Domini M. CC. XII. mense Marcio, ego frater A. tunc Electus Narbonensis recepi hominiscum & juramentum pro Ducatu Narbonæ ab A. Vicecomite Narbonensi, præsente Uticensi Episcopo tunc Apostolicę sedis Legato, cujus consilio hoc ipsum feci, & præsentibus Biterrensi, Agathensi, Magalonensi, Lodouensi, Helnensi, Tholosano, Suffraganeis Ecclesiæ Narbonensis, & Conuenarum & Coseranensi Episcopis, & alijs multis, & clero & populo ejusdem Ciuitatis. Eodem anno, in die consecrationis meæ, recepi Albergam, pro Ducatu à dicto Vicecomite, in Palatio ejusdem, in presentia fratrum suffraganeorum Ecclesiæ Narbonensis & multorum aliorum: & recepi Palacium, posito signo Ecclesiæ in turri pro dominio & Ducatu. Quem Ducatum possedi per triennium & ampliùs pacificè & quietè. Processu verò temporis, cùm Dominus Lodouicus filius Regis Franciæ adueniret ad partes Prouinciæ Narbonensis, procurauit machinando Comes Montis-Fortis, cùm esset & sit homo meus, quòd muri Narbonę destruerentur. Et fuerunt demoliti, me sæpius offerente coram Domino Cardinale P. Beneuentano pro me & Vicecomite Narbonensi, & pro tota villa Narbonæ, quòd paratus eram omni conquerenti de justitia respondere. Postmodum cùm Dominus Lodouicus duxisset secum per violentiam apud Carcassonam obsides multos de Narbona, machinatus est Comes Montisfortis quòd dictus Vicecomes Narbonensis vocaretur. Qui vocatus, tamdiu detentus est ibi inuitus, donec compulsus fuit iurare & facere eidem Comiti hominiscum pro Ducatu; ipso Vicecomite reclamante & affirmante quòd pro Ducatu priùs iurauerat & fecerat mihi iamdudum hominium, & quòd non poterat alij iurare salua fide. Verum est tamen, sicut optimè nouit Dominus meus Cardinalis P. Beneuentanus, quòd idem Vicecomes fecit huiusmodi juramentum vsque ad Concilium generale, salua fidelitate & iuramento quod mihi priùs fecerat pro Ducatu. Insuper à quibusdam hominibus Narbonæ, qui tenebantur in obstagio Carcassonæ, extorsit idem Comes contra justitiam juramentum & pecuniam multam. Hęc autem facta sunt in præiudicium meum & Ecclesiæ meæ, & me non commonito, & penitùs ignorante, & cùm primò peruenit ad notitiam meam reclamante, & possessionem Ducatus tenente, & super eodem Ducatu ad Dominum Papam Innocentium appellante. Post recessum Lodouici de terra, ipse Comes fecit demoliri muros de Capraria Castri proprij mei & Ecclesiæ Narbonensis. Ad ostendenda igitur grauamina mihi & Ecclesiæ meę illata, destinaui cum ipsa appellatione Nuncium meum ad Curiam, qui impetrauit litteras à sede Apostolica in hunc modum. Innocentius Episcopus seruus seruorum Dei, nobili viro S. Comiti Montisfortis, salutem & Apostolicam benedictionem. Quot & quanta & quam vtiliter sit Dominus operatus per ministerium venerabilis fratris nostri Archiepiscopi Narbonæ, dum antequam fuisset ad Pontificalem Cathedram sublimatus & postea, contra hæreticos Albigenses pro fidei veritate pugnaret gladio verbi Dei & studio sollicitudinis indefessę, necnon & quàm prudenter, fideliter, & potenter in tuis oportunitatibus tibi astiterit, quàmque necessaria tibi eius prudentia fuerit ac etiam fructuosa, non oportet nos præsentibus exarare, cùm plene per diuersas prouincias jam sint nota. Vnde cogimur ammirari quòd, sicut eodem Archiepiscopo accepimus referente, licèt eidem hominium feceris & fidelitatis præstiteris juramentum, nichilominus tamen prout tibi placuit procurasti vt demolirentur muri & turres Ciuitatis ipsius, & tam ipse quàm clerus & populus inimicis suis expositi remanerent: quamquam paratus fuerit coram dilecto filio nostro P. sanctę Mariæ in Aquiro Diacono Cardinale Apostolicæ sedis Legato super objectis omnibus iusticiæ plenitudinem exhibere. Præterea eidem indebitè subtraxisti fidelitates Vicecomitis, & quorundam hominum Narbonę, qui apud Carcassonam ob-

Innocentius 3. Il y a dans les mesmes Archiues vne lettre du mesme Pape, de la mesme teneur, & de mesme date, addressée à P. Sanctæ Maria in Aquiro Diacono Cardinali, Apostolicæ Sedis Legato.

fides tenebantur ; intendens eundem sic spoliare Narbonensi Ducatu, quem à tempore suæ promotionis pacificè se asserit possedisse. Indebitè insuper molestans eundem super castro de Cabreaia, & rebus alijs, quæ ad ipsum & Ecclesiam suam de iure pertinere noscuntur, de Argens, de sancto Marcello castra, & medietatem castri de ventenaco, & quædam alia bona Ecclesiæ suæ contra justitiam detinens occupata. Cùm igitur Deus non obliuiscatur inter multa mala paucor. bonor. nedum quòd obliuisci quisquam debeat multor. bonorum inter mala pauca, si qua forsitan per cuiusquam incuriam contigerunt ; Nobilitatem tuam rogamus attentè & monemus, per Apostolica scripta tibi mandantes, quatinus ne iustè derogari valeat famæ tuæ, tibíque ascribi vitium ingratitudinis in peccatum, si eum forsitan inhonoras qui te studuit honorare, necnon & offendere ac deprimere satagis qui dudum ad tuam promotionem studiosius aspirauit, sibi de dampnis & injurijs irrogatis satisfactionem exhibeas competentem, ab eius de cetero super præsentis & alijs indebita molestatione desistens : ita quòd cùm idem Domino dante ad Concilium venerit generale, de te nobis iustam non habeat materiam conquerendi. Alioquin cùm super hoc executorem deputare nolimus alium quàm nos ipsos ; si contemptis nostris monitis & mandatis ea neglexeris adimplere, nos prout oportuerit & decuerit, hoc corrigere satagemus. Datum Ferentini, VI. Non. Iulij. Pontificatus Innocentij III. anno 18.

Quamuis autem jamdictus Comes tam sublimiter à tam sancto & vniuersali sanctæ Ecclesiæ Patre, & qui eum post Deum tam gloriosè inaltauerat, fuerit ammonitus; non tamen mihi, qui eius inaltationi & gloriæ tanto tempore & tam sollicitè & cum tantis periculis inuigilaueramus, fuit in aliquo satisfactura. His ita transactis, post redditum à Concilio generali, cùm essem in vigilia Purificationis B. Mariæ in Monasterio Fontisfrigidi, venit ibi quidam nuncius Comitis: ex cujus verbis intelligens ego quòd Comes volebat manus suas extendere ad Ducatum, volens ego mihi & Ecclesię meæ prouidere, excommunicaui dictum Comitem cum hac forma. Si Comes Montisfortis attemptauerit vsurpare Ducatum, vel aliquid de Ducatu, & si impedimentum aliquod præstiterit quò minùs muri Narbonenses valeant restaurari; ego excommunico eum, & fautores eius, & omnes qui ei auxilium vel consilium prestiterint in hoc facto. Ad hoc fuerunt multi de fratribus eiusdem domus, & alij plures. Post hæc interlocutores venerabilis frater Electus Biterrensis, & dilectus in Christo filius P. Archidiaconus Narbonensis, interponentes partes suas, & tractantes de pace & concordia, sæpe monuerunt dictum Comitem apud Lizinianum ne intraret Narbonam, nec vsurparet Ducatum vel aliquid de Ducatu, & specialiter ne acciperet albergam nomine Ducatus: quia si hoc faceret, ego excommunicarem eum. Sequenti die post hæc apud Canetum, cùm venerabilis Pater Ebredunensis Archiepiscopus, & Biterrensis Electus, & Archidiaconus Narbonensis prędicti tractarent de pace & concordia, offerente Comite Montisfortis quòd ad cognitionem ipsorum faceret mihi de omnibus rationem, ego assensi ad idem, salua quæstione de Ducatu, & saluis commissionibus & mandatis Domini Papæ, & quòd ipsi pronuntiarent de singulis capitulis, cùm liqueret. Cùm autem non conueniremus de prędictis sub hac forma; obtuli ego coram prædictis, & coram Magalonensi, Lodouensi, Tolosano, Conuenarum, Bigorritanensi

Bigorritanensi & Vapicensi Episcopis, & multis alijs, quod de omnibus querelis responderem Comiti coram Domino Papa vel delegatis ab ipso, vel coram arbitris, si jus dictaret. Et cùm paratus essem ei de jure respondere, prohibebam eidem Comiti quòd non intraret Narbonam vel raperet Ducatum vel aliquid de Ducatu: quia si hoc faceret, ego excommunicabam eum. Et dixi hijs qui venerant pro ipso Comite, ut hoc ipsum dicerent ei. Tunc Bigorritanus Episcopus, ad velamen futuræ maliciæ Comitis, ut ex consequentibus patuit, pro Comite in vocem appellationis prorupit ego in continenti iterum excommunicaui dictum Comitem, & fautores eius, si aliquid atemptaret de Ducatu. Postera die misi fratrem nostrum Episcopum Nemausensem & P. Præcentorem Narbonæ ad Comitem apud Lizinanum, ut monerent eum ex parte mea ne intraret Narbonam occasione Ducatus: qui videlicet Episcopus dissuasit Comiti, & diligenter ex parte mea eum monuit ne intraret Narbonam occasione vsurpandi Ducatum vel aliquid de Ducatu. Sequenti die audiens ego quòd Comes veniebat Narbonam occasione Ducatus, misi sæpedictum Biterrensem Electum, & Y. de Aragone Carcassensem, & Y. de Conchis in Redesio Archidiaconos ad eundem Comitem, ut dicerent ei, & monerent eum ex parte mea ne intraret Narbonam ad vsurpandum Ducatum vel aliquid de Ducatu: quia si intraret propter hoc, ego clauderem ei portam, & excommunicabam eum, si intraret. Quod & fecerunt. Nec propter hoc Comes destitit quin veniret. Quo audito, veni ego ad portam Burgi, qui proprius est Ecclesiæ Narbonensis, per quam videlicet portam Comes proposuerat intrare. Et cùm vellem claudere eam; homines Gallicæ linguæ, qui erant ex parte Comitis, armati, ignominiosè repulerunt me, & vaginatis gladijs in me malitiosè irreuerenter irruentes : quibus propter hoc nominatim excommunicatis, & denuntiatis, præfatus Comes communicare non erubuit, nec expauit. Me igitur inde contumeliosè amoto & expulso, Comes intrauit, & accepit albergam violenter, & posuit vexillum suum in turri Palacij Vicecomitis Narbonensis. Videns ego tantam Comitis ambitionem & malitiam, & Ecclesiæ meæ tantum dampnum & injuriam, dictum Comitem iterum excommunicaui, & denuntiaui excommunicatum in domo mea coram Capitulo Narbonensi, & præsentibus clericis tam Ciuitatis quàm Burgi, & multis & alijs. Interdixi etiam Ecclesias Narbonenses, & specialiter Capellam Palacij, quamdiu Comes ibi præsens esset. Propter hoc non dimisit Comes quin ibi audiret & faceret celebrari Diuina, & campanas eiusdem Capellæ pulsari, aliarum Ecclesiarum non pulsantibus campanis. Audiens hoc ego, inhibui per nuncios meos clericis Comitis Montisfortis ne in illa Capella interdicta celebrarent : qui spreta ammonitione mea & mandato, etiam præsente Comite celebrarunt. Iterum per Canonicos & clericos meos monui prædictum Comitem, & mandaui eidem ne intraret Capellam interdictam, nec audiret nec faceret ibi Diuina celebrari : monitionem quorum contempsit, & eis multùm malitiosè respondit. Videns igitur ego tantam contumaciam ipsius Comitis, iterum propter hoc excommunicaui eum in porticu mea ; pro eo quòd excommunicatus, in contemptum meum & Ecclesiæ meæ, intrabat Capellam interdicto suppositam, & audiebat & faciebat in ea celebrari Diuina. Istud feci in præsentia venerabilis Patris Ebredunensis Archiepiscopi, & quorundam de prædictis Episcopis, & aliorum multorum tam clericorum quàm laicorum. Nocte igitur insecuta projecti fuerunt maliciosè bis lapides in domo mea. Tunc etiam existente ipso Comite in Narbona, Francigenæ occupauerunt operatoria, leudas, & tabulas meas & Ecclesiæ Narbonensis, in alijs michi & meis multas injurias irrogantes. Hoc autem anno, circa Pascha, abstulit michi duo castra, Quillanum in Narbonensi, & Fontesium in Biterrensi diocesibus; quæ reddere michi contempnit, licèt monitus fuerit & sæpius requisitus. His igitur in veritate reseratis; suplex ego seruus vester, vt meliùs & deuotiùs possum, postulo vt sententiam latam in Comitem Montisfortis perniciosum michi & Ecclesiæ meæ & sanctæ Ro. Ecclesiæ & Ecclesiasticæ disciplinæ contemptorem confirmari velitis, & dampna & injurias & contumelias ab eodem Comite michi & Ecclesiæ meæ illatas emendari, & ipsum ab inquietatione & perturbatione, quam fecit michi super facto Ducatus, desistere faciatis: ita vt ipsum Ducatum liceat michi & Ecclesiæ Narbonensi pacificè possidere. Sanctam Paternitatem vestram, cum augmento gratiarum, & cum pace Ecclesiæ, dignetur michi & toti Christianitati Christi bonitas per longa tempora conseruare. Datum Narbonæ, III. Idus Septembris.

Venerabilibus Patribus, & Dominis Reuerendis, Dei gratia sanctæ Rom. Ecclesiæ Cardinalibus, frater A. Narbonensis Ecclesiæ Minister humilis, &c. Pateat igitur Sanctæ Vniuersitati vestræ quòd anno Domini M. CC. XII. C'est la mesme chose que la premiere, mot pour mot, si ce n'est qu'elle finit, *liceat michi & Ecclesiæ Narbonensi pacificè possidere.* Elle a esté imprimée par Catel en l'Histoire des Comtes de Toulouse, pag. 26. 27. 28. & 29. mais auec beaucoup de fautes, qu'il faut corriger selon l'Acte cy-dessus.

HONORIVS Episcopus seruus seruorum Dei, dilecto filio B. tituli sanctorum Iohannis & Pauli Presbytero Cardinali, Apostolicæ sedis Legato, salutem & Apostolicam benedictionem. Venerabili fratre nostro Narbonensi Archiepiscopo accepimus conquerente, quòd cùm ab initio promotionis suæ Ducatum Narbonæ pacificè possedisset, & timens ne super eo grauaretur à dilecto filio nostro P. tituli sancti Laurentij in Damaso Presbytero, tunc S. Mariæ in Aquiro Diacono Cardinale, Apostolicæ sedis Legato, sedem Apostolicam appellasset; nobilis vir S. Comes Montisfortis vassallus eius, existentibus apud sedem Apostolicam nuncijs vtriusque partis, contra statuta pacis quæ ipse jurauit, scilicet ne alicui volenti parere iustitiæ violentia inferretur, contradicente Archiepiscopo & asserente omnem iustitiam, violenter intrauit Narbonam, & accipiens à nobili viro A. Vicecomite in præjudicium eiusdem Archiepiscopi, vt verbis eius vtamur, albergam, leuato vexillo suo in turri fecit præconizari nomen suum quasi pro Ducatu quem idem Archiepiscopus possidebat, non solùm ei sed & sedi Apostolicæ in hoc grauem injuriam irrogando. Propter quod sæpedictus Archiepiscopus in eum excommunicationis sententiam promulgauit, & villam totam supposuit, quamdiu ipse præsens esset, Ecclesiastico interdicto. Idem verò Comes, lata in eum sententia vilipensa, occafione vt videbatur appellationis quam ipse ad sedem Apostolicam se interposuisse dicebat, licét frustratoria crederetur, vt quasi impunè delinqueret, cùm appellatio potiùs sit oppressi refugium quàm protectio delinquentis, non solùm in Ecclesia interdicta Diuina sibi fecit officia dicto contradicente Archiepiscopo temerè celebrari, propter quod idem Archiepiscopus iterum excommunicauit eundem ; verùm etiam claues contempnens Ecclesiæ, communioni fidelium in suæ salutis dispendium & plurimorum scandalum se commiscet, nec cessat dictum Archiepiscopum super prędicto Ducatu grauiter molestare : Quędam etiam castra Ecclesię suæ, videlicet Argenz, sancti Marcelli, Quillanum, Fontesium, & medietatem de Ventenaco, & prouentus castrorum suorum Auriaci & Egas, quibus tam prædecessorem ejus quàm & ipsum indebitè spoliauit, contra justitiam detinet, & reddere contradicit. Super territorio etiam Castri villę rubeę, tam per se, quàm per nobilem virum Castellanum de Terminis vassallum suum, injuriosus eidem & molestus existens. Præterea cùm idem Comes sit eius vassallus, & debeat ei esse non solùm fidelis, sed etiam deuotus, propter impensa beneficia; ipse oblitus fidelitatis ei debitæ, ac tanquam ingratus beneficiorum eius immemor, procurauit vt demolirentur muri & turres eius, Ciuitatis, scilicet & Burgi Narbonæ, cùm Ciuitas ipsa esset in pace ac gratia Ecclesiæ, ipsum Archiepiscopum dominum suum, clerum, & populum eius incursibus hostium taliter exponendo : licet ipse paratus esset coram Cardinali prædicto super objectis omnibus stare iuri. Et hijs iniurijs non contentus, muros Castri eius de Capraria fecit, dirui, & Vicecomitem supradictum vassallum eius terra sua in graue præiudicium ipsius Archiepiscopi spoliauit:

& tam ab ipso Vicecomite, quàm & alijs hominibus Narbonæ, qui apud Carcassonam obsides tenebantur, iuramenta fidelitatis debita ipsi Archiepiscopo ac pecuniæ summam non modicam extorquere presumpsit, eo inscio & inuito; intendens, prout apparuit postea, sic surripere sibi Ducatum, quem pacificè possidebat: Sed & muros luteos, quibus sæpe dictus Archiepiscopus interrupta murorum claudi fecerat ne lupis vel latronibus liber pateret aditus ad nocendum, idem Comes præcepit & fecit demoliri, cùm sit homo Archiepiscopi, & totus Burgus ac media pars Ciuitatis ad Archiepiscopum ipsum, immo ad Ro. Ecclesiam ratione Archiepiscopatus pertineat, & alia media pars videatur ratione Ducatus ad ius Ecclesiæ pertinere; in hijs & in alijs graues iniurias & dampna sibi & hominibus suis non modica inferendo. Quocirca discretioni tuæ per Apostolica, scripta mandamus, quatinus Archiepiscopo super hijs, quibus spoliatus esse dicitur, sicut iustum fuerit restituto, sententias ipsas confirmare vel infirmare appellatione remota procures, sicut de iure fuerit faciendum. Super alijs verò causam audias, & appellatione cessante, si de partium voluntate processerit, debito fine decidas. Alioquin ipsam sufficienter instructam ad nostrum remittas examen; præfigens partibus terminum competentem, quo per se vel per procuratores idoneos nostro se conspectui repræsentent, iustam dante Domino sententiam recepturæ. Testes autem qui fuerint nominati, si se gratia, odio, vel timore subtraxerint, per censuram Ecclesiasticam appellatione remota compellas veritati testimonium perhibere. Datum Laterani Nonis Marcij, Pontificatus nostri anno primo.

IN nomine Patris, & Filij, & Spiritus Sancti, Amen. Anno Domini M.CC.XV. III. Kal. Februarij. Pateat vniuersis & singulis quòd nos Simon Comes Leycestriæ, Dominus Montisfortis, Dei prouidentia Biterrensis & Karcassonensis Vicecomes, nos & omnes fautores & coadjutores nostros & totam terram nostram, quæ à nobis vel pro nobis tenetur, & specialiter Narbonam & Ducatum ipsius, & omnes ciues Narbonenses, & habitatores nostros totius Archiepiscopatus, posuimus & adhuc ponimus sub protectione Dei & Domini Papæ; specialiter vos Dominum A. Archiepiscopum Narbonensem appellantes ad Dominum Papam, quia contra Deum & contra iura, post finitum Concilium generale, prima die qua Narbonam intrastis, vos Ducem Narbonæ iactastis, & Ai. Narbonensi fideli vassallo nostro, qui de mandato Domini Papæ & Domini Ludouici illustris Francorum Regis primogeniti nobis fidelitatem jurauerat pro Ducatu Narbonæ, mandastis vt Sacramentum quod nobis fecerat reuocaret, protestando quòd propter illud Sacramentum nobis in aliquo non tenebatur, nec nobis pro dicto sacramento in aliquo responderet: specialiter exprimantes vos Ducem Narbonæ Romam iuisse, & Ducem similiter redijsse. Præter hæc etiam hominibus Narbonensibus mandastis vt duo castra vobis facerent, vnum in Ciuitate, & aliud in Burgo, proprijs expensis eorum & de speciali mandato vestro muros reficerent. Quod factum fuisse credimus vt homines Narbonenses contra nos & Iesu Christi negocium incitaretis. Et propter hæc & talia præterita grauamina, & alia quæ futura timemus, vos prædictum Archiepiscopum ad sanctam Ro. Ecclesiam

& Dominum Papam appellauimus, & iterato appellamus, diem profequendæ appellationis vobis præfigentes in Octabis proximi Pentecoſtes. Actum, datum, anno, & die, quo ſuprà.

REVERENDO in Chriſto Patri, Domino Kariſſimo, & amico ſpeciali Dei gratia Epiſcopo, virisque venerabilibus Decano & Capitulo Vticenſi, Simon Comes Leyceſtriæ, Dominus Montisfortis, Dei prouidentia Biterrenſis & Karcaſſenſis Vicecomes, cum omni reuerentia & deuotione ſalutem. Paternitati veſtræ præſentibus duximus declarandum quòd ſuper omnibus querelis, quæ inter venerabilem Patrem A. Archiepiſcopum Narbonenſem & nos vertuntur, obtulimus eidem quòd ordinationi veſtræ judiciariæ ſeu voluntariæ & aliorum ſuffraganeorum ſuorum, vel Capituli Narbonenſis, vel duorum aut plurium amicorum communium, ſeu mandatis Domini Papæ vel eiuſdem Legati parere per omnia volebamus, quod & ipſe noluit acceptare, & adhuc id offerimus. Promittentes præſtare, quandocunque opus fuerit, ſufficientem ſuper hoc cautionem. Inde eſt quòd cùm idem Archiepiſcopus oblationem iſtam acceptare noluerit, & nos propter verba ipſius comminatoria, & propter metum præſentis & futuri grauaminis, ad ſedem Apoſtolicam diù eſt appellauerimus, & adhuc appellationem noſtram innouauerimus; Paternitati veſtræ ſupplicamus, in quantum poſſumus, humiliter & deuotè quatinus ſi idem Archiepiſcopus terram noſtram de facto ſupponere præſumpſerit interdicto, nolitis ſententiam illam exequutioni mandare. Noueritis etiam quòd & nos, homines noſtros, & totam terram noſtram, cum Capellis noſtris,

des Ducs de Narbonne.

nostris, sub protectione Domini Papæ diù est posuimus, & adhuc ponimus, ad eundem appellantes, diem appellationis præfigentes Octabas Pentecostes. Datum Narbonæ anno Domini M. CC. XV. III. Kal. Marcij.

SIMON Comes Leycestriæ, Dominus Montisfortis, Dei prouidentia Biterrensis & Karcassensis Vicecomes, vniuersis præsentes litteras inspecturis, salutem in Domino. Cùm inter venerabilem Patrem nostrum Dominum Narbonensem Archiepiscopum & nos querelæ multiplices verterentur, & multi boni viri de pace super his facienda diuciùs tractauissent; tandem eiusdem beniuolentiam omnimodè expectantes, vt potè qui ipsum inter alios vellemus habere Karum & fidelem, in venerabiles Patres Episcopum Nemausensem & Camerarium Biterrensem super eisdem querelis compromittimus sub hac forma : quòd quicquid ipsi super omnibus controuersijs, quæ inter nos & memoratum Archiepiscopum vertuntur, vel quæ tam ab eo quàm à nobis proponentur, die statuta ab eisdem, compositione amicabili vel judicio diffinierint mediante, ratum habebimus & acceptum. Hoc autem promittimus sub pœna mille marcharum à nobis eidem persoluendarum, si contra, quod auertat Dominus, veniremus. Hanc autem compromissionem ita intelligimus, si idem Archiepiscopus ad eandem se voluerit obligare. Datum Karcassonę anno Domini M. CC. XV. III. Nonas Marcij.

EGO Simon Comes Leycestriæ, Dominus Montisfortis, Dei prouidentia Biterrensis & Karcassensis Vicecomes, sentiens me grauatum à vobis, Domine A. Narbonensis Archiepiscop. in multis, & specialiter super Ducatu Narbonę, quem olim tenuit Comes Tholosanus, & super eo etiam quòd commissionem seu commendationem terræ quam olim tenuit idem Comes, vel aliarum terrarum, cum vsacijs & jurisdictionibus, quas Dominus Papa custodiæ meę commisit vsque ad Concilium generale, impedire nitimini, veniendo contra mandatum Apostolicum manifestè & timens insuper ne super hijs vel alijs, vel occasione alicujus istorum me in futurum grauetis, ad Dominum Papam appello; ponens me & homines meos omnes, & totam terram quam teneo, vel nomine meo tenetur, ac omnia illa quæ Dominus Papa mihi vsque ad Concilium generale committit, & specialiter A. Vicecomitem Narbonæ, & omnes homines Narbonenses, & omnia ad jurisdictionem ipsius A. pertinentia, sub protectione ac defensione eiusdem Domini Papæ; ne me, terram meam, vel homines meos, seu dictum A. vel homines Narbonenses, vel aliqua ad jurisdictionem ipsius A. pertinentia, per excommunicationem vel interdictum seu alio modo grauare possitis; diem prosequendę appellationis præfigens festum omnium sanctorum proximò venturum. Actum Karcasonę anno Domini M. CC. XV. vndecimo Kal. Iunij.

C'est Innocens III.

SANCTISSIMO Patri ac Domino Innocentio diuina prouidentia summo Pontifici, Capitulum Ecclesiæ Narbonensis, cum omnimoda subjectione & reuerentia, & deuotum & debitum famulatum. Vestræ sanctitati innotescat, Pater Sanctissime, quòd cùm Dominus A. tunc temporis Abbas Cisterciensis, Apostolicæ sedis Legatus, Anno Dominicæ Incarnationis M.CC.XII. in festo sancti Gregorij recepisset electionem Ecclesiæ Narbonensis canonicè factam, & Dominus R. bonæ memoriæ vticensis Episcopus, tunc Apostolicæ sedis Legatus, auctoritate vestra eandem electionem confirmasset; ipso die occupauit Ducatum Ecclesiæ Narbonensis, auctoritate eiusdem Ecclesiæ, tanquam electus, præsentibus Episcopis Conuenarum & Coseranensi, & alijs suffraganeis suis, scilicet Biterrensi, Tolosano, Magalonensi, Agathensi, Elenensi, Lodouensi, & Abbatibus sancti Pauli Narbonensis & sancti Affrodisij Biterrensis, & clero & populo Narbonensi. Sequenti verò die idem Dominus electus, tanquam Dux Narbonæ, vocauit nobilem virum Aimericum Vicecomitem Narbonensem: qui requisitus ab eo, fecit sibi hominium, & præstitit iuramentum fidelitatis ratione Ducatus. Eodem anno, die consecrationis eiusdem electi, cum quibusdam suffraganeis suis Episcopis, Clericis, & Militibus qui cum eo erant, recepit albergam ratione Ducatus ab eodem Vicecomite Narbonensi. Hinc est quòd ad pedes vestræ sanctitatis confugimus, humiliter implorantes quatinus dictum Ducatum eidem Archiepiscopo & Ecclesiæ Narbonensi dignemini confirmare.

L'Abbé & le Chapitre de S. Paul de Narbonne escriuirent la mesme chose, en substance, au mesme Pape.

SOMMAIRE DV PAREAGE

fait entre le Roy Philippes le Bel, & Amaury Vicomte & Seigneur de Narbonne, où le Droict de M. l'Archeuesque est excepté, estant dans la Chambre des Comptes de Paris, cotté lettre V. dont j'ay eu communication par la faueur de M. de Vyon, Seigneur d'Herouual Auditeur des Comptes.

N *nomine Domini, &c. Nos Amalricus Dominus & Vicecomes Narbonę notum facimus, quòd cum ex parte Serenissimi Princip. ac D. nostri Carissimi D. Philip. Dei gratia Francor. Reg. &c. necnon q. pro indiuiso comunicaremus eidem merum & mixtum imperium & om. Iurisdict. Altam & bassam, ressort. & superiorit. quam & quę habemus & ab antiqua habuimus in Ciuitate & Burgo Narbonæ & eor. termi. & pertinentijs, & in Castro &c. communicabimus eidem Domino Regi hæredib. ac successoribusque in perpetuum cum retentionibus, pactis & conuentionib. infra scriptis, medietat. pro indiuiso iurisdict. altæ & bassæ, meri & mixti Imperij, Ressorti & superioritatis quę habemus & obtinemus in Ciuitate prædicta, Narbonæ, Burgo ac sub vrbijs & pertinentijs eorun-*

des Ducs de Narbonne. 469

dem, & in Castro nostro de Villari de fargis & eius pertinentijs, in territorio & tenemento de Liuoria vulgariter appellata, & in stagno Narbonæ & insulis de Sauda & de Planassa & de las Dolos, & insula quę diuiditur cum insuleta Domini Archiepiscopi prope Robinam. Saluo jure vener. Patris D. Archiepiscopi & Eccl. Narbonen. à quibus sub certis formis in publicis instrumentis redactis tenemus partem dictæ Ciuit. Narbon. ex parte Circij, & illaque habemus in dicto Burgo Narb. & eor. terminijs & adjacentijs longè vel propè in feudum, in quorum preiudicium sicut nec debemus sic, nec volumus aliquid attemptar. cuius consensum & consilium non requirimus propter iussione Domini nostri Regis potissimè cum idem Dominus Rex propter necessitatem ac publicam & euident. Regni sui vtilitatem & propter alia dicat sib. litterę prædict. & cum ipsis D. Archiepiscopo & Eccl. inquantum eos tanget & eas preiudiciale esse posset conuenire, & nos & dictam Eccl. super hoc promiserit seruare indemnes, & quia non obstante dicta communione intendimus recognitionem cum fidelitate, & homagio facere eidem Domino Archiepiscopo & eius successoribus per nos & successores nostros pro parte dicti feudi ad manum nostram remanente sicut al. fecimus eidem D. Archiepiscopo ex ordinatione & mandato litterator. dicti D. nostri Regis. Sane à dicta communione exceptamus & nobis ac hęredibus & successorib. nostris in perpetuum propria retinemus & reseruamus fortalicium nostrum de Narbona, necnon Domos, Dominia, proprietates, census, vlatica, censura, feuda, & retrofeuda, cum fidelitatibus & homagijs pro ipsis feudis nob. prestar. & fuerit consuetis, incursus & excoriencias ipsorum feudor.

Actes seruant à l'Histoire
retrofeudorum, terrar. censualium & censuatum jus tuendi Narb. & .... faciendi Monetam Auream Argenteam ac hære contemnatum sic est actenus fuerit, consuetum cum eidem monetæ Narbonæ & alior. locor. solito cursu &c. Datum ..... post Octabas Pasch. Anno Domini M.CCC. nono. Ce Pareage contient depuis page 7. iusqu'à 12. verf.

DE L'INFORMATION DES
Droicts que le Roy auoit dans le Duché & Vicomté de Narbonne, faite par le Seneschal de Carcassonne en ce mesme temps, estant au commencement du susdit Pareage, depuis page 1. iusqu'à 4.

T est sciendum quod ante dictam communionem siue pariagium Domin̄ Rex duplic. Iurisdictionem in Narbon. habebat, vnam vero sicut Rex, & aliam tanquam Dux Narbonæ.

Vt Rex autem & sublimis Princeps Ressortum & omnem superioritatem omniaq. Iura regalia quod habet in aliqua parte Regni sui ibidem habebat.

Vt Dux vero Narbonæ habebat & habet omnem iurisdictionem super Consul. Ciuitat. ac Burgi & Consulatus Regis s. & ab eod. tenentur in mediatè cum omnib. suis iuribus, libertatibus, franquesijs, vsibus, & consuetudinibus infra scriptis &c. de quibus dicti Consul. se hab. asserunt & habuisse ab antiquo tam per priuilegia scripta quam per consuetudines antiquas cognitionem quam tenere immediatè dicuntur à D. nostro Rege vt à Duce Narbonæ &c.

Et pro bono statu villæ eorum propria auctoritate congregant etiam Consulum cum crida vel sine crida pro libito voluntatis & possunt facere parlamentum & illud faciunt præconizar. ex parte Consul. per tot. villam, & Talya possunt facere & leuare propter negocia villæ auctoritate propria &c. quæ omnia dicti Consules recognoscunt tenere immediate & tenuisse ab antiquo à D. nostro Rege vt à Duce Narbonæ, & in eorum deffectu Consulum. D. Rex vt Dux Narbonæ super omnib. vniuersis & singulis supradictis omnimoda habet altam & bassam iurisdictionem & cognitionem & nullus alius &c.

Item dicunt Consules habere consuetudines iuratas & prælibatas expresse per Vicecomites &c.

Quòd vicecomes ressortum & superioritatem in Narbona non habet nisi solum in causis quæ ventilantur & iudicantur in Curia sua modo prædicto, vbi etiam D. Rex habet ressortum & omnem superioritatem & habebat ante pariagium &c. Consules habent & habuerunt ab antiquo in cudenda & facienda moneta, examinationem, custodiam, signum & auctoritatem &c. Vicecomes non potest nec debet per se speciale siue generale Parlamentum facere sine licentia Senescall. (Carcass.) & hoc possunt Consules vt supra tactum est &c.

TRANSACTION

des Ducs de Narbonne. 473

TRANSACTION ET CONTRACT

d'eschange de la Ville & Vicomté de Narbonne, & autres Terres auec la Comté de Beaufort, & autres Seigneuries, pour estre Domaine perpetuel de la Couronne de France, tant entre le Roy Louis auec Gaston Roy de Nauarre, fils de Iean Comte de Foix, beau-frere de Louis XII. Extraicte d'vn Memorial de la Chambre des Comptes de Paris, cotté fol. Ciiiixxij.

OVIS par la grace de Dieu Roy de France; SÇAVOIR FAISONS, A tous presens & à venir: que comme n'agueres nous auons baillé, ceddé, quitté, transporté & delaissé à tiltre d'eschange & permutation, à nostre tres-cher & tres amé Nepueu Gaston Comte de Foix & d'Estampes, pour luy, ses hoirs, successeurs & ayans cause, Les Comté de Beaufort, Chastellenies de Solaines, Larincourt, S. Florentin, d'Ouy le Chastel, Dannemoyne & Coulomiers en Brie, & toutes les autres Terres & Seigneuries, appartenances & dependances d'icelles, qui furent du

Ooo

Duché de Nemours, baillées à feu Charles de Nauarre en recompense des Comtez de Brie & Champagne, dés l'an 1408. & lesquelles par Transaction, transport & delaissement qu'auons fait à iceluy nostre Nepueu du Duché de Nemours, nous estoient demeurez, ainsi qu'il peut apparoir par les Lettres & Contracts sur ce faits & passez entre nous & nostredit Nepueu; Pour iceux Comté, Chastellenie & Seigneuries estre tenuës & possedées par iceluy nostre Nepueu, sesdits hoirs, successeurs & ayans cause, à vne foy & hommage vrayement & inseparablement auec ledit Duché de Nemours, & en pareils & semblables droicts, prerogatiues & preeminences : Et en ce faisant iceluy nostre nepueu nous a cedé, quitté & transporté audit titre d'eschange & permutation, Nous & successeurs Rois de France, les Cité, Ville, Seigneurie & Vicomté de Narbonne, la Terre, Baronnie & Seigneurie de Puiserguier, de Coussy, Luaset, Coursan, Fabresan, Portel, Durban, Roquefort, Boutenac & Mossan, auec toutes & vne chacune leurs apartenances & dependances, tout ainsi que les tenoit en son viuant feu nostre Frere & Cousin Iean Comte de Foix, pere de nostredit Nepueu, & iceluy nostre nepueu depuis son trespas; pour estre heritage & Domaine perpetuel de la Couronne de France, ainsi que ce & autres choses sont plus au long contenuës & declarées ez Lettres de Contract sur ce fait & passé entre nous & nostredit nepueu, duquel Traicté & Contract la teneur ensuit.

des Ducs de Narbonne. 475

A Tovs ceux &c. Le Bailly de Blois, Salut. Comme le bon plaisir du Roy nostre Souuerain Seigneur, & tres excellent Prince, Monseigneur Gaston Roy de Nauarre, Comte de Foix, de Bigorre & d'Estampes, Sieur de Bearn, Vicomte & Seigneur de Narbonne, que pour le bien de son Royaume, & autres grandes considerations à ce le mouuant, il eust volonté de recouurer de luy les Citez, Ville, Seigneurie & Vicomté de Narbonne, la Terre, Baronnie & Seigneurie de Puiserguier, de Cousy, de Esme, Coursan, Fabresan, Portel, Deurban, Roquefort Boutenac & Moussan, auec autres leurs appartenances & dependances, en luy baillant recompense raisonnable. Et pour recompense le Roy nostre Seigneur luy ait offert le Comté de Beaufort assis au Bailliage de Chaumont, les Chastellenies de Solaines, Lamicourt, sainct Florentin, d'Ouy, le Chastel, Dannemoyne, Coulomiers en Brie, & toutes les autres terres qui furent du Duché de Nemours, & qui y appartiennent par Transaction ce iourd'huy faite entre le Roy nostre Sire & ledit Gaston, soient demeurez au Roy nostre Seigneur. Et ainsi que ledit Gaston sur toutes choses desirant complaire au Roy nostre Seigneur son oncle, reconnoissant les graces & bienfaits qu'il luy a pleu & plaist chacun iour luy faire, a esté & est content d'obtemperer au vouloir de sondit oncle, consideré que ledit eschange peut & pourra grandement tourner à l'vtilité & proffit dudit Royaume, & que ladite Ville de Narbonne est boul-

O o o ij

leuart & frontiere du Royaume de France, du costé de Roussillon, en la deffense du pays de Languedoc, & aussi que les terres & Seigneuries que le Roy nostre Sire luy baille par eschange pour ladite Vicomté de Narbonne, sont de meilleure valeur & reuenu qu'iceluy Vicomté; lesquelles ouuertures d'eschange & permutation que le Roy nostre Sire auoit volonté de faire à sondit nepueu, iceluy Sire a mis en deliberation & conseil auec plusieurs Princes & Seigneurs de son Sang, & aucuns de ses principaux Officiers, & autres gens de son Conseil, & a trouué ledit eschange estre tres necessaire, vtil & aduantageux pour luy & ses successeurs Rois de France : Consideré que ladite Ville, Cité & Vicomté de Narbonne dessusdite, sont & font les principanx boulleuards & frontieres du Royaume de France du costé de Roussillon, & la deffense de son pays de Languedoc, comme lesdites parties disoient. Sçauoir faisons, Que ce jourd'huy personnellement establis pardeuant nous Hilaire Groffin & Iean Magnan, ses Tabellions & Noraires Iurez du seel Royal, establis aux Contracts de la Chastellenie de Blois; Tres-haut & tres-excellent Prince nostre Souuerain Sire, Louis par la grace de Dieu Roy de France XII. de ce nom, d'vne-part, Et tres-excellent Prince Gaston, Roy de Nauarre, Comte de Foix, Bigorre, & Estampes, sieur de Beauuais, Vicomte & Seigneur de Narbonne, iouïssant de ses droicts d'autre : Lesquels ont fait & font ensemble l'eschange & permutation en la maniere qui ensuit. C'EST ASSAVOIR, Que le Roy nostre Souuerain Sire, a baillé,

des Ducs de Narbonne. 477

cedé, quitté, tranfporté & delaiffé à tiltre d'efchange & permutation audit Monfeigneur Gafton Roy de Nauarre fondit nepueu, pour luy, fes hoirs & fucceffeurs, & ayans caufe, lefdits Comté de Beaufort, Chaftellenies de Solaines, Larincourt, & fainct Florentin, d'Ouy le Chaftel, Dannemoine, & Coulomiers en Brie, auec toutes les autres terres qui furent du Duché de Nemours, baillées à Meffire Charles de Nauarre, en recompenfe des Comtez de Brie & Champagne, l'an 1408. (ainfi qu'il appert par les delaiffements fur ce faits) & lefquelles par la Tranfaction faite par le Roy noftre Sire, fouuerain Seigneur, auec ledit Monfeigneur Gafton, eftoient & font demeurez au Roy noftre Sire, enfemble leurs appartenances & dependances quelconques, fans en rien retenir, referuer ny excepter, tant en Maifons, Fortereffes, Chafteaux, Marefts, Hoftels, Fours, Moulins, edifices, prez, bois, forefts, Garennes, pafturages, riuieres, eftftangs, pefcheries, peages, trauers, hommes & femmes de corps, vaffaux, fiefs, & arriere-fiefs, Iuftice, Iurifdiction, haute, moyenne & baffe, droits, patronages, collations, benefices, & Offices ordinaires, vfages, franchifes, libertez, cens, rentes, reuenus, feruitudes, proffits & émolumens quelconques, à iceluy Comté, terre, feigneurie appartenans. Lefquelles Comté de Beaufort, Chaftellenies de Solaines, Larincourt, fainct Florentin, d'Ouy le Chaftel, Dannemoine & Coulomiers en Brie, auec toutes les autres terres qui furent dudit Duché de Nemours, mondit Seigneur Gafton, fes hoirs, fucceffeurs & ayans

1408. les Comtez de Brie & Champag. ont efté donnez au Roy, en échange par Charles de Nauarre, pour les terres du Duché de Nemours, & lefquelles le Roy a retirées, par Tranfaction faite auec ledit Gafton.

O o o iij

cause, tiendront à vne foy & hommage vnis & inseparement auec ladite Duché de Nemours, & en iouïront luy, ses hoirs, & ayans cause, en pareils & semblables droicts, priuileges, prerogatiues, & preeminences qu'il a & tient audit Duché de Nemours : Et ledit Monseigneur Gaston Roy de Nauarre, a aussi baillé, ceddé, quitté, transporté & delaissé, & par la teneur de ces presentes baille, cedde, quitte, transporte & delaisse à tiltre d'eschange & permutation au Roy nostre souuerain Seigneur son oncle, pour luy & ses successeurs Rois de France, lesdits Comté, Ville, Seigneurie & Vicomté de Narbonne, Baronnie & terres dessusdites, & toutes & chacunes leurs appartenances & dependances, sans aucunes en reseruer ny excepter, & tout ainsi que M. Iean de Foix, pere de Monseigneur Gaston, tenoit en son viuant, & depuis ledit Monseigneur Gaston apres son trespas, soit en Chasteau, Forteresse, Maisons, marests, hostels, fours, moulins, prez, bois, forests, garennes, pasturages, riuieres, & estangs, pescheries, peages, & trauers, hommes & femmes de corps, fiefs, vassaux, arriere-fiefs, Iustice, Iurisdiction, haute, moyenne & basse, mercier, droicts, patronages, collations de benefices, & Offices ordinaires, nominations aux Offices Royaux, vsages, franchises, libertez, cens, rentes, reuenus, seruitudes, profits & émoluments quelconques à icelle Seigneurie Vicomté, Baronnie, dessusdits appartenans, pour estre heritage & domaine perpetuel de la Couronne de France. Desquelles Comté, Vicomté, terres & Seigneu-

des Ducs de Narbonne. 479

ries, lesdits sieurs se sont dessaisis respectiuement & déuestus au proffit les vns des autres, & ont consenty le Roy & mondit Seigneur Gaston, que leurs Procureurs puissent prendre possession chacun en son regard desdites choses eschangées: Promettant lesdites parties, C'est assavoir, Le Roy nostre Sire, en parole de Roy, pour luy, ses hoirs, & successeurs Rois de France, sous l'obligation de tous & chacuns ses biens & de sesdits successeurs Rois, de n'aller ou venir iamais contre ledit eschange & permutation, & outre de garentir à Monseigneur Gaston, ses hoirs, successeurs & ayans cause, lesdits Comté de Beaufort, Chastellenies de Solaines, Larincourt, sainct Florentin, Dannemoine, d'Ouy le Chastel, & Coulomiers en Brie, leurs appartenances & dependances, auec les autres terres & Seigneuries à luy baillées par ledit eschange & permutation, & en faire tenir mondit Seigneur Gaston paisible & en paix, en iugement & dehors sans aucune contradiction, charge seulement desdites terres & Seigneuries, des charges anciennes & foncieres si aucunes y en a, franches & quittes d'hypotheques quelconques iusqu'à huy: Et a M. Gaston promis & promet par ces presentes, en parole de Prince, & sous l'obligation de tous ses biens, de n'aller ny venir au contraire dudit eschange & permutation, garentir au Roy nostre Sire & à ses successeurs Roys de France, sa̴s iamais venir contre à tousiours & à ses despens en iugement ou dehors, a charge seulement des charges anciennes & foncieres si aucunes en y a, franches &

quittes, lesdites Cité, Seigneurie, Vicomté de Narbonne & Baronnie dessusdite, toutes charges & hypotheques quelconques iusqu'à cejourd'huy : Ce fut fait & passé, consenty & accordé par le Roy nostre souuerain Sire, & Monseigneur Gaston, en presence de tres R. P. en Dieu Messieurs les Cardinaux d'Amboise Legats en France, & de M. le Chancelier, les Euesques de Paris, d'Angoulesme, d'Aix, & de Poictiers, les Seigneurs de Chanisser, & de Coulleray, Chambellans ordinaires du Roy, Messire Michel Ruzé, Maistre des Requestes ordinaires de l'Hostel dudit sieur, Messire Louis le Poincher, & Iean Cothereau Tresorier de France, Messire Pierre Bonnet, Thomas Totiers Cheualier, Iacques Hurault, & Iacques de Brienne Generaux de France dudit sieur Tresorier, à ce voir faire & passer, consentir & accorder. En tesmoin de toutes lesquelles choses dessusdites, Nous Bailly de Blois dessusdit, à la sealle relation desdits Iurez, auons fait seeller ces presentes du seel Royal aux contracts de ladite Chastellenie de Blois, le Vendredy vingt-neufiesme iour de Nouembre 1507. ainsi signé, GROFFYN & MAIGNAN.

Nous ce consideré, & ayant veu ledit Traicté & Contract, voulons ledit eschange cy-dessus, & les choses contenuës en iceluy auoir lieu, & sortir leur plein & entier effet, selon leur forme & teneur : Donnons en mandement par ces presentes à nos amez & feaux Conseillers les gens tenans & qui tiendront nos Cours de Parlement, gens de nos Comptes,

des Ducs de Narbonne. 481

ptes, Treſoriers de France, & generaux de nos Finances, & à tous nos autres Iuſticiers & Officiers, & leurs Lieutenans preſens & à venir, & à chacun d'eux, ſi comme à luy il appartiendra, que le fait & contenu en ces preſentes, ils entretiennent, gardent & obſeruent, & facent entretenir, garder & obſeruer inuiolablement & ſans enfraindre de poinct en poinct, ſelon leur forme & teneur, ſans aller ny venir, ny ſouffrir eſtre allé ny venu contre, en quelque maniere que ce ſoit ou puiſſe eſtre, en faiſant enregiſtrer ces preſentes en noſtre Cour de Parlement, Chambre des Comptes, & ailleurs où beſoin ſera, & leuant & faiſant leuer & oſter à pur & à plain tous empeſchemens mis & appoſez, à la requeſte de noſtre Procureur deſdites Cours, & Chaſtellenies, & Seigneuries, au proffit de noſtre Nepueu, lequel de ce nous a fait la foy & hommage. Car, &c. Et pour ce que de ceſdites preſentes l'on pourra auoir affaire en diuers lieux, Nous voulons qu'au Vidimus fait d'icelles ſous ſeel Royal, ſoit foy adjouſtée comme à l'original, lequel en teſmoin de ce auons ſigné de noſtre main, & à iceluy fait mettre noſtre ſeel, ſauf en autre choſe noſtre droict, & l'autruy en toutes. DONNE' à Blois, au mois de Nouembre 1507. & de noſtre regne le dixieſme. *Sic ſignatum ſub plica,* LOVIS, *& ſupra plicam,* Par le Roy, Meſſieurs les Cardinaux d'Amboiſe, Legat en France, de Rheims, Marquis de Fromez & d'Ably, le Duc de Longueuille, l'Archeueſque de Sens, l'Eueſque de Paris, & autres preſens; Et à coſté, *Publicata & Regiſtrata non*

Gaſton fait la foy & hommage au Roy deſd. Comté de Beaufort & autres terres.

P p p

Recueil de diuerses Pieces

Registré au Parlement de Paris, & en la Chambre des Comptes. *obstantibus oppositionibus opponentium in registro nominatorum & absq; dictarum oppositionum preiudicio. Actum Parisiis in Parlamento, 14. die Ianuarij, Anno domini 1508. Signatum* PICHON. *Lecta similiter, publicata & registrata in Camera Computorum Domini Regis, de expresso mandato prefati Domini, 13. die Nouemb. Anno 1508. Signatum,* BARDONVILLIERS.

CHARTE DE NIQVINTA,

Antipape des Heretiques Albigeois, contenant les Ordinations des Euesques de sa secte, par luy faites en Languedoc, à moy communiquée par feu M. Caseneuue, Prebendier au Chapitre de l'Eglise de Sainct Estienne de Tolose, en l'an 1652.

NNO M. C. LXVII. Incarnationis Dominice, in mense madij, in diebus illis Ecclesia Tolosana adduxit Papa Niquinta in Castro Sancti Felicij & magna multitudo hominum & mulierum Eccl. Tolosanæ, aliarumque Ecclesiarum vicine congregauerunt se ibi, vt acciperent consolamentum quod Dominus Papa Niquinta cœpit consolare. Postea vero Robertus de Spernone Ep. Eccl. Francigenarum venit cum consilio suo ; q. Marchus Lombardie venit cum consilio suo similiter, & Sicardus Cellarerius Eccl. Abbiens. Ep. venit cum consilio suo, & B. Catalani venit cum consilio Eccl. Carcassensis, & Consilium Eccl. Aranensis fuit ibi. Quod omnes sic innumerabiliter congregati, homines Tolos. Eccl. voluerunt habere Episcopum & elegerunt Bernard. Raimundum: similiter vero & Bernardus Catalanus & Con-

silium Eccl. Carcassensis rogatus ac mandatus ab Eccl. To-losana & cum consilio & voluntate & solucione Domini S. Cellarerij elegerunt Guiraldum Mercerium; & homines Aranensis elegerunt Raimundum de Casalis. Postea vero Robertus d'Espernone accepit consolamentum & ordinem Episcopi à Domino Papa Niquinta vt esset Ep. Eccl. Francigenarum; similiter & S. Cellarerius accep. consolamentum & ordinem Episcopi vt esset Ep. Eccl. Albiensis: Similiter vero Marchus consolamentum & ordinem Episcopi vt esset Ep. E. Lombardiæ: similiter vero Bernardus Raimundus accepit consolamentum & ordinem Episcopi vt esset Ep. Eccl. Tolosanæ: similiter & Guiraldus Mercerius accepit consolamentum & ordinem Episcopi vt esset Ep. Eccl. Carcassensis: similiter & Raimundus de Casalis accep. consolamentum & ordinem Ep. vt esset ep. Aranensis. Post hęc vero Papa Niquinta dix. Eccl. Tolosanæ. Vos dixistis mihi, vt ego dicam vobis, consuetudines primitiuar. Ecclesiarum sent leues aut graues, & Ego dicam vobis septem Eccl. Asiæ fuerunt diuisas & terminatas inter illas, & nulla illarum faciebat ad aliam aliquam rem ad suam contradicionem. Et Eccl. Romanæ, & Drogometiæ & Melenguiæ, & Bulgariæ, & Dalmatiæ sunt diuisas & termin. & vna ad altera non facit aliq. rem ad suam contradicionem & ita pacem habent inter se. Similiter & vos facite Eccl. vero Tolosana eligit Bernardum Raimundum, & Guillermum Garsias, & Ermengaudum de Forest, & Raimund. de Beruniaco & Guilabertum de Bono Vilario, & Bernardum Guillermum Contor, & Bernard. Guillermum Bone ville, & Bertrand. de Auinone, vt essent diuisores Eccl. vero Carcasensis elegit Guiraldum Merce-

des Ducs de Narbonne.

lium, & Bernard. Catalanum, & Gregor. & Petrum Calidas manus, & Raimundum Pontium, & Bertrandum de Molino, & Martinum de Ipsa sala, & Raimundum Guibertum, vt essent diuisores Eccl. q. isti congregati & bene consiliati dixerunt, quod Eccl. Tolosanæ, & Eccl. Carcasensis sint diuisas propter Episcopatos, quod sic. Episcopatum Tolosæ diuiditur cum Archiepiscopato Narbon. in duobus locis, & cum Episcopato Carcasensis à Sancto-Poncio, sicut montana pergit inter Castrum Cabarecij & Cast. Altipulh. & vsq. ad diuisionem Castri Saxiaci & Castri Verduni & pergit inter Montem-regalem & Fanumjouem; Quod sicut alij Episcopati diuiduntur ab exitu Redensis vsque ad Leridam sicut pergit apud Tolosam, ita Eccl. Tolos. hab. in sua potestate & in suo gubernamento ; similiter & Eccl. Carcasensis sicut diuiditur & terminatur habeat in sua potestate & in suo gubernamento omnem Episcopatum Carcasensis & Archiepiscop. Narbonens. & aliam terram sic. diuisum est, & dictum vsque ad Leridam sicut vergit apud mare. Quod ita Eccl. sunt diuisas sic. dictum est, vt habeant pacem & concordiam adinuicem & iura ad altera non faciat, aliquid ad suam contradicionem. Hujus S. Testes rei & defensores, Bernard. Raimund. & Guill. Garsias, & Ermengaudus de Forest, & Raimundus de Bauniaco, & Guilabertus de Bone Vilario, & B. Guillermi Contor, & B. Guill. Bone Ville, & Bertrand de Auinone & Eccl. Carcasensis Guiraldus Mercerij, & B. Catalani, & Gregor. & Petrus Calidas manus, & Raim. Poncij, & Bertrand. de Molino & Martinus de Ipsa sala, & Raimund. Guiberti; quod omnes isti mandauerunt & dixer. Ermengaudo de Forest vt faceret dictatum &

Ppp iij

Cartam Tolosanæ Eccl. similiter & Petro Bernardo mandauerunt & dixerunt vt faceret dictatum & Cartam Eccl. Carcasensis, & ita fuit fact. & impletum.

Hoc translatum fecit translatare Dominus Petrus Isarn. de Antiqua Carta in potestate supra dictorum facta, q. Eccl. sic. superius scriptum est diuiserunt. Feria II. in mense Augusti, XIV. Die, in introitu mensis, Anno M. CC. XXXII. ab incarnatione Domini. Petrus Pollanus translatauit hæc, omnia rogatus ac mandatus.

des Ducs de Narbonne.

ARREST DV PARLEMENT
ambulatoire de Languedoc, par lequel le Seneschal de Tolose fut relaxé des cas & crimes à luy imposez, à moy communiqué par M. Guillaume de Masnau, Conseiller au Parlement de Tolose.

IE *veneris in Crastinum Ascensionis Domini, Anni* 1283. *apud Carcassonam, conuenerunt ad citationem Domini Petri de Arablay magni & primi Magistri Iurati in manibus regis & inquisitoris deputati ab illustrissimo & Serenissimo Domino Philippo Dei gratia Francorum rege, ad inquirendum super excessibus & criminibus per Iusticiarios & Officiarios regios in Regno Franciæ factis, & ad conuocandum Parlamentum in Prouincia Occitana, & in eo præsidendum cum alijs præsidentibus ab eo eligendis, super negotijs Patriæ Occitanæ & denunciatione & accusatione facta per certos scyindicos dictæ patriæ contra Eustachium de Bellismercatis Seneschallum Tolosanum & Abbiensem; Videlicet dictus Dominus Petrus de Arablay, Raymundus Episcopus Ruthenensis, Bertrandus Episcopus Tolosanus, Bertrandus Episcopus Nemaus. Berengarius Ep. Magalonens. Symphorianus Ab-*

bas, Geraldus Abbas, Ingeranus Abbas, Odo de Guillem Baro, Reginaldus Rigaudus Baro, Guillelmus de Agriffolio Baro, Poncius de vicinis Baro, Sicardus Alamanni Baro, Ioannes Guidonis Baro, Petrus Mascaron jurisperitus, Deodatus Robertus jurisperitus, Ioannes Isarni Iurisperitus, Sancius de Croso Iurisperitus; omnes Prædicti Episcopi, Abbates, Barones, & Iurisperiti jurati in manibus regis per medium dicti Domini primi Magistri Petri de Arablay, qui eis tangere fecit corporaliter sacro-sancta Dei Euangelia. Viso processu & Inquisitionibus factis per Magistr. Ioannem Isarny Iurisperitum, Raymundum Episcopum, Hugonem Abbatem, & Sicardum Alamanni Baronem, contra Eustachium de Bellismercatis Senescallum Tolosanum & Abbiensem iamdiu ab officio Senescalli suspensum, hunc tenore hujus Arresti declaramus immunem & absolutum ab omni crimine & excessu prætenso, illum suæ famæ restituimus & recredentiam Senescalliæ Tolosæ & Albiensis manu superioritatis illi facimus; Volentes & mandantes vt hoc Arrestum per totam Senescalliam Tolosanam & abbiensem & in proximo futuro Parlamento Parisius publicetur; Condemnamus dictos scyndicos ad Emendam & expensas. Datum pro copia à Petro Martini scriba Parlamentario Iurato regio.

ESCHANGE

ESCHANGE ENTRE LE Roy & l'Euesque, & Chapitre de Maguelonne, concernant la Ville & Fief de Montpellier, & Chasteau de Lates ; Extraict d'vn Registre de Commissions, & Confirmations du Roy Philippes le Bel, cotté lettre A. à moy communiqué par M. de Vyon, Seigneur d'Herouual, Auditeur des Comptes de Paris, pag. CXLV.

ON a monstré vne Lettre du Roy dessusdit, donné à Paris l'an M. CC. XCII. ou mois de Mars, Contenant que comme il fut iadis traicté entre les gens le Roy d'vne part, & les gens l'Euesque & Chapitre de Maguelonne d'autre, sus la permutation de la partie que ledits Euesque à Montpellier, laquelle est appellée vulgairement Monspelliriat, & du Fié ou Souueraineté d'iceluy & du Chasteau de Lates, lesquiex li sires de Montpellier tient en fié dudit Euesque, auec hommage & sacrement de fidelité ; Toutes lesquelles choses li Euesque tient en fié du Roy. A la parfin le Procureur l'Euesque & Chapitre de Maguelonne, considerans le profit de l'Eglise, euidamment estre en la permutation dessusdite, procederent en ladite permutation en la maniere qui s'ensuit. Premierement ils baillent & delaissent au Roy en nom de permutation toute Iurisdiction temporelle, laquelle a & doit auoir ledit Euesque en sa partie à Montpellier & ou terroir d'icelluy, en telle maniere que li Euesque aura Iurisdiction tant seulement dedans sa maison de l'Euesché, en sa mesnie, mesfaisant ou commettant crimes legers, & en telle maniere qu'en deffraudant cette Ordennance li Euesque ne preigne plus grand nombre de mesnie. Item baillent & delaissent tout le droict du fié & hommage dessusdit, & les choses lesquelles li sires de Montpellier pour cause du fié dessusdit tient dudit Euesque quant à la ville de Montpellier, & le Chastel de Lates & leurs appartenances, & tous les droicts temporez appartenans à l'Euesque en quelque maniere que ce soit, en telle maniere que du Roy ne de ses successeurs Roys de France ne seront ostées ne abdiquées les choses dessusdites. Item il transportent au Roy le droict & Seigneurie que li Euesque a sus les Iuis de Montpellier, pour cause de Iurisdiction temporelle, excepté les cens & vsages lesquiex li Euesques perçoisent en leurs choses; il transportent ou Roy la moitié par non deuis auec les autres cens. Item il baillent la moitié par non deuis d'vn four assis en la partie de Montpellier dessusdite, & le droict de faire Fours en icelles; & sera tenus li Roys à la requisition de l'Euesque ou de sa gent construire vn autre Four à ses

despens, qui sera comuns à li & à l'Euesque : & sera
tenu lidits Euesque de faire vn autre à la requisition
des gens le Roy, ou autrement il rendront la moitié
des despens faits pour li fours que li Roys aroit construit. Et en recompensation des choses dessusdites
li Roys donne & mande à assigner à l'Euesque en nom
de l'Eglise & à ses successeurs 500. liures de terre de
Mag. lesquelles il veut quelles li soient bien assises en
mer, & mixt impire & toute jurisdiction en sa terre,
tant en chemin comme en autres lieux & siez estans
dedans la terre, à luy asseoir auec les premiers apprans,
en telle maniere que la Iurisdiction, les siez & toutes
autres choses appartenans au Roy és lieux à asseoir audit Euesque, seront competées selon commune estimation de terre, retenu au Roy, le exercite & la
cheuauchée, & cheuaux armez qui appartiennent au
Roy és hommes de la terre qui est à asseoir audit Euesque, & autres cas de Souueraineté. Item li dessusdiz
Procureur baille au Roy la moitié des cens par non
deuis des vsages, des lydes de tous heritages rustiques ou vrbains, & de toutes autres possessions, lesquelles li Euesques à Montpellier & à Montpelliriat
& en leurs appartenances, excepté la maison l'Euesque, laquelle il a à Montpelliriat, & ses Officiers, &
excepté les moulins & les prez, & le cortil, & les autres
champs adjacens à eux, lesquelles choses demoureront pour le tout audit Euesque: Pour lesquelles choses li Roys veut & mande à asseoir compensation condigne de valeur à valeur à l'arbitre de prud'homes, &
tiendra li Euesques & si successeurs, toutes les choses

Qqq ij

que li Roys mande à asseoir à li, & toutes choses qu'il retient à li à Montpellier & à Montpelliriat & leurs appartenances, auecques les autres fiez qu'il tient du Roy, & recognoistra à tenir du Roy en fié selon la forme qu'il tenoit à Montpellier & Montpelliriat, & entent li Roys seulement venir en ceste recogniscence les choses qui sont à son fié, & que li Euesque puisse donner en emphiteosim ce premier sans fraude, sans son conseil, en telle maniere que les choses que li Euesque aura de la Permutation sera de tel valeur, & sera recogneu du Roy si comme li autres estoit. Item li Roys veut & octroya que li Euesques Chapitre & Chanoines de Maguelonne, ensemble & desseurement soient en sa partie dessusdite, quant aux cupes & lydes en telle immunité, en laquelle il est accoustumé d'estre en la partie le Roy de Maillogres, & qu'il ayent la perception, cognition, diffinition & cohertion de leurs cens & de leurs choses qui sont tenus de eux en la maniere qu'il est gardé en autres personnes qui ont semblables cens en ladite Ville de Montpellier, & que vns chascuns Bailliz ou c'ils qui gouuernera de par le Roy à Montpellier, quant il fera son serment general, adjoustera en son serment que les droy de l'Euesque & du Chapitre il gardera de son pouoir; & transporte à perpetuité li Roys esdits Procureurs ou non dessusdit, toute la terre & rente à asseoir audit Euesque, tant pour lesdits 500. liures de terre, que pour recompensation de la moitié des cens & lydes & possessions dessusdites, lesquiex le Procureur dudit Euesque a transporté ou Roy, si comme il est

des Ducs de Narbonne. 493

deſſuſdit, retenu au Roy les choſes expreſſes deſſus: Et promettent li Roys & Procureur deſſuſdiz à tenir & garder les choſes deſſuſdites, & pourchaceront leſdiz Procureur que li Eueſque & Chapitre deſſuſdits, les approuueront & ratifieront, ſauf l'auctorité du Pape és choſes deſſuſdites & de l'Archeueſque de Narbonne.

Au meſme Regiſtre fol. CXLV. verſo.

L'ON a monſtré vne Lettre du Roy deſſuſdit, donnée à l'Abbaye Royal de lés Pontoiſe, l'an M.CCC.VII. ou mois d'Auril, contenant que iceluy Roy confeſſe auoir veu vne Lettres qui contiennent, que P. Eueſque de Carcaſſonne deputé de par iceluy Roy ſus l'aſſignation ou aſſignation ou aſſiſe à faire de 500. liu. de Magalonne de terre à l'Eueſque de Maguelonne, pour cauſe de ladite permutation, Fait à ſçauoir que diligemment regardé la forme & la commiſſion à luy faite du Roy de faire ladite aſſiſe, ſelon la teneur des Lettres faites ſus ladite Permutation, proceda à ladite aſſiſe à faire à l'Eueſque & Egliſe deſſuſdiz, en villes, choſes, ex droicts eſtimez par ſages éprouuez en ciez choſes, preſens & conſentans Alfons de Reuray, Seneſchal de Beaucaire, & Guyot Cheurier, Vicaire & Chaſtellain de Beaucaire, le Procureur & pluſieurs autres Officiers du Roy, quant és choſes qui furent aſſiſes audit Eueſque en la Seneſchauſſée de Beaucaire, & quant aux choſes qui li furent aſſiſes en la Seneſchauſſée de Carcaſſonne, fu-

Qqq iij

rent presens le Seneschal de Carcassonne, le Procureur & plusieurs autres Officiers du Roy, & aussi du consentement du Procureur l'Euesque de Maguelonne; Et premierement il assist audit Euesque la Ville Salini & le Bailliage d'icelle, & toutes les appartenances, soient en Villes, Parroisses, Chastiaux, fiez, & quelques autres rentes, auec mer & mixt impire, & toute Iurisdiction, à valeur de trois cens soixante liures de Magalonne d'annuelle rente. Item, il assist audit Euesque la ville de Durfort, la Baillie, les appartenances d'icelle, les Villes de saincte Croix & de Fontenais, & tout ce que li Roys y puet auoir, pour quatre-vingts dix liures de Mag. d'annuel rente. Item pour cinquante-neuf liures dix sols de Mag. qui demeurent à asseoir de la somme totale de cinq cens liures de terre, il assigna audit Euesque & Eglise de Maguelonne, le mer impire de la Ville de Porcianence & de son destroit, & le fié ou droit de fiez d'iceluy lieu, & les autres fiez & arriere-fiez & ressort d'iceluy lieu, & de son destroit, & adjousta ou fait de Porcian pour vingt liures d'annuel rente, lesquels Geoffroy de Var Seneschal de Carcassonne à ou Chastel de Porcian vingt liures Mag. lesquiez il tiendra de l'Euesque, ainsi comme il les tenoit du Roy; laquelle assignation du fait de Porcian le Procureur dessusdits ne voulsirent accepter, & non contrectant ce ledit executeur leur assigna pour la quantité dessusdite, retenans ladite assignation certains Chanoines de l'Eglise de Maguelonne Procureur de l'Eglise; laquelle assignation fit ledit executeur audit Euesque & à

des Ducs de Narbonne.

l'Eglife, fauf & retenu au Roy toutes les chofes, lefquelles li eftoient à tenir & à fauuer par les Lettres du Contrat Original ; Lefquelles chofes deffufdites, affignation, affife, & tranflation, li Roys afferme, loë & conferme, fauf en autres chofes, &c.

SENTENCE DE CONDEM-
nation à mort, donnée par le Seneschal de Carcassonne, assisté du Vicomte de Narbonne, & des douze Barons terriers de Carcassonne & autres, contre Helie Patrice & ses complices, criminels de leze Majesté, pour auoir voulu liurer la Ville de Carcassonne au fils du Roy de Majorque, & le reconnoistre pour Roy; Extraicte des Archiues tenus en l'Eglise Parrochialle de Saint Saturnin de la Cité de Carcassonne, où est aussi la Sentence au long de la susd. condemnation.

OVERINT vniuersi, Quod nos Amalricus de Vicinis, Militis, Dominus de Cossolento, tenens locum nobilis & potentis viri Domini Gerardi, Domini de Rossilhone, Militis, Senescalli Carcassonæ, & Biterris, Domini nostri Franciæ regis, vidimus, tenuimus & diligenter de verbo ad verbum per legi fecimus quoddam publicum instrument. receptum sub anno D.M.CCC.
quinto

quinto vid. die Lunæ antè festum Beati Michaelis Septembris & signatum vt in eo legitur manu & signo Magistri Bernardi Crenas Notarij publici Curiæ Carcassonæ Domini Regis non viciatum non cancellatum nec in aliqua sui partes abolitum sed poscius omni suspicione carens, cujus jnstrumenti tenor talis est. Anno Dominicæ Incarnationis M.CCC. quinto, vid. die Lunæ ante festum Beati Michaelis mensis Septembris: Nouerint vniuersi quod constituti coram Nobili viro Domino Ioanne de Alneto milite Domini Regis Senescallo Carcassonæ & Biterris, Nobilibus infra scriptis scilicet Domino Amalrico Dei gracia Vicecomite & Domino Narbonens. ac infra scriptis Barones terrarijs videlicet Domino Guillelmo de Vicinis, Domino Lamberto de Tureyo, Domino Hugone Ademarij dom. de Lumberiis, D. Petro de Vicinis, D. Raimundo Abanni, D. Guillelmo Abanni, D. Baustio de Tureyo, D. Guillelmo de Tureyo Dom. de Bizano, Militibus, Egidis de Vicinis, Perretto de Vicinis, Amalrico de Tureyo, Guillel. de Pairino, Domicellis, ad dandum & prestandum consilium eidem Domino Senescallo super proditione contra Dominum nostrum regem commissa tractata per Heliam Patricij olim consulem Burgi Carcassonæ & ejus conconsules & Consiliaris ac fauctores locaque coram eis & vulgariter exposita confessione prædicti heliæ. Ibidem nobiles vnanimiter concordantes super hoc quod consilium habitum præt. eos consultauerunt & consulendo dixerunt quod secundum ea quæ proposita fuerunt coram eis & secundum confessionem prædictam præfatus Helias & alij si qui sint simul de quibus constet dicto Dom. Senescallo & ejus curiæ esse tractatores vel fuisse proditionis prædictæ & actores qui tamen

Rrr

justiciabiles sunt vel esse possunt Domino nostro regi suspen-
datur furchis patentib. & alias penæ agrauentur iuxta arbi-
trium dicti Domini Senescalli & magnitudinem delicti: Ita
tamen quod moriatur publicè, & omnia bona eorum confi-
tentur & aplicentur Dom. nostr. regi. Acta fuerunt hęc in
Castro Ciuitatis Carcass. Domini regis, in præsentia & te-
stimonio Dom. Aymerici de Croso judicis saltus, Magistri
Petri Rocha judicis Minerbesij, Domini regis, Magistri
Alberti de Valleta Iurisperitis de Biterris, Mag. Arnaudy
Raimundi de Gebetz Notarij, & mei Bernardi Crenas
Notarij publici curiæ Carcassonæ Dom. regis, qui requisitus & mandat. per dictum dominum Senescall. hanc cartam
recepi scripsi & signo meo signaui, Domino Philippo Rege
Francorum regnante. In cujus visionis & perlectionis testimonium nos Locunten. prædictis sigillum regium dictæ Senescalliæ huic presenti transcripto al. vocasse vidimus Ap-
pon. cuius impendenti. Actum & Datum Carcassonæ die
quarta Madij, Anno Domini millesimo CCC. XL.
quarto, P. D. S. Vig.

Collatio facta cum originali instrum. prædicto.

CERNINVS TESTORIS, sic sig.

DVPLVM partis sententiæ latæ per Domi. Ioannem de Alneto militem Senescallum Carcass. & Biterris contra Consules Burgi Carcassonæ, videlicet Heliam
Patricij, Bartholomeum Calueriæ, Petrum de Arnaudo
Guillermi, Bernardum Marsilię mercerium, Guillermum
de Podio paratorem, Guillerm. Rogerij de Brucafolio,

des Ducs de Narbonne.

Guill. de Sancto Martino, Pontium de Monte oliuo Apothecarium.

Ideo quia volebant facere alium regem quam regem Franciæ & tradere Ciuitatem & Burgum Ferrando Filio regis Majoricarum.

Velut criminis lesæ Maiestatis reos ad trahend. prostratos per terram vsque ad furcas iusticiabiles & nihilominus ad suspendendum in ipsis furchis eosdem per collum suum itaque moriantur ibidem & ad perdendum & confiscandum omnia bona sua Dom. nost. regi applicanda in ijs scriptis ac nostra iudiciali sententia condempnamus.

Acta fuerunt hæc in Ciuit. Carcassonæ Anno D. milles. CCC. V. mense Septembris.

Originalis processus est in Archiu. Castri Regij Ciuitatis Carcassonæ infra quandam magnam captiam in introitu dictorum Archiuiorum à parte dextra exeuntem.

DIVERS ACTES SERVANT

à l'intelligence des Guerres d'entre le Roy de France, & le Roy d'Arragon, à moy communiquez par M. de Vyon Seigneur d'Herouual, Auditeur des Comptes à Paris.

*V*NIVERSIS præsentes litteras inspecturis; Miseratione Diuina P. Aurelian. & P. Carcassonens. Ecclesiarum Episcopi, salutem in Domino sempiternam; Notum facimus, quod nos Auctoritate Principis Excellentissimi Domini nostri Franc. regis nobis in hac parte commissa, deputamus specialiter, Nobilem & discretum virum Dominum Ioannem de Arreblayo Senescallum Carcasson. ad cognoscendum & diffiniendum per parte Domini nostri regis vna cum illo qui per parte Nobilis viri Domini Iacobi de Aragon. ad hoc deputabitur, de finibus Castrorum & bonorum immobilium eid. Iacobo & suis valitorib. restituendorum ex parte dicti Domini nostri regis Franc. firmata pace quę tractatur inter partes prædictas, si forsitam contingeret aliq. oriri sup. hiis quæstionem in restitutio. Faciendā de præd. dantes eidem Senescallo auctoritate prædicta sup. hæc potestatem plenariam & speciale mandatum, in cuius rei testimonium præsentibus litteris nostra fecimus apponi si-

des Ducs de Narbonne.

gill. *Datum Perpinianum, Anno Domini M.CC. Nonagesimo quinto, die veneris post festum Beati Dionisij.* Les sceaux desdits deux Euesques pendent aux Originaux.

LETTRE DV SENESCHAL
de Carcassonne au Roy.

ON Souuerain Seigneur, ie me recommande tousiours à vostre bonne grace, tant & si tres-humblement que plus puis, & vous plaise sçauoir mon souuerain Seigneur, que i'ay mis les Arbalestriers qu'il vous a pleu moy ordonner, pour la garde des Places de Sardaigne; c'est à sçauoir vingt à Beauuoir, dix à Caraut, dix au Val de Ribes, & dix à Puy Valladour, & ay fait tellement que au plaisir de Dieu les Places seront bien gardées, mais iusques à cy il les m'a faillu garder & entretenir à mes despens, & payer les Compaignons l'espace de trois mois qu'ils ont seruy, & oncques ie n'en ay receu que deux cens francs, que M. de Candale m'a fait deliurer; Et pour ce mon souuerain Seigneur ie vous supplie tant humblement que plus puis, qu'il vous plaise moy ordonner où ie prendray l'argent pour payer les-

dits Compaignons, car si ils n'estoient payez ils ne pourroient demourer esdites Places : tout le pays de Sardaigne vous est bien obeïssant, & n'y a point de danger si autre chose ne suruient, toutesfois il y a à deux ou trois lieuës pres, six ou sept cens hommes qui sont au Roy d'Arragon, qui sont à pied, & n'en y a à cheual que 25 ou 30. & y sont les Vicomtes de Aul & d'Isle, & vn nommé Bac, & vn autre appellé Vertaillac, & le frere de Mess. Caillau, & sont tousiours enuiron le pays de Sardaigne, mais iusques à cy ils n'ont rien demandé aud. pays de Sardaigne. Mon souuerain Seigneur autre chose ne vous escris pour le present, fors que ie vous supplie tant & si tres-humblement que faire le puis, qu'il vous plaise m'auoir toûjours pour specialement recommandé, & me faire payer des mille francs qu'il vous pleut me donner à S. Iean de Luz, car par ma foy i'en ay plus à faire que ie n'eu iamais, car tout qu'en que i'aye ie mets en vostre seruice ; Mon souuerain Seigneur, plaise vous me mander & commander tousiours vos bons plaisirs, pour iceux faire & accomplir de tout mon pouuoir, au plaisir de nostre Seigneur, auquel ie prie, mon souuerain Seigneur, que vous doint bonne vie & longue.

Escrit à Perpeignan, le 15. iour de Mars.

Vostre tres-humble, & tres-obeïssant sujet & seruiteur, Vostre Seneschal de Carcassonne.
Signé, A. DE MILGLOS.

Et au dessus est escrit. Au Roy, mon Souuerain Seigneur.

Nouerint vniuersi, quod nos Bermundum de sumidrio miles Dominus de Caslario Sen. Bellicadri, confitemur nos realiter habuisse à prouido viro thesaurario reg. Carcass. per manus ven. viri Dom. Guillermi Duranti Can. Paris. clerici & Consil. D. nostri regis, videlicet per viagio P. quo vad. apud Perpinian. cum eodem Domino Guill. p. intrando ibidem hostagia p. dicto Dom. nostro rege, scilicet per decem diebus, eundo, p. quatuor dies, & redeundo per alios quatuor, standoq. in Perpiniano per vnum diem, & Biterr. per alium diem spectando ibidem alios Barones dictæ Seneschall. Bellicadri dicta hostagia, modo simili subituros, videlicet per diem sex libras turronens. p. expens. nostris dat. vt summa sexaginta libr. turon. de quibus sumus contenti. Datum Biterr. die 26. Aprilis, Anno Dom. M. CCC. LIII.

Nouerint vniuersi, quod nos Pont. Raimundi miles Dom. de Brinhone Seneschall. Carcasso. confitemur nos realiter habuisse &c. p. viagio p. quo vadimus apud Perpinianum, cum eodem Domino Guill. p. intrando ibid. hostagia pro dicto Domino nostro rege, scilicet per sex diebus eundo, redeundo, & stando in Perpiniano, & Biterr. per alium diem spectando ibid. alios Barones Seneschall. Bellicadri dicta hostagia, modo similiter subituros, videlicet per diem sexaginta solid. turon. pro expens. nostris in summa viginti vnam libram turon. de quibus &c. dat. Biterr. die 26. Apr. An. D. M. CCC. LIII. Le seau est vn Lyon rampant.

Nouerint vniuersi, quòd nos Franc. Albaroni Dominus de Montefrino & de Lertio. Confitemur &c. pro viagio per quo vadimus cum eodem apud Perpinianum ad subeundem ibidem hostagia p. dicto Domino nostro rege, videlicet per nouem diebus, veniendo, stando, & redeundo, p. qual. die sex. lib. turon. pro expensis nostris in summa 54. lib. turon. de quibus &c. Dat. Biterr. die 16. Aprilis, Anno D. M. CCC. LIII. Le seau est vne Croix ancrée.

Sapian tots, que yeu Huc Darssa Cheualier Seignor de Darnaculhita, confessi auer aut & realment receuput de vos Guillem Vidal de Castras, Thesaurier general. des guerras, elegit per los Seignors Prelats & Ecclesiasticas personas, Nobles & Communas de la Lenguadoc, so es assaber quaranta floris d'aur, per los despessas faytas per mi en lo fait del loc de Corbos, aissi quant per Moss. de Peytieus & per los Seignors del Cosselh me es estat taxat; delsquals xl. florins d'aur me ten per ben porpagat & per contengut. Dadas à Carcassonna sots lo mei propri sagel, le IX. iorn del mes de Nouembre, l'an 1359. Le seau est vn Lyon rampant.

LES Mareschaux en toute la Languedoc, pour nostre tres-excellent & puissant Prince Monss. le Duc d'Anjou, fils du Roy de France, frere du Roy nostre Sire, & son Lieutenant en ladite Langue doc: A Estienne de Montmegain, Tresorier general des guerres du Roy nostre Sire, & dudit Monss. le Duc és
pays

des Ducs de Narbonne.

pays de ladite Langue, ou à son Lieutenant : Salut. Nous vous enuoyons encloufe fous les feel & fignet communs de noftre Marefchaucée, le Monftre Gafton de la Parade, Efcuyer, Viguier de Tholoufe, d'vn Cheualier Bafchelier, de vingt-fix Efcuyers, & de quatre Archiers à cheual de fa Compagnie & fequelle foubs le gouuernement dud. Monf. le Duc d'Anjou, au pays de Gafcoigne, receuë au lieu de Bufet, le quinziefme iour de Febvrier, l'an mil CCC. LXVIII. monftrés & montez en la maniere que en lad. Monftre eft contenu. SI VOVS MANDONS que aud. Gafton, des gaiges pour luy & fefdites gens, vous faciez preft, compte & payement du iour de fad. Monftre, en la maniere ordonnée. DONNE' à Thouloufe fous lefdits feel & fignet de noftredite Marefchaucée, l'an & iour deffufdits. Signé, MONDINET.

Il y a vn grand & petit feau d'vne aigle éployée, qui appuye fes pieds fur deux petits efcuffons; celuy qui eft à la droite eft chargé d'vn lyon rampant, à l'orle de celuy qui eft à la gauche d'vne bande

RESPONSES FAITES PAR
Henry Roy de Castille, aux demandes qui luy furent faites de la part de Charles V. Roy de France, & de Louis Duc d'Anjou; Pour le recouurement des Terres données par la Marquise de Montferrat au Duc, occupées par le Roy d'Arragon, à moy communiquées par M. de Vyon Seigneur d'Herouual, Auditeur des Comptes.

STAS son las respuestas, que Nos Don Enrriques, por la gracia de Dios Rey de Castiella & de Leon, auemos fechas, sobre las cosas que los Nobles Omes & Sabidoros Mossen Maruel Duysan Camarero, & Mossen Per Roger de Lissaca Maiordomo de nuestro muy caro hermano el Duque d'Angeo, & Maestre Tibao Hoger Secretario del Rey de França & del Duque nuestros hermanos, nos han fechas & dichas & requisas de par del dicho Duque nuestro hermano.

Primeramente, al primer capitulo En que nos Enbio desir en quel dicho Duque nuestro hermano que nos quiere mucho, & nos ama, & que siempre ha amado, & mucho dessea el bien & alçamiento de nuestro Estado, & que siempre ha sostenido & sostiene en todas las partes, asi como à si mesmo, & especialmente & de presente en como el es ydo à los tractos de França & d'Ynglatierra, a los quales el Rey de França lo enbia como à cabeça principal, por tener y buen lugar à nos & guardar y nuestro Estado & nostra Onrra como la dal Rey de França, & mas por el grant amor que el dicho Duque nos ha, & por las grandes amistanças & confederaciones & lianças que entre el & nos son, & ca el ha en nos confiança sobre todos los Reyes & Principes Christianos despues del Rey de França su hermano.

A esto le respondemos que desto le damos muchas gracias quantas pueden ser; & asy el dicho Duque nuestro hermano sea acerto, que en todas las partes del mundo que nos podamos sostener su Onrra & su Estado & su bien, que nos la sostenemos, & auemos guardado & sostenido de todo nuestro poder, asy como la nuestra mesma. Sig. † Rex.

Otrosi alo que dise en como el dicho Duque nuestro hermano ha derecho & accion en los Reynos de Mallorcas & de Minorcas & en el Condado de Ruysselon, & en algunas Otras tierras, las quales fueron & pertenescioron en el tiempo pasado al Rey Iaymes de Mallorcas & al Rey su padre, es à saber por manda & traspasamiento que la Marquesa de Montferrad Condesa de Cerdenna Duenna successora & heredera de los dichos Reynos & Condado & tierras a fe-

Sss ij

cha al Dicho Duque por juro de heredat para el & para sus herederos para siempre jamas, & on otras maneras asi como por actas publicas & por Letras fechas sobresta rason puede parescer; los quales Reynos & tierras, le tiene ocupados de presente contra rason & por tyrania, & por luengo tiempo ha tenidos, el Rey de Aragon, que por esso el dicho Duque que ha entencion de perseguir el derecho & Accion que el ha en los dichos Reynos, & Condado, & tierras, con ayuda del Rey de França su hermano, & con la nuestra, & de sus otros buenos amigos & legados, & mas que se confie de la buena ayuda nuestra, en este fecho, sobre todos los otros Reyes & Principes del mundo despues del Rey de França su sennor & el que ha mas poder de le ayudar en esta conquista, que nos pide & requiere sobre todo el amor que ha con visco sobre todo quanto el quiere el bien el alçamiento de nuestra Onrra, & sobre todas las consideraciones & juros & liancas que en vno auemos, que nos que queramos tomar este fecho como nuestro proprio, & considerando que esta es la primera Enpresa que el nunca fiso en su fecho proprio, quel queramos otorgar las cosas que se siguen, es à saber.

Que si el Rey de Aragon, o su fijo el major o otros amigos & legados aserenissimos del dicho Rey de Aragon, nos requieren à nos de Algunas liancas & tractos & abenencias que fuesen al expeçamiento, o estoruo, o tardança de la su conquista o enpresa, que nos non jungamos en ella en ninguna guysa.

A esto le respondemos que bien sabe el dicho Duque que hasta aqui siempre nos auemos guardado todo su estado & toda su Onrra en todas las cosas que nos auemos podido faser, & asi que sera el bien acerto que pues nos somos aperçebido desta cosa, que ninguna liança, ni tracto, ni abenencia con el dicho Rey de Aragon, ni con sus fijos, ni con sus legados, non faremos en ninguna guysa, antes asi en esto como en todas las otras cosas guardaremos su Onrra asi como la nuestra mesma, & segun las lianças & hermandat fechas entre nos & el dicho Duque nuestro hermano, las quales non entendemos menguar saluo acrecentar toda vis en ellas. Sig. † Rex......

Otro sy al otro Capitulo que dise que si el dicho Duque fallaua à su consejo que deuiese sumar & faser sumar & requerir al dicho Rey de Aragon por letras o por Mensageros, que le quisiesse faser rason & restituycion de los Reynos & Condados & tierras sobredichas, que nos en essa mesma queramos faser sumar & requerir al dicho Rey de Aragon, por nuestros Messageros solepnes luego quel dicho Duque requera al dicho Rey de Aragon, & si el dicho Rey de Aragon era rebelde o pusiese en tardança de restituyr al dicho Duque los dichos Reynos & Condado & tierras sobredichas, que nos como hermano, ayudante & legado del dicho Duque, que fagamos desafiar luego encontinent que seremos requerido de la parte del dicho Duque al Rey de Aragon, & le fagamos guerra nos mesmo, & que la fagamos pregonar & publicar por todos nuestros Reynos en ayudando al dicho Duque con nuestra persona & con nuestro poder, & que

Sss iiij

nos que fagamos la dicha guerra al dicho Rey de Aragon por todas las partes & fronteras de nueſtras tierras que ſon frontera del Reyno de Aragon, aſi por mar como por terra.

A eſto reſpondemos que nos por Onrra del dicho Duque nueſtro hermano que eſtamos preſto tanto que el Rey de França & el enbiaren ſus mandaderos al Rey de Aragon a le faſer el dicho requerimiento, quel quiera faſer raſon & reſtituymiento de los dichos Reynos & Condado & tierras ſobre dichas, de nos enbiar luego los nueſtros mandaderos que bayan con los ſuyos à le faſer el dicho requerimiento ; & en caſo quel dicho Rey de Aragon non le quiſieſſe faſer juſticia ny reſtituyrle de los dichos Reynos & Condado & tierras, en la manera que dicha es, que nos mandaremos que tanto que los mandaderos del Rey de França & del dicho Duque nueſtros hermanos deſafiaren al Rey de Aragon, que los nueſtros que le deſafien ; & dende adelante que nos eſtamos preſto de le commençar la guerra luego en el punto quel dicho Rey de França & el dicho Duque la commençaran, & la dicha guerra faremos pregonar por nueſtros Reynos como la nueſtra propia, & la continuaremos lo mejor que nos podremos por mar & por tierra, porque ſu Onrra del dicho Duque nueſtro hermano vaya toda via adelante. Sig. † Rex....

Otro ſi, a lo al que diſe que por mejor faſer la guerra el dicho Duque nueſtro hermano & porque mas ayna puede venir à ſu entencion, que nos que ayudamos al dicho Duque de tres mill Omes de armas, &

mil de la Gineta, & mil ballesteros por vn traço de anno à nuestra costa, en caso quel dicho Duque quisiesse faser pelea o caualgada notable, o faser cerca sobre alguna Cibdat o fortalessa.

A esto respondemos que bien sabe el Duque nuestro hermano, que à esto buenamente non le podemos agora certeficar, que para aquel tiempo que aya de faser aquellas tres cosas que el enbia desir o alguna dellas, & con que gente lo podemos ayudar, la rason porque es esta, porque sabe el muy bien como auemos guerra con los Ingleses, & de la otra parte auemos esso mesmo guerra con les Reyes de Bonamag. & esso mesmo la auemos con el Rey de Granada en caso que el nos viesse en algun menester, por lasquales rasons non le podremos nos certificar de quanta conpanna le podremos ayudar; pero non constrastando esto en caso quel dicho Duque ouiere de faser aquellas tres cosas que en el dicho su Capitulo se contienen, o alguna dellas, & considerando nos aquel tiempo en que estaremos sea el cierto que nos le faremos tal ayuda que el deuera estar contento, & demas desto sabe el Duque nuestro hermano muy bien que el dia que nos ouieremos de começar la guerra contra el Rey de Aragon, que auemos menester para luego dos mill lanças para las poner por las fronteras, que duran mas de ciento & veynte leguas la frontera de nuestros Reynos con Aragon; & estas dos mill lanças auemos de poder luego lo primero porque guardan la nuestra tierra de danno, & lo otro porque fagan guerra continuadamente en Aragon, a losquales de cada dia & continuadamente auemos de pagar sueldo; por en caso quel Rey de França nuestro hermano & nos & el dicho Duque ayamos pas firme o tregua luengua con el Rey de Inglaterra, à nos plase que do el dicho Duque Ouiere de faser qualquier de las dichas tres cosas que en el dicho su capitulo se contiene, del ayudar con mil. omes de armas, pagados à nuestra costa por tres meses. Sig. ✝ Rex. …

Otrosi, al otro capitulo que dise quel dicho Duque nuestro hermano que nos pide & requiere, que si nos paresciere bien por adelanta miento de su conquista que el ouiesse liança de los Reyes de Portogal y de Nauarra, & de otros algunos sennors de la parte de aca, que nos plega de hablar con ellos, o enbiar por la major manera que nos podremos, porque sean en su ayuda & en prouecho de su conquista, que el dicho Duque terna agradable & firme quanto nos faremos & ordenaremos sobresto, en su nombre, por quanto el se consia de nos asi como de su persona.

A esto le respondemos que nos plase de enbiar luego nuestros Mensageros con nuestras cartas al Rey de Portogal en que le enbiaremos desir de la requesta del dicho Duque nuestro hermano nos ha fecho sobre estos fechos, & en como pues nos nos metemos en ello, quel rogamos que el quiere enbiar à los sus mandaderos que ha enbiado en França que quieran faser su lia con el dicho Duque, & que es menester que el dicho Duque que lo hable alla con ellos, & à lo del Rey de Nauarra nos enbiaremos eso mesmo

des Ducs de Narbonne.

mo luego con los dichos mandaderos vn nueſtro Secretario en qual enbiaremos rogar por la major manera que podremos, por que el ſe quiera poner en eſto con el dicho Duque & con viſco, & bien penſamos que el de buen talante lo fara; & à ſiempre nos dicho que el deſſeaua mucho de faſer toda coſa que Onrra ſera del Rey de França & del dicho Duque nueſtros hermanos. Sig. † Rex.....

Otroſi en caſo quel requerimiento que ſe aya de faſer al dicho Rey de Aragon & el no quiſiere faſer al dicho Duque raſon ni reſtituymiento de los dichos Reynos & Condado & tierras ſobre dichas, & le ayan de deſafiar, es meneſter que los menſageros que ouiere de enbiar para eſto el Rey de França & el dicho Duque, que tingan poder baſtante d'ellos, que eſo meſmo daremos nos à los nueſtros mandaderos que alla enbiaremos, porque antes quel dicho deſafiamente fagan al dicho Rey de Aragon, que ſe fagan tales lianças & poſt. ...... entre nos otros, porque en ninguna guyſa pas ni tregua ni otra liança ninguna non ſe pueda faſer por ninguno de nos otros con el dicho Rey de Aragon, ſaluo lo que fiſeremos a conſentimiento de todos tres ayuntados. Sig. † Rex.

Ce ſeing eſt compoſé de pluſieurs grandes lettres ſeparées les vnes des autres, en façon qu'on n'en peut former aucune conſtruction : Les curieux pourront voir l'Original chés M. d'Herouual.

Lettres du Roy Charles VI. par lesquelles il reprend le Gouuernement de la Ville de Montpellier, baillé à Charles Prince de Nauarre ; communiquées par M. de Vyon, Seigneur d'Herouual, Auditeur des Comptes.

HARLES par la grace de Dieu Roy de France, A tous ceux qui ces presentes lettres verront, salut. Sçauoir faisons, que comme nous eussions n'aguieres baillé à nostre tres-cher cousin Charles de Nauarre le Gouuernement de la Ville & Baronnie de Montpellier, & eussions voulu qu'il en eust & prinst les reuenus & des autres terres que le Roy de Nauarre son pere auoit tenuës en France & en Normandie, pour soustenir son Estat & celuy de Pierre de Nauarre son frere entour nous, par maniere de prouision, & par certaines considerations & manieres qui lors furent declarées sur ce entre nous : Oüyes les relations de plusieurs dignes de foy sur le portement des Officiers de nostred. cousin en lad. ville & Baronnie, & pour l'euident prouffit de tout nostre pays de Languedoc, auons par deliberation de nostre Conseil reprins lad. ville & Baronnie en nôtre main & Gouuernement,

en laquelle nostre main voulons qu'elles soient tenuës & gouuernées par nostre Seneschal de Beaucaire, aux gages de six cens liures par an, que nostre tres-chier Seigneur & pere que Dieux absoille, ordenna à nostredit Seneschal quand il l'enuoya pour gouuerner lad. ville & Baronnie, & aux prouffits accoustumés; lesquels gages nous voulons qu'il ait & preigne en outre ses gages tant ordinaires de Seneschal, comme de Chastellain & Viguier de Somieres, & aussi outre sa pension de trois francs par iour à luy d'autre part ordennée. Si donnons en mandement & commettōs par ces presentes à nostredit Seneschal de Beaucaire, que lad. ville & Baronnie auec les rentes & reuenuës d'icelles preigne de fait & mette en nostre main, & par icelles y gouuerne, & y establisse & mette Iuges, Recteurs, Chastellains, Bailles, Viguiers, Receueurs, Notaires, Soubs-viguiers, Sergens, & autres Officiers en nostre main, par la maniere que ils y estoient parauant que baillées fussent à nostredit cousin, comme dit est, & nous donnons en mandement par ces presentes à tous nos Iusticiers & subgiets que à nostredit Seneschal & à ses Commis & deputez en ce fait obeïssent & entendent diligemment & luy prestent conseil, confort, & ayde se requis en sont, & au Receueur d'illec que lesd. gages de Gouuerneur de lad. ville & Baronnie, & des autres Officiers dessusdits, paye & deliure sans contredit, lesquels nous voulons estre alloüés en ses comptes par nos amez & feaux gens de nos Comptes à Paris, nonobstant quelconques autres gaiges, dons, rentes, & pensions à luy faites, & qu'autrement ne soient en ces presentes exprimés, & quelconques autres ordennances au contraire ; En tesmoin de ce nous auons fait mettre nostre seel à ces presentes. Donné à Compiegne le 28. iour d'Octobre l'an de grace M. CCC. quatre-vingts & deux, & de nostre regne le tiers.

Signé,

Par le Roy en son Conseil ordenné.

Y V O.

Memoires de diuers Actes faisant mention de quelques Comtés & Vicomtés du Languedoc, qui peuuent seruir à l'Histoire, estans dans le Thresor des Chartes de France, pris de l'Inuentaire des Titres dud. Thresor, Volume 5. qui regarde les Gouuernemens de Guyenne & de Languedoc.

AV Chap. du Languedoc, Art. 5. Bernard de Mercœur recognoist que le Roy luy a baillé le Chasteau & Vicomté de Gredonne, Diocese de Nismes, sa vie durant seulement, promettant de le garder fidellement & de le rendre à petite & à grande force, l'an 1226.

Art. 13. Eschange entre le Roy & Raymond Abbé de Salmodio & Comte dud. lieu, du Territoire où est située la ville d'Aiguemortes, & la forteresse dud. lieu, pour laquelle le Roy baille à l'Abbé certaine terre qu'il auoit au Territoire de Somieres, designée dans l'Acte, fait l'an 1248.

Art. 117. Acte de l'an 1397. fait par Iacques, Vicomte de Villemur, Seigneur & Baron de Caluinet, qui se dit fils de Iean, Cheualier, Vicomte dud. Villemur, & celuy-cy fils d'Arnaud, aussi Cheualier & Vicomte de Villemur.

Tolose, 7. sac, page 150. Art. 9. Raymond d'Vsez, Ponce Gaucelin, & Pierre Bernis, aduoüent tenir à foy & homage de Raymond Comte de Tolose, ce qu'ils ont au Vicomté de Nismes, & promettent de luy ayder en la guerre qu'il auoit contre le Vicomte de Nismes, l'an 1178. en presence de A. Euesque de Nismes, R. Euesque d'Vsez, & autres. *Nota*, que M. de Vyon Seigneur d'Herouual Auditeur des Comptes à Paris, m'a ces iours passés comuniqué vn Acte du mois d'Octobre 1178. par lequel B. Aton Vicomte de Nismes fils de Guillemette se sousmet à Alphonce Roy d'Arragon, Comte de Barcelonne, & Marquis de Prouence, & à Raymond Berenguier frere d'Alphonce Comte de Prouence; si i'eusse eu cét Acte en main auant l'impression de cette Histoire, il y auoit vne belle obseruation à faire là dessus, que nous reseruerons pour vne seconde edition. Il y a dans le mesme Inuentaire plusieurs Actes faits depuis par le Comte de Tolose Duc de Narbonne & Marquis de Prouence, dans lesquels il prend la qualité de Comte de Nismes, & mesme en l'année 1188. au mois d'Aoust il confirma aux Maçons de la ville de Nismes certain Priuilege, Art. 65. du susd. Chap. & à celuy de Tolose 9. sac, page 197. Art. 6. sont les ordonnances de Raymond par la grace de Dieu Duc de Narbonne, Comte de Tolose & Marquis de Prouence, concernant l'election des quatre Consuls de Nismes, en Decembre. 1198. en presence de Guill. de Sabran & de Raymond Guillaume Iuge & Chancelier du Comte. & à l'Art. 21. est fait mention de la sentence donnée concernant la iurisdiction du Viguier du Comte de Tolose à Nismes, &c. l'an 1210.

Peſenas, page 350. Art. 1. le Roy Iean donne à Charles d'Artois la ville & Chaſteau de Peſenas, & promet l'eriger en Comté, en Aouſt 1362. Art. 2. Ieanne de Bauçay femme dud. Charles d'Artois conſent à la renonciation du Comté de Peſenas, fait au Roy par led. Charles, pour la recompenſe de 3000. liures ſa vie durant, & pour lad. Ieanne en cas de predecés de ſon mary de 2000. liures pour ſon dot, l'an 1376.

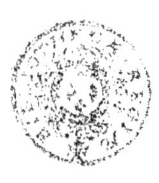

F I N.

ERRATA.

A La page 9. ligne 24. apres Aymeric, lisez appellé fils d'Arnaud de Beaulande, p.16. l. 1. apres Leuuigilde, lis. Et apres luy le Roy Recaredde son fils s'est dit aussi Roy de Narbonne ; Et au lieu de ses predecesseurs, lis. leurs. p.18. l. 18. lis. Comenge, au lieu de Cominge, & par tout ailleurs. p. 20. l. 4. au lieu de non pas langue des Goths, lis. non pas de langue des Goths. p. 23. lis. Troëmes, autrement nommez Trocmes; Et à la lig. 24. Troëmes, ou Trocmes, & par tout ailleurs. p. 30. l. 18. au lieu de ces, lis. ses. p. 41. l. 14. au lieu de Centenarijs, lis. Centenarij. p. 51. l. 14. lis. 712. au lieu de 412. p. 56. l. 24. & 25. lis. rebelle, au lieu de reeblle. p. 58. l. 10. & 11. au lieu de iustifié, lis. iustifie. p. 59. l. 20. au lieu de rencontré, lis. rencontre. p. 66. l. 7. lis. Comres, au lieu de Comtez. p. 115. l. 6. lis. Peucer, au lieu de Pencer. p. 119. l. 9. lis. Ranulfe, au lieu de Ramulfe. p. 125. l. 6. au lieu d'Espanols, lis. Espagnols. p.133. l. 11. au lieu de conseruées, lis. conferées. p.137. l. 1. lis. Rasez, au lieu de Cases. p.142. l. 28. lis. Sigebert, au lieu de Sigibert. p. 146. l. 4. lis. Viuiers. p. 148. l. 11. & 18. lis. Trincauel, au lieu de Trincanel, & l. 20. lis. Rasez, au lieu de Rases. p. 151. l. derniere, lis. Fondateur. p. 152. l. 16. lis. l'Eglise de S. Pierre, au lieu d'Eglise S. Pierre. p. 156. l. 13. lis. opprimoit, au lieu de oppressoit. p. 159. l. 9. lis. Caudiez, au lieu de Caudies. p. 164. l. 3. lis. treiziesme Duc, au lieu de douziesme. p. 166. l. 28. lis. le, au lieu de ce. p. 201. l. 2. lis. emparé, au lieu de emporé. p. 229. l. 7. lis. Girfende, au lieu de Girfrede. p. 232. l. 13. lis. salut, au lieu de remede. p. 242. l. 1. lis. promettoit, au lieu de promtetoit. p. 263. l. 19. lis. Narbonne, au lieu de Barbonne. p. 278. l. 21. lis. Assemblée des Estats, au lieu d'Assemblée d'Estats. p. 280. l. 18. lis. l'Eglise de S. Iust, au lieu de l'Eglise S. Iust. p.287. l. 20. apres Concile celebré, lis. à Nismes par le Pape Vrbain II. p. 294. l. 2. au lieu de Otton, lis. Atton. p. 299. l. 22. lis. ligne, au lieu de ligue. p. 321. l. 8. lis. au lieu de Otton, Atton. p. 375. l. 2. lis. aduancée, au lieu de aduancée. p. 403. l. 11. lis. sœur, au lieu de fille ; & à la lig. 12. au lieu de auoit cedé, lis. ceda depuis. p. 414. l. 12. lis. que, au lieu de qui ; & à la lig. 23. au lieu de Ieanne, lis. Isabeau. p. 416. l. 30. au lieu de 1394. lis. 1390. p. 417. l. 11. au lieu de l'année apres, lis. en l'année. Ie laisse à part les autres fautes, & suplie le Lecteur iudicieux & intelligent de les excuser, & de supleer par sa bonté à celles qui ont esté laissées aux Actes Latins qui sont depuis la page 435.

www.ingramcontent.com/pod-product-compliance
Lightning Source LLC
Chambersburg PA
CBHW071416230426
43669CB00010B/1567